JN318827

文庫

旧約聖書の誕生

加藤 隆

筑摩書房

『旧約聖書の誕生』目次

旧約聖書の誕生

聖書の文書名　略号

旧約聖書

〈律法（五書）〉
創世記　創
出エジプト記　出
レビ記　レビ
民数記　民
申命記　申

〈預言者〉
〈預言者・前編〉
ヨシュア記　ヨシ
士師記　士
サムエル記上　サム上
サムエル記下　サム下
列王記上　王上
列王記下　王下

〈預言者・後編〉
イザヤ書　イザ
エレミヤ書　エレ
エゼキエル書　エゼ
ホセア書　ホセ
ヨエル書　ヨエ
アモス書　アモ
オバデヤ書　オバ
ヨナ書　ヨナ
ミカ書　ミカ
ナホム書　ナホ
ハバクク書　ハバ
ゼファニヤ書　ゼファ
ハガイ書　ハガ
ゼカリヤ書　ゼカ
マラキ書　マラ

〈諸書〉
詩篇　詩
ヨブ記　ヨブ
箴言　箴
ルツ記　ルツ
雅歌　雅
コヘレトの言葉　コヘ
哀歌　哀
エステル記　エス
ダニエル書　ダニ
エズラ記　エズ
ネヘミヤ記　ネヘ
歴代誌上　歴代上

歴代誌下　**歴代下**

〈「外典」ないし「第二正典」〉

エステル記（ギリシア語）　**エス・ギ**
ユディット記　**ユデ**
トビト記　**トビ**
第一マカバイ記　**一マカ**
第二マカバイ記　**二マカ**
知恵の書　**知**
シラ書［集会の書］　**シラ**
バルク書　**バル**
エレミヤの手紙　**エレ・手**
ダニエル書補遺
　アザルヤの祈りと三人の若者の賛歌　**アザ**
　スザンナ　**スザ**
　ベルと竜　**ベル**
エズラ記（ギリシア語）　**エズ・ギ**
エズラ記（ラテン語）　**エズ・ラ**
マナセの祈り　**マナ**

新約聖書

マタイによる福音書　**マタ**
マルコによる福音書　**マコ**
ルカによる福音書　**ルカ**
ヨハネによる福音書　**ヨハ**
使徒行伝　**使徒**
ローマの者たちへの手紙　**ロマ**
コリントの者たちへの手紙一　**一コリ**
コリントの者たちへの手紙二　**二コリ**
ガラテヤの者たちへの手紙　**ガラ**
エフェソの者たちへの手紙　**エフェ**
フィリピの者たちへの手紙　**フィリ**
コロサイの者たちへの手紙　**コロ**
テサロニケの者たちへの手紙一　**一テサ**
テサロニケの者たちへの手紙二　**二テサ**
テモテへの手紙一　**一テモ**
テモテへの手紙二　**二テモ**
テトスへの手紙　**テト**
フィレモンへの手紙　**フィレ**
ヘブライ人への手紙　**ヘブ**
ヤコブの手紙　**ヤコ**
ペトロの手紙一　**一ペト**
ペトロの手紙二　**二ペト**
ヨハネの手紙一　**一ヨハ**
ヨハネの手紙二　**二ヨハ**
ヨハネの手紙三　**三ヨハ**
ユダの手紙　**ユダ**
ヨハネの黙示録　**黙**

はじめに

旧約聖書には、さまざまな文書ないしテキストがおさめられている。本書ではこれらの文書やテキストを、旧約聖書におさめられている順にではなく、それぞれの文書が成立した時期に即して取り上げていきたい。

私たちの手元にある旧約聖書に示されている文書やテキストの順番にも、それなりの意義がある。旧約聖書を単に通読しようと企てるということは、旧約聖書という本に示されている順番での文書やテキストを尊重しようとする立場を選択しているということになる。しかしこのために、かえって旧約聖書の理解を得ることが困難になってしまうところがある。

理屈を言うならば、個々の文書やテキストの意義ないし意味と、旧約聖書という分厚い書物の中でのそれらの文書やテキストの位置づけとが、必ずしも重なっていないために、十分な素養のない者がいきなり旧約聖書を読んで理解しようとすると混乱が生じるのである。しかしこのように指摘しても、これから旧約聖書について入門しようという読者には、あまりピンとこないのではないかと思われる。

旧約聖書を通読しようとする際に生じる問題を、簡単な例で見てみることにしよう。旧約聖書の冒頭には「創世記」という文書があって、その冒頭には二つの創造物語が記されている。つまり旧約聖書の最初の数ページに記されているところの、「六日間での創造の物語」(七日目に神は休む)(創一・一―二・四a)と、「エデンの園の物語」(創二・四b―三・二四)である。この二つの話は、旧約聖書の中でももっともよく知られているものだろうと思われる。

「エデンの園の物語」が「創造物語」だと言うと、少しひっかかる人がいるかもしれない。しかしこの物語では、その冒頭のところに神の創造の業が短く記されている。後の部分では、エデンの園というところでの神と最初の人アダムとの間の出来事が記されている。

ぼんやりとした理解では、「六日間の創造の物語」で宇宙全体が作られたとされ、そして「エデンの園の物語」に移って物語の焦点が「エデンの園」という限られた場面に集中し、最初の人をめぐるドラマが語られ、それ以降、さまざまな物語が続いて行くと考えてしまう。大きな理解としては、それでよいと言えなくもないが、実はそう簡単に済まないところがある。

「六日間での創造の物語」と「エデンの園の物語」には、齟齬《そご》がある。表面的にすぐに見つかる違いもあり、また二つの物語の立場には、根本的なところで大きな違いがある。

表面的にすぐに見つかる違いを、一つ指摘しておく。

植物と人の創造の順番に注目する。

「六日間での創造の物語」では、人は六日目に創造される。つまりいろいろな被創造物が作られた後、人は最後に創造される。植物の創造は、人の創造の前に行われる。

神は言った。「地は草を芽生えさせよ。種を持つ草と、それぞれの種を持つ実をつける果樹を、地に芽生えさせよ」。そのようになった。(一・一一)

このように記された後で、人の創造について記されている。

神は自分にかたどって、人を創造した。(一・二七)

植物が先、人が後である。

ところが「エデンの園の物語」の冒頭にある創造物語では、まず人が創造され、それから植物が創造される。

このテキストでは、わざわざ次のように記されている。

主なる神が地と天を造った時、地上にはまだ野の木も、野の草も生えていなかった。（二・四―五）

聖書の通読を始めてこのテキストを読んだら、「おかしいな」と思わねばならない。すぐ前に引用したように、一・一一で、植物が生じたことが記されたばかりである。ここで「地上にはまだ野の木も、野の草も生えていなかった」とされていることと、矛盾するではないか。

もしかしたら一章の話のこの部分を、もう一度繰り返して確認しているのではないか、などと考えてみることにする。ところが植物の創造についての記述がないまま、人が作られる話が記されている。

主なる神は、土の塵で人を作り、……（二・七）

その後で、神が植物を創造したことが記されている。

主なる神は、見るからに好ましく、食べるに良いものをもたらすあらゆる木を地に生え

いでさせ……（二・九）

ここでは人が先、植物が後である。「エデンの園の物語」の冒頭にある創造についての記述は、一章の創造物語を再確認していると言うことはできないことになる。

植物と人の創造でどちらが先かという問題は、単純な問題である。二つの物語は、創造のあり方の細部について異なった報告をしていることになり、簡単に言えば両者は矛盾している。そしてこのように単純で明らかな矛盾ないし相違を、これは「矛盾でない」「相違でない」とすることはできないだろう。

そしてこの二つの物語には、実は根本的なところで大きな相違がある。つまりそれぞれの物語の立場に、根本的に異なっているところがある。それぞれの物語がどのようなものであるかは、本書の議論の中で具体的に検討する。

ところで、植物と人の創造の順番について、二つの物語の間には矛盾があると指摘した。「矛盾があることを記すなんて、けしからん」と怒ってしまっては、そこで解釈の探求は止まってしまう。どうしてこのような矛盾が生じたのか、と考えてみるべきである。

これはなかなか難しい問題だが、すべての研究者が一致している意見として指摘できるのは、この二つの物語はひと続きの物語なのではなく、もともとは別々の二つの物語だったと考えられている、ということである。

「矛盾している」と考えるのは、この二つの物語が実は一つの物語であるという前提に立っているからである。もっと根本的には、これは旧約聖書の全体が一貫した筋ないし論理のある一つの物語だという立場である。つまり旧約聖書を冒頭から最後まで通読して、そのようにするならば旧約聖書全体についてまとまりのある理解を得ることができるという立場である。

しかしこのような立場で旧約聖書に向かうと、解決不可能ないし解決困難な問題があちこちに生じてしまう。

「植物が先、人が後」「人が先、植物が後」という矛盾する内容が記されているテキストが並べられているのを前にして、どのように整合的にこのテキストを了解すればよいのだろうか。したがって、旧約聖書についてのこのような読書のアプローチは、入門レベルの読者にはあまり推薦できない。そのかわりに本書では、既に述べたように、それぞれの文書やテキストが成立した時期に即して検討を進めていくことにする。このアプローチがたいへんに有効なものであることは、本書を読まれれば納得していただけると考えている。

ちなみに、ここで取り上げた二つの創造物語について簡単に指摘しておく。「六日間の創造の物語」は前六世紀に書かれたとされており、こうした枠組の話自体は、それ以前に成立していたと考えられている。これに対して「エデンの園の物語」の主要な部分は、前十世紀から前九世紀ころに既に書きとめられていて、この話もそれ以前に成立して流布していたと考えられている。
旧約聖書では、「六日間の創造の物語」が先に記されていて、「エデンの園の物語」がそれに続いて記されているが、実は「エデンの園の物語」の方がはるかに古いものである。そして両者の違いは、成立の時期の違いであるだけではなく、物語の系統（背後にある立場ないし伝統）も異なったものだと考えられている。このようなことは、旧約聖書の本文をじっと睨んでいるだけでは、なかなか分からないことではないだろうか。

聖書の内容を一応のところでよいから了解しておきたいという願望を持っている人はかなり多いのではないかと思われる。しかし聖書を手に入れて、創世記から始めてテキストを読み進めてみても、全体的な理解を得ることはどうも難しい。現代の日本の長編小説を読むようには、すらすらと理解が進まない。途中で投げ出してしまう。「創世記」「出エジプト記」あたりまでは、いろいろなドラマがあって、興味を持って読むことができるが、三番目の文書である「レビ記」、その次の「民数記」あたりになると、煩瑣な規定がながながと書き連ねられていて、聖書を通読するという計画が早くも頓挫してしまう。「レビ記・民数記の壁」に突き当たってしまうのである。

それでも関心を持ち続けて、機会あるごとに聖書のテキストを読んでみたり、聖書の解説に耳を傾けたりする。そのような努力によって、断片的な知識は蓄積されるかもしれない。

しかし聖書を全体的に理解したというところには、どうも行き着かない。このような状態にある人は、多いのではないだろうか。

本書は、このような人を念頭において、旧約聖書についての検討を試みることにする。

本書では、本文の議論の中で、聖書からの引用文をできるだけ記すように努めた。聖書の章と節の数字だけを示して、ここを見て下さいと指示しても、実際にはそのテキストを見ないで、先に読み進んでしまう場合が多いと思われるからである。しかし余りに長い部分が検討の対象となる場合には、全文を引用することは、スペースの関係上困難である。やはり手元に聖書を置いて、指示された部分については、ざっとでもよいから目を通すようにしていただきたい。

このようにして本書を一読すれば、旧約聖書全体のだいたいの姿が了解できるようになっているはずである。そして旧約聖書についてある程度以上理解している人ならば知っているような、有名な箇所についても、一応のところの知識が獲得されているはずである。

聖書をめぐる問題は、無限に存在していると言ってしまってよいほどである。それらの問題について、何千年にもわたって、そして全世界において、わくわくするような興味深い議論が繰り広げられている。本書によって聖書についての「とりあえずの常識」が身についたならば、そうした議論がなぜ重要で、意義があるのかが分かるようになるだろう。

長い前置きは、無用だろう。さっそく旧約聖書の世界に入っていくことにしたい。

＊　＊　＊

なお、古代の年代については、確定していないものが少なくない。しかし年代の数字を示さないで叙述を進めるとイメージがあまりに曖昧になってしまう。また数多くの年代のそれぞれについて細かい議論をすると、叙述が煩瑣になってしまう。したがって、本書で示した年代の数字の多くは蓋然的なもの、場合によってはあえて単純化したもの（数年間にわたって生じたかもしれない出来事について、一つの年代で代表させる）であることを、了解していただきたい。

第一章　聖書の基礎

聖書はなぜ難しいか

聖書とはどのようなものかということに関わる基本的な点を、いくつか確認することから始める。

聖書は書かれた書物である。人間の言語で書かれている。旧約聖書はヘブライ語で書かれている（ただし一部分はアラム語で書かれている。エズラ記四・八―六・一八、七・一二―二六、ダニエル書二・四b―七・二八、エレミア書一〇・一一の一語、創世記三一・四七の二語）。新約聖書はすべてギリシア語で書かれている。

書かれた書物だということは、読まれるために書かれているのだと考えてよいだろう。読む以上、その内容が理解されねばならない。しかし聖書は理解の難しい書物である。現代の日本人が現代の日本語の小説や新聞のテキストを読むように理解することはできない。

なぜ現代の日本語の小説や新聞は、理解しやすいのだろうか。それは簡単に言ってしまうならば、テキストの前提となっている知識があって、それをテキストを書く側と読む側で十分に共有しているからである。テキストにすべてを書くことはできない。書き手にとって当然であり、そして読み手が当然心得ているだろうと書き手が判断することは、テキストには記されない。日本語の現代小説でも、大人向けのものとなると、小さな子供は読んで理解できない。日本語が一応できて、たとえそれなりに「理解」できたとしても、「つまらない理解」で終わってしまっていたりする。「つまらない理解」とは、重要な情報が読み取れていないという状態である。前提とされている知識が理解されていないことは、このような「つまらない理解」が生じてしまう上での原因の一つになっていることが多いと思われる。大人になって、子供の頃に読んだ小説を読み返して、改めてテキストの意味を「発見」したりすることになる。また難しい専門的論文は、現代日本語で書かれていても門外漢には分からない。これも「前提となる知識」が不足しているからである。

聖書の場合にも、読んで理解しにくいのは、この「前提となる知識」が十分にないからだと言うことができる。しかも聖書は複雑きわまりない書物なので、ある箇所がある了解の仕方で一応のところ理解できたからといって、同じようなアプローチで他のすべての箇所が理解できるとは限らない。分からないところを無視し、曖昧にしか分からないところも「実は自分の理解のあり方がそこに書いてある」と決めつけて「読む」などといった姿勢をとる者もいる。聖書のどこを開いても、自分の立場が正当化され得るようなことが書いてあるという立場である。これは「狂信」であり、また聖書の豊かさを台無しにする「読み方」である。聖書の豊かさをすべて汲みつくすことは不可能かもしれない。しかしできる限り狂信に陥らないように注意し、「前提となる知識」をできる限り適切に身につけながら読み進めることの方が、聖書の豊かな読み方であることは明らかだろう。

本書では、旧約聖書を読み進んでいく。古代のユダヤ人は、外部からの影響から隔絶されて、孤立し、いわば純粋培養のようにして存在していたのではない。さまざまな大民族に囲まれて、さまざまな影響を受け、またさまざまな試練を体験しながら生活していた。そうした中で、自分たちなりのあり方を模索しながら、ユダヤ教の展開が生じたのである。

古代イスラエル民族の歴史

旧約聖書にとっての直接的な歴史的背景として、古代イスラエル民族をめぐる歴史の展開を確認しておくことは不可欠である。

古代イスラエル民族がまとまりある民族として成立した時期については、さまざまな立場があり得ると思われるが、ここでは紀元前十三世紀のいわゆる「出エジプト」の出来事を通じてであると考えることにする。（「出エジプト」については、かなり異った年代とする説もあるようだが、ここでは「紀元前十三世紀」のことと考えることにする）。

イスラエル民族は、後に「パレスチナ」と呼ばれ、現在においてもこの名称で呼ばれることが多い地域に、定着する。そして紀元前十一世紀後半に、統一王国を成立させる。しかしこの王国は前十世紀後半に、南北に分裂する。

北王国は前七二二年にアッシリアによって滅亡するが、この時に南王国は独立を維持する。しかしその南王国も、前五八七年にバビロニアによって滅ぼされる。

これ以降、イスラエル民族は、異民族の諸帝国によって、かわるがわる支配される。簡単に整理すると、北王国を滅ぼしたのが「アッシリア」。南王国を滅ぼしたのが「バビロニア」。バビロニアにかわって支配者となったのが、「ペルシア」(アケメネス朝)。ペルシアを滅ぼしたのがアレキサンダー大王であり、アレキサンダー大王の征服事業を引き継いで成立したヘレニズムの諸帝国が支配者となる。「ギリシア」の勢力である。そしてヘレニズムの諸帝国を滅ぼして、ローマが支配者となる。

「アッシリア」「バビロニア」「ペルシア」「ギリシア」「ローマ」と、支配者が交代した。支配者が代わっても、イスラエル民族は常に被支配の地位にあった。

この展開を、もう少し丁寧に確認しておくことにする。便宜上七つの段階に分けて考えることにする。図1(次頁)「古代イスラエル民族の歴史」を参照されたい。
①「出エジプト」から「カナン定着」「部族連合」の時代(前十三—前十一世紀後半)。紀元前十三世紀に、エジプトで奴隷状態にあった「ヘブライ人」と呼ばれる人々が、モーセの指導のもとに集団で脱走をした。これが「出エジプト」の事件である。脱走に成功した人々

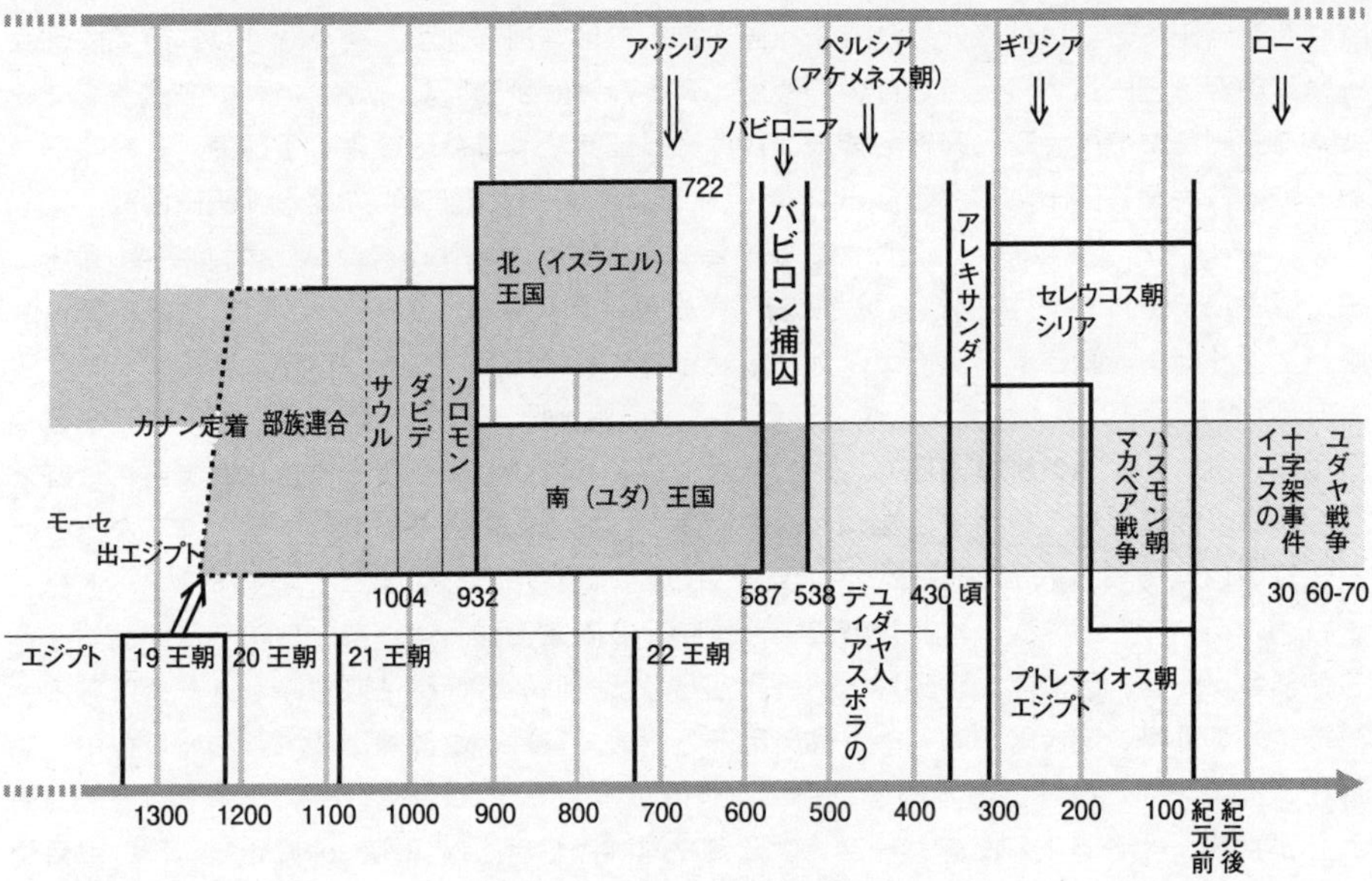

図 1 古代イスラエル民族の歴史

は、ヤーヴェという神を崇拝することで一致し、ここにイスラエル民族の核となるべき集団が成立した。彼らは半世紀ほどのあいだ荒野を放浪し、前十二世紀に「カナン」(現在の「パレスチナ」)に侵入する。そしてカナンにおける以前からの定着民のうち、侵入者たちと共存することを受け入れた者たちと共に、定着の生活を始める。侵入者と彼らを受け入れた定着民は、ヤーヴェを崇拝するという点において団結する。政治的・社会的には十二の部族に分かれて生活することになり、諸部族連合の体制が採用された。

②「イスラエル統一王国」の時代(前一〇〇四—前九三二年)。前十一世紀半ばころに、一人の王を頂点とする中央集権的な「王国」を成立させる気運が生じる。最初はサウルという人物が、油を注がれて王となる。公式にはサウルが、一代目の王である。しかし彼は統一事業の半ばで失脚する。名実共に王国を成立させたのはダビデである(前一〇〇四年)。エルサレムが、首都となる。ダビデの次に、ソロモンが王となる。彼は「知恵ある者」として有名である。「ソロモンの栄華」と呼ばれる繁栄を、実現した。エルサレムに豪華な神殿(第一神殿)を建設し、さらにそれよりも豪華な宮殿を建設した。

③「南北王国」の時代(前九三二—前七二二年)。ソロモンの死後、王国は南北に分裂する。この分裂は、政治的・社会的な対立が原因で生じた。宗教的には、南北どちらの王国でもヤーヴェが崇拝されていた。対立があったために分裂が生じたので、二つの王国の関係は必ずしも良好ではなかったが、両者は宗教的には兄弟国であったことになる。南の王国が「ユダ

王国」（前九三一―前五八七年）。ダビデ王朝の者が王となった。首都はエルサレム。北の王国が「イスラエル王国」（前九三一―前七二二年）。北王国の首都は、当初は転々としたが、結局のところサマリアが首都となる。北王国の王は、ダビデ王朝の者ではない。王朝の交代が何度も生じた。前八世紀になると、メソポタミア上流地域でアッシリアが強大となり、北王国は前七二二年に滅ぼされる。北王国を構成していた「十部族」は、雲散霧消してしまう。しかし南王国は、独立を維持する。

④「南王国後期」の時代（前七二二―前五八七年）。前七二二年に北王国が滅んだ後も南王国は、一世紀半ほどのあいだ独立を維持する。アッシリアの勢力が次第に弱まり、メソポタミア下流地域でバビロニアが強大になる。前七世紀後半にアッシリアはバビロニアに滅ぼされ、南王国も前五八七年に滅ぼされる。

⑤「バビロン捕囚」の時代（前五八七―前五三八年）。前五八七年の南王国の滅亡後、生き残ったユダヤ人の多くは、バビロニアの首都であるバビロンの近くに強制的に移住させられ、そこで半世紀ほど過ごすことになる。これがいわゆる「バビロン捕囚」である。宗教的には、この「バビロン捕囚」以前のイスラエル民族におけるヤーヴェ崇拝は、古代における標準的な民族宗教のあり方と基本的に同じだった。しかしこの「バビロン捕囚」の時期に、宗教的に大きな変化が生じて、彼らのヤーヴェ崇拝が特殊なものとなる。この特殊性のある宗教が「ユダヤ教」である。これと区別する意味で、「バビロン捕囚」以前のイスラエル民

族におけるヤーヴェ崇拝は「古代イスラエルの宗教」と呼ばれたりする。つまり「バビロン捕囚」の時代に、「ユダヤ教」が成立したのである。しかし「ユダヤ教」という名称は、「古代イスラエルの宗教」を含めたところの広い意味で用いられることも多い。

⑥「ペルシア期」（前五三八―前四三〇年頃）。前六世紀後半にバビロニアは、アケメネス朝ペルシアに滅ぼされる。ペルシアは、支配下の諸民族にある程度の自治を許すという支配政策を行った。捕囚のユダヤ人の多くは、パレスチナに帰還する。バビロン付近に残るユダヤ人も少なくなかった。パレスチナ以外の地域で生活するユダヤ人の共同体が、本格的に生じることになる。パレスチナ以外の地域で生活するユダヤ人を、「ディアスポラのユダヤ人」と言う。この時期にエルサレムでは、神殿が再建された（第二神殿）。また聖書の核となる「モーセ五書」が成立する。

⑦「ギリシア・ローマ期」（前四三〇年頃以降）。前四世紀後半にアケメネス朝ペルシアは、アレキサンダー大王によって滅ぼされる。アレキサンダー大王が実現した広大な帝国は、彼の後継者たちの王朝によって支配されることになる。パレスチナは、まずプトレマイオス朝エジプトによって支配される。前二世紀からは、セレウコス朝シリアによって支配される。セレウコス朝シリアによる支配の時代であった前二世紀半ばに、ユダヤ人たちが反乱をおこす（マカベア戦争）。ユダヤ人側が勝利し、「ハスモン王朝」の独立王朝が成立する。しかしこの頃には既にローマの勢力が次第に強大になっており、パレスチナは前一世紀半ばにロー

マの支配下に入る。

物語の舞台

聖書の主な舞台は、現在「パレスチナ」と呼ばれている地域である。聖書では「カナン」と呼ばれている。この地域は三つの大きな文明の地域に囲まれていた。全体としては現在は「中東」とか「近東」と呼ばれている地域である。

「カナン」の周辺について記しておく。

（１）南にはナイル川の谷があった。紀元前三〇〇〇年よりも以前からエジプトが有力となっていた。「ファラオ」と呼ばれる王の王朝によって支配されていた。都は北（メンフィス）に置かれることもあり、南（テーベ）に置かれることもあった。古代エジプトの歴史は古王国・中王国・新王国の時代とまず三つに区分され、さらに支配した王朝に番号がつけられて区分される習慣になっている。「出エジプト」の事件が起こったのは、新王国時代の第十九王朝の時と考えられている。

（２）北の小アジアの台地には、ヒッタイト人が繁栄していた。千五百年もの間強い勢力を保っていたが、聖書の時代には滅亡していた。

（3）東にはメソポタミアと呼ばれる地域が広がっていた。「メソポタミア」はギリシア語起源の名称で「河の間」という意味である。この地域は「肥沃な三日月地帯」と呼ばれている。偉大な文明が隣接し、興っては消えて、また再び現れたりした。南にはシュメール・アッカド・バビロニアなどがあり、北にはアッシリアがあった。現在のイラクがある地域である。更に東は現在のイランがある地域で、メディア人が興り、その後ペルシア人が興った。

（4）この地域には、西方にあたる現在のヨーロッパから別の民族がやって来る。紀元前四世紀末からギリシア人、紀元前一世紀にローマ人たちが来た。

このように多くの大民族が隣り合っている場合、古代の状況において何をするかというと、彼らは互いに戦争をした。たとえば聖書に「春が来て、王たちは戦争に出かけた」といった表現があるが（サム下一一・一、歴代上二〇・一）、これは春がきて農作業や狩りに出かけるのと同じようにごく当たり前の行動だった。ところで、戦争をするためには、互いに出会ったり、相手のところに出かけたりしなければならない。そのためにはどうしても地中海とアラビアの砂漠に挟まれた細長い地域を通過しなければならなかった。

聖書との関連で私たちが関心を持たねばならないのはイスラエル民族だが、この小さな民族はこの細長い地域に住んでいたのである。したがってイスラエル民族の命運は周囲の大民族の状況に依存するところが大きかった。大民族の間の緩衝国的な役を果たさざるを得なかったり、どれか一つの大民族と同盟を結んで結局は前衛とされることもあった。

周辺の大民族

それぞれの大民族について、簡単に見ておくことにする。

(1)エジプト。イスラエル人がカナンの地で勢力を得るずっと以前からカナンの地を支配していた。エジプトがもっとも栄えたのは、第十九王朝(紀元前十三世紀)だったという。その後は次第に勢力が弱まって行く。紀元前四世紀末にアレキサンダー大王の軍に破れ、ギリシア系のプトレマイオス朝が成立する。このプトレマイオス朝も紀元前六三年にローマ軍に破れて滅亡する。プトレマイオス朝エジプトは、前三二〇—前一九八年の間パレスチナを支配した。

(2)アッシリア。首都はニネヴェ。紀元前九世紀に強大となり領土を広げる。前七二二年にイスラエル王国(北王国)を滅亡させる。前六六〇年にエジプトでの戦いに破れてから凋落し、ニネヴェは前六一二年にバビロニアによって陥落する。

(3)バビロニア。紀元前十八世紀頃、ハムラビ王が出て隆盛となる。しかし後にアッシリアの支配下にはいる。しかし前六二五年以降、再び強大となり、アッシリアを滅ぼし、前五九七年にはエルサレムを破壊する。これにより、ユダ王国は滅亡し、「バビロン捕囚」が生じる。前五三八年にペルシアによって滅ぼされる。

（4）ペルシア。前六世紀後半のキュロスの頃から強大になって、中東全体を支配する。前三三〇年にアレキサンダー大王によって滅ぼされる。

（5）ギリシア。アレキサンダー大王がパレスチナを占領したのは前三三三年である。その後、まずプトレマイオス朝エジプトが（前三三〇—前一九八年）、ついでセレウコス朝シリアが（前一九八—前六三年）、パレスチナを支配した。

（6）ローマ。前六三年にポンペイウスがセレウコス朝シリアに対して勝利し、パレスチナはローマの支配下にはいる。後一世紀後半にローマに対してユダヤ人たちは大規模な反乱を起こすが、エルサレムは後七〇年にティトゥスによって陥落する（ユダヤ戦争）。

「カナン」の地理

「カナン」という語は、聖書やその周辺の文書において、国の名としても民族の名としても用いられている。

「カナンの地」は、だいたい現在のパレスチナにあたる。地中海に面した海岸線に平行した細長いいくつかの地域に分けることができる。ここでは五つの地域に分けて考えてみる。

（1）地中海に面した海岸沿いの細長い平野。途中でカルメル山が海に突き出している。

（2）中央部分は北方の台地（ガリラヤ）と南方の丘陵地帯（サマリア、ユダヤ）で、海面より高い。

(3)その東はヨルダン川の両岸で、ヨルダン渓谷になっている。ヨルダン川はヘルモン山の麓から始まる。ここでは海抜二百メートル程。フーレ湖では海抜六十八メートル程だが、そこから十五キロメートルほど南のチベリアド湖(ゲネザレ湖、あるいはガリラヤ湖、とも呼ばれる)では海面下二百メートルを越え、死海では海面下四百メートルほどになる。
(4)その東は、トランスヨルダンの台地。
(5)そのさらに東は、アラビアの砂漠である。
この地方に、紀元前十二世紀、その後イスラエル人となる民族が住むようになり、紀元前十世紀には、ダビデ、ついでソロモンが王国を成立させる。

この紀元前十二世紀は民族移動の激しい世紀で、ペリシテ人と呼ばれる民族(非セム系)が(小アジア西南部・エーゲ海諸島から?)やってきて、地中海沿岸平野の南部に定着する。ギリシア人たちはこの民族の名を、この地域の名として用いるようになる。それが「パレスチナ」(フィリスティア)という名で、「ペリシテ人の国」という意味である。

中東諸民族のメンタリティー

イスラエル民族は周辺の他の民族と接触し、それらの民族の文学作品を知っていたと思われる。それぞれの民族の文学作品の一部を引用しながら、それぞれの民族のメンタリティーの傾向を確認する。

エジプト人の国は、光溢れる国である。夜になって太陽が消えてしまうことにいくらかの不安を覚えたとしても、太陽は闇に対する勝利者として毎朝再び現れることを彼らは知っていた。太陽はさまざまな名前で神格化されているが、結局のところ太陽が第一の神である。太陽神が他の神々や人間を生み出したのである。前十四世紀半ばのファラオであるイクナートンの作とされる「太陽神アテンの賛歌」で、太陽神アテンは万物の創造者、宇宙秩序の維持者、生命の賦与者とされている。

天のかなたに、完璧なあなたが現れる。
あなたは生きた円盤であり、命の源である。
東のかなたにあなたが上るとき、
国全体にあなたの完璧さが満ち溢れる。
西のかなたにあなたが沈むとき、
地は闇に包まれ、死の世界のようである。
地は沈黙の中に静まる。
それは地を作り出した者が休んでいて見えないからである。
あなたが起き上がると、地は照らし出される。

太陽の円盤として、あなたは昼のあいだ輝いている。
人々は目覚め、自分の足で立ち上がる。
人々の腕が、あなたの姿を讃える。
それから地全体が自らの仕事にはげむ。
動物たちは皆、自分の草に満足し、
草木は緑になる。
鳥たちは、翼であなたを讃えながら、
巣から飛び立つ。
多くの船が川を上り下りし、
魚はあなたの前で跳ね上がる。
あなたは女たちの内に芽を育て、
男たちの内に種を作る。
あなたの創造物の数のなんと多いことか。
あなたの創造物は人間には隠されている。
他の何も並ぶことのない唯一の神よ。
あなたはすべての者の主であり、
彼らのために労を惜しまない。

彼らのために輝く地の主よ、
あなたは私の心の中にいる……。

詩篇一〇四篇は、こうした賛歌からヒントを得ていると思われる。ただし、エジプトの賛歌では太陽神が創造神だが、詩篇では太陽は被造物のひとつである。しかしその他の要素は酷似している。

さらにナイル川が、大きな恵みをもたらした。生きるための水をもたらすだけではなかった。ナイル川には増水期があったが、これは定期的で、肥沃な土をもたらしたのである。したがってエジプト人たちは、基本的に楽観的だった。神々は良い神々であり、人間を見守ってくれている。忠実な者の死の後には、素晴らしい新たな生が待っていた。

これとは対照的にメソポタミアの人々は悲観的だった。居住地域は谷間にあり、増水がいつ起こるのか予測不可能で、時として本格的な「大洪水」になった。この地方で実際に何度も大洪水が起こっていたことは、考古学の調査で確認されている。また、アラビアの砂漠やイランの台地からは遊牧民が頻繁に侵入してきた。

したがってメソポタミアの神々は、気まぐれだった。互いに絶え間なく戦っている。人間は恐れおののいていた。死の後に行くことになっている国も惨めだった。死者たちは喜びのない運命に従うしかないのである。

メソポタミアの文学から、三つの作品を簡単に見てみる。

〈アトラ・ハシス叙事詩〉。バビロニアで発見され、紀元前一六〇〇年頃のものと思われるコピーで知られている。一六四五行の長い詩である。神々は自分たちに課せられているさまざまな仕事に疲れている。そこで仕事をさせるために人間を作り出すことにする。一人の神を殺してその血を粘土に混ぜて人を作る。ところが人間が繁殖して、やかましい音を出すので、神々は天変地異を起こし、最後には「大洪水」を起こす。しかしエア神が「大洪水」が来ることを一人の人間に教えて、彼は一隻の船を建設し、自分の家族とあらゆる動物を一つがいずつその船に乗せる。

〈エヌマ・エリシュの詩〉。現在知られているものは、紀元前一一〇〇年以前に書かれたと考えられている。最初に二つの性を代表する二人の神がいた。淡水の神であるアプス（男性原理）と海の塩水の神であるティアーマト（女性原理）である。この二人からいろいろな神々が生まれる。しかし神々がティアーマトを悩ますので、ティアーマトは神々を殺そうとする。神々は権限をバビロニアの神であるマルドゥークに譲り、マルドゥークはティアーマトを負かして、二つに引き裂き、それで天空を作る。またアプスは反抗した神の血から人間を作る。

〈ギルガメシュ神話〉。シュメールで生まれて、千年もの間にアッシリアやバビロニアで展開した。パレスチナでも、ヒッタイト人のところでもコピーが作られた。現在の形では十二の歌がある。シュメールの英雄ギルガメシュは高慢なので、神々にとって我慢のできない存在になる。神々はエンキドゥという「獣と共に生活する怪物」を作ってギルガメシュに対抗させる。しかしエンキドゥは一人の女性によって人間となり、ギルガメシュの友となる。二人はさまざまな偉業を実現する。しかしある日、エンキドゥが死んでしまう。ギルガメシュは死の無惨さを目の当りにし、不死を求めて旅に出る。ギルガメシュは命の木の秘密を手に入れる。しかし一匹の蛇にその秘密を盗まれてしまう。ギルガメシュは死んでしまう。

メソポタミアの神話は陰惨な雰囲気が濃厚で、右の短い解説からだけでもこのことが感じられるのではないだろうか。ここでは、『エヌマ・エリシュ』から、マルドゥークが、ティアーマトと彼女に協力していた神々を殺して、ティアーマトの体で世界を作るところを紹介する。

マルドゥークは神々がしっかり鎖につながれていることを確かめて、
打ち負かされたティアーマトのところに戻ってきた。
どうしようもないその巨大な塊の、その頭蓋骨を叩き割った。
安心して主は、死体を眺める。
怪物を分割して、一つの傑作を作り出したいと考えた。

魚の干物のように、その死体を二つに裂き、
その半分で天空を作った。
そして境を決め、番人を置き、
その番人たちに水が外に出ないように監視することを命じた。

創世記冒頭の創造物語と比較できる点が多い。ことに、一つのものを二つに分けるモチーフは注目される。

カナンの雰囲気については、一九二九年にウガリット（現在のシリアのラス・シャムラ）の町の図書館が発見されて以来、かなりよく分かるようになった。ウガリットが繁栄したのは前一五〇〇年頃で、聖書的には族長時代にあたる。

中心的な神の名は「エル El」で、雄牛で象徴されることが多い（ちなみに、聖書での神の名の一つに「エロヒム Elohim」があるが、これは El の複数形で、偉大さ故の複数形だとされている）。この宗教においては、神格化された自然の諸力に対して礼拝が行われていた。「バアル」は嵐と雨の神で、「雲に跨《また》る者」と呼ばれたりした（詩六八・五では、神が同じように呼ばれている）。「アナト」はバアルの妹であり、後には「アスタルテ」（あるいは、「イシュタル」）と呼ばれる。戦争と愛と豊穣の女神である。

イスラエル、特に北王国は、このカナンの宗教に傾くことが多かった。カナン宗教の性的な礼拝は裸の女神に捧げられ、そこでの儀式は、土地と家畜の豊穣を獲得するためのものだった。

ウガリットで発見された、バアルとモトを讃える詩を引用する。豊穣の問題が扱われている。バアルは嵐と雨の神、モトは死の神である。

バアルは、人間に役立つために雨で土地を肥沃にする。こうしてバアルは、地下の神であるモトに吸収されてしまう。水は土に吸収されたままなのだろうか。そうだとすれば、乾燥の問題が生じてしまう。

この詩では、最高神のエルが、バアルは復活するだろう、雨は再び降るだろうと、予告する。エルが見るであろう夢を、何者かが語る。

「もし力強いバアルが生きているのならば、
もし王子であり地の主であるバアルがいるのならば、
夢の中で、慈悲深く寛大な心のエルが、
夢の中で、被創造物の創造者が、見るだろう、
天が脂と雨を降りそそぎ、
急流が蜜を流すのを」。

エルはこの夢を見て、喜んだ。
夢の中で、慈悲深く寛大な心のエルが、
夢の中で、被創造物の創造者が、見る。
天が脂と雨を降りそそぎ、
急流が蜜を流すのを。
喜んで、慈悲深いエルが、叫ぶ。
「私は座って、安心することができる。
力強いバアルが生きているからだ。
王子であり地の主であるバアルがいるからだ」。

聖書には「乳（脂）と蜜の流れる地」という表現がある（出三・八）。豊穣の問題は、聖書でも扱われている。豊穣はバアルに帰すべきなのか、それとも神に帰すべきなのか。

旧約聖書の考え方

旧約聖書は、一言で述べるならば、神とイスラエル民族との関係についての歴史物語である。神はさまざまなあり方において、自分の民であるイスラエル民族に介入する。それに対して、イスラエル民族がさまざまな対応を示す。神とその民との相互の関係が問題となっている。

これをごく簡単に示すならば、図a（次頁）のようになるだろう。

ユダヤ教はもともとは、古代に普通に見られる民族中心主義の御利益宗教的なものだった。この段階のあり方が、「古代イスラエルの宗教」と呼ばれる段階のあり方である。

御利益宗教的なあり方においては、人間の側の要求に神が従属している。

図b（次頁）を見ていただきたい。御利益宗教的なあり方においては、神と人との関係は、人間の側から始まる。円を画く矢印が「人」のところから始まることによって、このことを示した。人間の側にさまざまな必要や願いがある。これを儀式などを通して、神に伝える。するとこれに応えて、神が人間に御利益を与える。人が神に「願いごとを述べる」というと聞こえがいいが、端的に言えば人が神に命令をしているのである。そして神は、人の命令通りのことを行う。神は人にとって、超自然的能力を備えた都合のよい奉仕者の役割を果たすべきだとされている。これではどちらが神で、どちらが人なのか分からなくなってしまう程である。

聖書は複雑な書物だと述べた。旧約聖書に限ってみても、たいへんに複雑な書物である。しかし旧約聖書の中心的な箇所はどこなのか、無理を承知でどこか短いテキストを指摘してもらいたいと要求されたならば、それは

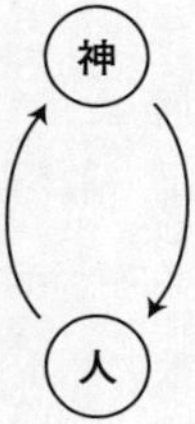

図a

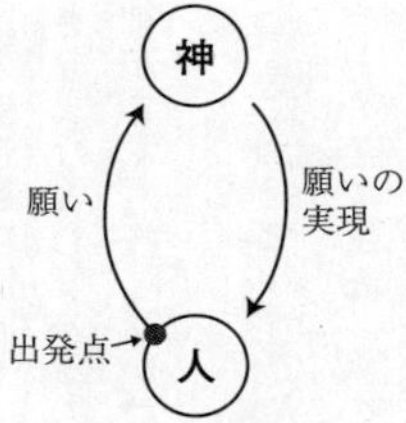

図b

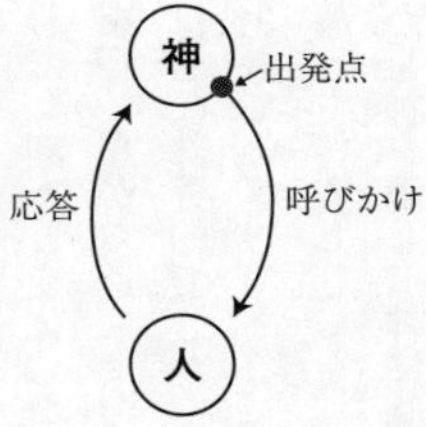

図c

聞けイスラエル、主は一つである。

というテキストだということになる。これは申命記六・四に記されている。この箇所はあまりにも重要なので、ヘブライ語を引用しておこう。

シェマ・イスラエル・アドナイ・エロヘヌ・アドナイ・エハド

「シェマ」は「聞け」、「イスラエル」は「イスラエルよ」という呼びかけ、「エロヘヌ」は「我らの神」、「アドナイ」は「主」、「エハド」は「一」である。「聞け、イスラエルよ。我らの神、主は、唯一の主である」と訳すことができる。

このテキストの特徴は、神が一つだと確認されているといったこともあるだろうが、それよりもまず、この言葉が神の側からの呼びかけになっている点である。神の側がまずイスラエルの民に呼びかけ、それに対して民が神に愛をもって応えるのである。このテキストのすぐ後の五節に「あなたは心を尽くし、魂を尽くし、力を尽くして、あなたの神、主を愛せ」という言葉が記されている。

普通の御利益宗教の場合には、まず人が神に呼びかける。しかし聖書の基本的な立場では、神がまず人に呼びかけている。図cを見ていただきたい。御利益宗教の場合を示した図bと、図の構造自体は同一である。しかし出発点が異なっている。人が神を支配し、神を人に仕えさせようとしているのではなく、矢印はまず上から下に向いて、そしてまた上に向いている。神がまず人に呼びかけている。そして人は儀式などを通して、神の呼びかけに応えるのである。

儀式は、神の前で人が取るべき具体的な態度の中で、特に神との関係に純粋に関心を集中させた姿である。人のあらゆる態度が、神の前での態度だと言うこともできるが、それでもやはり儀式は必要である。人はただ存在しているのではなく、時間・空間の枠組の中を移動して、刻々と変化しながら生きている。それは時間・空間の枠組の中で刻々と変化する表現を行いながら進んでいると、言い換えることもできる。ところがこの人間の表現は、悲しいほどに部分的でしかない。強調したい面、強調すべき面を、否応なしに具体的に示しながら生きているのである。そして何も表現しないなどということはできない。神を愛し、神に感謝しているとしても、そのことをいつも直接的に表現し続けることは、人にはできない。しかし神を愛し、神に感謝しているならば、そのことを表現する機会を求めない訳にもいかない。だが、然るべき形がなくては、適切に表現しようにも、表現のしようがない。呻《うめ》きのようなものでも、それは表現になっているかもしれないが、もっと素晴らしい表現のあり方を求めるのではないだろうか。恋人への熱い想いは、目の表情や、相手に近づく時の足取りにも表現されるだろう。しかし自分にとっても、そして何よりも相手にとっても、もっと素晴らしい表現の仕方で表現したくなる。花を贈ったり、ラブレターを書いたりすることになる。また人間には自分の表現に、自分自身が次第に拘束されるところがある。最初は純粋な想いがあっても、呻きのようなものでしかそれが表現されないのでは、自分の想いがいつのまにか呻きのような未分化で無定形なものでしかなくなり、想いが飛躍しない。神への愛や神への感謝となると、何の指針もないのでは、どのように表現すべきか困るのではないだろうか。儀式は、神への愛や神への感謝に表現の然るべき形を与えるものである。神への愛や神への感謝が表現される時や形は、それが然るべきものならば、人間のあり方の最高の姿である。したがって然るべき儀式は、人における神への愛の最高の姿である。

分かり易い比喩で示そう。子供が両親に花を贈るとする。子供が親に何かを買って欲しくて、そのために親に殊勝な姿を見せれば、親が喜び、そして自分の欲しいものが手に入り易いという計算をして、親に花を贈ったとする。これは打算のある贈り物であり、この花は、表面的にどんなに美しいようでも、汚れている。この花は、いわば血みどろである（なぜここで「血みどろ」と言うのかについては、後述、第四章）。しかし子供が親に感謝したいと思っていて、父の日や母の日といった機会に、親への感謝を込めて花を贈ったとする。この子供の行為は無償の行為であって、親に対する子供のふさわしい愛が表現されている。

儀式は一度定式化されると、容易に形骸化してしまう。かつて意味があった儀式を表面的に繰り返していても、儀式に込められた意味が忘れられたり、十分に表現されなかったり、二義的な意味や効用——たとえば人々が社会的に従順になるとか、社会的統一を促進するといった意味や効用——のために維持され執行されるだけになるならば、儀式の弊害は大きくなる。

旧約聖書の成立

旧約聖書の成立の歴史について、簡単に確認しておく。

私たちが手にしている旧約聖書は、三十九の文書からなっている。しかし何もなかったところに、このような形の文書集が突如として出現したのではない。

右に記した「古代イスラエル民族の歴史」でも触れたように、まず「モーセ五書」が成立した。「モーセ五書」とは、旧約聖書の最初にある五つの文書——「創世記」「出エジプト記」「レビ記」「民数記」「申命記《しんめいき》」——のことである。

この「モーセ五書」が成立した時期については、前五世紀か四世紀の頃ということができるだけで、それ以上に正確なことについては確定し難いようである。ユダヤ人たちが、ペルシアの支配下にあった時期である。この「モーセ五書」がいわば核となって、それにその他の文書が加えられて、聖書は次第に大部のものとなっていった。

しかし実際には、さらに複雑な事情がある。図2（次頁）「旧約聖書の諸文書の成立」を、見ていただきたい。旧約聖書の諸文書の成立の様子を時間の経過にしたがって示したものである。

この部分は、四つの段に分けてある。第一段目が「モーセ五書」つまり「律法」の成立の様子を示したもの、その下の三つの段はそれぞれ「預言者前編」「預言者後編」「諸書」に属する文書の成立を示したものである。「律法」「預言者」「諸書」という区分については、次の項（「聖書の文書」）で説明する。

モーセ五書については、前五世紀・四世紀のところに、五つの文書が成立したことが示されている。しかしこれらの文書も、当時の著者たちが、何もないところから文書のテキストを考え出したのではない。モーセ五書の内容は、一言で言うならば、創造物語から始まって、出エジプトの出来事の様子が記され、そしてモーセが亡くなる記事で終る物語である。モーセ五書の著者たちはそのような物語を書こうとしたのだが、彼らの前には、似たような内容の物語がいくつかすでに存在していた。そこで彼らは、それらを参考にし、さまざまな要素を取捨選択し、組み合わせて、自分たちの「モーセ五書」を作り出したのだと考えられてい

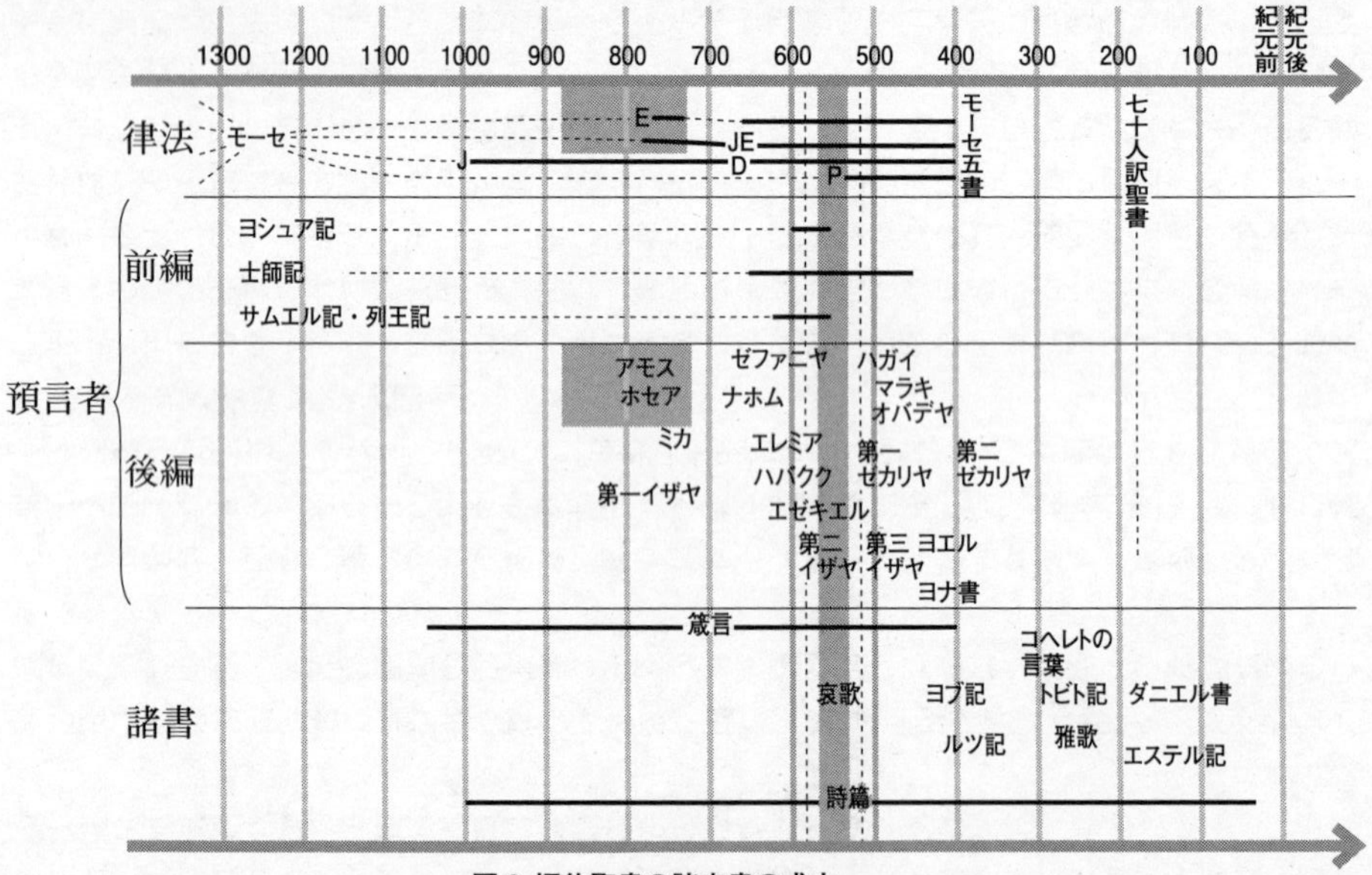

図２ 旧約聖書の諸文書の成立

る。つまり彼らの前には、執筆に際しての「資料」がいくつか存在した。そして彼らの作業は、「執筆」というより、「編集」といった方がふさわしいものだった。

そして近代のモーセ五書研究の努力によって、彼らが基本的に四つの主要な資料を用いたことが明らかになっている。すなわち、成立順に言うならば、「ヤーヴェ資料」「エロヒム資料」「申命記資料」「祭司資料」である。これらの名称は、近代の研究者たちが便宜上使っているものである。また「……資料」となっているが、それはモーセ五書の編集者の立場から、これらの文書が「資料」として用いられたから、このような名前がつけられているのであって、それぞれの文書はそもそもは「資料」のつもりで作られたのではない。
①「ヤーヴェ資料」（略号は「J」）。前十世紀から前九世紀にかけて、つまりソロモンの時代から、南王国の初期にまずは成立したと考えられる。しかし後世の加筆がかなりあるかもしれない。エデンの園の物語から始まって、出エジプトの物語へと続く。
②「エロヒム資料」（E）。前八世紀。北王国で成立した。創造物語はなく、アブラハムの物語から始まる。
③「申命記資料」（D）。前七世紀頃。核になるものは北王国で作られ、最終的に南王国で成立した。モーセ五書の五番目の文書である申命記には、モーセが与えたとされる掟が記されているが、この掟のテキストにあたる。したがって「申命記資料」は、物語ではない。
④「祭司資料」（P）。前六世紀の「バビロン捕囚」およびそれに続く時期に成立した。七

日間の創造物語から始まる。

聖書の核となるものとしてまず「モーセ五書」が成立したと述べたが、このことは聖書と言うべき権威ある書物としての文書集として「モーセ五書」がまず成立したという意味であって、各文書に記されている内容は、もっと前の時代から存在していて、伝えられてきたのである。

このことは、「モーセ五書」以外の他の文書についても、あてはまる場合が少なくない。図2「旧約聖書の諸文書の成立」（四八ページ）を見れば分かるように、モーセ五書の成立時期よりも早い時代に成立していて、それが聖書に加えられることになった文書がいくつも存在する。

しかしモーセ五書の成立の時期よりも後になってから、はじめて執筆された文書も存在する。

モーセ五書がまず聖書として成立して、その他の文書がつけ加えられたというのは、以上のような意味である。

このことを確認した上で、まず重要なのは、前五世紀・四世紀頃のモーセ五書の成立以前には、聖書というべきような絶対的な権威のある文書集は、ユダヤ人にとっては存在していなかったということである。出エジプトの出来事が前十三世紀であるから、八百年ほどのあいだは、イスラエル民族にとって聖書は存在していなかった。神と民の関係は、聖書なしでも、存在していたのである。

次に問題となるのは、聖書が三十九の文書からなるという立場がどのようにして確定したのかという問題である。

結論的に言うならば、このような立場が確定したのは、紀元後一世紀後半のことである。つまりモーセ五書が成立し、その他の文書が次第に聖書に加えられていくという事態が、五百年から六百年のあいだ続いていた。そして紀元後一世紀後半になって、聖書は三十九の文書によって構成されるという立場が確定して、それが今日まで及んでいる。「三十九の文書からなる」という立場からは、かなり長い期間にわたって、聖書を構成する文書の状態は不十分で不安定だった。

そして「(旧約) 聖書が三十九の文書からなる」という立場は、実はユダヤ教の立場であって、キリスト教の側では、この立場は必ずしも確定的なものにはなっていない。

このことには、次のような事情がある。

前五世紀・四世紀頃に、モーセ五書が成立した。これはペルシアの支配の時期である。モーセ五書は、ヘブライ語で書かれている。その他の文書も、ヘブライ語で書かれていた。ところで権威ある文書集に、場合によって新たに付加される文書があり得るというのは、ある意味では対応に困るところのある事態である。ある地方では新たな文書として認められているものが、別の地方ではまだそのような状態にはなっていないということが生じたりする。

しかもこうした問題が、さらに複雑になる出来事が生じる。

前四世紀後半に、ギリシアの勢力が支配者となる。ヘレニズム世界が広い範囲にわたって成立し、ギリシア語が公用語・共通語として用いられるようになる。ヘブライ語で記されていた聖書も、ギリシア語に翻訳される。これが「七十人訳聖書」(セプトゥアギンタ)である。図2では、「七十人訳聖書」の成立は、一応のところ前二世紀の初め頃のこととして記した。この時期は、まだ聖書の文書の付加が可能な時期である。このギリシア語聖書も権威あるものとして、次第に定着するようになる。すると最初からギリシア語で書かれた文書が、聖書を構成するものとしてつけ加わるということが生じてくる。ヘブライ語の聖書だけしかなかった時でも、構成文書がまちまちだという問題が存在していたのだが、ヘブライ語の聖書とギリシア語の聖書の間の相違の問題がさらに加わってしまうのである。

こうした事態に終止符を打ったのが、紀元後一世紀後半の決定である。パレスチナにあるヤムニアという村に集まっていた学者たちによって決められた。この「ヤムニア決定」では、最初からギリシア語で書かれた文書はすべて退けられ、ヘブライ語の三十九の文書だけが聖書を構成するものとされた。ユダヤ教の世界では、この決定が尊重され、この立場は今日に及んでいる。
紀元後一世紀前半のイエスの登場から、結局のところ「キリスト教」となる流れが生じる。キリスト教は、ユダヤ教の「聖書」を「旧約聖書」として受け継ぐ。しかしキリスト教が受け継いだ「聖書」は、ヤムニアでの決定の立場に従った三十九の文書からなる「聖書」だと簡単には言うことができない。このことについては、少し後で検討する。

聖書の文書

聖書の文書について、改めて確認する。この項での説明は、いささか煩瑣なので、最初は一応のところ目を通す程度でよいかもしれない。

手元の聖書の目次を見ていただきたい。旧約聖書については「創世記」「出エジプト記」「レビ記」などのタイトルが並んでおり、新約聖書については「マタイ福音書」に始まって、「使徒行伝」とか、さまざまな「手紙」等のタイトルが並んでいる。

テキストのこれらの纏まりは「文書」と呼ばれている。「創世記」は旧約聖書に収められている文書の一つだし、「マタイ福音書」は新約聖書の文書の一つだといった具合である。

旧約聖書には三十九の文書、新約聖書には二十七の文書が収められている。

新約聖書が二十七の文書によって構成されていることは、紀元後四世紀ないし五世紀に新約聖書が一応のところ安定して成立して以降は、基本的には問題がないと言ってよい。一部の文書に価値がないという表明がなされて、「正典中の正典」を選ぼうとする方向への動きもなくはなかった。ルターが「ヤコブの手紙」を厳しく批判する言葉を表明した例は有名である。しかしキリスト教の全体としての立場を大きく揺るがすようなことは、これまでは生じていない。

旧約聖書については、どの文書が旧約聖書を構成するのかというレベルにおいて既に問題がある。ユダヤ教のヘブライ語の聖書、古代において成立した「七十人訳聖書」、キリスト教の側での旧約聖書、こうした点について確認しておく。

ユダヤ教のヘブライ語の聖書では三十九の文書が三部に構成されている。それぞれに題名がある。

トーラー（律法）
ネビイーム（預言者）
ケトゥビーム（諸書）

「トーラー」は「律法」という意味である。

次が「ネビイーム」で、「預言者」という意味。この「ネビイーム」はさらに前編と後編に分けられる。

さらに「ケトゥビーム」。これは「書かれたもの」という語の複数形で、「諸書」と訳されている。いわば「その他の文書」という意味で、上の「トーラー」「ネビイーム」におさめられていない文書がここにおさめられている。

この三つの部分の題名は正式のものである。そして聖書全体を指す正式の名称は、これらの三つの題名を並べたものである。すなわち「トーラー・ネビイーム・ヴ・ケトゥビーム」が「ユダヤ教の聖書」の正式な題名である。ここで「ヴ」は、名詞を並べる際の接続詞で「……と……」の「と」にあたる。したがって「トーラー・ネビイーム・ヴ・ケトゥビーム」を日本語に訳すならば「律法と預言者と諸書」ということになる。ただし第三部の「ケトゥビーム」は「その他の文書」ということなので省略されることもある。すなわち「律法と預言者」が題名として用いられることもある。また各部のヘブライ語の頭文字を並べて子音をあしらった「タナク」(TaNaK) という表現が、聖書全体を指すのに用いられることもある。

この呼び名の実例をひとつ挙げておく。新約聖書の「マタイ福音書」の七・七以下では、「求めよ、そうすれば与えられる」というイエスの言葉が記されている。そして「求める者に神は良い物を与える」とされた後で、次のように述べられている。

「……だから、人にしてもらいたいと思うことは何でも、あなたがたも人にしなさい。これこそ律法と預言者である」。（マタイ七・一二）

ここで「律法と預言者」とされているのは、「（ユダヤ教の）聖書」という意味である。つまり「これこそ（ユダヤ教の）聖書（の真の教え）である」といった意味のことが述べられていることになる。

各部分を構成する文書は、次のごとくである。これは三十九の文書によって構成されているところの「ユダヤ教の聖書」の最終的な形である。

第一部　トーラー（律法）

創世記・出エジプト記・レビ記・民数記・申命記

第二部　ネビイーム（預言者）

前編　ヨシュア記・士師記・サムエル記（上下）・列王記（上下）

後編　三大預言書（イザヤ・エレミヤ・エゼキエル）

十二小預言書（ホセア・ヨエル・アモス・オバデヤ・ヨナ・ミカ・ナホム・ハバクク・ゼファニヤ・ハガイ・ゼカリヤ・マラキ）

第三部　ケトゥビーム（諸書）

（その他の文書）詩篇・箴言・ヨブ記・雅歌・ルツ記・哀歌・伝道の書（＝コヘレトの言葉）・エステル記・ダニエル書・エズラ記・ネヘミヤ記・歴代誌（上下）

「律法」は、「五書」とも言われる。ラテン語の Pentateuchum は、これに対応するものである。「モーセ五書」と呼ばれることもある。

「律法」という語について、確認しておく。「律法」という語は、さまざまな意味に使われる。少なくとも三つないし四つの用法を、心得ておく必要がある。（1）第一は、「ユダヤ教の聖書」の第一部の正式名称であり、「五書」ないし「モーセ五書」のことである。（2）また聖書全体を「律法」と呼ぶことがある。上で触れた「律法と預言者と諸書」ないし「律法と預言者」をさらに縮めた言い方である。（3）また聖書は「書かれた律法」だが、これとは別に「口伝の律法」があって、「書かれた律法」と「口伝の律法」を合わせたものを「律法」と呼ぶこともある。（4）第四に、伝統的に存在する「書かれた律法」や「口伝の律法」を越えたところの「真の律法」があるといった考え方も生じてくる。

「律法」という語がどの意味で用いられているかは、文脈によって判断するしかない。どの意味で用いられているかはっきりせず、議論が生じる場合もある。

ユダヤ教の聖書は、紀元前五世紀か四世紀にユダヤ人たちがアケメネス朝ペルシアの支配下にあった時に、エズラの指導でまず「律法」の部分が成立した。それから第二部、第三部が次第につけ加えられた。第二部「預言者」にどの文書が含まれるかは、比較的早くから確定したが、第三部に含まれる文書については流動的だった。

紀元後一世紀の後半にローマ帝国に対するユダヤ人の反乱であるユダヤ戦争が生じて、七〇年にエルサレムが陥落する。このユダヤ戦争の後にパレスチナのヤムニアという小さな村に集まった学者たちが中心になってユダヤ教のいわば体制再建が行われた。この時にユダヤ教の聖書が、ヘブライ語で書かれた三十九の文書によって構成されることになった。そしてこの状態が今も続いている。

「七十人訳聖書」はギリシア語の聖書で、紀元前三世紀から二世紀にかけてある程度の形のものが成立したと考えられている。ラテン語では「セプトゥアギンタ」と呼ばれている。「七十人訳聖書」は基本的には、ユダヤ教のヘブライ語聖書のギリシア語への翻訳版である。しかし右で確認したように、三十九の文書からなるヘブライ語聖書の形が定まったのは紀元後一世紀後半なので、ヘブライ語聖書と七十人訳聖書は、文書構成の面から見ただけでも、その内容は必ずしも一致していない。

「七十人訳聖書」は、四部構成になっている。

第一部　律法の書
（モーセ五書）創世記・出エジプト記・レビ記・民数記・申命記
第二部　歴史書
ヨシュア記・士師記・ルツ記・サムエル記（ⅠⅡ）・列王記（ⅠⅡ）・歴代誌（ⅠⅡ）・*エスドラス書Ⅰ・エスドラス書Ⅱ（＝エズラ記・ネヘミヤ記）・エステル記・*ユディット記・*トビト記・*マカバイ記（ⅠⅡⅢⅣ）
第三部　詩の書
詩篇・箴言・伝道の書（＝コヘレトの言葉）・雅歌・ヨブ記・*知恵の書・*シラ書・*ソロモンの詩篇
第四部　預言書
（十二小預言書）ホセア・アモス・ミカ・ヨエル・オバデヤ・ヨナ・ナホム・ハバクク・ゼファニヤ・ハガイ・ゼカリヤ・マラキ
イザヤ書・エレミヤ書・*バルク書・哀歌・*エレミヤの手紙・エゼキエル書・*スザンナ・ダニエル書・*ベルと竜

これは「七十人訳聖書」の一応の最終的な形であって、このギリシア語聖書が最初からこのように整備されていたのではない。三十九の文書からなるヘブライ語の「ユダヤ教の聖書」にない文書には＊印を示した。

この七十人訳聖書は、翻訳版でありながら、ヘブライ語聖書に匹敵する権威があると考えられていた。こうした事情があるために、後一世紀後半のヤムニアでの決定では、三十九の文書についてヘブライ語のものという限定がなされているのである。


キリスト教の側での旧約聖書は、簡単に言うならば、ユダヤ教の聖書を引き継いだものである。キリスト教は、ユダヤ教の枠内で生じた運動が紀元後七〇年のユダヤ戦争終結後にユダヤ教と分裂して、ユダヤ教とは別個のキリスト教なるものが独立することになる。

それまでのユダヤ教における聖書の状態は、ヘブライ語のものとギリシア語のものが並存し、そのどちらの内容も流動的だった。ユダヤ戦争後のヤムニアでの決定によってユダヤ教の側では、ヘブライ語で書かれた三十九の文書が聖書とされるべきことが正式に決定されたが、この時にキリスト教は実質的にユダヤ教から独立してしまっていた。したがって分立して、対立することになったユダヤ教の側での決定をキリスト教の側が尊重しなければならないという状態ではなかった。キリスト教の側では、各地で、それぞれの場所で用いられていたユダヤ教の聖書を自分たちも用いるということになる。つまりヤムニア決定以前の状態の聖書が、キリスト教の側で用いられることになる。

またユダヤ教との対立が生じたために、これ以降はユダヤ人でキリスト教徒になる者は基本的にいなくなる。つまりキリスト教徒は次第に非ユダヤ人出身の者が大勢を占めるようになる。ヤムニア決定以前に権威があったのは、ヘブライ語の聖書とギリシア語の聖書である。しかしヘブライ語はユダヤ民族の古い言語であり、ユダヤ人でも専門的な長い勉強の末でないと習得できなかった。これに対してギリシア語は広く用いられていた言語である。こうした事情があって、キリスト教の側では、七十人訳のギリシア語聖書が特に尊重されることになる。そしてこのギリシア語聖書を構成する文書については、古代から中世にかけて、ユダヤ教の側でのヤムニア決定に匹敵するような大きな権威のある統一的な決定は、なされなかった。したがって主要な部分以外については必ずしも一致しないものが用いられていた。四世紀にラテン語のいわゆる「ヴルガタ訳聖書」が作られる。この作業において中心的役割を果たしたヒエロニムスは、序言の中で、ユダヤ教で正典とされている三十九の文書とそれ以外の文書の区別について注意を喚起している。しかしヴルガタ訳聖書の写本が作られる際に必ずしも序言が写されないといった事情もあって、三十九の文書以外の文書も権威ある文書として考えられることが多かった。

宗教改革の時代に、プロテスタント側は旧約聖書についてはヘブライ語聖書の三十九文書だけが正典であるという立場をとった。それ以外の文書は「外典」(アポクリファ)とされた。プロテスタント側の聖書では、外典の文書は旧約聖書と新約聖書の間、あるいは新約聖書の後に付け加えられることが多かった。

カトリック教会は、トレント会議において、三十九の文書を「第一正典」とし、更に十一の文書ないし文書の一部を「第二正典」とした（一五四六年）。第二正典とされたのは、

トビト記・ユディット記・エステル記への付加・第一マカバイ記・第二マカバイ記・知恵の書・シラ書・バルク書（その第六章が「エレミヤの手紙」）・ダニエル書の補遺（アザルヤの祈りと三人の若者の賛歌・スザンナ・ベルと竜）

である。「ダニエル書の補遺」の三つのテキストは三つと数え、「バルク書」は、第六章に「エレミヤの手紙」を含んだものを一つと数える。カトリック教会の立場からは、「第一正典」「第二正典」以外の文書が「外典」である。

印刷された聖書において三十九の文書以外のものの姿が消えてしまうのは十九世紀になってからで、このタイプの聖書が大量に作られて世界に流布することになる。各国の「聖書協会」がこうした活動の中心である。日本ではこの時期に、特にアメリカのピューリタン系の伝道者が活動をして聖書を広めたので、この「聖書」が「本物の聖書」といった感覚が広まった。

二十世紀後半になって、カトリックとプロテスタントの学者の共同作業による聖書翻訳が行われるようになった。これらの聖書においては「第二正典」ないし「外典」の部分も訳さ

れて印刷されている。フランス語の「共同訳」であるTOB（Traduction œcuménique de la Bible）では、三十九の文書以外の部分については「第二正典の諸文書」とされ、そして括弧が付されて「あるいはアポクリファ（の文書）」とされている。日本語のいわゆる「新共同訳」の聖書では、この部分は「旧約聖書続編」とされている。「続編」という名は「第二正典」という名称も「外典」という名称も採用せずに、新たに作り出した名称で、どちらともつかないいわば妥協の産物といった感じがする。またフランス語の「共同訳」の旧約聖書の部分の文書の配列は、ユダヤ教の聖書の文書の配列になっており、三十九の文書以外のものは巻末に置かれている。ちなみにフランス語の「共同訳」の略称の「トブ」（TOB）は、ヘブライ語で「良い」という意味になるので、こうしたいわば偶然の一致について担当者がたいへん喜んでいたとのことである。

外典

「外典」（アポクリファ）について確認しておく。外典には「旧約聖書の外典」と「新約聖書の外典」がある。

伝統的には十四ないし十五の文書が、「旧約聖書の外典」とされている。内容の文学的タイプの観点から分類して並べてみるならば、次の如くである。

歴史
　第一マカバイ記・第二マカバイ記・エスドラス書Ⅰ
伝説
　エステル記への付加・ダニエル書の補遺（アザルヤの祈りと三人の若者の賛歌・スザンナ・ベルと竜）・トビト記・ユディット記
預言
　バルク書・エレミヤの手紙・マナセの祈り
黙示
　エスドラス書Ⅱ
教え
　シラ書・知恵の書

この場合も「ダニエル書の補遺」の三つのテキストは三つと数える。「バルク書」と「エレミヤの手紙」を一つと数えるか二つと数えるかによって、全体の文書の数が十四か十五となる。

カトリック教会の立場の「第二正典」と比べると、三つの文書（マナセの祈り、エスドラス書Ⅰ、エスドラス書Ⅱ）が加わっている。カトリック教会の立場からは、これらの三つの文書がまずは「外典」である。

「旧約聖書の外典」として、もっと広い範囲の文書が数えられることもある。ここでは言及しきれないので、しかるべき解説書を見ていただきたい。また伝統的に知られていた文書ばかりでなく、死海文書に含まれている文書のような新しく発見された文書を「外典」に含めてしまう場合もある。上にあげた伝統的な十四ないし十五の文書だけを「外典」と考えようとする場合には、その他の文書を「偽典」（プシュドエピグラファ）と呼ぶこともある。また三十九の文書だけが正典であって、その他に何らかの権威のありそうな「外典」といったものなど存在しないという立場からは、三十九の文書以外はすべて「偽典」とされることもある。

用語がこのように曖昧なので、混乱をさけるために、三十九の文書以外の文書でキリスト教成立と重なる時期くらいまでの間にユダヤ教の側で成立した諸文書を「中間時代の文書」と呼ぶこともある。「中間時代」とは、旧約聖書と新約聖書の中間時代という意味だが、この名称で問題とされる文書が、旧約聖書の諸文書の成立よりも確実に後で成立したとか、新約聖書の諸文書の成立よりも確実に前に成立したという意味ではない。「中間時代」とは、紀元前二世紀から紀元後二世紀半ばまでのおよそ三世紀半と考えると、当面の理解となるだろう。つまり三十九の正典の文書以外で、この時代にユダヤ教において成立した文書が、「中間時代の文書」ということになる。

ヘブライ語旧約聖書	エズラ記・ネヘミヤ記			
アポクリファ	第一エスドラス書（ヘブライ語旧約聖書のエズラ記とだいたい同じだが、異なる箇所もある。「再構築されたエズラ記」と呼ばれることもある）		第二エスドラス書（黙示的内容）	
（もう一つの数え方）	第一エズラ書（アポクリファの「第一エスドラス書、再構築されたエズラ記」）	第二エズラ書（ヘブライ語旧約聖書のエズラ記・ネヘミヤ記を一つの文書としたものに相当）	第三エズラ書（アポクリファの「第二エスドラス書」）	
七十人訳聖書	第一エスドラス書（アポクリファの「第一エスドラス書、再構築されたエズラ記」相当）	第二エスドラス書（ヘブライ語旧約聖書のエズラ記・ネヘミヤ記を一つの文書としたものに相当）		
ヴルガタ聖書	第一エズラ書（ヘブライ語旧約聖書のエズラ記に相当）	第二エズラ書（ヘブライ語旧約聖書のネヘミヤ記に相当）	第三エズラ書（アポクリファの「第一エスドラス書、再構築されたエズラ記」に相当）	第四エズラ書（アポクリファの「第二エスドラス書」に相当）

エズラ記とエスドラス書の名称

エズラ記ないしエスドラス書については、文書の名称がいくらか錯綜しているので、ここで整理しておく（前頁表参照）。

三十九の文書の正典では、エズラ記・ネヘミヤ記と二つの文書が並んでいるが、これは元は一つの文書だったと考えられている。また「エスドラス」は、「エズラ」という名のギリシア名である。

たいへん込み入っているようだが、論文などではどの文書のことが問題となっているか、大抵の場合、はっきりと分かるように書かれている。

「新約聖書の外典」は、新約聖書の文書以外の、初期のキリスト教において生み出された文書である。だいたい三世紀くらいまでに成立したと考えられる文書が、これに含まれる。しかし場合によっては四世紀や五世紀、あるいは更に後に成立したという説がある文書もある。また初期のキリスト教著作家たちの著作は明らかに「外典」に含まれないので、「初期のキリスト教において生み出された文書」という定義では、実は曖昧である。初期のキリスト教において生み出された文書で、神的権威があるという主張が含まれている文書ということになるだろうか。しかしこの定義でも、初期のキリスト教著作家たちの著作にもある意味では神的権威があるという議論ができなくもないので、十分とは言えない。

「新約聖書の外典」については、「旧約聖書の外典」の場合のように、限定された数の文書だけが「外典」とされるといった伝統的な立場が成立したことがない。そのためにさまざまな文書が外典として扱われている。一応のところ文書全体が残存しているものもあるし、断片しか残っていないものもある。断片の場合には、文書のタイトルもはっきりしないものもある。「新約聖書の外典」とされる文書の数は多いので、主要なものに言及するだけでもリストが長くなってしまう。しかしどのようなものが外典とされているのか、一応の目安となるように、幾つかのタイトルを挙げておく。

福音書

ナザレ人福音書・ヘブル人福音書・エジプト人福音書・エビオン派福音書・ペトロ福音書・トマス福音書・ヤコブ原福音書・ニコデモ福音書・マルキオンの福音書・バシリデスの福音書・真理の福音、等々。

行伝

ペトロ行伝・パウロ行伝・ヨハネ行伝・アンデレ行伝・トマス行伝、等々。

書簡

ラオデキヤ人への手紙・コリント人への第三の手紙・セネカとパウロの往復書簡・バルナバの手紙・クレメンスの手紙・ペトロの宣教、等々。

教訓
十二使徒の教訓・ヘルマスの牧者、等々。

黙示録
ペトロ黙示録・パウロ黙示録・トマス黙示録、等々。

旧約聖書の三十九の文書、新約聖書の二十七の文書について、日本語ではこれらの文書の順番を記憶するための、便利な「覚え歌」があるので、紹介しておく。

1、創・出・レビ・民・申命記《しんめいき》
ヨシュア・士師《しし》・ルツ・サム・列王
歴代・エズ・ネヘ・エステル記
ヨブ・詩・箴言・伝道（コヘレト）・雅歌（雅）

2、イザヤ・エレ・哀・エゼ・ダニエル
ホセア・ヨエル・アモ・オバデ
ヨナ・ミカ・ナホム・ハバクク
ゼパニア（ゼファニヤ）・ハガイ・ゼカ・マラキ

ここまでは旧約聖書の文書についてであり、以下が新約聖書の文書についてである。

マタイ・マコ・ルカ・ヨハネ・使徒

ローマ・コリント・ガラ・エペソ（エフェソ）

ピリ（フィリ）・コロ・テサ・テモ・テト・ピレモン（フィレモン）

ヘブ・ヤコ・ペテ（ペト）・ヨハ・ユダ・ヨハネ

『鉄道唱歌』（「汽笛一声新橋を……」）のメロディで歌うようにと、私は教わった。ほかにも「どんぐりコロコロ……」「もしもしかめよ……」のメロディでも歌うことができる。音節の数さえ合えば、その他のどんなメロディでも構わない。ちなみにテレビドラマの「水戸黄門」の主題歌（「人生楽ありゃ苦もあるさ……」）も、音節の数が一致する。旅をする黄門一行の姿がどうしても思い浮かぶが、歴史の中での「神の民」の旅の姿と重なるような気がする。

ヤーヴェ

「ヤーヴェ」という神の名について、確認しておきたい。日本語の本では近年に出版された本でも、いまだに「エホバ」という名称が用いられていることが少なくない。この「エホバ」という呼び方は、誤りである。特に著者が高齢である場合に、こうした誤りが多いようである。

「ヤーヴェ」という名は、ヘブライ語では、四つの文字で記されている。ヘブライ語の文字はすべて子音であって、聖書はその文字で記されている。しかし発音の指示のために、それらの文字の上や下に、母音記号を付すことができる。聖書に出てくる「ヤーヴェ」は、ローマ字に転記するならば、YHWHとなる。これに本来の発音の母音を加えるとYaHWeHとなり、「ヤーヴェ」ないし「ヤハウェ」と読むことになる。

しかし神の名をみだりに発音してはならないという考え方から、聖書朗読の際にこのYHWHの語は、「主」を意味する「アドナイ」（ADNY）という別の語で発音するべきだとされていた。たとえば「YHWHは言った」と書いてあれば、「ヤーヴェは言った」と読まずに、「アドナイは言った」と読むようなものである。

このADNYに母音記号を付したものは、ADo̲Na̲Yとなる。母音の部分には、下線を付した。「アドナイ」の「ア」の部分は、子音としては何の発音もない文字（「アレフ」という文字）になっており、母音を添えなくては発音ができない。したがってここでは「A」と記したが、厳密には「発音のないアレフ」に「母音のアの音」が組み合わさって、「ア」という発音になる。したがって「ア」の部分は、「子音＋母音」で「A」と発音されている。「A」の音は、母音の発音である。

ところでYHWHもADNYも四文字である。そこでYHWHの語は「アドナイ」と発音するべきだという指示のために、YHWHの上下に「アドナイ」の語の母音（下線の部分）を母音記号で記すということが行われた。するとYaHoWaHとなる。YaHoWaHは「アドナイ」と発音すべきなのだが、その決まり事が忘れられ、書かれた通りに「ヤホヴァ」「エホバ」と発音されるようになってしまった。

したがってYHWHは、「ヤーヴェ」ないし「ヤハウェ」と読むのが正しい。また慣例に従うならば「アドナイ」と発音するのも適切だということになる。しかし「エホバ」と読むのは誤りである。

日本語訳の聖書では、このYHWHは、「アドナイ」の意味である「主」と訳されていることが多いようである。この訳も、適切な訳の一つだということになる。

ヘブライ人、イスラエル人、ユダヤ人

「ヘブライ人」「イスラエル人」「ユダヤ人」といった言い方は、互いに区別があるようで、しかしどれを用いてもよいかのような用いられ方をされている場合も少なくない。本書でもすべての場合に厳密な理由でどれかの表現を用いているとは限らない。これらの用語のこうした状態に困惑を感じる向きもあるかもしれない。

「ヘブライ人」ないし「ヘブル人」という言い方では、血縁的・社会的な繋がりの面がどち

らかというと強調されている。もともとは遊牧民の名前だった。しかし遊牧民のどの部族ともはっきりしない場合に、曖昧に用いられていた名称だと思われる。出エジプトの際にモーセの指導の下にエジプトを脱出した集団は、ヘブライ人と呼ぶのが適当である。彼らは宗教的なまとまりがないのでまだ「イスラエル人」ではなく、民族的ないし政治的なまとまりもないのでまだ「ユダヤ人」でもない。しかしヘブライ人はエジプト人ではない。エジプトで奴隷状態にあったかなり雑多な出自の者たちの集団だった。そして「ヘブライ人」は、「イスラエル人」「ユダヤ人」とほぼ同義に用いられるようになるが、その場合も「ヘブライ人」は、宗教的なまとまり・民族的ないし政治的なまとまりの面があまり強調されない言い方である。

「イスラエル」ないし「イスラエル人」という言い方は基本的には、ヤコブの子孫を指す。「イスラエル」はヤコブの別名である。ダビデ・ソロモンの統一王国の際には、北部の諸部族を指し、また王国全体を指す。この後者の観点からは、「イスラエル人」はヤーヴェを神として国を作った者たちであり、信仰的ないし信仰告白的、あるいは宗教的な言い方だということができる。王国の南北分裂後は、「イスラエル」は北王国の名になる。捕囚以後は、再びヘブライ人全体を指す名として用いられる。また預言者たちが「残りの者だけが救われる」と告知したのを受けて、キリスト教徒は「肉によるイスラエル」と「神のイスラエル」を区別するようになる。キリスト教徒たちの共同体は、ユダヤ人たちの希望を実現した新しいイスラエルであり、神の新しい民だという考え方が生じてくる。

「ユダヤ人」は、捕囚からの帰還の後のペルシア期以降の名称である。「ユダ」は、ヤコブの子の一人の名で、この名の部族の領域の名だった。これが南王国の名となって、南王国は「ユダ王国」と呼ばれる。「ユダヤ」はこの「ユダ」から派生した語だが、「ユダ」とは別の名である。ペルシア帝国の政治区分でパレスチナが「ユダヤ州」とされたことから始まる。「ユダヤ州」に住む者がユダヤ人であり、やがてヘブライ人の民族がユダヤ民族と呼ばれるようになる。したがって「ユダヤ人」は、民族的ないし政治的なまとまりの面を強調する名称である。また「ユダヤ人」という名は、厳密には捕囚からの帰還以後に限って用いる。しかし実際には、捕囚以前の時期についても、「ヘブライ人」「イスラエル人」と同義に用いられている。

第二章　出エジプト

出エジプトからはじまる

まず出エジプトの事件について確認する。

古代イスラエル民族についていくらか通じている人は、「古代イスラエル民族の歴史の流れ」に即して考えるならば、族長の時代から、つまりアブラハムから検討を始めるべきだと思うかもしれない。しかしイスラエル民族なるものが、その名にふさわしい規模で存在するようになる上でまず重要なのは、歴史の流れの順序から「出エジプト」の出来事である。「出エジプト」の出来事およびその後の展開の中で「イスラエル民族」が成立し、その中で「出エジプト」以前の時代に属する「族長たち」が重要になったのである。このことは本書の記述の中で、自ずから明らかになる。

出エジプトは前十三世紀の出来事である（既に記したように（一一三頁）、「出エジプト」についてはかなり異った年代を考える説もある)。当時のエジプト(新王国時代、第十九王朝)で奴隷状態に苦しんでいたヘブライ人たちが、モーセを指導者として、集団で脱走した事件である。

ヘブライ人はエジプト人ではなく、したがってエジプトでは外国人である。エジプト人支配の下にあって奴隷的状態に置かれていた。「ヘブライ人」という名称は、一つのまとまった民族の名称ではない。非エジプト人がすべてヘブライ人であるのではない。またヘブライ人がすべてイスラエル民族になるのではない。したがって「ヘブライ人」は、曖昧な名称である。パレスチナ・シリア・メソポタミアあたりの出身でどこの民族ともはっきりと言い切れないような者のうちでヘブライ人と呼ばれる者たちがいた。そして彼らのうちでエジプトにいた者の多くが出エジプトの企てに参加したと了解することにする。

出エジプトは有体に言えば、奴隷たちの集団脱走である。奴隷たちが脱走すれば、追っ手がかかる。大勢の奴隷が一挙に脱走すれば、軍隊が出動する。一方はいわば寄せ集めの奴隷集団であり、他方は当時の最高の文明国の軍隊である。奴隷たちは捕らえられて、厳しく扱われることになるのが当然のところだった。ところが出エジプトの企ては成功する。脱走が成功したということ自体が、既に奇跡的出来事だった。単に運がよかったと考えるのは、たいへん世俗的で、いわば近代的な考え方である。当時の人たちは古代人なので、古代の常識にしたがって、神が自分たちを導き出したと考えた。モーセの指導によって、彼らは一致してヤーヴェという神を崇拝することになる。ヤーヴェが自分たちをエジプトから導き出したと考えたのである。このことによって、イスラエル民族の核が成立する。

聖書では、第二番目の文書である「出エジプト記」の一―一八章でこの出来事が語られている。出一九章以降、そしてレビ記には、脱出後に定められたものとして、契約と律法が記されている。民数記には民が荒野をさまよう様子が描かれ、その次の申命記には、モーセが死の直前に行ったとされる長い演説の形で、「申命記的掟」が記され、そしてモーセの死についての記述がある。

出エジプト記一―一八章	出エジプトの話
出エジプト記一九―四〇章、レビ記	契約と律法
民数記	荒野をさまよう
申命記	モーセの演説と彼の死

ここではまず出一二・一―一三・一六の部分を読む。これ以降、本書で取り上げる聖書の箇所ですべてを引用しない場合には、手元の聖書で目を通していただきたい。いくらか長い場合もあって、いつもすべてを引用することはできない。しかし最初のうちは、聖書に親しんでもらう意味もあるので、丁寧に引用することにする。

過越祭・除酵祭の規定

出一二・一―一三・一六の叙述は、次のような展開になっている。

一二・一―二〇　モーセ、アロンへの主の言葉。過越祭の規定（二―一四節）と除酵祭の規定（一五―二〇節）。

二一―二八　長老へのモーセの言葉。過越祭について（二一―二七節）。民はその通り行う。

二九―四二　初子の死。エジプト脱出。

四三―五一　モーセ、アロンへの主の言葉。過越祭の規定の補遺。

一三・一―二　モーセへの主の言葉。初子奉献。

三―一六　民へのモーセの言葉。除酵祭（三―一〇節）、初子奉献（一一―一六節）について。

出一二・一―一三・一六のテキストは次のごとくである。

（一二・一―二〇　モーセ、アロンへの主の言葉。過越祭の規定（二―一四節）と除酵祭の

規定（一五―二〇節）。〉
一二・一エジプトの国で、主はモーセとアロンに言った。
二「この月をあなたたちの正月とし、年の初めの月としなさい。三イスラエルの共同
体全体に次のように告げなさい。『今月の十日、人はそれぞれ父の家ごとに、すなわち
家族ごとに小羊を一匹用意しなければならない。四もし、家族が少人数で小羊一匹を食
べきれない場合には、隣の家族と共に、人数に見合うものを用意し、めいめいの食べる
量に見合う小羊を選ばねばならない。五その小羊は、傷のない一歳の雄でなければなら
ない。用意するのは羊でも山羊でもよい。六それは、この月の十四日まで取り分けてお
き、イスラエルの共同体の会衆が皆で夕暮れにそれを屠り、七その血を取って、小羊を
食べる家の入り口の二本の柱と鴨居に塗る。八そしてその夜、肉を火で焼いて食べる。
また、酵母を入れないパンを苦菜を添えて食べる。九肉は生で食べたり、煮て食べては
ならない。必ず、頭も四肢も内臓も切り離さずに火で焼かねばならない。一〇それを翌
朝まで残しておいてはならない。翌朝まで残った場合には、焼却する。一一それを食べ
るときは、腰帯を締め、靴を履き、杖を手にし、急いで食べる。これが主の過越である。
一二その夜、私はエジプトの国を巡り、人であれ、家畜であれ、エジプトの国のすべ
ての初子を撃つ。また、エジプトのすべての神々に裁きを行う。私は主である。一三あ

なたたちのいる家に塗った血は、あなたたちのしるしとなる。血を見たならば、私はあ
なたたちを過ぎ越す。私がエジプトの国を撃つとき、滅ぼす者の災いはあなたたちに及
ばない。一四この日は、あなたたちにとって記念すべき日となる。あなたたちは、この
日を主の祭りとして祝い、代々にわたって守るべき不変の定めとして祝わねばならない。
一五七日の間、あなたたちは酵母を入れないパンを食べる。まず、祭りの最初の日に
家から酵母を取り除く。この日から第七日までの間に酵母入りのパンを食べた者は、す
べてイスラエルから断たれる。一六最初の日に聖なる集会を開き、第七日にも聖なる集
会を開かねばならない。この両日にはいかなる仕事もしてはならない。ただし、それぞ
れの食事の用意を除く。これだけは行ってもよい。一七あなたたちは除酵祭を守らねば
ならない。なぜなら、まさにこの日に、私はあなたたちの部隊をエジプトの国から導き
出したからである。それゆえ、この日を代々にわたって守るべき不変の定めとして守ら
ねばならない。一八正月の十四日の夕方からその月の二十一日の夕方まで、酵母を入れ
ないパンを食べる。一九七日の間、家の中に酵母があってはならない。酵母の入ったも
のを食べる者は、寄留者であれその土地に生まれた者であれ、すべて、イスラエルの共
同体から断たれる。二〇酵母の入ったものは一切食べてはならない。あなたたちの住む
所ではどこでも、酵母を入れないパンを食べねばならない』」。

〈一二・二一―二八　長老へのモーセの言葉。過越祭について（二一―二七節）。民はその
通り行う。〉

二一モーセは、イスラエルの長老をすべて呼び寄せ、彼らに命じた。「さあ、家族ごと
に羊を取り、過越の犠牲を屠りなさい。二二そして、一束のヒソプを取り、鉢の中の血
に浸し、鴨居と入り口の二本の柱に鉢の中の血を塗りなさい。翌朝までだれも家の入り
口から出てはならない。二三主がエジプト人を撃つために巡るとき、鴨居と二本の柱に
塗られた血を見て、その入り口を過ぎ越す。滅ぼす者が家に入って、あなたたちを撃つ
ことがないためである。二四あなたたちはこのことを、あなたと子孫のための定めとし
て、永遠に守らねばならない。二五また、主が約束したとおりあなたたちに与える土地
に入ったとき、この儀式を守らねばならない。二六また、あなたたちの子供が、『この儀
式にはどういう意味があるのか』と尋ねるときは、二七こう答えなさい。『これが主の過
越の犠牲である。主がエジプト人を撃ったとき、エジプトにいたイスラエルの人々の家
を過ぎ越し、我々の家を救ったのである』と」。民はひれ伏して礼拝した。
二八それから、イスラエルの人々は帰って行き、主がモーセとアロンに命じたとおり
に行った。

〈一二・二九―四二　初子の死。エジプト脱出。〉

二九真夜中になって、主はエジプトの国ですべての初子を撃った。王座に座しているファラオの初子から牢屋につながれている捕虜の初子まで、また家畜の初子もことごとく撃ったので、三〇ファラオと家臣、またすべてのエジプト人は夜中に起き上がった。死人が出なかった家は一軒もなかったので、大いなる叫びがエジプト中に起こった。

三一ファラオは、モーセとアロンを夜のうちに呼び出して言った。「さあ、私の民の中から出て行くがよい、あなたたちもイスラエルの人々も。あなたたちが願っていたように、行って、主に仕えるがよい。三二羊の群れも牛の群れも、あなたたちが願っていたように、連れて行くがよい。そして、私をも祝福してもらいたい」。

三三エジプト人は、民をせきたてて、急いで国から去らせようとした。そうしないと自分たちは皆、死んでしまうと思ったのである。三四民は、まだ酵母の入っていないパンの練り粉をこね鉢ごと外套に包み、肩に担いだ。三五イスラエルの人々は、モーセの言葉どおりに行い、エジプト人から金銀の装飾品や衣類を求めた。三六主は、この民にエジプト人の好意を得させるようにされたので、エジプト人は彼らの求めに応じた。彼らはこうして、エジプト人の物を分捕り物とした。

三七イスラエルの人々はラメセスからスコトに向けて出発した。一行は、妻子を別に

して、壮年男子だけでおよそ六十万人だった。三八そのほか、種々雑多な人々もこれに
加わった。羊、牛など、家畜もおびただしい数だった。三九彼らはエジプトから持ち出
した練り粉で、酵母を入れないパン菓子を焼いた。練り粉には酵母が入っていなかった。
彼らがエジプトから追放されたとき、ぐずぐずしていることはできなかったし、道中の
食糧を用意するいとまもなかったからである。
四〇イスラエルの人々が、エジプトに住んでいた期間は四百三十年だった。四一四百三
十年を経たちょうどその日に、主の部隊は全軍、エジプトの国を出発した。四二その夜、
主は、彼らをエジプトの国から導き出すために寝ずの番をした。それゆえ、イスラエル
の人々は代々にわたって、この夜、主のために寝ずの番をする。

〈一二・四三―五一　モーセ、アロンへの主の言葉。過越祭の規定の補遺。〉

四三主はモーセとアロンに言った。「過越祭の掟は次のとおりである。外国人はだれも
過越の犠牲を食べることはできない。四四ただし、金で買った男奴隷の場合、割礼を施
すならば、彼は食べることができる。四五滞在している者や雇い人は食べることができ
ない。四六一匹の羊は一軒の家で食べ、肉の一部でも家から持ち出してはならない。ま
た、その骨を折ってはならない。四七イスラエルの共同体全体がこれを祝わなければな

らない。四八もし、寄留者があなたのところに寄留し、主の過越祭を祝おうとするとき
は、男子は皆、割礼を受けた後にそれを祝うことが許される。彼はそうすれば、その土
地に生まれた者と同様になる。しかし、無割礼の者は、だれもこれを食べることができ
ない。四九この規定は、その土地に生まれた者にも、あなたたちの間に寄留している寄
留者にも、同じように適用される」。
五〇イスラエルの人々はすべて、主がモーセとアロンに命じたとおりに行った。五一ま
さにこの日に、主はイスラエルの人々を部隊ごとにエジプトの国から導き出した。

〈一三・一―二　モーセへの主の言葉。初子奉献。〉

一三・一主はモーセに言った。二「すべての初子を聖別して私にささげよ。イスラエル
の人々の間で初めに胎を開くものはすべて、人であれ家畜であれ、私のものである」。

〈一三・三―一六　民へのモーセの言葉。除酵祭（三―一〇節）、初子奉献（一一―一六節）
について。〉

三モーセは民に言った。「あなたたちは、奴隷の家、エジプトから出たこの日を記念

しなさい。主が力強い手をもって、あなたたちをそこから導き出したからである。酵母
入りのパンを食べてはならない。四あなたたちはアビブの月のこの日に出発する。
五主が、あなたに与えると先祖に誓った乳と蜜の流れる土地、カナン人、ヘト人、ア
モリ人、ヒビ人、エブス人の土地にあなたを導き入れるとき、あなたはこの月にこの儀
式を行わねばならない。六七日の間、酵母を入れないパンを食べねばならない。七日目
には主のための祭りをする。七酵母を入れないパンを七日の間食べる。あなたのもとに
酵母入りのパンがあってはならないし、あなたの領土のどこにも酵母があってはなら
ない。
八あなたはこの日、自分の子供に告げなければならない。『これは、私がエジプトか
ら出たとき、主が私のために行ったことのゆえである』と。九あなたは、この言葉を自
分の腕と額に付けて記憶のしるしとし、主の教えを口ずさまねばならない。主が力強い
手をもって、あなたをエジプトから導き出したからである。一〇あなたはこの掟を毎年
定められたときに守らねばならない。
一一主があなたと先祖に誓ったとおり、カナン人の土地にあなたを導き入れ、それを
あなたに与えるとき、一二初めに胎を開くものはすべて、主にささげなければならない。
あなたの家畜の初子のうち、雄はすべて主のものである。一三ただし、ロバの初子の場
合はすべて、小羊をもって贖わねばならない。もし、贖わない場合は、その首を折らね

ばならない。あなたの初子のうち、男の子の場合はすべて、贖わねばならない。一四将来、あなたの子供が、『これにはどういう意味があるのか』と尋ねるときは、こう答えよ。『主は、力強い手をもって我々を奴隷の家、エジプトから導き出した。一五ファラオがかたくなで、我々を去らせなかったため、主はエジプトの国中の初子を、人の初子から家畜の初子まで、ことごとく撃った。それゆえ私は、初めに胎を開く雄をすべて主に犠牲としてささげ、また、自分の息子のうち初子は、必ず贖うのである』。一六あなたはこの言葉を腕に付けてしるしとし、額に付けて覚えとしなさい。主が力強い御手をもって、我々をエジプトから導き出されたからである」。

念のために「あらすじ」を記しておく。

〈一二・一―二〇〉エジプトの国で、神がモーセとアロンに言う。「過越祭」の規定について。傷のない子羊を用意し、夕暮れにそれを屠り、血を家の入り口の柱に塗る。肉は食べる。酵母を入れないパンも食べる。この間に神は、柱に血が塗られていない家の初子を殺す。神は柱に血が塗られた家を「過ぎ越す」のである。「除酵祭」の規定について。子羊の肉を食べた日から七日の間、酵母を入れないパンを食べねばならない。「過越祭」と「除酵祭」は毎年、行わねばならない。

〈一二・二一―二八〉モーセが、長老たちに命じる。神から命じられたばかりの「過越祭」と「除酵祭」の規定が言い渡される。この儀式は、「あなたと子孫のための定めとして、永遠に守らねばならない」（二四節）。この儀式の意味について子供が質問したら、「これが主の過越の犠牲である。主がエジプト人を撃ったとき、エジプトにいたイスラエルの人々の家を過ぎ越し、我々の家を救ったのである」と答えねばならない。民はその通り行う。

〈一二・二九―四二〉　真夜中になって、神はエジプトの国のすべての初子を殺す。ファラオが、モーセとアロンを呼び出して、「私の民の中から出て行け」と言う。エジプト人も、民をせきたてて、国から去らせようとする。民は、酵母の入っていないパンの練り粉を持って行く。民は、エジプト人の財宝を奪っていく。脱出したのは、壮年男子だけでもおよそ六十万人である。「酵母の入っていないパンの練り粉」について、「彼らがエジプトから追放されたとき、ぐずぐずしていることはできなかったし、道中の食糧を用意するいとまもなかったから」と説明が付される（三九節）。

〈一二・四三―五一〉　神がモーセとアロンに言う。過越祭の補足規定。外国人は、過越の犠牲を食べてはならない。男奴隷で割礼を施された者は、食べることができる。一匹の羊を一軒の家で、すべて食べねばならない。寄留者で、割礼を受けた者は、過越祭を祝うことができる。

〈一三・一―二〉　神がモーセに言う。「初子の奉献」について。すべての初子を聖別して、神にささげねばならない。〈一三・三―一六〉　モーセが民に言う。「除酵祭」について。民は、七日の間、酵母を入れないパンを食べねばならない。「奴隷の家、エジプトから出たこの日を記念する」ためである。この儀式の意味について子供が質問したら、「これは、私がエジプトから出たとき、主が私のために行ったことのゆえである」と答えねばならない（八節）。「初子の奉献」について。初めに胎を開く雄をすべて主に犠牲としてささげねばならず、また自分の息子のうち初子は、必ず贖わねばならない。この儀式の意味について子供が質問したら、「主は、力強い手をもって我々を奴隷の家、エジプトから導き出した。ファラオがかたくなで、我々を去らせなかったため、主はエジプトの国中の初子を、人の初子から家畜の初子まで、ことごとく撃った。それゆえ私は、初めに胎を開く雄をすべて主に犠牲としてささげ、また、自分の息子のうち初子は、必ず贖う」と答えねばならない（一四―一五節）。

ここには民がエジプトを脱出する直前直後の様子が記されている。そして「過越祭」と「除酵祭」という、二つの祭りの儀式についての叙述がある。

ここでは「出エジプト」の意義について、そして「過越祭」「除酵祭」という重要な祭りの意義について検討する。

問題点を一つ、指摘しておく。エジプト脱出という緊迫した状況の中で、祭りの儀式のあり方についてのかなり詳しい指示が行われているのは奇妙なことではないだろうか。この疑問を念頭において、聖書のテキストの性質ないし特徴についても検討する。

儀式・歴史・物語

まず「祭り」について。

祭りは、基本的に二種類に分類できる。一つは自然の動きなどを祝うもので、年に一回行われたりする。正月ないし春祭りとか、収穫を祝う祭りなどである。正月ないし春祭りは、すべてが死んだような季節である冬が終って、世界の生命が甦ったようになることを祝う祭りである。世界が死んでしまったようなままではなく、生命が活発な動きを再び取り戻すことは素晴らしいことである。収穫の祭りは、季節が巡って人間の生命の糧が獲得できたことを祝う祭りである。もう一つの種類の祭りは、過去に一度だけ生じた出来事を記念して祝うもので、独立記念日などである。

「過越祭」と「除酵祭」はもともとは、自然の動きを祝う祭りだったと考えられている。「除酵祭」の原型となった祭りは、カナン(パレスチナ)で行われていた農業祭で、毎年の新しい収穫が祝われていた。

それをイスラエル民族は自分たちの祭りとして採用する。七日の間「あなたたちは、酵母を入れないパンを食べる」とモーセが命令している(一二・一五)。しかし既に行われていた収穫祭を、単に自分たちも真似して行うというのではない。新たな意味付けが行われる。「あなたたちは除酵祭を守らねばならない。なぜなら、まさにこの日に、私はあなたたちの部隊をエジプトの国から導き出したからだ」（一二・一七）とモーセは述べている。つまり除酵祭が、解放を記念する祭りとして解釈し直されている。エジプトを出る時に余裕がなくて、練り粉に酵母をいれることができなかったという「合理的」な説明も記されている（一二・三九）。自然の動きを祝う祭りが、過去の出来事を記念する祭りとされ、意味の変更が行われている。

「過越祭」の原型となった祭りは、家畜のために年毎に祝った祭りで、イスラエル民族成立以前に遊牧民の間で行われていたと考えられている。子羊を食べ、悪霊を祓うためにその血をテントの柱に塗りつける。

この祭りをイスラエル民族は採用する。出一二・二一でモーセは「さあ、家族ごとに羊を取り、過越の犠牲を屠りなさい」といきなり述べていて、長老たちは「過越の犠牲」が何なのかを既に了解しているかのようである。出五・一で「荒野で祭りをさせてほしい」とモーセがファラオに許可を求めているが、この祭りのことが出一二章でも問題になっていると思われる。出エジプトの脱走が、毎年のこの過越祭の時期にちょうど生じたのであって、両者が結びついたのは偶然だったのかもしれない。また初子の災いも、ちょうどこの時に似たような出来事が生じただけだったのかもしれない。しかしそのために過越祭・初子の災い・出エジプトが結びつけられる。こうして過越祭も、単に悪霊を祓う祭りではなく、出エジプトの時に神がエジプト人の初子を撃ち、柱に血を塗ったイスラエル人の家の初子は撃たなかったという出来事を記念する祭り、つまり過去の出来事を記念する祭りとして再解釈されることになる。

出エジプトの記念の祭りとして過越祭だけでなく、除酵祭も加わったのは、過越祭は直接にはイスラエル民族の初子が災いをまぬがれたという出来事にしか結びついておらず、エジプト脱出そのものには結びついていなかったからと思われる。エジプト脱出の際に人々は、練り粉に酵母を入れる余裕がなかった。その様子を記念することで、出エジプトの出来事が記念されている。

そして出エジプトは、神と民のつながりを成立させる決定的な出来事である。したがって過越祭と除酵祭は単に過去の出来事を記念する祭りとしてだけでなく、神と民のつながりの基礎にかかわる祭りと考えられるようになる。過越祭は厳密には除酵祭とは別個のものだが、「過越祭」という名称が、厳密な意味での過越祭と除酵祭からなる一連の祭りを指すものとして用いられることも多い。

こうしてユダヤ教の過越祭が、キリスト教の「復活祭」を準備することになる。

キリスト教は神と人との新たなつながりがキリストにおいて成立したと考える。ところで過越祭は神と民のつながりの成立を記念する祭りである。この過越祭の基本的な意味を、キリスト教において成立したとされる神と民の新たなつながりに適用させる作業が行われた。

この枠組においてキリストが、「神の子羊」だと考えられるようになる。なぜなら過越祭において子羊が食され、これは神と民のつながりの成立を記念する行為とされているからである。神の子羊であるところのキリストが「屠られ」（十字架）、そして食される（聖餐）。こうしてキリストは世界に救いをもたらすことになると考えられるに到る。つまりキリストは神の子羊であるというテーマに結び付いている一連の考え方は、儀式の意味にかかわる思考だということになる。こうした「背景となる知識」なしで「キリストは神の子羊」という表現に接しただけでは、何のことか分からない。除酵祭の要素も、聖餐の際に肉ではなくパンがキリストの体とされていることに混入していると考えるべきだろう。

以上のような説明が妥当ならば、次のような問題が生じてくる。過越祭はともかく、除酵祭はカナンの農業祭が起源である。除酵祭と出エジプトの出来事の結びつきは、イスラエル民族がカナンに定住した前十二世紀以降に生じたと考えるしかないことになる。ところが出一二―一三章の話はエジプト脱出の話であって、イスラエル民族はまだカナンに到着していない。つまりエジプト脱出の際にモーセが除酵祭を脱出の出来事と結び付けることは、不可能なはずである。したがって出エジプト記のこの文章は、歴史的な過去である前十三世紀の出エジプトの出来事を報告しているという体裁になっているが、実はそのような体裁に沿っていない要素が含まれているということになる。

除酵祭とエジプト脱出の結びつきに関しては歴史的事実の報告ではなく、イスラエルがカナンに定着して以降の時期におけるイスラエル民族にとっての出エジプトの出来事の意味づけが問題になっている。つまり聖書のテキストは、表面的な体裁（過去の出来事の報告）と、実際の内容（過去の出来事についての、後の時代における意味づけ）が重なりあっていて、一方の観点からだけでテキストを読もうとすると、訳の分からない部分が数多く出現してしまうということになる。これはつまるところ文学ジャンルの問題だということになる。

細かい点について、もう少し指摘しておく。子供に儀式の意味を尋ねられたらどう答えるかについてモーセは、繰り返し述べている（一二・二六―二七、一三・八、一四―一五）。これもエジプト脱出の際の緊迫した状況の中の指示としては、あまり現実的ではない。出エジプトの出来事の意味を伝統的に伝え残そうとする意図からの、これもカナン定着時代以降の挿入だと考えられる。

また人々はエジプト脱出の際に余裕がなくて練り粉に酵母を入れられなかったという叙述があるが（一二・三九）、他方で人々はエジプト人から財宝を奪っている（一二・三五―三六）。財宝を奪う余裕はあったのに、練り粉に酵母を入れる余裕がなかったというのは、やはり奇妙である。とするならば練り粉に酵母を入れる余裕がなかったという要素は、除酵祭をエジプト脱出の出来事に結び付けるために、後世に無理して挿入された可能性が大きいと考えられることになる。

文学ジャンルの問題

聖書のテキストのこのような複雑さをいくらかでも整理して了解する上で、文学ジャンルの問題について考えておくことは、たいへん有意義である。

何かの文書を読む際にそれがどのような「文学ジャンル」のものかを理解することは大切である。ただし「文学ジャンル」の識別は多くの場合、誰でもほとんど自動的に行っていて、それで問題がない場合が多いので、あまり意識されていないかもしれない。

たとえば自分が読んでいるテキストが、これから買おうと思っている商品についての「広告」なのか、自分の訴訟の問題にかかわる「裁判所からの通知」なのか、こっそり渡された「ラブレター」なのか、面白い話を読もうと思って買った「小説」なのか等々によって、文章に接する態度が違うはずである。

今あげたどの場合にも「○月×日の△時に、あなたが来るのを待っている」といった意味のテキストが書かれ得るだろう。「広告」のテキストなら、時間制限つきのバーゲンに客を呼び寄せようとしているのだし、「裁判所からの通知」ならば、いよいよ審議がはじまるので、気持ちを糺《ただ》して出かけることになる。「ラブレター」のテキストなら、胸が異様に高鳴るかもしれない。「小説」の出だしの文章なら、これからどんな話の展開になるのかと思いながら続きを読み進める。

しかし聖書の文書の場合には、問題が微妙であることが少なくない。ある歴史的出来事が中心的テーマとして取り上げられていても、それについての記し方はさまざまである。

単純な例で、もう少し考えてみる。たとえば自分にとって大切な人の病気について語るとしよう。その病気について、家族のメンバーに語ることもある。医者に病状を説明するということもある。保険の手続きのために、窓口で事務の人に語ることもある。

また、その人が生きるか死ぬかというような状態である時に語るのと、もう病気が治ってしまった後に語るのとでは、同じ病気についての語り方も違うはずである。テキストのこのようなさまざまなあり方の分類が、広い意味での「文学ジャンル」である。

聖書はイスラエル民族という一つの民族が長い間存続する中で、さまざまな機会に生まれた言葉や考えや描写を記したものである。個人の生涯でもさまざまなテキストを作りだす。長い歴史をもつ一つの民族ならば当然ながら、さまざまなテキストを作り出す。

聖書を読み進めていく上で特に役に立つと思われる文学ジャンルについて、簡単に確認することにする。

「物語」。民族の過去の物語は、皆が共通の考え方をするようにするために必要である。先祖の物語を聞きながら、だんだんと自分たちが同じ仲間なのだという意識を持つようになる。事実が核となる場合が多いが、物語のすべての要素が事実と対応しなければならないとは限らない。人々が熱狂的になって同一感をもつために「美談」が作られることも少なくない。美談としての傾向の強い物語を「叙事詩」と呼んでもよいかもしれない。「物語」は、日常生活における小さな規模の「思い出」や「報告」から立派な芸術作品まで、あまりになれ親しんでいるために、その意義がそれほどしっかりと意識されていないかもしれないが、人間にとってもっとも重要な文学ジャンルだと言っても言い過ぎではない。人生は全体として物語になっている。個人の場合もそうだが共同体の紆余曲折にもこのことはあてはまる。しかしすべてを物語ることはできない。となると語るに値することだけが語られることになる。また聞いたり読んだりするに値することだけが、繰り返し語られ、そして聞かれたり読まれたりされることになる。そして何が物語られるに値するかというと、究極のところは神と人との出会いである。これは本書が聖書を扱うものだからというばかりではない。つまるところ優れた物語とは、広い意味での神と人の出会いがテーマになっているものだと、一般的に言うことができる。それからもう一つ重要なことがある。それは、聖書は全体として物語になっている、ということである。「聖書は全体として物語だ」というのはあたり前のようだが、ユダヤ教の伝統で聖書は「律法」だとされるのが主流の立場である。聖書そのものは物語でありながら、その全体を「律法」として捉えることには、かなり強い動機があると考えられることになる。

「法律・掟」。民族を組織化し、共同の生活が可能になるようにする。明文化される場合も多いが、そうでない場合も多い。日本人は挨拶をする時に、頭を下げたり腰を折ったりして「お辞儀」をするが、顔の前で手をあわせる民族もあり、握手をする民族もあり、熱情的に互いに抱擁しあう民族もある。これらは挨拶の掟であり成文化はされていないが、こうした掟を無視することは困難である。成文化されていない場合は、皆がその掟を自然に守っていることが多い。皆が守らないのでは、そして成文化されていないのでは、それは掟や規則とは言い難い。とするならば、成文化されている掟や法律においては、皆があまり守らないが、何らかの理由で守らねばならないとされている場合が多いと考えてよい余地があるかもしれない。ユダヤ教については「律法主義」ということが問題になる。「律法主義」とは「律法」を大切にする立場だが、具体的には「ここ（＝「律法」のテキスト）にこのように書かれているから、……だ」というスタイルの議論をすることである。これが「律法学者のように議論する」ということである。この「律法学者のスタイル」は、ユダヤ教の律法主義に限らず、似たようなスタイルが価値あるとされている流れはあちこちに存在する。

「儀式」。儀式は、単にテキストであるだけでなく、身体の振舞いにもかかわることが多いので、「文学ジャンル」の一つだと言いにくいかもしれない。しかし広い意味での「文学ジャンル」は、人間によるあらゆる表現にかかわるとすることも不可能ではないので、あえてここで検討する。儀式はその対象への意義によってまず位置づけられねばならない。しかし社会的には、共同の生活の現実を形あるものとして表現する機能をもっている。したがって家族一緒の食事も小さな儀式である。宗教的行為としての儀式は、神とのつながりを形あるものとして表現する。儀式をしない共同体では、その儀式にこめられるべき意義が次第に失われ、共同体が崩壊するか、少なくとも共同体の意味が変容する。儀式と掟は微妙な関係にある。儀式の具体的な形が掟で決められていることが少なくない。しかし掟を守るために儀式を行うのではなく、儀式には何らかの形が必要なので、そこに規則が生じるのである。掟を守ることだけにしか意味が感じられなくなると、儀式が形骸化し、場合によっては儀式が崩壊する。

「詩・歌」。民族に共通な感情や感性、あるいは思想などを表現するのが、詩や歌の表面的な姿である。民族の言葉を用いて、その言語の可能性の最高の形での表現が追求される。陳腐なものは、形式が整っていても詩や歌とは言いかねる。「陳腐なもの」とは何かということについて、解説を試みておく。言語にはいわば「守備範囲」のようなものがある。ある言語を普通に使って「意味する」ことのできる範囲である。言語の日常的な意味範囲というように言えるかもしれない。この範囲内にとどまるばかりだと、「陳腐だ」とされてしまう。言語の日常的な意味範囲はどうしても限定的なので、その外側にまだまだ「意味のフィールド」が広がっている。いわば通常の言葉では意味できない「意味のフィールド」である。この未踏の「意味のフィールド」を既存の言葉を駆使して表現しようとするのが、「詩・歌」だと言えるかもしれない。

詩や歌の究極的なものは、神そのものについて、あるいは神と人との関係についての現実が表現されたものである。これも「神」といった単語が用いられていればよいというものではない。

詩や歌には、民族の言葉が用いられる。したがって詩人の詩は、詩人個人のものというより、民族全体のものである。したがって詩や歌は、民族の言葉の可能な限りの最高の形態を実現しようとして生まれ出てくるものである。

近代においては詩や歌について、二つの誤解があると思われる。

一つはロマン主義の立場が民衆レベルで薄まったものが支配的になっているために生じていると思われるところの、個人の感情の発露が詩であるといった安易な考え方である。個人の感情が中心になってしまうと、日常的で常識的なものしか生まれてこない。「折々の思いつき」といった程度のものになってしまう。個人の感情に注目する詩で優れたものもあるかもしれないが、その詩がすばらしいのは個人がすばらしいからではなく、その感情の対象がすばらしいからである。

また自然科学的探究によって見出される世界の様子がすばらしく、それが詩であるといった安易な考え方がある。こうした観点がまったく誤りだと言えないところがあるために、問題は複雑である。しかし自然科学的探究の立場からの世界の捉え方には、根本的に「貧しい」と言わざるを得ないところがある。言葉と数は、本質には到達できないものについての人間の側からの表現である。したがって数にも詩的な面が存在する。しかし人間の全存在をかける詩の可能性は、理性だけを駆使する科学的認識をはるかに超えるところに広がっている。理性で認識できる現実はつまるところ誰にでも認識できるもので、結局のところつまらない。すばらしい数式も、理解されてしまい、乗り越えられてしまうと、色褪せてしまう。自然科学における数式は、どんなに美しいように思われても、詩ではないとすべきだろう。自然科学における叙述は、理性的でしかないものだからである。

「教え」。神の前でのふさわしいあり方とはどのようなものか、共同体の一員としてしかるべき生活のあり方とは何かについて、準備のない者（特に子供）に必要な知識を与える言葉である。近代以降は科学的探究が極端に進展し、またその効果が目覚しいために、科学的態度を養うことが教育であるかのような錯覚が存在するようである。しかし科学は理性を駆使した自然への一つのアプローチに過ぎない。また共同体生活の俗的な面で秩序だって暮すための手段ないし心構えを身につけることだけが教育だとされてしまっている傾向がある。このような観点においては、人間存在のひろがりの重要な部分が忘れられてしまっている。人間は科学者でもあり得るし、社会の中での穏当な生活者でもあり得るが、人間がそれだけでないことは、明らかではないだろうか。

「知恵の言葉・知恵文学」。人間の大問題についての、人間の側からの思考の表現である。生・死・愛・善・悪・喜び・苦しみなどの人間に共通する大きくかつ深い問題が扱われる。

真の知恵者は誰かという問いが突き詰められると、最終的には真の知恵者は神だという考えにいたることもある。

文学ジャンルとしては、もっとさまざまなものが考えられるが、網羅的かつ厳密に検討する余裕はここではない。重要なことは、それぞれのジャンルにそれぞれの真実ないし価値があるということである。

江戸時代を背景にしたギャグ漫画に、学問的な歴史書のような歴史的正確さがないと非難しても、そのような非難は的はずれである。同じように創世記一章の創造物語に科学的正確さがないと非難するのは、文学ジャンルの問題についての理解の欠如からの的はずれな議論である。創世記一章の創造物語は、儀式的な詩である。

また一つのテキストが一つのジャンルだけに単純に分類できないことも、少なくない。たとえば全体的には物語の形式をとりながら、そこに掟の意味が盛り込まれているような場合がある。右でいくらか検討した出一二・一―一三・一六のテキストが、その一例である。このテキストは全体としては、エジプト脱走前後のイスラエル民族の歴史的物語という形になっている。しかしその内部に現在も毎年執り行わねばならない儀式についての規定がおりこまれており、物語という枠内にこの規定がはめ込まれていることから、儀式の意味や、なぜその儀式を行わねばならないかの説明も同時になされていることになる。つまりこのテキストは少なくとも、儀式の意味やその必要性についての説明は「教え」であるとも考えられるだろう。

くとも物語であり、儀式についての規定であり、教えである。聖書のテキストが複雑であることの一端がうかがえるのではないだろうか。

したがって聖書を読み進める上では、自分が読んでいるところのテキストがどのジャンルに属しているのかを自覚することが大切である。

海を横断する話——三つの資料

出エジプトの物語から、もう一つテキストを検討することにする。出一三・一七—一四・三一に記されている「海の横断の話」である。このテキストも複雑なので、次の点に注目して検討する。この話ではエジプト軍が敗北するのだが、どのようにしてエジプト軍が敗北するのか。そしてエジプト軍が敗北して民が救われたその結果、どのような事態が生じるのか（節数の後にa、bなどとあるのは、その節の前半・後半という意味である。一つの節が三つに分けられる場合には、a、b、cを用いる）。

聖書本文では一続きになっているテキストが、以下では、三つに分類されている。インデントの場所によって、それぞれがだいたいのところ「ヤーヴェ資料」「エロヒム資料」「祭司資料」に属していると考えられていることを示している。こうした分類の意味については後で述べる。まずは三つに分類されていることに留意しながら、本文の展開を確認していただきたい。

出エジプト記一三・一七―一四・三一

ヤーヴェ資料　**エロヒム資料**　**祭司資料**

一三・一七さて、ファラオが民を去らせたとき、神は彼らをペリシテ街道には導かなかった。それは近道だったが、民が戦わねばならぬことを知って後悔し、エジプトに帰ろうとするかもしれない、と思ったからである。一八神は民を、葦の海に通じる荒野の道に迂回させた。イスラエルの人々は、隊伍を整えてエジプトの国から上った。一九モーセはヨセフの骨を携えていた。ヨセフが、「神は必ずあなたたちを顧みる。そのとき、私の骨をここから一緒に携えて上るように」と言って、イスラエルの子らに固く誓わせたからである。

二〇一行はスコトから旅立って、荒野の端のエタ
ムに宿営した。二一主は彼らに先立って進み、昼
は雲の柱をもって導き、夜は火の柱をもって彼ら
を照らしたので、彼らは昼も夜も行進することが
できた。二二昼は雲の柱が、夜は火の柱が、民の
先頭を離れることはなかった。

一四・一主はモーセに言った。二a「イスラエルの
人々に、引き返して、宿営するよう命じなさい。

二bミグドルと海との間のピ・ハヒロトの手前で、
バアル・ツェフォンの前に、それに面して、海辺
に宿営するのだ。

三するとファラオは、イスラエルの人々が慌てて
あの地方で道に迷い、荒野が彼らの行く手をふさ
いだと思うだろう。四私はファラオの心をかたく

なにし、彼らの後を追わせる。しかし、私はファラオとその全軍を破って栄光を現すので、エジプト人は、私が主であることを知るようになる」。

彼らは言われたとおりにした。

五a民が逃亡したとの報告を受けると、

五bエジプト王ファラオとその家臣は、民に対する考えを一変して言った。「ああ、我々は何ということをしたのだろう。イスラエル人を労役から解放して去らせてしまったとは」。六aファラオは戦車に馬をつなぎ、

六b自ら軍勢を率い、

七aえり抜きの戦車六百をはじめ、

七bエジプトの戦車すべてを動員し、それぞ
れに士官を乗り込ませた。
八主がエジプト王ファラオの心をかたくな
にしたので、王はイスラエルの人々の後を
追った。イスラエルの人々は、意気揚々と
出て行ったが、
九エジプト軍は彼らの後を追い、ファラオの馬と
戦車、騎兵と歩兵は、ピ・ハヒロトの傍らで、バ
アル・ツェフォンの前の海辺に宿営している彼ら
に追いついた。一〇ファラオは既に間近に迫り、
イスラエルの人々が目を上げて見ると、エジプト
軍は既に背後に襲いかかろうとしていた。イスラ
エルの人々は非常におそれて主に向かって叫び、
一一また、モーセに言った。「我々を連れ出したの

は、エジプトに墓がないからですか。荒野で死な
せるためですか。一体、何をするためにエジプト
から導き出したのですか。一二我々はエジプトで、
『ほうっておいてください。自分たちはエジプト
人に仕えます。荒野で死ぬよりエジプト人に仕え
る方がましです』と言ったではありませんか」。

一三モーセは民に答えた。「おそれてはならない。
落ち着いて、今日、あなたたちのために行われる
主の救いを見なさい。あなたたちは今日、エジプ
ト人を見ているが、もう二度と、永久に彼らを見
ることはない。一四主があなたたちのために戦う。
あなたたちは静かにしていなさい」。

一五主はモーセに言った。「なぜ、私に向かって叫
ぶのか。イスラエルの人々に命じて出発させなさ
い。一六杖を高く上げ、手を海に向かって差し伸

べて、海を二つに分けなさい。そうすれば、イスラエルの民は海の中の乾いた所を通ることができる。一七しかし、私はエジプト人の心をかたくなにするから、彼らはお前たちの後を追って来る。そのとき、私はファラオとその全軍、戦車と騎兵を破って栄光を現す。一八私がファラオとその戦車、騎兵を破って栄光を現すとき、エジプト人は、私が主であることを知るようになる」。

一九aイスラエルの部隊に先立って進んでいた神の使者は、移動して彼らの後ろを行き、一九b彼らの前にあった雲の柱も移動して後ろに立ち、二〇aエジプトの陣とイスラエルの陣との間に入った。真っ黒な雲が立ちこめ、光が闇夜を貫いた。

二〇b両軍は、一晩中、互いに近づくことはなかった。

二一aモーセが手を海に向かって差し伸べると、

二一b主は夜もすがら激しい東風をもって海を押
し返したので、海は乾いた地に変わり、

二一c水は分かれた。
二二イスラエルの人々は海の
中の乾いた所を進んで行き、水は彼らの右と左に
壁のようになった。
二三エジプト軍は彼らを追い、
ファラオの馬、戦車、騎兵がことごとく彼らに従
って海の中に入って来た。

二四朝の見張りのころ、主は火と雲の柱からエ
ジプト軍を見下ろし、エジプト軍をかき乱した。
二五戦車の車輪をはずし、進みにくくした。エ
ジプト人は言った。「イスラエルの前から退却

しよう。主が彼らのためにエジプトと戦っている」。

二六主はモーセに言った。「海に向かって手を差し伸べなさい。水がエジプト軍の上に、戦車、騎兵の上に流れ返るだろう」。二七aモーセが手を海に向かって差し伸べると、

二七b夜が明ける前に海は元の場所へ流れ返った。エジプト軍は水の流れに逆らって逃げたが、主は彼らを海の中に投げ込んだ。

二八水は元に戻り、戦車と騎兵、彼らの後を追って海に入ったファラオの全軍を覆い、一人も残らなかった。二九イスラエルの人々は海の中の乾いた所を進んだが、そのとき、水は彼らの右と左に壁となった。

三〇主はこうして、その日、イスラエルをエジ
プト人の手から救った。イスラエルはエジプト
人が海辺で死んでいるのを見た。三一イスラエ
ルは、主がエジプト人に行った大いなる業を見
た。民は主をおそれ、主とその僕モーセを信じ
た。

ちぐはぐな記述

このテキストを一応のところ筋の通った話として読むと、奇妙に思われるような点に気付くのではないだろうか。細かい問題は数多くあるが、分かりやすい問題を指摘することにする。

エジプト軍が敗北し民が救われた結果としてどのような事態が生じるかという点に注目して、考えてみる。

一四・四のモーセに対する言葉で神は、「エジプト人は、私が主であることを知るようになる」と述べている。しかし、

（1）エジプト軍については、最後に死体があったことが記されているだけで（三〇節）、一四節の神の言葉通りになったことを示す記述が存在しない。

（2）その代わりに三一節では、民が神の業を見て、民が「神をおそれる」という結果が記されている。

「おそれる」というテーマはこのテキストには三度あらわれており、一〇節で民はエジプト軍をおそれている。これに対してモーセが「おそれるな」と述べ（一三節）、そして結果的には民の「おそれ」の対象はエジプト軍から神へと、変化している（三一節）。これこそがこの話において、エジプト軍が敗北して民が救われた結果として新たに生じた事態であって、神学的にもっとも重要な変化だと思われる。とすると一四・四で神が「エジプト人は、私が主であることを知るようになる」としか述べておらず、「おそれ」を巡る民の態度の変化について何も述べていないのは奇妙であり、話全体のまとまりがあまり良くないということになってしまう。

またモーセが第二回目に手を伸ばす場面、つまり分かれた水が戻るために手を伸ばす場面を見てみよう。第二回目に手を伸ばすようにという神の命令は、二六節に記されている。

この箇所で神は、モーセに手を伸ばすようにと指示したあと、「水がエジプト軍の上に、流れ返るだろう」と述べている。神のこの言葉が実現した様子の描写は、次の二七節ではなく、その次の二八節に記されており、水が戻って、エジプト軍を水が覆った、とされている。

これでエジプト軍が潰滅するには十分だと思われるのだが、その前の二七b節では、エジプト軍が逃げようとするので神が彼らを海に投げ込んだ、とされている。海に投げ込んだならば「水がエジプト軍の上に流れる」という結果になると言えなくもないので、ここでは明らかな矛盾とは言えないかもしれない。しかし二六節の言葉では「水が流れ返る」ということだけでエジプト軍が全滅するかのような言い方がされているのに、実際には水が返るだけでなく、逃げるエジプト軍を神が水に投げ込むという補助の動作が必要だったということになる。つまり二六節の神の言葉は、実際に生じることを十分に叙述していないと言えないこともない。

こうしたことは、小さな問題だと思えるかもしれない。物語の進展に論理的な齟齬がいくらかあっても、それが物語というものであり、物語の魅力でさえあると言うこともできるだろう。そしてこの物語は全体として統一したものとして読まれるように書かれているのだから、そのことをまず尊重する読み方が大切であることは言うまでもない。

しかしこうした齟齬に注目して、さらにテキストの文体や語彙、神学的立場などを細かく分析すると、たいへん重要なことが分かってくる。それはこのテキストは、三つの異なった資料を細かく繋ぎ合わせてできたものだということである。この「海の横断の物語」について言えば、「海の横断」の話として三つのバージョンがあって、全体としてはどの話も「海の横断」の話だが、細部が微妙に異なっている。これを、あまり辻褄をあわせずに、継ぎはぎ細工してできたのが、私たちの目の前にある出エジプト記の話だということである。

それらの三つの資料は、

ヤーヴェ資料（J）

エロヒム資料（E）

祭司資料（P）

と呼ばれている。このうちエロヒム資料は、この「海の横断の物語」のテキストではあまり大きな役割を果たしていない。たとえば一四・一九aに「神の使者」が突如として出現するが、話の展開の中で他では何の積極的な役割もはたしていない。この一九節aなどは、エロヒム資料に由来していると考えられている。しかしここでの説明で三つの資料を扱うとあまりに煩瑣になるので、このテキストにおいて主要な役割を果たしているヤーヴェ資料と祭司資料について見て行くことにする。三つの資料のそれぞれに由来する部分と思われる箇所について、表にまとめたものを示しておく。

右で本文を示した際にテキストを三つに分類したのは、これらの三つの資料の帰属に基づいたものである。それぞれが、ヤーヴェ資料に由来するテキスト、エロヒム資料に由来するテキスト、祭司資料に由来するテキスト、ということになる。

テキストのどの部分がどの資料に由来するのかという問題は、厳密に検討し始めると簡単には決定できない場合も少なくない。しかし大きな傾向を指摘し、読者にその様子を理解してもらうことがここでの目的である。細かい議論については専門の論文を見ていただきたい。そこで、たとえばヤーヴェ資料に由来するテキストだけ、また祭司資料に由来するテキストだけを通して読んでみていただきたい。それぞれの話のつながりが、このようにした方がすっきりするのではないだろうか。どちらにも水が分かれ、水が戻るテーマがふくまれている。

J	E	P
	13,17–19	
		13,20–14,2a
14,2b		
		14,3–4
	14,5a	
14,5b–6a		
	14,6b	
14,7a		
	14,7b	
		14,8
14,9–10		
	14,11–12	
14,13–14		
		14,15–18
	14,19a	
14,19b–20a		
	14,20b	
		14,21a
14,21b		
		14,21c–23
14,24–25		
		14,26–27a
14,27b		
		14,28–29
14,30–31		

出エジプトを構成する三つの資料

も出てくる。民はエジプト軍を見、そして神の救いないし業を見る。エジプト軍をおそれていたのが、神をおそれるようになる。

もう一つの特徴は神があたかも人間であるかのように、あれこれと行為を行っていることである。風を送って海を押し返したり、戦車の車輪をはずしたり、エジプト軍を海に投げ込んだりしている。神は「戦っている」。このように神が人間のように動作しているあり方は、「アントロポモルフィスム」と呼ばれている。これはギリシア語起源の表現で、「アントロポス」は「人間」という意味であり、「モルフェ」は「形」という意味であって、「人間の形をしているあり方」といった意味である。日本語では「擬人法」と訳されたりしている。

これに対して、「祭司資料に由来するテキスト」の部分では、神はこのような形では戦っていない。具体的な行動を行うのはエジプト人とモーセである。

神は言葉を発する。神に命じられた内容をモーセが実行する。これらのことの目的は「神が主であると知るようになること」である。注目すべきことは、一四章四節でも一八節でも「神が主であると知る」のは「エジプト人」だという点である。モーセやイスラエル人にとって神が主であるのは当然のことであるかのようであり、そして敵対者であるように見える「エジプト人」にとっても主であるべきだという立場が示されている。

これは神についての普遍主義的な方向性のある立場だということになる。このような立場は、この物語のヤーヴェ資料に由来する部分には見つけることができない。ヤーヴェ資料に由来する部分では、エジプト軍は敵であり、神が戦う相手であり、敗北するだけである。

モーセ五書の四つの資料

そしてさまざまな研究の蓄積をへて、こうした資料はモーセ五書全体で用いられていることが明らかになっている。

たとえば創世記一章の創造物語は、全体が祭司資料に由来する物語だと考えられている。この創造物語では、神は全世界を創造しており、神は普遍的神である。神は、たとえばイスラエル人の祖先といった特殊な人間を作り出しているのではなく、単に「人」を創造しているのであって、全人類の神とされている。この意味でも神は普遍的な神である。そしてこの創造物語では神はだいたいのところ言葉を発しているだけであり、その言葉通りの現実が実現する。

これに対して創世記二—三章にあるエデンの園の物語は、ヤーヴェ資料に由来する物語だと考えられている。神は人間のようにエデンの園を散歩したりしている。

モーセ五書の資料についての本格的な研究は、十八世紀後半から始まった。専門家といえども、手元にあるのは基本的には聖書のテキストだけである。テキストに認められるさまざまな徴候を分析して、背後にある資料をつきとめようとした。方法論も次第に整備されてくる。そして十九世紀後半に、いわゆる「四資料説」がほぼ確立する。つまりモーセ五書の主要な資料として、それぞれ独立した四つの資料があったという考え方である。それらの四つの資料をもとにして、またこの他にもおそらくさまざまな断片的な資料も加えて、そして編集時の変更などもあって、モーセ五書が最終的に前五世紀ないし前四世紀に編集されたと考えられた。

四つの資料とは、その成立の順に並べると、

ヤーヴェ資料（J）　前十―前九世紀
エロヒム資料（E）　前八世紀
申命記資料（D）　前七世紀
祭司資料（P）　前六世紀

である。それぞれの「資料」の名前のあとの括弧内の大文字のローマ字は、それぞれの資料の略号である。念のために確認しておくが、これらの四つの資料は「……資料」と呼ばれているが、この名称はモーセ五書の作成の際に資料として用いられたと考える立場からの命名である。したがってそれぞれの「資料」が独自に成立した際には、将来それが「資料」として用いられることを想定して作成されたのではなく、独立した独自の文書として作成された

と基本的には考えるべきである。基本的な考え方は、次のようにまとめることができるだろう。

もっとも古い伝承は「ヤーヴェ資料」(J)におさめられている。ユダ族が重要視されており、またダビデの町であるヘブロンが重視されていることから、南王国に由来する資料が中心だと考えられている。ソロモン王の時ないしそれに続く南のユダ王国で前十世紀から前九世紀にかけてまとめられた。

次に成立したのが「エロヒム資料」(E)であり、前八世紀に北のイスラエル王国でまとめられた。

前七二二年に北王国が滅んだあと、北王国から南のユダ王国に逃げ込んだ者たちによって、エロヒム資料が南王国にもたらされた。そしてヤーヴェ資料とエロヒム資料が一つの文書にまとめられた。これは「ヤーヴェ・エロヒム資料」(JE)と呼ばれている。このためにヤーヴェ資料とエロヒム資料とを見分けることが、時として困難になる。

また前七世紀のヨシヤ王の時に、「申命記資料」(D)が作成される。

そして「祭司資料」(P)が、前六世紀のバビロン捕囚の時か、それに続く時代に作られた。

これらの資料がエズラの時にまとめられて、モーセ五書が作られる。前五世紀か前四世紀のことである。

それぞれの資料の特徴などについてはこれ以降、順次検討する。この四資料説は今でも、モーセ五書の資料についての基本的理解として有効である。ただし二十世紀後半になってくると特にヤーヴェ資料の成立時期について、前十―前九世紀ではなくもっと新しい時代、もしかしたら祭司資料とほぼ同時代なのではないかといった考え方もあらわれてくる。この意見にはそれなりの説得力もあり、簡単に退けることはできない。しかしこの可能性を考慮に入れると本書での説明があまりに複雑になってしまいかねない。本書ではヤーヴェ資料は前十―前九世紀に成立したとする従来からの説に一応のところ従って、説明を進めることにする。それなりの理解ができたところで、さらに詳しい議論については専門の論文に目を通されたい。

モーセ五書全体の各部分がどの資料にもとづいているかについての、一応の表を作成した(巻末付録「モーセ五書資料表」)。個々の場合について、また細かい部分については、さまざまな議論がなされている。したがって、この表はあくまで一応の目安である。鵜呑みにすることは控えるべきだが、とりあえず全体的な理解を得るには有効だろう。創世記冒頭の二つの創造物語のそれぞれの場合のように、一つのエピソードが基本的に一つの資料に由来していると考えられる場合もあり、他方、いくらか検討した出一三・一七―一四・三一のように、一つのエピソードがいろいろな資料からの断片で複雑に構成されていると考えられる場合もある。また出所不明のテキストも少なくない。

歴史的出来事と事実

ここで出エジプトの出来事の意義について、確認しておきたい。

出エジプトの出来事は、たいへん重要な歴史的出来事である。「歴史的出来事」とは、「過去に実際に起こったこと」と簡単に考えてしまうかもしれないが、問題はもっと複雑である。「生の」事実、完璧に客観的に了解できる事実は存在しない。すべては「解釈された事実」である。同じ出来事を二人の者が語ると、語られる内容が異なってくる。自分で見たり体験したり、あるいは間接的に情報を得たりしたところの出来事を、自分なりに語るしかないからである。同じ動作、たとえば子供の頭に手を乗せるという動作が、情愛の表現と受け取られたり、この上ない侮辱と受け取られたりする。

またある出来事について語ったり、記したりするのは、その出来事に何らかの意義があると考えられるからである。そのような出来事は多くない。すぐに忘れられてしまう出来事がほとんどである。それはそれらの出来事にそれほどの意義があるとは考えられていないからである。それらの出来事は「歴史の中の出来事」かもしれないが、すべての出来事が「歴史的出来事」になるのではない。歴史的出来事とは「個人や集団の記憶に意義あるものとして留まる出来事」である。

しかし歴史の大きな動きが、当初はたいへん小さな事件から始まっていたりする。その小さな出来事の大きな意義は大抵の場合、出来事の後になって、それもかなり後から認められる場合が少なくない。現在にとっての歴史的出来事の意義を見つけたり、理解したりするためには、多くの場合「過去にさかのぼる」ことになる。たとえば近代世界にとってフランス革命は、やはり重要な歴史的出来事だろう。しかしその発端は一七八九年七月十四日におけるパリのバスチーユ監獄の襲撃事件だった。当時の王であるルイ十六世がその日の日記に「何もなし（rien）」と記したことは有名である。後になってからルイ十六世の「見識のなさ」を責めるのは容易である。しかし当時のパリはかなり不安定な状態にあり、牢獄襲撃事件くらいはそれほど珍しくなかった。事件が生じたその日の判断では、重要なものとは認められなかったのも致しかたなかった面がなくはない。しかしこの事件は象徴的に大きな意味をもち、フランス革命成功のきっかけとなった。そしてフランス革命は、近現代の世界にとって大きな意味をもつことになる。バスチーユ監獄の襲撃事件が「歴史的」となったのは、事件そのものの規模や特徴の故というより、むしろその意味の故である。

出エジプトの事件それ自体は、古代によくあったと思われる奴隷脱走の事件でしかなく、やがて忘れられてしかるべきはずの出来事だったかもしれない。しかし大きな意義をもつことになる。

世代から世代へ、各人が皆、自分自身がエジプトから出たのだと考えねばならない。なぜなら「その日（＝出エジプトの思い出を記念する日）に、あなたは自分の子に言いなさい。『私がエジプトから出た時に、主が私のために働いてくれたからである』」（出一三・八）。

これはユダヤ教の「過越祭」の時の儀式文の一部である。出一三・八からの引用文が含まれている。エジプトを脱出したのは祖先たちであるだけでなく、「自分自身がエジプトから出た」と考えねばならないとされている。出エジプトの出来事がイスラエルにとって、いかに重要かが端的に示されている。歴史の流れの全体を通じてイスラエルそしてキリスト教徒は、この出来事に想いを巡らし、その意味を見出し続けた。

出エジプトの出来事は、他の出来事とは別格の、重要な出来事と考え続けられてきた。民はアブラハムの時から存在していたと言えるのかもしれないが、それは約束においてである。出エジプトは、民が民として具体的に作り上げられる現実的な出来事だった。その他のさまざまな出来事、さまざまな制度やさまざまな儀式の意味を理解する上で、そして神の民の存在自体を理解する上で、基本的な出来事とされるのは、常に出エジプトの出来事である。

この出来事においてイスラエルは、自分たちの神を発見しはじめた。彼らにとって神とはまず「解放者」「救済者」である。神は何よりもまず「（私たちが）奴隷状態とされていた家から私たちを導き出した者」である。この「奴隷状態とされていた家から私たちを導き出した者」という表現は、神についての叙述というより、神の中心的な称号であり、ほとんど神の名であって、固有名詞だと言ってもよいほどである。

神の歴史性

イスラエルの神は「ヤーヴェ」と呼ばれている。この名が明らかにされる有名なエピソードが出エジプト記三章に記されている。神はモーセに「燃える柴」から自分の名を明かしている。神は「ありてある者」である。出三・一四のこの神の名の表現は解釈が難しく、さまざまな議論がなされている。日本語の「ありてある者」という訳は、一つの可能な訳にすぎない。くわしい議論を展開する余裕はここにはない。ここでは有力な訳である「ありてある者」について考えてみる。

しかし日本語の「ありてある者」も、この表現を見るだけでは、よく分からないのではないだろうか。英語の一つの訳の可能性から考えた方が、有効かもしれない。英語ならば「I am who I am」となるところである。この表現の意味は、神は「私（＝第一のI）は、私（＝第二のI）がある（＝第二のam）ようなところの者、である（＝第一のam）」ということになる。

まず簡単な例から考えよう。あなたがある人に恋したとしよう。当然ながら、その人のことが知りたくなる。ところがここで、大きな問題が生じる。人はたった一人の相手でさえ、その相手のことを完全に知ることができない。デートをしてみる。デートにおいていろいろな出来事を一緒に体験して、相手がどのような場面でどのように反応するかを観察することになる。デートの時を楽しむというだけでなく、相手がどのような人かを感じ取るということもデートの重要な機能である。さらに相手の社会的地位、過去の有形無形の記録、他の人々の間での相手の評判、等々の情報がどうしても気になる。相手の家族と出会う機会も訪れる。相手の出身地や学んだ学校などが、突如として興味の対象になったりする。直接間接のさまざまな情報が集まる。しかしそうした情報をいくら集めても、相手を完全に知ることはできない。一人の人間でさえ知り尽くせないのである。考えてみれば自分自身についてさえ、人は自分で自分を知り尽くすことはできない。

まして神は知り尽くすことはできない。神を知るには、神がどのように人にかかわったかについての情報を通してしか知ることができない。出エジプトの際に神はどのように振舞ったか、アブラハムに対して、ダビデに対して、神はどのように振舞ったか。またイエスの時に神はどのように振舞ったか。等々。神は歴史においてしか知ることができない。「神は歴史的」である。聖書全体は、そうした歴史の中での神のさまざまな振舞いの記録だと考えることさえできる。

神は歴史の展開の中でさまざまに振舞っている。そのように神は「ある」（who I am の「am」）。そして少なくとも人にとっては、そのように神はあるしかないのである。そして神はそのような者で「ある」（I am who... の「am」）。

出エジプトの出来事を通して、神は「救済者」として自分をイスラエルに示した。神についてのイスラエルの認識は、「神は自分たちを救った者だ」という認識である。こうして神は民と結ばれる。「創造者」としての神などについての認識は、まだない。こうした神の側面は、さらに時間がたってから気付かれる。

さらにもう一点、確認しておこう。出エジプトの出来事は過去の事件である。しかし常にイスラエルと共にある出来事である。現在は過去から理解されることになる。現在の生活のすべてが、出エジプトである。現在の行進は「神の国」に向かっている。集団として、個人として、苦しい時にも神とのつながりは保たれる。かつて神が解放したように、将来も神は解放するはずだからである。あるいは今現在が「神の国」へ向けての解放の途上だからである。こうして「希望」をもち、常に未来に向くことができるようになる。「希望」は神学的概念であって、神の国の実現と結び付いているのでなければ、真の希望はないということになる。

第三章　イスラエル統一王国

イスラエルの十二部族

ヘブライ人たちはエジプトからの脱出には成功したが、彼らは約半世紀ほどの間、荒野をさまようことになる。聖書の伝統的な数字によれば、この期間は四十年間である。しかしモーセの後継者であるヨシュアの指導のもとに、彼らはヨルダン川の東側から川を越えて、カナンの地に侵入して定着する。カナンとは、現在のパレスチナの当時の名称である。侵入した者たちは、当時は「ハビル」と呼ばれていたようである。

カナンには先住民がいた。全体として統一国家を作っていたのではなく、小さな集団に分かれていた。侵入者と同盟を結ぶ集団もあった。抵抗する者たちを抑えて、侵入者と、定着していた者たちで生き残った者たちは、平和裡にカナンで生活することになる。この際に彼らは幾つかの部族に分かれて、それぞれの部族が基本的に自治を行うことになる。現実の状況はかなり複雑なものだったようだが、伝統的には十二の部族があったとされている。しかし彼らは、宗教的にはヤーヴェを崇拝し、また軍事的には、部族単位で対応できない敵との間に問題が生じた場合には、臨時に団結して、臨時に選ばれた指導者の下で戦った。つまりそれぞれ自治を行う十二部族が、宗教的・軍事的に団結しているという、いわば部族連合の時代である。前十三世紀末ころから前十一世紀にかけての時代である。

この時代の部族連合のあり方について、「アンフィクティオニー」ということが言われることがある。「(聖所の)周りに住む」といった意味の集団のあり方で、いくつかの部族が宗教的な一致点の故にまとまるような場合である。つまり政治的・社会的な結合がまだ弱くても、一応の統一が生じることになり「宗教連合」と訳されたりしている。

確認しなければならないのは、出エジプトの時にエジプトから脱出した者たちだけによってイスラエルが構成されているのではないということである。

それからイスラエルの部族連合は、最初から十二部族によって構成されていたのではなく、すくなくとも最初は南の部族であるユダとシメオンを除く十部族の「イスラエル」があったと思われる。

またこの「イスラエル」は、当初からヤーヴェという神を崇拝するという原則をもっていたのではないかもしれない。したがって歴史的には、出エジプトの事件があってヤーヴェ崇拝が揺るぎなく確立した上で、カナンの征服が実行されたのではなく、出エジプトの事件を体験した者たちの流れをくむ集団の侵入も含めたところの、カナン地域でのかなり複雑な抗争の時代があって、全体としてイスラエルの支配がこの地域で確立されたところで、出エジプトの事件の意義が宗教的統一を確保する上で強調されるようになったと考えるべきである。

「イスラエルの十二部族」について簡単に整理しておく。この「十二部族」は、「ヤコブの十二人の子を祖先とする部族」である、というのが伝統的な位置づけになっている。創世記二九―三五章にヤコブの子らの出生の次第が記されている。その他にも創世記四六章（エジプトへ行った子らのリスト）、民数記一章にもリストがあるが、これらのリストの名の順序は必ずしも同じではない。「イスラエルの十二部族」がヤコブの子らの子孫であるとするならば、これらの部族は皆、カナンでの諸部族の現実に一致するとは考えにくいことになる。こうした「伝統的な立場」は、エジプトから来た者たちだということになってしまう。しかし「伝統的な立場」がどのようなものかも心得ておく必要がある。カナンの地は、十二に分割され、各地域にヤコブの子らの名が用いられる。ただし「レビ族」は、土地を持たない。このために「ヨセフ族」が、「マナセ族」「エフライム族」に分けられる。また王国時代になると消えてしまう（用いられなくなる）部族名・地域名もある。

「北の十部族」

ルベン

イッサカル

ゼブルン
ガド
アセル
ヨセフ（マナセ、エフライム）
ベンヤミン
ダン
ナフタリ

このうち「エフライム族」が、北の十部族を代表する部族である。北の十部族の全体を「エフライム」と呼ぶこともある。

「レビ族」。祭司職を担う部族となっているために、他の部族のように自治を行う領域を持たない。「レビびと」は、最初のうちは「祭司」のことだった。モーセもアロンもレビ族だとされている。しかし祭司職がアロンの子孫に限定されるようになって、「レビびと」は、「祭司」とは別のいわば「下級祭司」のような位置づけになった。

「南の二部族」
ユダ

シメオン

「ユダ族」。南の部族を代表する。ダビデはこのユダ族の出身。

王の登場

部族連合の体制は長くは続かない。もっとも大きな原因は、国際情勢の変化である。対応しなければならない敵の勢力が大きくなって、軍事的脅威が恒常化してきたのである。地中海沿岸の南方地帯に定着したペリシテ人、ヨルダン川の東岸地帯に定着して国家を形成したエドム人、モアブ人、アンモン人などが脅威となった。こうした敵に対して臨時に団結して対応するのでは不十分になったので、イスラエル側も恒常的な指導者の下に団結することになる。これは当時の常識では、王を指導者として王国を作るということを意味する。

前十一世紀の末近くにサウル（ベンヤミン族の出身）が、ほとんど王というべき地位を築くが、最終的にはサウルは挫折してしまう。このサウルを第一代の王とする見方もある。サウルは「頭に油を注がれる」という儀式を行っており、このことを重視するならば、サウルは正式に王である。この場合には、サウルの即位は前一〇一二年である。しかし名実ともに王たる地位を確固たるものにしたのは、ダビデ（ユダ族の出身）である。前一〇〇四年にダビデが王となり、イスラエル統一王国が名実ともに成立する。この「イスラエル統一王国」

という名称に「統一」という語が入っているのは、後にこの王国が南北に分裂すると北の王国が「イスラエル王国」と呼ばれることになるので、それと区別するためである。サウル、ついでダビデの背後には、サムエルという大物の預言者がいた。

ダビデの功績の第一は、もちろん王国を初めて築いたことである。その他には特にエルサレムを首都としたことが重要である。エルサレムは死海と地中海の間の多くの丘がうねうねと広がる地帯の一つの丘の上にあったエブス人の町からエブス人を追い出して建設された。ダビデは南の部族(ユダ族)出身の王である。エルサレムは南の部族の領域と北の部族の領域のちょうど境界線のあたりに位置しており、北との融合を意図し、また北への監視が容易なところだという理由で、この場所が首都として選ばれたと言える。エルサレムのある丘は「シオンの丘」と呼ばれていたので、エルサレムが「シオン」と呼ばれることもある。また「シオンの娘たち」という表現が、エルサレムの住民を指すものとして用いられるようになる。

第二代目の王はソロモンである(在位、前九六五―前九三二年)。ソロモンは「知恵者」として有名である。この場合の「知恵」とは、「政治的判断力」「政治的手腕」という意味で、ソロモンに知恵があるということは、ソロモンに王としての優れた統治能力があったことを意味する。またソロモンは、エルサレムに神殿を建設した。第一神殿である。この神殿はたいへん豪華なものだった。しかもソロモンは、この神殿より更に豪華な宮殿も建設した。こうしたことも含めて国は繁栄し、「ソロモンの栄華」と言われて、この繁栄は国際的にも有名になる。

ところがソロモンの死後、国は南北に分裂してしまう(前九三二年)。南はユダ王国である。首都はエルサレム。王はダビデ・ソロモンの子孫で、つまりダビデ王朝だった。北はイスラエル王国で、ダビデの血統ではない者が王となった。

この時代の様子は、聖書の次の文書に記されている。

ヨシュア記		カナン征服
士師記		部族連合時代
サムエル記	上一―一五章	サムエルとサウル
	上一六―三一章、下	ダビデ
列王記	上一―一〇章	ソロモン

列王記の上の残りの部分と、列王記の下には、南北の王国の話が記されている。

ヨシュア記から列王記までのこの歴史の話は、モーセ五書の申命記と同じ立場で記されているので「申命記的歴史」と呼ばれている。

これに対して歴代誌上下とエズラ記・ネヘミヤ記には、アダムからの歴史が異なった立場から記されており、これを「歴代誌的歴史」という。

ヨシュアの時代にカナンの征服・平定の戦いが終ると、カナンの住民全体の宗教的団結を確認するために「シケムの大集会」が開かれたとされている。人々は神との契約を受け入れることに合意する（ヨシュア二四章）。

部族連合の時代は、「士師《しし》の時代」と呼ばれている。士師とは「裁き人」「判断する者」という意味であり、緊急時の指導者である。戦争において軍隊を指導する者（将軍）は、全体的な情勢を見てどのように戦いを進めるかを「判断する」。政治家も国の内外の情勢を見て、個々の大小の政策について「判断する」。「裁き人」という場合の「判断」とは、こうした軍事的・政治的な判断のことであって、裁判の場合の判断のようなものだけが意味されているのではない。「判断する」とは、何が良く、何が悪いかを見て、良いとされることを実行することだから、国の指導者は「善悪を知る者」とされることになる。士師記の内容は、以下の通り。

一・一―二・五　士師時代の始まり

二・六―一六・三一　士師物語

（1）二・六―三・六　序

(2)三・七―三一　オテニエル、エホデ、シャムガル
(3)四―五章　デボラとバラク
(4)六・一―八・三二　ギデオン
(5)八・三三―一〇・五　アビメレク、トラ、ヤイル
(6)一〇・六―一二・一五　エフタ、イブツァン、エロン、アブドン
(7)一三―一六章　サムソン
一七―一八章　ダン部族の北方移住とダンの聖所
一九―二一章　ベンヤミン部族の暴行

士師の時代はしばらく続くが(前一二〇〇年頃から前一〇〇〇年頃まで)、既に述べたように、中央集権の強い権力が必要となる。たとえば士師の一人と数えられているアビメレクという人物は、かなりの力を集中するにいたる。しかし一つの国の全体を中央集権的に統一するのは、かなり困難な事業である。しかもイスラエルにとって、これは初めての経験である。国際情勢の変化により、強い指導者が必要なことは頭では理解できるだろう。そしてアビメレクは優れた軍事的・政治的指導者の資質をもっているかもしれない。しかし諸地方の伝統的な有力者たちは、中央集権的な一人の権力者の支配下に組み入れられることを好まない。独立した部族の気概が許さないのである。

アビメレクの物語は、士師記九章に見出される。そこに地方の有力者の言葉が記されている。

「アビメレクとは何者か。その彼に仕えねばならないとすると、我々シケムの者は何者だろうか。(……)彼はシケムの父ハモルの人々に仕える者ではなかったか。なぜ我々が彼に仕えねばならないのか」。(二八節)

出自のあやしい豊臣秀吉が天下を支配する力を着々とつけたとしても、それで地方の実力者たちが簡単には服従しないのと似ていると言えば、理解し易いだろうか。「秀吉とは何者か。水呑み百姓のせがれではないか」と言っているようなものである。

したがってダビデが名実共に統一王国を実現したことは、たいへんな事業だったのである。

「王は神の子」

宗教状況についても確認しておこう。カナンの人々は、伝統的にはエル(El)という神を崇拝していた。むしろ「エル」とは、「神」を意味する普通名詞であるといった方が適切かもしれない。また全体的な傾向としては、自然の諸力を代表する神々を崇拝する宗教を実践していた。「バアル」と呼ばれる嵐や大地を代表する自然神、また「アスタルテ」と呼ばれる愛と豊穣の女神、などである。イスラエルはヤーヴェを崇拝することになっていたが、カナンのあちこちにある聖地で崇拝されていた官能的な神々の崇拝に誘惑されていた。

ダビデによってイスラエル統一王国が成立したのは、前十一世紀の末である。ヒッタイト・アッシリア・エジプトといった大国の力が相対的に弱まっていた時期であり、このために周囲の中規模の勢力の力が強まり、イスラエルを圧迫していた。ダビデが王となってイスラエルは他の民族のように王をもつことになったが、信仰に熱心な者たちの間から疑義が生じてくる。唯一の王はヤーヴェではないのかという問題である。この問題の解決のために、宮廷付きの預言者ナタンが重要な役割を演じる。

ナタンが定式化したとされる王の地位についての考え方は、次のように纏めることができるだろう。

ダビデの子は、即位式の時に、油を注がれて、神の子となる。

ここには四つの原則がある。（1）王はダビデの子である。（2）王（の候補者）は即位式をへて王となる。（3）王は油を注がれた者である。（4）王は神の子である。

王は「ダビデの子」でなければならない（第一の原則）。これは後世のダビデ王朝の王たちについての言い方だということになる。血統に基づく王位継承は、珍しいことではない。

この原則によって、王となり得る候補者がかなり限定される。人物の優秀さや力量といったことが王となるべき者の原則ではあまりに曖昧であり、かならず争いが生じてしまう。血統の原則は先天的な基準によるものであり、不要な権力争いを避ける上で大きな効果をもつ。

即位式の時に神の子となる（第二・第四の原則）。ダビデの子孫であれば誰でも王なのではない。王は一人である。そのことを保証しているのが即位式である。そして即位式の時に「王は神の子」という宣言が行われた。即位式を経ないのでは、たとえダビデの子孫でも王ではなく、神の子ではない。エジプトやバビロニアでは王の即位式の時に、祭司が神の託宣を述べるということが行われていた。王を「神の子」と宣言するのである。「あなたは私の子であり、私はあなたの父である」といった表現が用いられていた。

王を「神の子」とすることは、巧みな選択である。王は強い力と権威をもたねばならない。しかし王を「神」としてしまうことには、大きな問題がある。「王は神ではない」ないし「神はあの王ではない」という議論が必ず生じて、これを封じてしまうことはかなり困難である。しかし王を「神の子」とするならば、こうした反論を避けることができる。王は「神の子」であって、「神」そのものではないと言うことができる。しかも「神の子」である王は単なる人ではない。「神の子」は人以上の存在である。即位式の時に王が「神の子」だと宣言されることによって、ある時点で「神の子」は一人しかいないということが保証されている。人ではなく、人以上の「神の子」は王だけであり、他の者には絶対に超えられない強い力と権威がその王に属することになる。

そして即位式の時には、王の候補者の「頭に油を注ぐ」ということが行われていた（第三の原則）。これはエジプトにおいて行われていた行為を採用したものだと言われている。王は「頭に油を注がれた者」である。この「頭に油を注がれた者」という表現は、ヘブライ語では「メシア」であり、これをギリシア語に訳すと「キリスト」ということになる。キリストとはメシアであり、王であって、神の子である。イエスについて、イエスは「メシア」とか「キリスト」とか「神の子」だといったことが言われた。こうした表現はダビデ王朝の王のイデオロギーの定式化された考え方に沿ったものである。だからこそイエスが「ダビデの子孫」なのかどうかということも、議論の対象となったのである。

ダビデの業績として、さらに二点指摘しておく。

エルサレムを首都と定めたダビデは、「契約の箱」を首都に置いた。この箱は神の存在のあかしであり、ほとんど神そのもののように考えられていた。この箱をエルサレムに置くことにより、神の存在を王国の中央集権的な体制と結び付けることになった。神を崇拝する聖所は各地に存在して、それらがダビデの時になくなったのではないが、結局のところ神を崇拝する場所がエルサレムに集中することになる端緒を開いたのである。このことに関しても神学的な非難が生じることになる。神は自由に移動する神であり、一つの場所にとどまるようなものではないという考え方である。

ダビデはさらに神殿を建設しようとしたが、預言者ナタンに臨んだ神の言葉によって、建設を思いとどまったことになっている（サム下七章）。このエピソードは、バビロニアによって第一神殿が破壊された後の状況の中で、あえて挿入されたのかもしれない。後に絶大なものになる神殿の権威を聖書は相対化している。いずれにしてもサムエル記の記述に従うならば、ダビデの時代に既に、「自由に移動する神」と「エルサレムに固定されている神」との二つの考え方が対立していたことになる。後にエルサレムに神殿が建設され、神殿はユダヤ教の中心的制度となるが、神殿に反対する立場も根強く残ることになる。新約聖書の使徒行伝七章には、この対立が特に先鋭に認められるエピソードが記されている。

神殿はユダヤ教の中心的な制度だったが、聖書にはこれに反対する立場も記されており、しかも預言者を通して表明された神の立場として示されている。同じテーマについて、はっきりした賛成の立場と、はっきりした反対の立場が記されている。聖書は単純な思い込みを許さない複雑な書物であることを窺う上でよい例だと思われる。聖書の理解が深まると、だんだんと狂信的な態度が取れなくなる。

もう一つのダビデの業績は、さまざまな戦争に勝利したことである。軍事的な成功は、次のソロモンの時代にも基本的に継続する。このことには宗教上の意味がある。戦争での勝利によって伝統的な十二部族に属さない者たちが王国のメンバーとして加わることになる。そして服従したさまざまな民が神の契約に入る。伝統的な神と十二部族の間の契約の考え方では、こうした者たちを位置づける場所がないことになる。そこで重要となったのが、アブラハムに関する伝承である。

ソロモンがダビデの跡を継ぐ（在位、前九六五—前九三一年）。ソロモンは「知恵ある者」として有名で、この知恵は神によって与えられた（王上三章）。ソロモンは「善と悪を判断することができるように」（三・九）と神に願って、その願いが叶えられたのである。この「知恵」とは「うまく統治する力」であり、つまり政治家としての能力である。

ソロモンはダビデ以来の王国整備の仕事を続けるが、特に重要なのが神殿建設である。神殿建設はもちろん宗教的意味をもった事業だが、中央集権的体制を固めるという目的もあったと思われる。まず豪華な神殿を建設した。神のための建設ということでは、反対の声も起こりにくい。建設工事に従事することなどを通して、エルサレムが国の中心であることを人々が身をもって納得することになる。ソロモンが続けて、神殿よりも豪華な宮殿を建てたことは、この一連の大建設工事に中央集権的な国内政治上の目的があったことを物語っていると思われる。しかし「ソロモンの栄華」を実現したこうした政策は、国民にとって重い負担となり、ソロモン没後に王国の分裂を招くことになる。統一王国は七〇年ほどしか続かなかった。

祝福の構造

ダビデ・ソロモンの時代、そしてそれに続く南王国の状況の中で、モーセ五書の四つの主要な資料の最初の資料である「ヤーヴェ資料」（J）が成立した。「ヤーヴェ資料」の成立はもっと遅い時期とも考えられ、議論されていることは既に述べたが、ここではこの時期に成立したものとして検討する。「資料」と言われているが、これはモーセ五書編集の際に参考にされたという立場からの呼び名であって、「ヤーヴェ資料」そのものは、独立した歴史的物語である。創造物語（エデンの園の物語）から始まっている。

このヤーヴェ資料の物語の特徴としては、まず物語的展開が生き生きとして具体的であることが挙げられる。神は「擬人法」（アントロポモルフィスム）によって表現されることが多く、神自身がさまざまな具体的な行為を行っている。アダムと散歩したり（創二章）、アブラハムと駆け引きをしたりする（創一八章）。神については、支配者としての神が強調されている。神は命令や禁止を発する。特に「行け」という命令が重要で、アブラハムやモーセにこの命令が発せられている。そして神は祝福する。「祝福」の反対が「呪い」である。人は神に服従すべきだが、不服従ゆえに呪いを招くことになる（カインの話、大洪水の話、バベルの塔など）。人の側のこうした不服従とは、特に「人が神のようになること」である。

しかし神は赦す。

創世記一二・一―三は、ヤーヴェ資料の重要なテキストである。主とアブラム（アブラハムのこと、以下「アブラハム」とする）が登場する。命令がたくさん記されている。「行け」という特徴的な命令も記されている（一節）。「祝福」という語（そしてその否定形である「呪い」）が、たくさん出てくる。


一二・一主はアブラムに言った。「あなたは生まれ故郷、父の家を離れて、私が示す地に行け。

二私はあなたを大いなる国民にし、あなたを祝福し、あなたの名を高める、祝福の源となるように。

三あなたを祝福する人を私は祝福し、あなたを呪う者を私は呪う。地上の氏族はすべて、あなたによって祝福に入る」。


まず「祝福」「呪い」について確認したい。「祝福」とは「良いことを言う」という意味である。神が良いことを言えば、その通りの事態が生じる。これが「祝福」である。神の言葉には力があり、言ったことはその通りになるからである。その逆が「呪い」であって、「悪いことを言う」のが呪いである。神が否定的なことを言えば、この場合もその通りの事態が生じる。「祝福」「呪い」は古くさい概念だと思うかもしれないが、そうではない。現代にも世俗化された制度で生きている。たとえば裁判長が判決で「あなたを死刑にする」というと、その通りになる。実際に死刑が行われてしまう。裁判長の言葉には力がある。裁判長からの有罪判決は、社会の側からの罪人に対する「呪い」だということができる。

「祝福」「呪い」は力ある者によって述べられねばならない。力のない者が表面的に何かを言っても、それは実現しないので「祝福」「呪い」にならない。

創世記一二・一―三のテキストに戻ろう。神の祝福は、いくらか複雑な構造になっている（次図「アブラハムをめぐる祝福の構造」）。

まず二節の内容を確認する。神はアブラハムを祝福する（二節、①）。アブラハムは「祝福の源」になる（二節）。神が直接に「祝福の源」になるのではなく、アブラハムが「祝福の源」とされているところが特徴的である。ではアブラハムが「祝福の源」であるとは、どのようなことか。

三節の内容を確認する。アブラハムを祝福する人（三節、②）を、神は祝福する（三節、③）。「祝福」という言葉の意味を広くとるならば、「相手との肯定的な関係を受け入れる」と言えるだろう。したがってアブラハムとの肯定的な関係をもつような者を、神は肯定的に

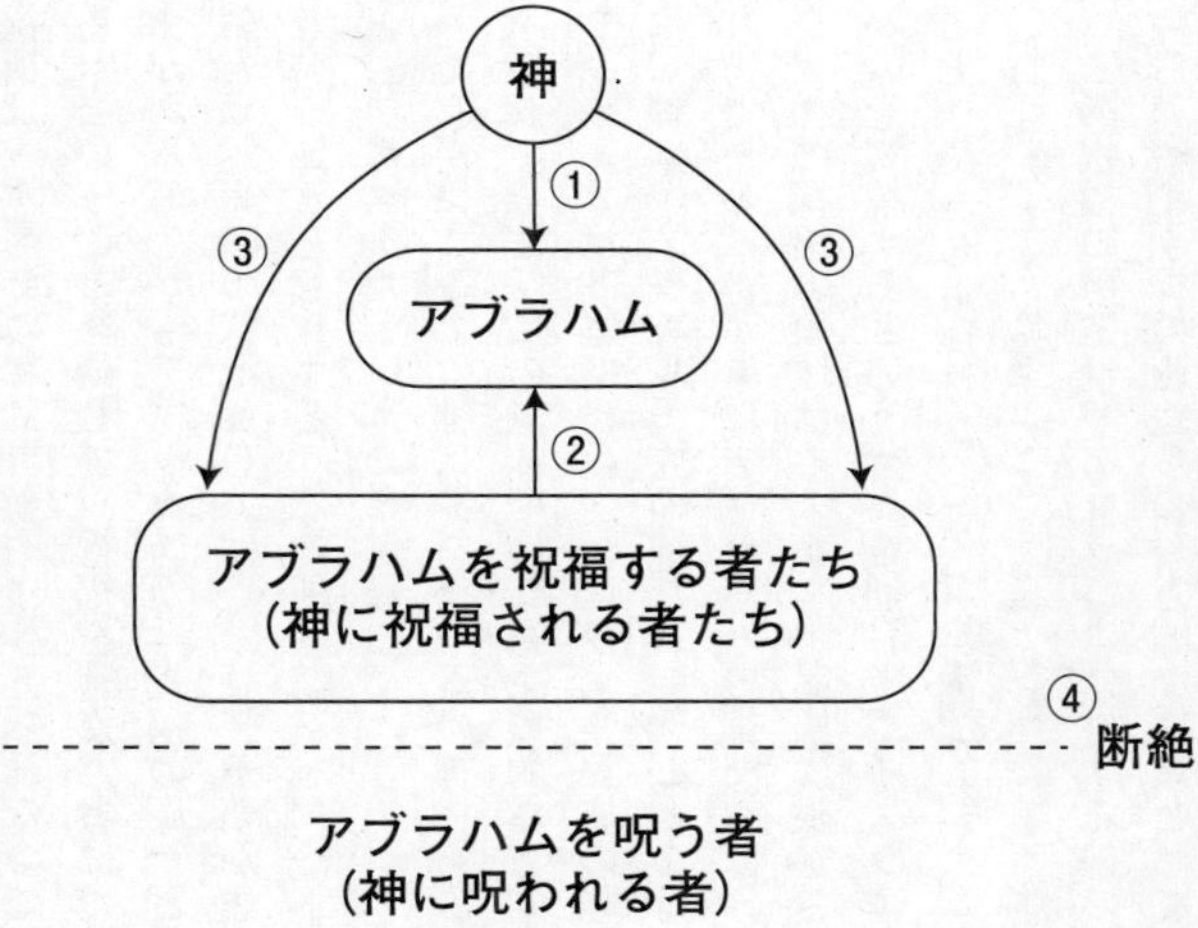

アブラハムをめぐる祝福の構造

受け入れるということになる。次の「あなたを呪う者を私は呪う」（④）は、②③の「祝福する」を否定的な面から言い直して確認するもので、本質的には同じことである。アブラハムが祝福の唯一の「源」であることが、丁寧に確認されている。

そして地上の氏族はすべて、アブラハムによって祝福に入る（三節）。②のところで「アブラハムを祝福する人」と言われていた者については、「地上のすべての氏族」が候補者になり得ることになる。「地上のすべての氏族」が自動的に、神の祝福に入るのではない。アブラハムと肯定的な関係に入る者たちだけが、神の祝福に入るとされている。神の祝福は、すべての者に自動的に与えられるのではなく、つまるところ「アブラハムを肯定する」ということを通して、祝福を選んだ者にだけ与えられる。ここでも受け手に、選択の自由がある。しかもアブラハムが「祝福の源」とされている。アブラハムを受け入れるということは、当時の状況としては、ダビデ王朝が体現しているイスラエルの王国の権威を認めるということを意味する。この創世記一二・一—三は、すぐれて社会宗教的な政策上の主張を含むテキストだということになる。

たしかにここでは神はアブラハムの神であるだけでなく、すべての者の神である可能性が示されている。この意味では普遍主義的な方向性のある立場が表明されていることになる。アブラハムは基本的には、イスラエル民族の先祖である。神がアブラハムの神だということは、神はイスラエル民族の神だということを意味するというのが、まずは基本的な理解のあり方である。神が単にアブラハムの神ならば、神は単にイスラエル民族の神である。この場合、神の祝福の領域はイスラエル民族に限定されていることになる。ところが人々がアブラハムを祝福するという行為を通して、イスラエル民族の者でなくても神の祝福の領域に入ることができる可能性が、ここでは開かれている。このために人々に課されている条件は、「アブラハムを祝福すること」である。

この祝福の構造は、アブラハムに対する神の命令において、一気に命令として表明されている。つまり神の側からの一方的な約束として表明されている。

したがってここでは、モーセを介した神と十二部族の「契約」の場合とは異なった神と人との関係が設定されていることになる。契約は当事者双方の同意がなくては成立しない。モーセを介した契約では、民に契約成立の同意が求められている。これに対してアブラハムの場合には、神の「約束」が成立するか否かについて、人の側に同意は求められていない。「約束」は、神の側から一方的に表明されているだけであって、それだけでこの「約束」は成立する。人に求められている同意——アブラハムを祝福するかどうかの選択——は、この約束の枠内で人に課されている条件であって、約束成立の条件ではない。

こうしたエピソードが成立したことについては、ダビデ・ソロモンの時代に十二部族以外の者が、王国のメンバーとして加わるようになったことが背景になっていると考えられている。神と十二部族の関係は、モーセを介した契約によって成立している。しかしこの契約成立は過去のことである。王国に新しく加わった十二部族以外の者は、この契約の当事者になることはできない。そこで神学的思考が展開した。モーセを介した契約という過去の出来事は消すことができない。しかし次のように主張したのである。アブラハムはモーセ以前の人物、モーセよりも昔の人物である。つまり実は、モーセ以前に、神はこのような普遍主義的な約束をアブラハムに与えていたのである。これはモーセ以前の出来事なので、モーセないしモーセの時の契約は、これを取り消すことはできない。だからアブラハムへの神の約束も有効である。

モーセを介した契約では処理できない状況が生じたので、このような操作が行われたと考えるべきだろう。対処しなければならないのは、十二部族以外の出身の新しいメンバーを神との関係においてどう肯定的に位置づけるかという問題である。この新しい問題に対処するために、モーセよりも古い時代に注目したのである。新しい時代に対処するために、より古い時代のことを考える、これも聖書的思考の一つの特徴である。

創世記一二・一―三のテキストは、普遍主義的な方向性をもつ神の立場の表明になっている。しかしこの普遍主義的な方向性がはっきりとするのは、三節後半の「地上の氏族はすべて、アブラハムによって祝福に入る」とされているところで「地上の氏族はすべて」という表現があるからである。この表現がないならば、「アブラハムに味方する者に神は味方し、アブラハムに敵対する者に神は敵対する」という意味になる。このような立場でも、ダビデ・ソロモンの時代の問題であるところの「十二部族以外の出身の新しいメンバーを神との関係においてどう肯定的に位置づけるかという問題」に対処できるように思われる。したがって三節後半の「地上の氏族はすべて」というはっきりとした普遍主義的な方向性の表現は、もっと後の時代に付加されたのかもしれない。ダビデ・ソロモンの時代に、これほどはっきりとした普遍主義の立場が既に発見されてしまい、こうして表明されるということは少し考えにくいところがあるからである。民族の枠を少し越えて、味方は味方、敵は敵と考えることに変更するということだけの方が、中規模の王国を作ったばかりの民族の考え方の展開としては理解し易いのではないだろうか。ヤーヴェ資料の最終的な成立がもっと新しい時代のものではないかという考え方が納得できるところである。

それからアブラハムが「祝福の源」とされている点について、もう一度、確認する。神が一方的に祝福の適用範囲を広げたとすることは、神学的には大きな発見だったということができるだろう。ところがこのテキストでは、神が自由に祝福の対象を選んで、それを神が祝福するということになっていない。「地上のすべての氏族」というテーマが明示的に示されていながら、神がこの「地上のすべての氏族」を祝福しないという形になっている。問題とされているのは、神と全人類との関係を一挙に肯定的なものにして、全人類が神の祝福に入るということではないことにされてしまっている。

これは、うがった見方をするならば、全人類が神の祝福に入るということが簡単に成立してしまっては困る勢力があるからである。全人類が直接に神の祝福に入ってしまうのでは、伝統的なイスラエル民族と並立して、他の民族も、イスラエル民族とは別個に神の祝福に入ってしまう。それではイスラエル民族と他の民族の神学的位置付けが同格になってしまう。

外国人はダビデ王朝の王国の権威の下に服従するのでなければならないのである。そこでアブラハムが「祝福の源」となるという奇妙な要素が挿入されていると考えるべきだろう。

このことによって神の自由——神が自由に全人類を神の祝福に入れるという自由——が制限されている。そしてその自由は、表面的にはアブラハムを祝福するかどうかの選択をする外国人たちのところに転移している。自由を制限された神の前で人が自由であるという困った状況を生み出してしまっている。しかしこうした状況が生じたのは、神の普遍的な態度についての発見をしていながら、それを制限したからである。それは具体的には、ダビデ王朝の王国の権威の優位を保とうとしたからである。神の自由を奪って、自由に振舞っているのは、宗教政治的な権威を保持しようとするダビデ王朝の王国の立場に立つ者たちだということになる。切り詰めた表現をするならば、王国の権威を守るために、神の自由を制限するという自由な振舞いが行われているのである。

祝福・呪いのテーマが扱われたので、ここで神の呪いの問題について、簡単に確認しておきたい。なぜ神は否定的と思われることをするのか、という問題である。

神はすべてを支配し、全能だなどと言われている。それなのに世の中には戦争その他、悲惨なことが絶えない。これも神がなしていることだとするならば、そんな神は神ではない、などといった議論を見かけることがある。真面目な若者などが、こうした問題に真剣に悩むことが多いのではないだろうか。これは伝統的な言い方をするならば「神は正しい」のかどうかという問題であって、「神義論」(テオディセ)と呼ばれている。

こうした問題についてまず確認しなければならないのは、神は因果応報の論理に従ったり、何らかの善悪の基準に従ったりして世界を動かしているのではない、という点である。もしそのようであるなら、世界を支配しているのはその因果応報の論理や、その善悪の基準であって、神はそれらに支配されて動いているだけのことになってしまう。しかも、それらの論理や価値基準を人が知っていると主張して、その立場から神は正しいことを行っていないと神を批判することが可能だと考えていることになる。そのようなことがあり得るならば、その人は、自分を神以上の者にしてしまっていることになる。

世界をつらぬく論理はどうなっているのか、さまざまな価値基準としてはどのようなものがあり得るのかといったことに、人が想いを巡らせることはあるだろう。しかし人がそのようにして発見する論理や基準に、神が支配されるのではない。

そうではなくて、神が世界を支配しているのである。そして神は呪うこともあれば、祝福することもある。人がそのような神のやり方を認識して、自分なりの判断をすることもあるだろう。しかしそうした人の判断が神を支配するのではない。したがって神の呪いについての、上のような議論は権威ということについての理解が足りないことから生じるということになる。

親は子を誉めることも、叱ることもある。子はそれをさまざまに判断して、さまざまに対応する。子の願い通りに親がしてくれることもあるだろう。そのような場合があっても、子の論理が親を支配するのではない。ただし子はやがて大人になるので、親と子のこのような関係はいつまでも続かない余地があるかもしれない。これはそれぞれの社会や集団の問題である。しかし人は神にはならない。

ヤーヴェ資料のテキストから、もう一つエピソードを検討しよう。創一二・一〇―二〇のエピソードである。私なりの要約を示す。

アブラハムが妻のサライとエジプトに行く。妻サライは美しい。アブラハムの妻がこのように美しい女性だということになると、アブラハムは殺されるかもしれない。そこでサライはアブラハムの妹だということにする。サライはエジプトのファラオに召される。ところが人妻がこのように扱われることは正しくないとされている。神はファラオとその宮廷に、災厄をもたらす。ファラオはアブラハムとサライに、エジプトから出ていってもらう。

ここでは神とつながりのあるアブラハムのあり方と、エジプト社会の人間的論理との問題が扱われていると考えられる。まず確認しなければならないのは、この両者が本質的に両立しないのではないという点である。しかも災厄が生じた後のファラオの対応を見ると、ファラオはアブラハムと神との関係を適切に認識していると思われる。災厄が生じたのは神がそのようにしたからであり、そしてその神がアブラハムの神だからである。

ところがその後のファラオの側の対応が問題である。このエピソードは、右で検討した創一二・一―三の神の約束のエピソードのほとんど直後に記されていることが重要になる。ファラオは神とアブラハムの関係について認識できたのだから、創一二・一―三の神の言葉の論理に従って、アブラハムを祝福すれば、神の祝福に入ることができるはずである。しかしファラオは、そのような選択をしない。ファラオの前には、神の祝福に入るか、それともそれを拒否するかという二つの選択肢がある。そしてファラオは後者を選ぶ。人間的倫理だけで暮していたエジプト社会のあり方を変更して、神の祝福に入ることにせずに、相変わらず人間的倫理だけで暮す方を選択したと、まずは言うことができるだろう。災厄は人間的倫理の観点からは、社会での困った問題である。そこでファラオは、その災厄の原因であるアブラハムにエジプトから出ていってもらう。ファラオは少なくとも良い政治家である。しかし「祝福の源」であるアブラハムがエジプトを訪れていながら、そして神とアブラハムの関係について認識しながら、祝福に入ることを拒んでいる。

こうしてエジプトは、神の祝福に入ることができない結果となってしまっている。ここで教訓を引き出すならば、ファラオは神の前で正しい態度をとらなかったということになるだろう。つまり神とこの世の関係を認識しながら、神との肯定的な関係を得ることができない者もいるという教訓である。しかしこのエピソードでは、ファラオがアブラハムを祝福した場合、エジプトの指導者であるファラオとアブラハムの関係は、宗教的・政治的にどのようなものとなるのかについては、考察の手がかりがまったくない。ある意味ではアブラハムだけが独占的に「祝福の源」とされているために、ファラオが神の祝福に入る可能性が閉ざされてしまっているかもしれないのである。

天と地、人間の創造

ヤーヴェ資料には興味深いエピソードが数多くあるが、ここではあと一つ、創二・四b—三・二四のエデンの園の物語について検討する。この物語にはさまざまなテーマが含まれているが、それらのテーマのすべてを扱うことはできない。いろいろなテーマについて一般的な解説を試みるだけでも一冊の本くらいはできてしまう程である。いくつかのテーマについてだけ触れることにする。

エデンの園の物語は、文学ジャンルとしては「知恵文学」に属するものである。この世界における人間の深刻な問題についての思考が表明されたものが「知恵文学」である。こうした問題に答えるためには、自分自身の考えだけに依存するのではなく、他の人の意見や考え方も参考にする。他の文明の知恵の伝統の蓄積も参考にする。しかし何もかも真似るのではなく、自分たちの伝統的な考え方や考察の蓄積が中心的な根幹となる。

エデンの園の物語は、まずは創造物語である。地の創造の様子が二・五以下に記されている。ここには当時の自然についての知識が反映していると考えられる。草木がなく、雨がない。水が地下から湧き出る。園があって、木が生える。このようなイメージがどこに由来しているかは、遊牧民にとってオアシスがどのように経験されるかを想像すれば理解できるだろう。しかし一五節では「人が地を耕す」とされている。また二〇節では、動物や家畜が二義的な扱いを受けている。遊牧民がカナンに定着して農耕をはじめたことが背景にあるのではないかと、考えられている。

人の創造についても記されている。バビロニアの『アトラ・ハシス』という叙事詩（前一六〇〇年頃成立?）の人間創造物語と比較すると、特徴がとらえやすい。『アトラ・ハシス』では、神々が労働に疲れて、それを肩がわりさせるために人を作ることにする。一人の神を殺して、その血を土に混ぜて人を作る。

天には初め労役者がなく、神自身が労務に就いていた。

だが、その仕事はきつく、ついに神々はエンリルに対し反乱を起した。その反乱の首謀者はエンリルの子らであった。

エンリルは天神アヌに報告したが、アヌは反乱者に同情し、神に代わって労務につく人間を造ることにした。神ウェー・イラを殺し、その肉と血と粘土をマミが練り、出産の女神べーレト・イリーが取りあげ、男女七組の人間が誕生した。人間は増えに増え、神々のために神殿を建て、地を耕した。

死んだ神の血という要素があって、人間が単なる動物でないことが示唆されているが、神的な面に最初から死の影が存在している。これに対して創世記二章では、人は土から作られるが、神の息が吹き入れられている。人間の神的な面は、命や動きと結びつけられており、死の影がない。また『アトラ・ハシス』では最初から労働は、厭なもの、疲れるものとして、否定的にとらえられている。創世記二章でも、人は労働をするものとされているが（「地を耕す」）、労働が否定的なものというモチーフはない。

人と自然の関係についても、指摘しておこう。二・一五で「人は地を耕す」とされているが、ここで用いられているヘブライ語は、「耕す」という意味で通常用いられる「ハーラシュ」という語ではなく、「アーバド」という語が用いられている。「アーバド」は「仕える」「僕として仕える」という意味で、たとえば聖書の有名な概念の一つである「神の僕」は「エベド・ヤーヴェ」であって、「エベド」は「アーバド」の名詞形である。つまり二・一五の「人は地を耕す」とは、「地に、僕として、奴隷として仕える」という意味である。直前の創世記一・二八で「人が自然を支配する」という考え方が示されているのとは、たいへん対照的な考え方が示されていることになる。

また二・一九―二〇の場面では、人が動物や鳥に名をつけている。これは人が自然界を認識する姿である。人の科学的活動が、神学的にも正当化されているテキストと考えることもできるかもしれない。また人が自然に「仕える」というモチーフと、自然に対する人の科学的アプローチを容認するモチーフが同じエピソードにあることは、注目してみる価値があることかもしれない。最近の環境問題を巡る議論などでは、人が自然を支配するという態度が批判されたりしているが、環境問題は自然に対する人の科学的アプローチが展開した結果生じてきた問題である。そして科学的アプローチにおける人の自然に対する態度は、基本的には「自然に仕える」という態度だと言うべきかもしれない。このように述べると疑問に思われてしまうかもしれないので、もう少し説明を試みておく。自然に対する科学的アプローチは、人が自分たちのために自然を利用することにつながっているのだから、「人が自然を支配する」ことだと考えてしまう。このような見方は常識的なものである。そしてこうした見方は、それなりに有効なものかもしれない。しかし「神の僕」という表現で使われるべき「仕える」という語が、エデンの園のエピソードでは、「地」について用いられる。つまり人が「地の僕」になってしまっている。人が「地」に「仕える」と、人は「地」に専念してしまいかねない。動物や鳥に名をつける姿も、動物や鳥に専念する姿である。つまり人が「自然」に専念する姿が示されていると言えるだろう。人は「神の僕」であるべきなのに、「自然の僕」になってしまっているところがある。

エデンの園のエピソードでは、人のこのような態度は、神が命じたこと、また少なくとも神が容認したこととされている。しかし、近代という時代は「世俗化」の時代である。神との関係を考えないで人が活動してよいことになっている。そして科学的アプローチが大きく展開している。神と関係なく、人が「自然に仕えている」と言えるのではないだろうか。人の主人は神であるはずだが、近代の科学的アプローチにおいては、人の主人は自然になってしまっている。神を忘れて自然に仕えてしまっているのである。とすると創世記一・二八の「人が自然を支配する」という考え方では、環境問題との関連で批判を受けるような自然支配のあり方が問題になっているのではないと言えるかもしれない。

創世記一章のエピソードで人は、「神に似ている」とされている。とするならば、そのような「神に似た人」による「自然の支配」は、「神による自然の支配」に似たものだ、とされていることになる。創世記一章のエピソードにおける神と自然の関係は、「神が自然を創造する」ということである。つまり「神は自然を創造的に支配している」。神は、少なくとも、「自分に役立つように自然を利用する」というあり方で自然に関わっているのではない。とするならば、「神に似た人」は、「自然を創造する」というあり方で「自然を支配」すべきだとされていることになり、少なくとも、「人が自分に役立つように自然を利用する」ようにに「自然を支配する」ということにはなっていないと考えられる。こうした問題は、たいへん興味深いものであり、大きなテーマに関連してくるのだが、ここでは以上のことを指摘するだけにとどめておく。

アダムとイヴ

二人が歴史的に存在したかを問うことは、文学ジャンルについてまったく無理解だということになる。人類には初めがある。それは誰で、いつ・どこのことだったのか、こうした疑問に答えるのは科学である。聖書は神話のルールにしたがって、最初の男女を、アダム(「土」「人」の意)、イヴ(「命」の意)と名付ける。ここで「最初の」とは、「年代的に最初の」という意味ではなく、「人間存在の根源的なあり方において」という意味である。

人間の存在は根源的に男と女であり、それは人と命だという見解が示されている。最初の男女だけが、アダムとイヴなのではなく、すべての人間が根源的にアダムとイヴだということが示されている。

女はなぜ創造されたのか、についても考えてみよう。女が作られるにあたっては、経緯がある。神は「人を助ける者」を作ろうとする(二・一八)。鳥・獣などが検討されるが、ふさわしくない。そこで神は人からとったあばら骨で女を作る(二一—二三節)。この箇所は最近では、男女の差別を認めるテキストだというので非難の対象とされることがある。しかし当時としてはたいへんに革命的な考え方が示されているとも考えられる。

エデンの園の物語は前十世紀頃のテキストであり、原型はもっと昔に遡るかもしれないテキストである。当時、女は動物と同じようなものと考えられていたのではないだろうか。ところで「人を助ける者」の候補として鳥・獣が作られるが、鳥・獣は人とは別個に作られる。

しかし女は人の一部から作られる。ここにおいてまず、「女は動物ではない」ということが主張されているのではないだろうか。しかも二三節の「骨の骨」「肉の肉」という表現は「相並ぶ」という意味だと言われている。男女について、かなり平等な考え方が既に示されているということができるのではないだろうか。

二一節では、女の創造に際して人は「深い眠り」の状態にあったとされている。ここで用いられている語は、超自然的な経験を指す語であり、ギリシア語聖書では「エクスタシス」という訳語が用いられている。「エクスタシス」は、「横にそれること」「乱れること」といった意味の語で、日本語では「恍惚」と訳されたりしている。しかも二三節の人の言葉で、「男」という語がはじめて現れている。人が女を知ることで男になるという、古い神話的思考が背後にあるのかもしれない。

当時の中近東に古くから広く伝えられた『ギルガメシュ神話』と呼ばれる叙事詩の中に、たいへん似た要素がいくつも認められる場面がある。この『ギルガメシュ神話』では、ギルガメシュに対抗する者として、エンキドゥという「野獣と暮す怪物」が作られる。エンキドゥにとっては野獣が「助け手」だった。ところがエンキドゥに、神殿娼婦が捧げられる。六日七晩、エンキドゥは彼女と交わる。そして満足して獣たちのもとに帰るけれども、獣たちは逃げてしまう。追いかけようとするが、エンキドゥには力がない。ひざまずいて倒れてしまう。しかしエンキドゥの精神は晴れやかである。彼は女の足もとにすわり、彼女の顔を見る……。

エデンの園の物語において、もっとも関心が集中するのは、追放にいたる一連の経緯だろう。アダムが追放されるきっかけは、「善悪を知る木」（善悪の知識の木、知恵の木）の実を食べたことである。この木も、その実も、象徴である。西洋の名画にリンゴとして描かれていることが多いようだが、リンゴではない。これがリンゴであるかのように考えられてしまったのは、西洋のラテン語が原因で、したがってかなり後になってからのことである。ラテン語でリンゴは「malum」（マルム）である。また「悪」という語も「malum」（マルム）である。このことからリンゴが悪の果実というイメージが生まれ、エデンの園の物語の実と結び付いたのである。リンゴは、エデンの園の話とは本来的に関係のないイメージである。

もう一つ確認しなければならないのは、どの木の実が、神によって実を食べることが禁じられているのかという点である。「善悪を知る木」の実についてだけ、食べることが禁じられていた。二・九では園の中央に「命の木」と「善悪を知る木」が生えていたことになっていて、蛇と女の対話では「園の中央の木の実は食べることが禁じられている」と述べられていることから（三・三）、「命の木」の実を食べることも禁止されているように誤解されていることが多いようなので、注意されたい。人は「命の木」の実を食べてもよかったのである。「善悪を知る木」の実を食べることは、どこが問題なのか。もちろん神に禁じられたのに、その禁止命令を守らなかったことは問題である。しかし「善悪を知る木」の実を食べることで人に生じる効果も問題とされている。むしろこの効果が生じてしまうので、この実を食べることが禁止されていると考えるべきである。つまり、禁止命令を守らなかったことよりも、そもそも食べてはいけない実であるのにそれを食べたことが、問題である。では「善悪を知る木」の実を食べるとどうなるのか。三・五の蛇の言葉では「目が開け、神のように善悪を知る者となる」とされている。特に問題なのは「神のようになる」という点である。アダムを追放する直前に、「人は我々のように善悪を知る者となった。今は、手を伸ばし命の木からも取って食べ、永遠に生きる者となるおそれがある」(三・二二)と神は述べている。これが追放という処置をすることになる直接の理由だと思われる。つまり、第一、人が神のようになること、第二、人が永遠の命を得てしまいかねないこと、この二点が問題である。

追放の様子は三・二四に記されている。アダムを追放し「命の木にいたる道を守るために」、ケルビムと剣の炎がおかれる。追放は、命の木の実を人が食べられないようにする処置である。

整理をしよう。人には、永遠の命も知恵もなかった。「永遠の命」と「知恵」は、人間が神でない二つの基本的な要素だと考えられているようである。知恵を得ることは禁じられたが、永遠の命を得ることは禁じられていなかった。それなのに人は、先に「知恵」を得た。このために、もし人がさらに「永遠の命」をもつと、人は神と区別がつかない程の存在になり兼ねない。これを避けるためには、人が「永遠の命」を持たないような処置が必要である。「永遠の命」をもつための方法は、「命の木の実」を食べることである。この「命の木の実」はエデンの園の中央にある。したがってエデンの園から人を追放すれば、人は「命の木の実」を食べることができない。「命の木の実」を食べることができないということは、「永遠の命」をもつことができないということであり、つまり「人は死ぬ」ということである。この結果どうなったかというと、人は知恵があるという点で「神のよう」だが、「死ぬ」(「永遠の命」をもっていない)という点で「神のよう」ではない、ということになった。

したがってこの話は、人が知恵をもち、「神のように」なり、そのために永遠の命を得ることができなくなった、つまり人は死ぬことになった、という話になっている。もともとは「人はなぜ死ぬのか」という問いに答えるための話だったと思われる。そして同時に、人は不完全ながら、知恵の能力、善悪を知る能力がある、この能力はどこに由来するのかの説明を試みた話でもあっただろう。

人が知恵を得て「神のように」なったことで陥った状況は、永遠の命を得ることができなくなったということばかりではない。労働の位置付けも変化している。二・一五で人は「地を耕す」ものとされているが、既に見たように、ここには苦しみのモチーフはない。しかし「善悪を知る木」の実を食べたことが露見した後で、神は労働のテーマを再びとりあげている。

「お前のゆえに、地は呪われるものとなった」（三・一七）
「お前は顔に汗を流してパンを得る」（三・一九）

と神は述べている。人が過ちを犯したために天変地異などが生じるといったように、自然の状態が大きく変化するといった考え方は、古代においては珍しくない。人の過ちゆえに地が呪われるという事態が生じるとされる背景には、こうした考え方があると思われる。人の過ちゆえに自然の位置付けが否定的なものになってしまったのである。また「お前は顔に汗を流してパンを得る」とは、労働が苦しいものになってしまったことを意味すると思われる。「人はなぜ苦しい労働をするのか」という問いに答える話にもなっている。

ちなみにエデンの園の話では、労働自体は本来的に苦しく、否定的なものとはされていないことは、注目に値すると思われる。よく対比されることだが、西洋の伝統的立場では労働は奴隷がすべきことで、自由人ならば労働しないのが原則である。この点は、聖書の立場と西洋の伝統的な立場がはっきりと対立するところである。現代は労働は良い、すべての者は労働すべきであるという考え方が社会の全体の雰囲気だといってよいかと思われる。しかしこうした風潮がこれ程までに圧倒的になったのはごく最近のことであって、十九世紀以来だと言えるだろう。現代の人が労働の価値をほとんど神聖なものにまで高めたのは、聖書的立場を採用したからではなく、やはり科学技術の進歩と産業革命に至る進展の目覚しい成果に魅惑されて、この動きをさらに進めようとしているためだと思われる。

知恵の何が問題か

善悪を知る能力をもつこと、神のようになることが、どのような意味で非難されるべきとされているかについて、もう少し検討しよう。エデンの園のテーマは、旧約聖書において創世記の他にさらにエゼキエル書で現れる。エゼ二八章およびエゼ三六章である。ここではエゼ二八章に注目する。

二八・一 主の言葉が私に臨んだ、
二「人の子よ、ティルスの君に言え、主なる神はこう言う、お前は心に高ぶって言う、
『私は神だ、神々の座にすわって、海の中にいる』と。しかし、お前は自分を神のよう
に賢いと思っても、人であって、神ではない。
三見よ、お前はダニエルよりも賢く、すべての秘密もお前には隠れていない。
四お前は知恵と悟りとによって富を得、金銀を倉にたくわえた。
五お前は大いなる貿易の知恵によって、お前の富を増し、お前の心は富のゆえに高慢に
なった。

六それゆえ、主なる神はこう言う、お前は自分の心は神のような心だと思っているゆえ、
七見よ、私は、もろもろの国民の最も恐れている異邦人をお前に攻めこさせる。彼らは
つるぎを抜いて、お前が知恵をもって得た麗しいものに向かい、お前の輝きを汚し、
八お前を穴に投げ入れる。お前は海の中で殺された者のような死を遂げる。
九それでもなおお前は、『自分は神である』と、お前を殺す人々の前で言うことができ
るか。お前は自分を傷つける者の手にかかっては、人であって、神ではないではないか。
（……）」。
一一また主の言葉が私に臨んだ、
一二「人の子よ、ティルスの王のために悲しみの歌をのべて、これに言え。主なる神は
こう言う、お前は知恵に満ち、美のきわみである完全な印である。
一三お前は神の園エデンにいて、もろもろの宝石が、お前をおおっていた。すなわち赤
めのう、黄玉、青玉、貴かんらん石、緑柱石、縞めのう、サファイヤ、ざくろ石、エメ
ラルド。そしてお前の象眼も彫刻も金でなされた。これらはお前の造られた日に、お前
のために備えられた。
（……）
一五お前が創造された日から、お前の歩みは無垢だった。
一六お前の商売が盛んになると、お前の中に暴虐が満ちて、お前は罪を犯した。それゆ

え、私はお前を神の山から、汚れたものとして投げ出し、守護のケルブはお前を、火の
石の間から追い出した。
一七お前は自分の美しさのために心高ぶり、その輝きのために自分の知恵を汚したゆえ
に、私はお前を地に投げうち、王たちの前に置いて見せ物とした。
一八お前は不正な交易をして犯した多くの罪によってお前の聖所を汚したゆえ、私はお
前の中から火を出してお前を焼き、お前を見るすべての者の前でお前を地の上の灰とし
た。
一九もろもろの民のうちでお前を知る者は皆お前について驚く。お前は恐るべき終りを
遂げ、永遠に失せはてる」。

預言者に臨んだ神の言葉の中で「ティルスの君主」が批判される。ティルスは地中海沿岸のフェニキアの商業都市である。したがって「ティルスの君主」は異邦人（＝非ユダヤ人）だということになる。またエゼキエルはバビロン捕囚時代の預言者なので、エゼ二八章の言葉がエゼキエルが伝えた言葉ならば、前六世紀の言葉だということになる。創世記のエデンの園の話がソロモン時代ないしその後につづく時代に成立したならば、両者は時代的にかなり隔たっているということになる。しかし創世記の話といくつもの要素が共通していることは確かである。

エゼ二八章の君主の問題は、「心が高慢になっている」（二節）ことである。彼は「私は神だ」と言う（二節）。また「自分の心は神のような心だ」と思っている（六節）。つまり自分を「神のようなもの」と見なしていることが、この君主の問題である。

ではなぜ彼は、このように考えるのか。それは「富」と「知恵」のせいである。「お前はダニエルよりも賢く……」（三節）、「お前は知恵と悟りとによって富を得……」（四節）、「お前は大いなる（……）知恵によって、お前の富を増し、お前の心は富のゆえに高慢になった」（五節）。エゼ二八章の君主の場合も、創世記のアダムの場合も、「知恵」があると、つまり「善悪を判断する力」がつくと、人は「神のよう」になってしまう。

さらにエゼ二八章の君主についてのテキストをみる。一三節で「お前は神の園エデンにいた」と述べられている。そして「お前が創造された日から、お前の歩みは無垢だった」（一五節）とされている。しかし「心高ぶり」「自分の知恵を汚した」（一七節）ために、「神の山から投げ出す」（一六節）とされている。「エデンの園」「創造の初め」「無垢であったのが、堕落する」「知恵」「追放」といった創二—三章に認められるテーマが、ここでもまとめて見出せる。こうしたテーマを合わせもった話の原型が流布していて、創二—三章のテキストにいたる話では初めの人アダムにあてはめられ、エゼ二八章のテキストにいたる話ではティルスの君主に適用されたと考えるべきだろう。

創二—三章では初めの人であるアダムの話となっているので、知恵を得て、人が神のようになり、そのために楽園を追放されるという状況は、人の根源的あり方についての表明だとまずは考えるべきだろう。しかしこの話の成立が前十世紀頃、すなわちソロモン王の時代から南王国の初期だとするならば、この話の解釈について、もう一つの可能性を考えてみない訳にはいかない。この話では「知恵」が重要なテーマとなっており、他方で「知恵」というと「知恵ある王ソロモン」のことを思い出さずにはいられないからである。

既に見たように列王記上三章の記述によると、ソロモンは「善と悪を判断することができるように」（九節）と、「知恵」（＝政治的判断力）を神に求めている。このことは神の言葉の中でも「あなたは（……）知恵を求めた」（一一節）と確認されている。そして神は「今あなたに、知恵に満ちた賢明な心を与える」（一二節）と述べている。しかし王が知恵をもつ、優れた政治的判断力をもつということは、王が神のようになるということである。ソロモンは、イスラエル民族において中央集権体制がはじめて成立してまだ間もない時期の王である。彼が政治的手腕のある人物だったことは、事実だろう。彼はこの手腕によって、各方面で成果をあげ、特に神殿・宮殿建設といった大規模公共事業を進めていわゆる「ソロモンの栄華」を実現した。しかしこうした政策は、多大な労働力提供や税などの負担を王の命令によって国民がになわねばならないということを意味した。遠いエルサレムとかいう新しい町には「王」なる者がいる。労働や税についての命令がくる。その要求がどんなに厳しいものであっても、国民は逆らうことができない。部族自治ののんびりした時代には想像すらできなかったことである。

箴言は、人々の間に伝わっていた諺ないしそれに類するものを集めたものだが、その一六・一〇には、

「王の唇には魔力がある。彼の口が裁きにおいて誤ることはない」

という言葉が記されている。「王の口が裁きにおいて誤ることはない」とは、王の判断が客観的な何らかの善悪の基準に照らしていつも正しいという意味ではなく、正しいのは王の判断なので、王の判断は正しいという意味である。王が「善悪を判断する力をもつ」(=「知恵をもつ」)とは、客観的な善悪を王が見分けるのではなく、王が「これは善」「あれは悪」と決めることができるという意味である。そして王が「良い」としたことは実行される。重い税を民に要求したり、首都での工事の労働のために民を強制的に連れてくるといったことが「良い」と王によって判断されるならば、その通りに実行される。王の言葉には強制力がある。「王の唇には魔力がある」とはこのような意味である。「魔力」とは「人が逆らうことのできない力」という意味である。

こうした「知恵ある王ソロモン」に対する批判は、創二―三章の物語とまったく無関係ではないかもしれない。ここで注目されるのは、「知恵の木の実」を食べる前と後での労働の

位置づけの変化である。既に確認したように「知恵の木の実」を食べる前には労働は苦しいものというモチーフはない。ところが「知恵の木の実」を食べた後になると、労働は苦しく否定的なものとされている。知恵ある者が出現したために、苦しいものでなかった労働が苦しいものとなってしまった。ここにソロモン王批判を読みとることは可能かもしれない。

以上のような考察をすると「知恵」がたいへんに否定的なもののように思われてしまうかもしれないが、聖書には知恵についての別の立場も記されている。箴言三・一三―二〇のテキストを見ていただきたい。「いかに幸いなことか、知恵に到達した人、……」と始まるこのテキストでは、知恵が肯定的に位置づけられている。ここでは「人の知恵」と「神の知恵」が、並行関係に置かれており、「命の木」のモチーフもある。このテキストの立場と創二―三章の物語の立場の辻褄を合わせようとする解釈をすることは無理だと思われる。聖書にはさまざまな立場が示されていると考えるべきだろう。

聖書には相容れない立場が示されていることから、聖書は矛盾しているとして聖書を拒否することは、聖書が理解できなかったことを意味する。聖書については、一つの論理ですべてが理解されることが求められているのではなく、聖書の中にさまざまな論理があると理解されることが求められていると理解すべきである。

神の責任・人の責任

創世記のエデンの園の話においては、人が神と調和的関係において生きるように神は人を作ったとされている。「神のように」ならずに、人が人であればよいのである。しかし人が神のようになりたがっているという点も忘れられていない。この点に関して、神は人をそのように作ったのだから、この問題については結局のところ神が原因であって、神に責任があるという議論が出てくるかもしれない。

こうした議論に対して、神を弁護しようとして、神は人を自由なものとして作ったのだから人に責任がある、神の責任ではないといった議論がなされるかもしれない。しかしこうした議論は誤りである。問題は神に責任があるのか、人に責任があるのか、といったことではない。

人が神の責任を云々できると考えること自体が、人が「神のように」なることである。人が自分の知恵で善悪を判断しようとしていることになってしまう。人が自分の知恵に神を従わせようとしているとも言えるだろう。

神によって作られた人の最も重要な性格は、人が人であるということである。人は、神が作ったように、人として神との調和的な関係において生きるしかないということが述べられている。それが生であって、そうでないと死んでしまう。そして人は神のそうした面について、また神と人とのしかるべきあり方については、「知る」ことができる。

第四章　北王国

分裂

ソロモン王死後のイスラエル統一王国の分裂によって、北のイスラエル王国と南のユダ王国が成立する（前九三二年）。南北の分裂は統一王国のダビデ王朝に対して、北の十部族が反抗して生じたものである。その反抗と分裂の原因は、政治的・社会経済的な問題だった。ダビデ・ソロモンによる国の統一は、既に説明したように、国際情勢の動きから避け難いことだった。しかしこうした大局的見地から余儀ないことだったとしても、それで国の構成員全員が納得することにはならない。しかもダビデ・ソロモンの王国は、イスラエル民族にとって史上初めての王国である。

人々はそれまで、それぞれの部族に分かれて昔ながらの部族自治の枠内で暮していた。たしかに王は必要である、そしてダビデはさまざまな功績があり、見識を備えた人物かもしれない。しかしエルサレムとかいう新設の町にいるダビデとかいう者の命令に、なぜ我々は従わねばならないのか、特に地方の有力者、各部族の指導者格の者たちの中には、中央集権的な全体的統一の秩序に反感をもつ者が少なくなかった。中央集権的制度の成立は、彼らが享受していた部族的・地方的権力の相対的地位低下を意味したからである。しかも神学的観点からの不満も生じてくる。つまり「我々の真の王はヤーヴェではないか」という議論である。こうした不満は必ず生じてくる。したがって国を統一するということは、国全体にわたってこうした不満をとにかくすべて抑えて全体的秩序を皆に承認させねばならず、例外は許されないのだから、なかなか困難な事業である。こうした事業をダビデは成功させたのである。

しかもダビデ・ソロモンは、いったん中央集権的統一が実現すると、国内政治においてかなり厳しい態度で臨んだ。つまり中央集権的事業を次々と実行して、地方的分裂が生じるような余裕を与えないようにしたと思われる。具体的な事業として重要なのは、やはり戦争と公共事業だろう。しかも戦争の勝利が続くと、外国人だった者が国民の一部となってくる。彼らを含めた統一の維持が必要になる。

ソロモンは、豪華な神殿、それよりももっと豪華な宮殿を建てて（王上六・三八によれば、神殿建設に七年をかけ、王上七・一によれば、宮殿建設には十三年をかけた）、こうしたことが「ソロモンの栄華」として有名になった。しかしこうした公共事業は国民の負担によって実現したのである。軍隊への参加の他に、さまざまな課役にかり出され、税ということでさまざまな負担を強いられる。エルサレムの「王」が命令すると、国民は逆らうことができない。たった一言述べられただけで、王の言葉は遠くの地方で暮す国民にも重い苦しみを実現する。まさに「王の唇には魔力がある」ということになる。

こうしてダビデ・ソロモンの中央集権体制については、国民の間でかなりの不満が蓄積していた。ダビデ・ソロモンは南の部族の出身であり、北の十部族における不満は特に大きかったと言われている。しかしソロモンはさすがに知恵の王と言われるだけあって、彼の存命中は国の統一が保たれていた。しかし彼が亡くなると、国はたちまち分裂してしまった。

したがってこの分裂は、政治的レベルの対立（部族間の対立）と社会経済的レベルの対立（過大な負担についての国民の不満）によって生じたものである。宗教的には南北どちらの王国もヤーヴェを崇拝するという点が変更されたのではない。南北両王国は、分裂したのだから互いにいつも友好的であるという訳にはいかなかったが、宗教的にはいわば兄弟国だった。

北王国の盛衰

分裂後、南ではソロモンの子レハベアムが王になったのに対して、北の諸部族はヤラベアムを王にたてた。ダビデ・ソロモンによって成立した王朝制度は両王国において維持されたが、北王国の王はダビデの子孫ではない。つまり「ダビデの子が王になり、王は神の子」というダビデ王朝のイデオロギーがあてはまらず、北王国の王には神学的正統性がないことになる。

したがって北王国では実力のある者が王となった。十九人の王が立ったが、そのうち八人は暗殺され、何度も王朝が入れ替わった。ホセア書八・四に記されている「彼らは、私なしに王を立てた」という言葉は、この状況を端的に表している。王は民の統一を保証する者ではなく、神の前で民を代表する者でない。こうした北王国の状況の中で、預言者の役割が重視されるようになった。

北王国の王　（＊印は、王朝の交代を示す。年代すべて紀元前。）

九三二—九一一　ヤラベアム一世
九一一—九一〇　ナダブ（ヤラベアム一世の子）
＊
九一〇—八八七　バアシャ（クーデターで王となる）
八八七—八八六　エラ（バアシャの子）
＊
（七日間）　ジムリ（クーデターで王となる）
＊
八八六—八七五　オムリ（オムリ王朝を開始、「中興の祖」、サマリア建設、南王国およびテ

イルスと友好的、バアル崇拝の許容）
八七五―八五三　アハブ（オムリの子、オムリの政策の継続、ティルスのイゼベルとの結婚）
八五三―八五二　アハズヤ（アハブの子）
八五二―八四一　ヨラム（アハブの子）
＊
八四一―八一四　エヒウ（クーデターで王となる、エヒウ王朝を開始、ヤーヴェ主義、南王国およびティルスと断絶）
八一四―八〇三　エホアハズ（エヒウの子）
八〇三―七八七　ヨアシ（エホアハズの子）
七八七―七四七　ヤラベアム二世（ヨアシの子、領土回復、経済的繁栄）
七四七　ゼカリヤ（在位六ヶ月）
＊
七四七―七四六　シャルム（クーデターで王となる）
＊
七四六―七三七　メナヘム（クーデターで王となる、親アッシリア政策）
七三六―七三五　ペカヒヤ（メナヘムの子）
＊

七三五—七三二　ペカ（クーデターで王となる、対アッシリア対抗政策、シリア・エフライム戦争）

七三二—七二二　ホセア（クーデターで王となる、アッシリアのティグラトピレセルに降伏、ティグラトピレセル没後にアッシリアへの抵抗を試みるが失敗、シャルマネセル五世により捕らえられる）

＊

北王国の土地は、南の地方にくらべて緑も多く豊かだった。最初の頃の首都は、シケム、ペニエル、ティルサといった町だった。これらの町はヨルダン川に近いところに位置している。これに対して、六番目の王であるオムリ王（在位、前八八六—前八七五年）の時に、地中海方面に便のよいサマリアの丘が購入され、そこに首都が移された。このことによってレバノンやシリア方面のカナンの諸王国との交流が盛んになり、経済的な豊かさがもたらされた。しかしこのために国内での貧富の差が増大し、社会的不正義の問題が先鋭化することになる。

また宗教的にも、カナンの自然神であるバアルやアスタルテの影響が強まり、豊穣をもたらすとされるこれらの神々に農耕民たちが惹かれることになる。「ヤーヴェを崇拝しながら、バアルに仕える」といった事態が生じた。北王国の民がエルサレムの神殿に行くのを妨げるためにヤラベアム王（在位、前九三二―前九一一年）がダンとベテルに祭壇を作ったが、この祭壇は金の子牛の形に作られていた。子牛はバアルの象徴である。

北王国の絶頂期は、前七五〇年頃である。しかしこの頃にはアッシリアが次第に強大になり始める。アッシリアはメソポタミアの上流地域、パレスチナから見れば北方にあたる地域を本拠としている。アッシリアの勢力は、パレスチナにも迫ってくる。

北のイスラエル王国は、このアッシリアを迎え撃つことにする。イスラエル王国のさらに北にはダマスコという町を中心とするダマスコ王国が存在した。イスラエル王国はこのダマスコ王国と、反アッシリアの同盟を結ぶ。そして強大な敵を前にして、更に南のユダ王国にも同盟に参加するように呼びかける。ところがユダ王国は、この呼びかけを断ってしまう。ユダ王国はアッシリアに対して、味方すると言わないまでも、少なくとも中立を守る立場を選択した。しかし強大なアッシリアが迫っている状況において、これは事実上アッシリアに味方する立場である。そしてこれは宗教的兄弟国であるイスラエル王国を見捨てたことでもある。このためユダ王国にイスラエル王国の軍が攻め込むといったことも生じた（「シリア・エフライム戦争」前七三三年）。しかしアッシリアによってダマスコ王国は滅ぼされ、前七二二年にイスラエル王国も滅ぼされる。

イスラエル王国で生き残った者の大半、特に指導者階級や知識人は、アッシリア帝国内の他の地域にばらばらに強制的に移住を強いられ、旧イスラエル王国の空いた土地にはアッシリア帝国の各地からのさまざまな被支配民族出身の者たちが連れて来られた。移住させられなかったイスラエル人たちもこの外国人たちと混じるようになり、彼らはサマリア人と呼ばれることになる。

イスラエル王国を構成していた十部族はこうしてアッシリア帝国内にちりぢりになり、時間がたつうちに、帝国内にばらばらにされた他のさまざまな民族と混じって、民族的アイデンティティーを失ってしまう。こうして北の十部族はまとまりのある集団としては消え去ってしまう。

アッシリアによってこうしたいわば「人間の坩堝《るつぼ》政策」が広範囲に行われたことは、この地域一帯に大きな影を落としたと考えるべきである。このことについて、一言述べておきたい。アッシリアの後、この地域は、バビロニア、ペルシア、ギリシア、ローマによって支配される。大帝国が相次ぐ。このことは、どんなことを意味するのだろうか。もっとも重要なことは、真に確固とした核をもつ団結による中規模の集団が広く並んで存在するという状況があり得なくなったということではないだろうか。だからこそ、広い範囲の支配が比較的簡単に成立する。しかし既存の勢力が弱体になり、外からの勢力で大きな力が現れると、支配権が簡単に移ってしまう。既存の支配勢力が新しい勢力に脅かされても、帝国内の住民の大部分には、既存の勢力を何としても守らねばならないという動機が乏しいからではないだろうか。バビロニア以降の諸帝国はこうした状況に対して、さまざまな工夫をしたようだが、かなり抜本的な解決策はキリスト教とイスラムの登場を待たねばならなかったと考えるべきだろう。キリスト教は、ヨーロッパの方では、特にゲルマン系の諸部族にある程度の自由を与えながら、他方で全体的な統一の枠組を提供することができた。つまり中規模のまとまりのある諸集団が登場して、そこにキリスト教が提供する体制が有効に働いたと考えるべきではないだろうか。しかしこの方法は、結局はイスラムが支配的になる領域ではあまり有効ではなかった。それはこの領域では、中規模のまとまりのある集団がいくつも登場するということにならなかったからではないだろうか。つまり住民が細分化していたのである。この領域に広い範囲における強力なまとまりを与えることができたのは、ばらばらの小集団ないし個人の全体を貫いて適用できる強力な掟の原理が必要だったと考えられる。

預言者の役割

北王国の状況に戻ろう。

右で指摘したように北王国では、神と民とのつながりを王が保証できなかったので、預言者の重要性が高まることになる。

まず預言者について、基本的な点を確認する。

いくつかのヘブライ語の表現が「預言者」と訳されているが、もっとも一般的な語は「ナービー」である。「召された者」という意味だと言われている。イスラエル全体が「召された者」だと言うこともできる。しかし預言者は、神によって更に特別に召された者である。けれども、たとえば恍惚状態になって訳の分からない言葉を発するような者の場合には、預言者とは言われないという用法が定着しているようである。預言者は、広い意味では、神によって与えられた特別な任務を実行するべく召された者、ということができるだろう。この意味ではモーセも、預言者である。またイエスについても、彼が預言者ではないかという議論が生じた。

預言者は、その活動が神の言葉を告知するという任務にかなり限定されているような者だと考えてしまいがちである。日本語訳の「預言者」は「(神の)言葉を預かる者」という表現になっており、この限定された意味が強調されたものになっている。しかし預言者が言葉という手段ばかりを用いて活動するというイメージをもってしまうと、思わぬ誤解に導かれてしまいかねない。預言者が存在し得る状況について基本的なところから考える必要がある。大きな前提となっているのは、神と民とがかなりの程度まで断絶しているということである。いわば神と民との間のコミュニケーションがうまくとれていないのである。このような場合には、神と民との間のコミュニケーションがうまくとれるようになれば、問題は解決である。神は、何でもできそうな存在なので、自分が伝えたいことを民全体に一挙に伝えればよいようなものである。人間の能力においてもそのようなやり方の可能性を思いつくのだが、どうも神はそのような単純明快な方法を採用しないで、ごく限られた人数の者を選んで「預言者」にする、という方法を用いる。したがって預言者は、一方に「神」、そして他方に「神との連絡がうまくとれていない民」の間に立たされることになる。「民」の側には、「神からの情報」がない。あるいは「民」は、「神からの情報」が理解できていない。このような「民」に、「神からの情報」を伝えて理解させるのが、預言者の任務である。一般の人々に対して、王の命令を伝える使者の任務に似ている。この活動に「言葉」が主要な手段として用いられる。しかし言葉ばかりでなく、今風に言うならば「パフォーマンス」(意味伝達のための身体による行為)も用いられることも少なくない。聖書は言葉が記された書物であり、聖書の時代のことを知るためにはこれらの言葉ばかりを検討しなければならない。このために預言者も「言葉」ばかりを用いていたと考えてしまいかねない。しかし「パフォーマンス」も預言者の活動の重要な柱の一つである。たとえばエレミヤは、言葉を述べるばかりでなく、バビロニアに服従すべきことを示すために、自分の首に「軛《くびき》」をつけて現れる(エレ二七―二八章)。またイエスは、罪人差別の廃止をうったえるために、罪人たちとおおっぴらに共に食事をする。預言者は、言葉を用いるばかりでなく、いわば「身をもって」表現することもある。

また預言者には、大きく二つのカテゴリーがあるということができる。体制側の預言者というべきカテゴリーと、反体制の預言者のカテゴリーである。

王の宮廷に宮廷付きの預言者がいることは珍しくなかった。ダビデ王と共にいたナタンは、その一例である。またナタンのように目覚しい働きをするのでなくても、さまざまな儀式の際に神の言葉を伝える預言者も必要だった。たとえば王の即位式の際に「あなたは私の子」という「神の言葉」が発せられねばならないが、この神の宣言を具体的に行うのは預言者である。またモーセは、民の指導者としての役目を果たしていたので、体制側の預言者のカテゴリーに分類できる。宮廷付きの預言者は、現代風に言うならば、政治顧問のような役割を果たしていた。大局的な見地からの意見を王に伝えて、王を助けたのである。したがってこうした場合に預言者は、王に比べると二義的な役割しか果たしていなかったことになる。

反体制の預言者は、官僚制度の中にとどまるのではなく、いわば「在野の立場」から言葉を伝えた。個人の小さな問題ではなく、国の政治全体、民全体の状況にかかわるような言葉を伝えるのでなくては預言者とは言えないので、在野の預言者は、どうしても王や国や民について批判的な内容の言葉を伝えることが多くなる。しかしこれらの批判は、対立のための批判でなく、あくまであるべき姿を示すための批判である。また来るべき時代について語ることも預言者の特徴の一つだが、未来について語らなければ預言者ではないということはない。したがって預言者は、単なる「予言者」ではない。この二つの表現は日本語では同音になるので混同されやすいが、適切に判断すべきである。

神の言葉を在野の立場から伝えるタイプの預言者の役割が重要なものとなるのは、まずは北王国の状況においてである。

北王国の預言者として、エリヤ、エリシャ、アモス、ホセアについて検討する。

エリヤ

エリヤについては、エリヤ書といった彼の預言集は残されていない。「オムリ王朝」の王たち、すなわち前九世紀のアハブ王（在位、前八七五―前八五三年）・アハジヤ王（在位、前八五三―前八五二年）の時代に活動した。

アハブ王はティルスの王の娘イゼベルと結婚して北王国に経済的繁栄をもたらしたが、イゼベルがバアルの預言者たちを連れてきたために、北王国は宗教的にはバアル崇拝の誘惑を強く受けることになった。民は「ヤーヴェを崇拝しながら、バアルに仕える」といった状態になる。エリヤについては、その物語が王上一七―一九章、王下一―二章に記されている。

エリヤは、バアル崇拝と対決し、ヤーヴェ崇拝を擁護した指導者である。彼はいわば「ヤーヴェ主義」の立場に立って活動した。「ヤーヴェ主義」などといったことが問題になること自体、「ヤーヴェ」以外の神の崇拝が無視できなくなったことを端的に示している。ヤーヴェ以外の神々の崇拝を許容するオムリ王朝（エリヤの当時は、アハブ王）の立場と対立する立場である。

エリヤは、

「主に仕える者」（王上一七・一、一八・一五）

「主の前に立つ者」（王上一九・一一）

である。つまりヤーヴェのみを神とする者である。また王上一八・三六のエリヤの言葉によれば、エリヤにとって神は、

「アブラハム、イサク、イスラエルの神」

「すべてを言葉によって行う神」（王上一八・三六）

である。神の言葉を伝える預言者であるエリヤにとって、「言葉による」神の活動の形態がこの上なく強調されている。また「アブラハム……の神」であるとは「先祖の神」ということであり、またその神はエリヤの神でもある。これは神は「歴史の神」だということである。神は歴史のそれぞれの機会に、それぞれのあり方で介入する。神はアブラハムには、アブラハムに対する特殊で具体的なあり方でかかわった。エリヤには、エリヤに対する特殊で具体的なあり方でかかわるだろう。

この神はかつてイスラエル民族の祖先を奴隷状態から解放した神である。イスラエル民族

も、エジプトを出て砂漠を進んでいる時には、神の導きに信頼をおいて進んだ。しかしイスラエル民族は今は定着して、農耕民となっている。彼らは、豊かな収穫を実現すること、適切な時に雨が降ることなどに関心を抱いている。カナンには、自然の諸力を代表する神々がいた。特に嵐と雨の神バアルと、セックスと豊穣の神アスタルテが有力であり、それらの神々に人々は依存しようとする。

エリヤについては、バアルの預言者との対決のエピソードが有名である。サマリアは長い旱魃と飢饉に襲われる。エリヤは、

「アハブの前に姿を現せ、私は雨を降らせる」(王上一八・一)

という主の言葉にしたがって、王の前に出る。そしてカルメル山で民に対して、

「もし主が神なら、主に従え、もしバアルが神ならば、バアルに従え」(一八・二一)

と迫る。そしてバアルの預言者たちとエリヤとが、それぞれの神の名を呼び、どちらの神が真の神なのかを競うことになる。これはどちらの神が火をもって答えるかを競うものだった。バアルの預言者は、四百五十人いた。エリヤは、一人である。

バアルの預言者たちは、長い間、バアルの名を呼び、終には自分の体を傷つけ、血を流すまでにいたった。しかし何も生じない（一八・二六―二九）。エリヤが神に呼びかけると、火が下る。民はひれ伏して、「主こそ神だ」と述べる（一八・三六―三九）。バアルの預言者たちとの果し合いに、エリヤは勝利したのである。また、主がエリヤに述べたように、雨が降ってくる（一八・四五）。

バアルの崇拝は自然神崇拝であり、御利益宗教的な態度の典型的な実例である。ここでは実は、人が神を支配しようとしている。

エリヤの挑戦に、バアルの預言者たちは応じている。バアルの預言者たちが挑戦に応じるのは、彼らが神を自分たちの思い通りに動かせると考えているからである。聖書の考え方の基本的なあり方に触れた際に用いた譬えを再び用いるならば、欲しいものを買ってもらおうという下心をもって、親の歓心をかうために、親に花を贈る子供の態度に似ている。バアルの預言者は不真面目なのではない。彼らなりにこの上なく真剣である。長い間バアルの名を呼び、祭壇の周りを跳び回り、大声をあげ、ついには自分たちの体を傷つけて、血を流すにいたる。しかし何も起こらない（王上一八・二六―二九）。下心をもって花を贈る子供の譬えを述べた時に、「この花は血みどろだ」と言ったのは、このためである。

御利益宗教的な態度とは、人が自分の都合のよいように神を利用しようとする態度である。どんなに真面目そうな外面的・内面的な態度を示しても、またどんなに豪華で厳かな儀式をしようとも、根本的な構造が変わらないなら、意味は同じである。人が神に仕えるのでなく、人に神を仕えさせている。

これに対してエリヤは、「神に仕える者」である。神の言葉に従って行動する。エリヤの確信は、神の言葉への信頼に基づいた確信である。エリヤが勝手に雨を求めたのではなく、神がまず「雨を降らせる」と述べたので、エリヤは出かけたのである。

エリヤの神は「すべてを言葉によって行う神」だと指摘した。神の言葉の役割がこのように重視されているのは、エリヤが預言者だからだということができる。既に指摘したように王に神学的正統性が欠如している北王国の状況においては、預言者の存在が神と民のつながりを確保する上で、重要なものとなっていた。エルサレムの神殿は南王国にあって、北王国には神殿がなく、祭壇は神学的正統性のない王によって作られたものでしかなかったということも、与るところがあっただろう。したがって北王国においては、「すべてを言葉によって行う神」という側面が、神の特徴として重要になってくる。

列王記の物語では、バアルの預言者たちとの対決のエピソードの前に、「三つの奇跡」の話がしるされている。(1)エリヤが身を隠していた時に、カラスが食物を運んできた(一七・二―七)。(2)シドンのサレプタのやもめ——したがって彼女は、非ユダヤ人である——のところへエリヤが行くと、幾日ものあいだ、食物が尽きない(一七・八―一六)。(3)彼女の息子が死んでしまうが、エリヤが生き返らせる(一七・一七―二四)。

エリヤが異邦人であるサレプタのやもめのところに遣わされたことは、ルカ四・二五―二六におけるイエスの言葉で言及されている。

列王記上二一章には、「ナボト事件」の経緯が記されている。ナボトという者の畑をアハブ王が手に入れようとするが、ナボトは拒否する。王妃イゼベルの入れ知恵で、「神と王を呪った」という偽証によってナボトは殺されてしまう。エリヤに主の言葉が臨み、アハズ王に「あなたは人を殺して、人の所有物を自分のものにしようとするのか」と告げるよう命じる。エリヤの言葉を聞いてアハズ王は、主の前にへり下る。このエピソードは、「殺すな、盗むな、偽証をするな」という神の掟には王も従うべきかということについての、オムリ王朝とヤーヴェ主義者の対立が背景にあるとされている。

エリヤは、ヨラム王の時（在位前八五二―前八四一年）に、姿を消す。「火の馬に引かれた火の戦車」が現れ、それに乗って「天に上った」とされている（王下二・一一）。この不思議な場面から、終末の前に「エリヤの再来」があるという考え方が生じた。マラキ書に、次のように記されている。

私は、大いなる恐るべき主の日が来る前に、
預言者エリヤをあなたたちに遣わす。
彼は父の心を子に、

子の心を父に向けさせる。
私が来て、破滅をもって
この地を撃つことがないように。(マラ三・二三―二四)

終末の時にはメシアが現れるのだが、その前にまずエリヤが現れる。イエスがメシアだとすると、洗礼者ヨハネがエリヤなのだろうかという議論がなされることになるのは、このためである。

エリシャ

エリシャについても、エリシャ書といった類のものは残されていない。エリシャの物語は王上一九章、王下二―一三章に記されている。エリシャは、前九世紀のエヒウ王朝の最初の三人の王、すなわちエヒウ王(在位前八四一―前八一四年)・エホアハズ王(在位前八一四―前八〇三年)・ヨアシ王(在位前八〇三―前七八七年)の時代に活動した。

エリシャは、エリヤの後継者である。エリヤは単独で活動したところがあったが、エリシャには「エリシャ預言者団」というべきものがあって、彼はこの集団の頭であったようである。

エリシャは、ヤーヴェ崇拝に熱心なエヒウという将軍に、ヨラム王と王の母イゼベルを殺してオムリ王朝を倒させ、バアルの預言者たちを抹殺させた（王下九章）。ヤーヴェ主義者による「エヒウ革命」である。この時に、アハブとイゼベルの娘で南王国の王に嫁いでいたアタルヤが、南王国で王位を奪った。北王国で途絶えたオムリ王朝を、南王国で再興しようとしたと考えられる。

エヒウ王朝は基本的にヤーヴェ主義の立場に立っており、エリシャとその預言者集団はエヒウ王朝を支える上で重要な役割を担っていた。神学的正統性のない王が預言者集団の支持を得ることで、王国の支配を堅固なものにするという体制ができたことになる。ヤーヴェ崇拝に基づく宗教的統一と、王による政治的統一が重なり合わさった。ヤーヴェ崇拝が、国民全体が政治的にも当然のごとく受け入れるべきだとされたことになる。ヤーヴェ崇拝は個々人が選択できる問題ではなく、政治的なレベルでの民族主義に結びついたということができる。エリシャが亡くなる時、ヨアシ王は、

「わが父よ、わが父よ、イスラエルの戦車よ、騎兵よ」

と言って嘆いたとされている（王下一三・一四）。エリシャは政治的に、大きな役割を果たしていたのである。

したがってバアルの預言者たちのようにヤーヴェ崇拝を受け入れない者は、政治的に排除

されるべきだということになる。しかしこのような方法では、ヤーヴェ崇拝はなかなか徹底しない。

エヒウ革命をはじめとするエリシャの活動は、武力と政治力で純粋なヤーヴェ崇拝を強制しようとする徹底的な試みとなっている。虐殺をすれば、ヤーヴェ主義でない多くの者が消えることは確かかもしれないが、それでヤーヴェ以外の神々への崇拝が消えるのではない。

このような宗教的動機による迫害ないし虐殺について、ここで簡単に述べておく。非ヤーヴェ主義の者たちを虐殺するという態度の背後には、ヤーヴェを崇拝するのか、他の神々を崇拝するのかという選択が人間の側にあり得るという考え方が存在している。「ヤーヴェか、バアルか」の選択をエリヤが迫ったことを右に記したが、このような姿に典型的に認められる立場である。これは人間の側が神を選ぶことができるという認識になっている。つまり神中心主義でなく、人間中心主義である。意外な感じがするかもしれないが、非ヤーヴェ主義に対立するヤーヴェ主義の立場も、人間中心主義である。このように人間の側が神を選択できるという前提があるから、自分たちの立場とは違う選択をした者たち（非ヤーヴェ主義の者たち）を殺すことが問題解決だという認識が生じてくる。神の問題が、実は人間側からの選択の問題になっているからである。神の名において人を殺していて、いかにも神に忠実であるようだが、実は人間こそが神を選べるのだという考えがあるから、人間を殺すのである。神の名において互いに虐殺をしているようでは、ヤーヴェ主義であろうと非ヤーヴェ主義であろうと、実は人間が神よりも優位にあるという前提になっていて、いずれにしても神をないがしろにしている態度だと考えるべきではないだろうか。国民の中の、神の前でふさわしくない態度をとっている者について、どのように対処すべきかという問題が生じることになる。ホセアの愛の教えは、こうした問題に対する一つの対応となっていると考えることができる。

エリシャについては、民間伝承ないし説話を起源とすると思われるエピソードが、いくつも記されている。（1）エリコの水が悪かったので、エリシャが水源に塩を投げ込むと、水は清くなった（王下二・一九―二二）。（2）ベテルで子供たちが、エリシャに「はげ頭、（道を）上って行け」と言ったので、エリシャは子供たちを呪う。すると二頭の熊が四十二人の子供たちを引き裂いた（王下二・二三―二四）。（3）モアブに対して、イスラエル、ユダ、エドムが戦うことになるが、水がなくなってイスラエル側が窮地に追い込まれる。エリシャの言葉に従って堀を作ると、水が満ちて、戦いはイスラエル側が勝利する（王下三章）。（4）エリシャの仲間が亡くなり、その妻と二人の子が、債権のために苦しんでいる。エリシャの言葉に従って器を集めると、そこに油が満たされて、家族は経済的窮地から脱することができた（王下四・一―七）。（5）エリシャの面倒をよくみる裕福な婦人には、子がなかった。しかしエリシャの預言の通り、彼女に子ができる。子は大きくなるが、死んでしまう。

しかしエリシャの介入により甦る（王下四・八—三七）。（6）煮物に毒が入ってしまったが、エリシャの言葉に従って麦粉を入れると、毒が消えていた（王下四・三八—四一）。（7）エリシャの言葉に従って、わずかな量の食物を百人に分け与えると、人々は満腹し、しかも残りが生じた（王下四・四二—四四）。（8）アラム王の軍司令官ナアマンは、エリシャの言葉に従って、ヨルダン川で七度身を洗うと、病いが癒された（王下五・一—一四）。このエピソードは、ルカ四・二七で言及されている。

アモス

北王国の預言者として次に取り上げるのは、アモスである。アモスはベツレヘムの近くの村の出身であり、したがって南王国の出身だが、ヤラベアム二世（在位前七八七—前七四七年）の時に、北王国で活動した。アモスの言葉は「十二小預言書」の中の「アモス書」に収められている。

「小預言書」は、それぞれの文書の長さが短いためにこのように呼ばれ、十二の文書が一つにまとめられるようになったのであって、これらの預言者の重要性が劣っているという意味ではない。昔の文書は巻物に記されており、一つの巻物の長さには限りがあった。モーセ五書が五巻に分かれているのはこのためであり、サムエル記、列王記などが上下二巻になっているのもこのためである。そしてこうした巻物とほぼ同じような長さの巻物に短い預言書を記すと、十二の文書をまとめて記すことができたために、これらの十二の預言書がまとめられるようになった。

ヤラベアム二世の時代は、北王国がもっとも繁栄した時代である。このために北王国には大きな貧富の差が生じて、ぜいたく極まりない生活をする者がいるかたわらで、貧困に苦しむ者がいた。この社会的不正義の問題が、アモスにとって重要なテーマになる。「冬の家、夏の家」があり、「象牙の家、大邸宅」がある（三・一五）。女たちが夫に「酒をもってこい、一緒に飲もう」と言う（四・一）。その一方で貧しい者は、「靴一足の値段で」売られている（二・六）。

アモスがこうした社会的不正義を非難したのは、表面的な公平や平等といった考え方からではなく、民が「地上の全部族から神によって選ばれた」ものだからである（三・二）。神の民でありながらいい加減な生活を送ることは、神の前で罪だからである。罪の状態にあれば、神は罰する。

私はお前たちを、すべての罪ゆえに罰する。（三・二）

しかし神が罰するのは、イスラエルの人々を取り戻すためである。「イスラエルの人々は取り戻される。今はサマリアにいて豪奢な寝台や、ダマスコ風の長椅子に身を横たえていても」（三・一二）。物質的・感覚的な富を神としている者たちは、神に取り戻されねばならない。そして彼らが取り戻されれば、物質的富も回復する。したがって物質的富そのものが問題なのではなく、その用い方・位置付けが問題だということになる。

私はダビデの仮庵を復興する。（九・一一）

私は、わが民イスラエルの繁栄を回復する。（九・一四）

イスラエルの復興が希望の対象とされており、民族主義的な立場が表明されていると一応は思われる。

しかし神はダマスコ、ティルス等々の罪も非難しており、他民族のあり方にもかかわっている（一・三—二・三）。こうした視野の広さと対応して、創造神としての神の考え方もあらわれている（「神はすばるとオリオンを作り、闇を朝に変え、昼を暗い夜にし……」五・八、他に九・五—六など）。それにもかかわらず復興されるのがイスラエルだということは、異邦人には希望がないということだろうか。創造の神は、イスラエル民族だけを優遇するのだろうか。それとも罰せられる異邦人の希望も、イスラエルの回復だということだろうか。この問題は微妙である。もし後者の解釈が適切ならば、回復されるイスラエルは単なる民族主義的イスラエルではなく、普遍主義的な方向の広がりをもつイスラエルだということになる。あるいはイスラエル民族の力が増大して、他民族も支配下にはいるということならば、あくまでイスラエル民族を称揚する普遍主義的な民族主義だということにもなり得る。この場合も創造の神は、イスラエル民族を優遇していることになる。いずれにしても民族だけの枠をこえた視野の広がりがあることになる。しかし神について創造神の考え方があっても、政治的・社会的には必ずしも、単純な普遍主義とはならない可能性がある。アモスは神殿の活動また復興されるのが「ダビデの仮庵」であることは、注目に値する。アモスは神殿の活動も非難している。

私は祭りを憎み、(……)捧げ物を受け入れない。(五・二一—二二)

預言者ならば反神殿であるとは限らないが、神の言葉を重視する預言者が反神殿の立場をとり得る例となっている。神殿は、エルサレムを首都とする王国の権威に神の権威を結びつける宗教政策によって出現したものだと言うことも可能である。いわば「王国的中央集権宗教政策」を典型的に体現するものである。南王国出身のアモスはこうした南王国のあり方に疑問を感じ、王に正統性のない北王国を活動の場に選んで、反神殿・大イスラエル主義を唱えた者だと位置付けることも不可能ではないかもしれない。

アモスは都市の住人ではなく、農民ないし羊飼いだった。そして神によって預言者として召された。このことは、社会的体制内の地位にかかわりなく、預言者が神によって選ばれ得ることを示している。アモスのこうした例は、重要な役割をはたすことになる。イエスのような田舎の村の出身で、職人の子のような者であっても、もしかしたら神に特別に選ばれた者かもしれないと、民衆も知識人も、イエスをすぐに排除しようとせずに、イエスの活動を観察し、イエスの言葉に耳を傾けるのも、アモスの例などによって作られた伝統がなければ考えられないことである。

アモスの召命に関する記事（七・一〇―一七）は有名である。

私（＝アモス）は預言者ではない。預言者の弟子でもない。私は家畜を飼い、いちじく桑を栽培する者だ。主は家畜の群れを追っているところから、私を取った……。（七・一四―一五）

特に有名なのは「私は預言者ではない。預言者の弟子でもない」という言葉である。アモスの活動は社会的・宗教的には、明らかに預言者のものである。しかしアモスは「私は預言者ではない」という。アモスは預言者なのだろうか、それとも預言者ではないのだろうか。アモスのこの言葉は、彼を追放しようとする祭司アマツヤに述べられたものである。社会的に権威のある当局の側から脅されている状況で述べたのだから、これは単なる言い逃れだという解釈もできないことはない。しかしアモスは続けて「主は家畜の群れを追っているところから、私を取った」と述べて、アモスが常識的理解では預言者であることを暗に認めている。しかしアモスは自分が預言者であることを明示的には否定している。問題となっているのは、アモスが預言者なのか、預言者でないのかということではないということになる。当局はアモスに預言活動を停止するように迫っている。何もしてはいけないとされている時にどうするか。その際には、禁じられていることをするのか、しないのかが問題なのではない。なすべきことをなすのである。アモスは「主によって取られた」のである。

ホセア

四番目に取り上げる北王国の預言者は、ホセアである。彼は北王国の出身で、アモスと同時代に活動した。ホセア書も「十二小預言書」の一つである。ホセアは「愛」の預言者だということができる。

ホセアは自分の個人的事件を通じて、神の愛を発見する。彼は妻を愛していたが、妻の行動が彼を苦しめる。彼女は「淫行の女」だからである。しかし彼は妻を捨てない。ホセアのこうした個人的な体験が、神と民の関係にあてはめられる。民は淫行を行っている。

彼らは食べても飽き足りることなく、淫行にふけっても、子孫を増やすことができない。

彼らは淫行を続け、主を捨て、聞き従おうとはしなかった。(四・一〇)

イスラエルの淫行には、バアル崇拝の問題も含まれている。
バアルを祝って過ごした日々について、私は彼女を罰する。(二・一五)

しかし神は民を愛している。
イスラエルの人々が他の神々に顔を向け、その干しぶどうの菓子を愛しても、主はなお
彼らを愛している。(三・一)
そして神の愛に民が応えることを、神は望んでいる。
恵みの業をもたらす種を蒔け、愛の実りを刈り入れよ。新しい土地を耕せ、主を求める
時が来た。(一〇・一二)

ホセア書では北王国の王は、まったく言及されていない。しかしダビデが言及されている。「イスラエルの人々は帰って来て、彼らの神なる主と王ダビデを求め、終わりの日に、主とその恵みに畏れをもって近づく」(三・五)。出エジプトの荒野の状態が理想とされている。「そこで彼女は私にこたえる。おとめであったとき、エジプトの地から上ってきた日のように」(二・一七)。また神殿が批判されている。「私が喜ぶのは愛であって、いけにえではなく、神を知ることであって、焼き尽くす捧げ物ではない」(六・六)。南北王国分裂以前の状態が理想とされており、大切なのは神殿の犠牲祭ではなく、神の言葉である。

愛とは何か。この問題は無論、たいへん難しく微妙な問題である。しかし何も述べないよりは、基本的理解の助けとなると思われることを、一般的に述べておくことにする。愛とは捨てないことと言うことができる。愛は関係のあり方にかかわっている。関係が問題となる以上、相手がいる。相手に価値があるならば、その相手と関係をもつ上で愛は特に必要ではない。相手に価値があれば、その価値に見合った関係を成立させ、維持することができる。百円のリンゴには百円の価値がある。買い手は百円を出せば、そのリンゴを売り手から手に入れることができる。これは百円という価値を巡る買い手と売り手の間の関係であって、それ以上でもそれ以下でもない。ここでは愛は特に問題にならない。リンゴを百円出して買うのも、これもまた愛だなどと言うこともできるが、ここでは問題を不要に複雑にすることは避けることにする。

しかし相手に価値がない場合、関係を成立させ維持するほどの価値が相手にない場合はどうだろうか。こうした場合には、相手と関係をもたない、相手との関係を断つ、ということになり、これは合理的なことである。しかしそれでも相手を捨てないとしたらどうだろうか。本来ならば捨てて然るべき相手を捨てないのである。これは異常なことであり、これは「愛しているからだ」と言わざるを得ないことになる。

恋愛の関係を例にして考えてみよう。相手のことが気に入って、いつも一緒にいる。これは「恋している」のであって、右のような意味での「愛」ではない。相手のことが気に入っているのだから、相手に価値があり、その価値に相応の態度を取っているのである。しかし残念ながら、恋はいつかさめてしまう。それで相手と別れてしまう。「あなたには愛がない」ということになる。これは「愛」という語の正しい用法だということができる。恋だけしかなく、愛がないのでは、恋がさめれば、相手と別れてしまうのは当然である。相手に価値がないのに捨てないのが愛であり、恋がさめても捨てないのが愛である。愛がなければ捨ててしまう。

しかし愛があれば、捨てない。あなたには愛する相手がいるだろうか。愛する相手がいるということは、この上なく幸いなことである。なぜかについては、少しあとで説明を試みることにして、ここではまずあなたの愛する人のことを客観的に考えてみていただきたい。あなたの相手は、完璧な人、高い価値のある人だろうか。大抵の場合、欠陥だらけの人ではないだろうか。たしかに完璧な人はいない。相手も人間であり、不完全である。長所もあるだろう。しかしもう少し良いところが加わってもいいのではないかと思うのではないだろうか。しかし相手を捨てない。不思議なことではないだろうか。愛があるからだ、ということになる。愛には人間の理解を超えるところがある。

したがって愛は、人間の合理的であたりまえの態度ではないということになる。とするならば、そこには神が働いていると言うことができるのではないだろうか。愛する相手があるということは、いわば価値のない相手といつまでも関係をもつということである。客観的に考えると、自分は損ばかりしていて、割のあわない態度である。「あなたを愛し続けるなんて、私はなんて馬鹿なんだろう」ということになりかねない。しかし愛することに神が働いているならば、愛するということを行っている者は、神とつながっているということなのかもしれないのである。愛することは割があわないが、愛する相手がいるということはこの上なく幸いなことだというのは、このような意味においてである。結婚が神の制度とされたりする場合があることも、このように考えると理解が可能かもしれない。結婚は恋愛と違って、二人だけの勝手な企てではない。社会的な意味合いも忘れられてはならないが、ここでの説明の文脈では、結婚は神の愛を二人の関係に制度的に介入させる企てだということができる。

また相手に「君を愛している」というのは、重大な発言である。「愛している」と宣言することは、相手に価値がなくても、相手がいい加減でも、相手を捨てないと宣言しているということになってしまう可能性がある。だからこそ恋のかけひきでは、相手に自分を「愛している」と言わせようとする。「愛している」と言われるということは、いわば無限の保証の言質をとったようなものだからである。したがってみだりに「君を愛している」などと言うべきではない。それに、そもそも人間には愛を貫けない。

人には愛を貫けないということについても、少し考えてみよう。人の能力ないし力、あるいは力量には限界があるので、人には愛を貫けない。相手との関係があまりにも厳しく耐え難いもので、それが長く続くと、人は文字通り「力つきて」しまう。「私たちの愛は終わりだ」ということになる。これも人間的「愛」についての、適切な用法である。愛は本来的には無限であるはずだが、人には限界があり、したがって人の愛には限界があるからである。単純な博愛主義に偽善的なところがあるのは、このためである。個々の人はごく小さな愛でさえ貫けないかもしれない。内実がともなわないのに、表面だけ善の装いをするのが偽善である。

たしかに愛は捨てない。しかし愛には限界がある場合がある。愛されているからといって、では好き勝手ができる、自分が何をしても愛があれば自分は捨てられないのだから、という考え方はよろしくない。愛が壊れてしまうかもしれないからである。人は愛を貫けない。愛してくれている相手との関係で、愛がことさらに問題にされねばならないような場面は、できるだけ避けるようにすべきだということになる。愛される側には、それにふさわしい態度が必要だということになる。相手が愛を捨てようとしないので、愛される側に、その愛が苦しいものになる場合もある。愛には神的なところがあるので、愛を壊すように故意に行動することは人には難しいところがある。愛されていると、その愛に応えることで忙殺されることもある。ここにも人の愛の不完全さが窺えるかもしれない。

しかし神なら愛を貫くことができる。しかし人の側から神に愛を要求することはできない。そうするのは既に繰り返し述べたところの御利益宗教の態度である。だから神に愛されている者は幸いである。したがって神の愛については、神は誰を、何を愛しているのかということが問題になる。愛は関係であり、歴史の中で展開する。神はイスラエル民族だけを愛していたかもしれないが、全人類を愛することにしたのである。しかし人々はそうした神の愛にふさわしい態度をとっているだろうか。それとも神の愛が無限ならば、人の側の態度は問題にならないのだろうか。

以上はあくまで愛についての一般的な議論の試みである。人の側からの神への愛の問題などについては、また別の機会に考えてみることにする。

姦淫がなぜよくないのかについて、当時の家中心社会のあり方から簡単に説明しておこう。現代の人には、このことが分かりにくくなっているかもしれないからである。

姦淫が問題となるのは、そのことによって家の名誉、家を代表する男性の名誉を傷つけるからである。夫のある女性と関係をもつと、相手の女性の夫の名誉を傷つけることになる。男性が結婚しているのに、娼婦以外の女性と関係をもつと、彼女と結婚できないために、彼女の家（彼女の父や兄弟）の名誉を傷つける。また自分の妻をないがしろにしていることになるので、妻の家（彼女の父や兄弟）の名誉を傷つける。ユダヤ人にかぎらず、中近東では、姉妹にたいする兄弟の繋がりが強いことがよく指摘されている。問題が起こると、女性の兄弟が出てきて非難をすることが珍しくない。男性が娼婦と関係をもつことは、姦淫ではない。また女性が夫以外の男性と関係をもつことは、夫の名誉を傷つけることになる。

エロヒム資料

エロヒム資料は、モーセ五書編纂の際に用いられたと考えられている四つの主要な資料のうち、時間的にヤーヴェ資料に続いて二番目に成立したと考えられている資料である。「エロヒム資料」という名は、モーセ五書編纂の資料として用いられたものとしての観点からの名称である。この文書が北王国で作られた際には、「資料」を作ろうとしたのではなく、一つの纏まりのある独立した文書を作ろうとした。この事情は、ヤーヴェ資料の場合と基本的に同じである。

北の部族は、エルサレムおよびダビデ王朝からは離れた。しかしヤーヴェを神として崇拝する伝統を保持しようとし、土着の伝統や外国から新たに流入してくる要素に誘惑されながらも、同じくヤーヴェを崇拝する南の部族と共通の過去に注意を傾ける。南王国では「ヤーヴェ資料」にあたる文書が前十—前九世紀に成立し始める。北王国でもおそらく前七五〇年頃、南王国の文書に用いられたものと同じ資料ないしそれに近い資料を用いて、伝承の統一編纂の作業が行われたと考えられる。

したがって南王国で作られたものと、たいへんに似たものが作られたことになる。しかし作成を巡る状況が異なっており、そのために内容や傾向に違いが生じている。

エロヒム資料の特徴としては、以下のような点が重要だろう。

①ヤーヴェの他に、バアルなどの他の神に仕えようとする誘惑が大きかった。しかし北王国の王は、ダビデ王朝の王ではなく、神学的正統性に欠けているために、神崇拝を本来の姿に戻すために王に頼ることはできない。そこで預言者たちが重要となる。

②またエロヒム資料にあたる文書には、創造物語がない。創世記一—一一章のテキストには、ヤーヴェ資料と祭司資料だけが用いられている。エロヒム資料は、アブラハムの契約の物語から始まっていると考えられている。これは神に仕える民が二つに分裂している状況をそのまま受け入れるのではなく、神と民とのつながりは本来は一つしかないことを強調することがこの上なく重要だったからだと考えられる。

③エロヒム資料では、「神の畏れ」が中心的テーマとなっている。

エロヒム資料のテキストを識別するのは、困難であることが少なくない。これはヤーヴェ資料とエロヒム資料のテキストが単に交互に並べられるのではなく、融合されてしまったところが多いからである。そして原則的にヤーヴェ資料が主要資料として用いられているので、エロヒム資料のテキストは参考にされていただけであるような場合が多い。しかし比較的確実にエロヒム資料のテキストと思われるものも、いくつかある。

その例として、創二〇章のアブラハムとゲラルの王アビメレクの物語をまず検討する。

アブラハムがゲラルに滞在していた時、妻サラについて「私の妹」だと言うことにする。そこでゲラルの王アビメレクは、サラを召し入れることにする（二節）。神がアビメレクの夢に現れて、サラ故にアビメレクは死ぬと述べる（三―七節）。アビメレクはアブラハムと対話して、事なきを得る（九節以下）。

この話がヤーヴェ資料を検討した際にいくらか検討した創一二・一〇―二〇の話とたいへんに似た構造をもっていることは、一見しただけで明らかだろう。このように並行関係にある話が二つあることは、実際にこのように似たエピソードがアブラハムの生涯において二度生じたからだと考えることもちろんできる。しかしアブラハムが妻サラについて自分の妹だと述べることで、アブラハムを迎えた土地の王が神によって被害をこうむりそうになり、あわてて対処するといった構造の話が一つだけまずあって、人物や土地の設定やその他の細かい点などの脚色部分が異なった話が発展していて、そのうちの二つが創世記におさめられることになった可能性もかなり大きいと思われる。そうだとするならば、この二つの話は、一つのエピソードがさまざまな具体的要素を獲得しながら分岐し、発達して、テキストに記されるにいたると複数のものになっているという様子を窺うことのできる好例だということになる。また脚色のかなりの部分について、ヤーヴェ資料やエロヒム資料がテキストとして成立する際に大幅に調整されるということがあったのかもしれない。

①この創二〇章のエピソードでは、アブラハムは預言者とされている。アビメレクの夢の中の神の言葉で「彼（＝アブラハム）は預言者だから、あなたのために祈り、命を救ってくれるだろう」（七節）と述べられている。預言者であるところのアブラハムが、神と人との間を仲介する者である。さらに「アブラハムが神に祈ると、神はアビメレクとその妻、および侍女たちをいやしたので、再び子供を産むことができるようになった」（一七節）とされていて、神が王のために好ましい計らいをするためには、アブラハムの祈りが介在しなければならないようである。

②また「神の畏れ」のモチーフも示されている。「この土地は神を畏れることが全くないので、私は妻の故に殺されると思った」とアブラハムは述べている（一一節）。「神の畏れ」とは、神を怖がって、神から遠ざかることではなく、神への「期待と信頼」である。異邦人でも神を畏れないと、神からの呪いが与えられるが、異邦人でも神を畏れることはあり得る。

するとは呪いが解かれる。ヤーヴェ資料の特徴である祝福のモチーフは、ここではっきりとは示されておらず、その代わりに「神の畏れ」のモチーフが強調されていることは、注目に値する。北王国では周辺の諸民族を政治的・軍事的に支配下におくという可能性が、あまり現実的でなかったことが反映されているのかもしれない。

③また神は擬人法的には表現されていない。神は人とは異なった存在であり、神が人にかかわるのは言葉という形式においてである。そして神の言葉は、異邦人であるアビメレクの夢にも現れる。

創二二・一―一九のうち一四―一八節は、ヤーヴェ資料に由来するテキストである。この一四―一八節には、たとえば「祝福」のモチーフが現れている。

アブラハムは神に、息子イサクを犠牲として捧げるようにと命じられる。イサクは、アブラハムが長く望んでようやく得られた後継ぎであり、イサクを殺してしまうとアブラハムには後継ぎがなくなってしまう。しかしアブラハムは神の言葉に従い、息子イサクを犠牲としてささげる準備を進める。すると天使が現れて、イサクを犠牲としてささげることを押しとどめる。「その子に手を下すな。何もしてはならない。あなたが神を畏れる者であることが、今、分かったからだ」（一二節）。犠牲をささげることよりも、「神を畏れる」ことの方が重要であるとされている。

この物語の背景には、子供を犠牲にささげる習慣を廃止しようとする動きがあったと考えられる。すべては神のものであり、したがって獲得されたものはすべて神にささげるべきだが、そのことを示すために「初物」をささげることが習慣となっていた。これは農作物や家畜についてだけでなく、人の子孫についても同様である。したがって最初の子を神にささげることになる。この際には、表面的にそれらしい儀式を行うのではなく、本当に子供を犠牲にささげて、子供を殺したのである。また攻撃を行うために軍隊が出陣する前や、敵の侵入を受けた際にも、子供の犠牲が行われることがあったという。この物語は内容的には、モーセ以前の時代のものという設定になっているが、実際にはアブラハムのこのエピソード以降に子供をささげる儀式がなくなったのではない。王国時代に子供の犠牲が行われていて、それを廃止させるために権威あるアブラハムを登場人物とするこうした話が有効だとされて、こうした話が成立したと考える方が現実的だろう。南北王国時代にも、このような風習は残っていた。たとえば王下二一章によれば、北王国のアハブ王（前九世紀半ば）や、南王国のマナセ王（前七世紀前半）の時代にも、子供の犠牲は行われていた。「彼は自分の子に火の中を通らせ……」（六節）。これが子供の犠牲についての表現である。王下二三・一〇によると、南王国のヨシヤ王の時（前七世紀後半）に、子供の犠牲を廃止するためにかなり強硬な措置がとられた。この時には北王国は、既に滅亡（前七二二年）している。

エロヒム資料におけるモーセ

エロヒム資料における民の統一者としてのモーセの役割は、ヤーヴェ資料の場合よりも重視されている。モーセは奇跡をおこし、神と民の間の仲介者の役割を預言者として果たしている。また彼の祈りには、効果がある。

出エジプト一・一五―二・一〇には、モーセの誕生を巡る話が記されている。ここでは、その前半（一・一―二二）に注目する。「二人の助産婦」にまつわるエピソードになっている。エジプト王は二人の助産婦に、ヘブライ人の赤ん坊の男の子をすべて殺すように命じる。しかし彼女たちは王の命令通り行わず、男の子を生かしていた。彼女たちが王の命令に従わなかったのは、「神を畏れていたから」（一七節）である。ここにもエロヒム資料の特徴である「神の畏れ」のモチーフが現れている。

出エジプト三―四章の資料については細かい点に関してさまざまな議論があるが、全体としてはエロヒム資料のものと考えられている。ここには既にいくらか検討したところの「燃える柴」のエピソードが記されている。燃えているのに燃え尽きない柴があって、モーセが近づく。すると神が柴の間からモーセに声をかける。神はモーセに名を名乗る。「私は、あなたの父の神である。アブラハムの神、イサクの神、ヤコブの神である」（三・六）。そして神はモーセに出エジプトの事業を行うように命じる。ところがここで奇妙なことが生じる。モーセは神に名を訊ねる。「私は今、イスラエルの人々のところへ行く。彼らに〈あなたたちの先祖の神が、私をここに遣わした〉と言えば、彼らは〈その名は何か〉と問うだろう。彼らに何と答えるべきか」（三・一三）。神は六節でモーセに名を名乗ったばかりである。「アブラハムの神、イサクの神、ヤコブの神」は、神の名ではないだろうか。ところがモーセは、「イスラエル人は名を問うだろう」と述べている。そして神は「私はありて、ある者」という名を名乗る（一四節）。

「アブラハムの神、イサクの神、ヤコブの神」という名と、「私はありて、ある者」という名の、二つの名が並べられたことになる。

　これは、この二つの名のそれぞれを神の名とする流れがあって、この二つをどちらも有効なものとして融和させようとした試みだと考えられる。またこのようなことが行われるのは、「アブラハムの神、イサクの神、ヤコブの神」という名に問題があったためだと思われる。

「アブラハムの神、……」という名には、イスラエル民族の祖先と考えられていた三人の人物の名が用いられている。創世記の物語では、アブラハムの子がイサク、イサクの子がヤコブとされており、このような血のつながりについての考え方は、かなり早い時期から成立していたと思われる。しかしもともとは、この三人は血のつながりがあったのではなく、イスラエル民族のメンバーになる諸部族の中に、アブラハムを祖先とするグループ、イサクを祖先とするグループ、ヤコブを祖先とするグループがあった可能性が大きい。これらのグループを含んだ者たちが一つの民族としてまとまることになり、この三人が親子関係で結ばれていたのだとすることにより、諸グループの繋がりを血縁上のものとしても主張するということが行なわれたのであろう。このことは、さまざまな伝承に、アブラハムの役割を特に重視するものもあれば、ヤコブ（＝イスラエル）の役割を特に重視するものもあるといった状態になっていることからも窺われる（この二人に比して、イサクの影は薄い）。

アブラハムはこの三人の中で最初の父であり、他の二人に対して優位を占めていると言えるが、しかし他の二人を完全に凌駕する程ではなかったのだろう。そこからこの三人のそれぞれに配慮した「アブラハムの神、イサクの神、ヤコブの神」という名が、神の呼び名として成立することになった。つまりこの名においては、神は、アブラハムを祖先とする者の神でもあり、同時にイサク、またヤコブを祖先とする者の神でもあるという意味がこめられたものだったと考えられる。しかしこうした名が定着すると、この表現には大きな問題があると感じられるようになったのではないだろうか。そうした問題の一つは、イスラエル民族の中にこの三人のうちの誰かを必ずしも祖先としないグループもあって、この名だけではイスラエル民族全体を十分にカバーしていないという問題だったと思われる。しかしこの問題は、十二部族の祖先はヤコブの子だったというような方向で解決が試みられる。けれどもこの解決策では完全な問題解消にはならない。たとえば征服戦争で新たにイスラエルに組み込まれることになった外国人出身の者の問題が出てきてしまうからである。

もう一つの問題は、この名の表現自体にある。三人の名がいつもわざわざ並べられるのだが、このためにたとえば「アブラハムの神」というだけでは不十分だということが、暗に主張されてしまっていることになる。たとえばイサクはアブラハムの子ということになっている。神が「アブラハムの神」ならば、当然のこととしてその神は、アブラハムの子であるイサクの神でもあるべきなのかもしれないが、三人の名を並べる名ではわざわざ「イサクの神」という表現も述べられているので、「アブラハムの神」というだけの名ではこの神がイサクの神なのかどうかがはっきりしないかのごとくである。とするならば次のような問題が生じる。この名では三人の祖先の名が言及されている。イスラエル民族のメンバーは、この三人からなる三代の親子を父祖とする民族である。しかし神がこの三人の神だということだけで、その神がこの三人の子孫であるイスラエル民族にとっても神だということになるのだろうかという問題である。簡単に述べるならば、「アブラハムの神、イサクの神、ヤコブの神」という表現では、神はこの三人だけの神であって、他の者の神ではないという意味にもなりかねない、という問題である。そのような疑念をはさむ余地はないと断定的に述べるだけで疑問をもつ者の口を封じても、それで疑問が解消されるのではない。

モーセの召命における神の名を巡る話は、こうした問題を解決する試みだったのではないだろうか。神は既に名を名乗ったのに、「名は何か」という疑問が表明されて、それがおかしいということにもならず、神が別の名を名乗るという展開には、やはりぎこちないところがある。しかしこうしたことになっても対処しなければならない問題があったと考えるべきだろう。

神については「ヤーヴェ」という名も存在した。「YHWH」という四つの文字で示される名である。このテーマについては既にいくらか検討した。繰り返しになるところもあるが、ここで改めて検討する。「YHWH」という四つの文字と「私はありて、ある者」という表現が、もともと結び付いていたのかどうかは議論されるところであって、はっきりとは分からない。いずれにしても「YHWH」の名を用いた一四節のこの表現は、意味の確定しにくいたいへん微妙なものになっている。この表現自体についてもさまざまな議論があって、専門家を悩ませている。しかしこの表現が「I am who I am」という意味ならば、これは「私（第一のI）」は「私（第二のI）がある（第二のam）ところの者」で「ある（第一のam）」ということである。つまり、人が神を理解する、人が自分と神との関係を知る上で、どのようであるしかないかが示されている。神自体を知ること、認識することは、人にはできない。人は歴史の中を生きており、徐々に知識を深めるしかない。神どころか、一人の恋人さえ、人は完全には知ることができず、時間の展開の中で徐々に知っていくしかない。人は自分自身についてさえ、自分が何かが徐々にしかわからないということも指摘できる。しかし神は人にかかわりをもつ。たとえばアブラハムには、アブラハムの生涯を通じて、さまざまなあり方で神は介入した。それがつまるところアブラハムにとっての神である。しかしヤコブには、ヤコブの生涯を通じて、神は別のあり方で介入し、ヤコブの生涯はアブラハムの生涯とは別様のものとなった。そしてヤコブの生涯においてそのように示された神が、ヤコブにとっての神である。モーセにはモーセへの神の介入があり、ダビデにはダビデへの神の介入がある。聖書全体が、このようなさまざまな神の介入の記録になっていると言ってよい程である。つまり神は、それぞれの時代、それぞれの状況、それぞれの相手に、それぞれの「あり方」(第二のam)を示しており、人はそれを認識するしかなく、神はそのような者で「ある」(第一のam)しかないのである。もう少し整理した言い方をするならば、神は、神に仕える者たちを通してしか認識することはできない、ということになる。聖書を読むことは、かつて神に仕えた者たちに神がどのように働いたのかを知ることであって、そうしたことを通してしか、神を知ることができない。そして個々人・個々の集団について言うならば、神は個々人・個々の集団がもつ神との関係、つまりどのように神に仕えることになるのか、ということを通してしか認識できない、ということになる。聖書を読むこと、また本書のような聖書の入門書を読むことも、その読書をしている者にとって、神を知る一つの機会である。しかしその者も、読書によってのみ神と関係をもつのではない。個々の全生活・全存在を通して、神はさまざまなあり方で介入するのであって、結局のところそれが個々にとっての神でしかないということになる。

このように考えることができるとするならば、「アブラハムの神、イサクの神、ヤコブの神」という表現も、別様に理解できることになる。つまり神は、この三人のそれぞれに別様にかかわったのであり、更に別の個人や集団には同じ神が別様にかかわるだろうということを示唆する表現だと考えることもできることになる。神は歴史において自らを示していくのであり、人は歴史において神を見出していくしかない。

人は神自体を知ることはできないということについて、もう一言述べておこう。人は神自体を知ることはできないので、神が何かについての理解が了解されていることが当然のことのように前提とされて進められるいわゆる「哲学的」な神についての議論は、つまらないものだということになる。たとえば神は「全知全能だ」などという。しかし「神は全知全能だ」というのは、全知全能でない人の側からの神についての不正確な表現でしかない。神が全知全能だとして、全知全能でない人間が、どうして神が「全知全能だ」と知り得るのだろうか。にもかかわらず神は全知全能だと主張され、それで神について分かってしまったごとくに、その神についての議論が展開してしまう。

出三―四章のテキストから、更に四・二二に注目しよう。モーセがファラオに言うべき言葉として、神がモーセに述べた言葉である。

イスラエルは私の子、私の長子である。

ヤーヴェ資料において神の長子（神の子）とされていたのは、王である。これに対してこの箇所では、イスラエルが「神の長子」とされている。

初子ないし初物を捧げる習慣については、右で若干検討した。これはすべてが神のものであることを示す態度だと説明した。このことは、捧げものをする者が自分は支配者ではないということを示すものだ、ということもできる。つまり神が支配者である。ところで神に捧げられたものは、神の側に属することになり、したがって支配者の側に属することになる。王は「神の子」だと主張することは、王が支配者の側に属するものだということが含意されていることになる。このために王が「神のよう」になり、その弊害に対する批判が生じたりしたことは既に見た通りである。ここでは王ではなく、イスラエル全体が神の側に属することが主張されている。イスラエル民族が他民族との接触を余儀なくされ、視野が民族の枠の外へも広がる中で、民族内部の王の支配権ではなく、広い世界におけるイスラエル民族の支配権の根拠についての関心が重要なものとなってきたということが背景として考えられるかもしれない。

十戒は相対的である

有名な十戒を含むところのいわゆる「シナイ契約」の話は、出一九・一―二〇・二一に記されている。一九章はヤーヴェ資料とエロヒム資料のテキストが交互に現れており、エロヒム資料のテキストと考えられているのは、二、九a、一二―一三ab、一六b―一七、一九b節である。二〇・一―一七はエロヒム資料の十戒のテキストである。十戒は異なるバージョンが申五・六―二一にも記されている。二〇・二二以下、二三・三三までは「契約の書」と呼ばれる掟集である。

モーセは、神の言葉を民に伝える預言者である。また神に会わせるために民を連れ出していて、神と民の「仲介者」の役も果たしている。「モーセは民を神に会わせるために宿営から連れ出した」(一九・一七)。また出二四・三―八(これもE)では、血の儀式を司っており、「祭司」としての役も果たしている。十戒が与えられた後の二〇・一八―二一の描写では「神への畏れ」のテーマが強調されている。

「おそれ」についてはこれまでエロヒム資料の特徴として何度も言及してきたが、ここで一般的な説明を試みておく。「おそれ」も関係についての語であり、「おそれ」が問題になる場合には相手がある。基本的な意味はやはり、否定的な「おそれ」だろう。相手が自分にとって否定的であれば、いつでも「おそれ」が問題になるのではない。相手の力が自分よりも強大でなければならない。相手の力が小さいものならば、相手が自分にとって否定的でも「おそれ」は生じない。しかし相手が自分にとって否定的で強大な力をもっていれば、自分にとって危険なので、「おそれ」が生じる。「おそれ」が生じると、危険をさけるために、何らかの意味で相手から遠ざかることになる。これは相手との関係を断とうとする態度だということができる。

しかし相手が自分にとって肯定的であっても、「おそれ」が生じることがある。日本語では、相手が否定的な場合を「恐れ」「怖れ」などと書き、相手が肯定的な場合には「畏れ」と書いて、書きわけることができるので便利である。相手が肯定的な場合で「おそれ」が生じるのは、やはり相手の力が自分にとって強大だからである。そしてこの場合にも自分は、相手から何らかの意味で遠ざかることになる。しかし相手は自分にとって肯定的なので、相手との関係を断つために遠ざかるのではなく、相手との関係を維持しつつ、しかし不用意に相手の力に接してしまって結果的に自分にとって被害が生じてしまうことがあり得るので、それを避けるために距離を保つことになる。したがってこの態度には「敬意と信頼」があるということになる。

神的なものは人にとって基本的には肯定的だが、神的な力が現れると、人はそれに耐えられないかもしれない。そこで人は神的なものの前で距離をとろうとする。したがって多くの神的顕現の場合、神的なものの側から「おそれるな」という言葉が発せられる。これは神への敬意を捨てるようにという意味ではなく、立ち現れた力は肯定的なものであって、否定的な力に対するように関係を断ってしまうところまで遠ざかるには及ばないということを伝える機能をもつ言葉だと言えるだろう。

十戒の起源については、全体についてまた個々の部分について、さまざまな議論がある。全体の成立についてもモーセ以前にさかのぼるとする説から、王国の預言者の時代に成立したとする説まで多様である。専門家の議論を参考にしていただきたい。また個々の掟についてここで議論することは、あまりに長大になり過ぎる。ここでは掟に関して、一般的な考察を試みることにする。

神との繋がりにはさまざまなものがある。社会的ないし倫理的な掟はその一つの形である。掟の規定は、それを尊重する者ないし尊重せざるを得ない者に、そのままおしなべて適用される体裁をもっているために、あらゆる多様な状況を越えて遵守すべきものと受け取られる傾向がある。これが掟の便利な点であり、大きな問題につながる原因でもある。つまり掟は、多様性を無視して人々を団結させる力をもつ。中央集権的な指導を進める上で好都合な形式である。また掟は、内容がある程度以上明確で、それを遵守する者にとって了解可能でなければならない。どのようなことが掟にしたがったことであり、また掟に反したことであるかが明確でなければならない。

しかし掟は、何らかの問題が生じたためにそれを解決し、同じような問題が再び生じないようにするために作られるのが基本的なあり方だろう。問題となるような事態が生じるということは、そのような事態が生じる理由があるはずである。その事態が問題視されるのは、もしかしたら、ある限られた観点からだけの一方的な判断かもしれない。しかしいったんある原則が掟として成立すると、掟の内容が状況の多様性を越えて適用されるべきものであるかのようになってしまう。しかしそうした体裁に見合った掟、つまりあらゆる多様な状況で有意義な掟を作ることは至難である。人間のおかれる状況は多様に変化し、掟を作る側の立場にあるような者たちの状況も変わる。神と人の関係も、それが歴史的なものであるということは、必ずしもすべてが一定でないということを意味する。すると、ある場合には有用だった掟が、多くの弊害をもたらすようなことも生じてくる。こうしたことを避けるために暫定的であることを示した上で掟が作られることもある。しかし掟の力を強くするために、この上なく普遍的な体裁の掟が作られることもある。後者の場合に、その掟の弊害が大きくなると、うまく対処することは難しくなる。

十戒は、これだけが取り出されて、何の疑いもさしはさまれるべきでない掟として見なされることが多いようだが、掟の一般的な問題を考えただけでも、こうした盲従的態度は適切ではないかもしれないと考えられることになる。しかも十戒は出エジプト記の物語のたいへん特殊な状況の中で成立したものとして記されている。この特殊な状況は十戒の権威を高める機能ももっているが、しかしこれもあくまで歴史の中での一つの特殊な状況とされていることに変わりはない。ごく単純な議論を一つだけしておく。モーセの十戒はこの時点で成立したとされているのだから、これ以前には十戒は存在しなかったということが、物語形式の中で主張されているのである。しかしモーセ以前の者も、十戒がなくてもすべての者が神に仕えていなかったのではない。しかもモーセ五書の編集者は、微妙に異なるバージョンの十戒を別にもう一つ記している。つまり十戒の権威は絶対的であるかのように見えることがあっても、実は相対化されているのである。

このように考えるならば、同じような議論は聖書全体についてもあてはまるかもしれない。聖書はさまざまな理由で正典として成立して、大きな権威をもっている。天地創造の話から始まっているとはいえ、実質的な物語は古代のある時点までで終ってしまっている。終末に関する記述もあるが、だからといって聖書が直接に扱っていない聖書後の時代において、神と人との関係に具体的な展開がなかったとは言えないだろう。聖書が正典として大きな権威をもつことになった要因としては、聖書のテキストが時代とともに増加しないといういわば「閉じた」形になったことも大きく与っていると思われる。しかし聖書のこうした閉じた性格は、それ自体によって聖書が相対的であることを示すものとなっているのかもしれない。すべての確定した形をもったものは、神の言葉の記録であっても歴史的であって相対的である。そしてこうしたことは聖書の内部においても、たとえば十戒の例によって示されていると言えなくもないのである。聖書は神の言葉かもしれないが、それだけで聖書はまったく相対的なところがないと主張してしまうことはできない。

出二四・三―八の「血の契約」について、簡単に解説しておく。モーセは祭壇を築き、犠牲をささげる。そして血の半分を祭壇に注ぎ、契約の書を朗読して、残りの半分を民に振りかける。ここでの契約は双務契約である。血は契約の当事者の両方に注がれている。祭壇は神の象徴となっているので、血は神と民に等分に注がれていることになる。

ここで血が用いられていることには、次の二つの意味が合わせて込められていると、まずは考えられるだろう。一つは、これ以後両者が同じ血を分かちもつ者であることが確認されている。もう一つは、当事者のどちらか一方が契約を破れば血が流れ広まる、という意味である。

第五章　南王国

続くダビデ王朝

前十世紀後半のソロモンの死後に南北に分裂した二つの王国のうち、北のイスラエル王国は前八世紀後半に滅亡する。帝国内の被征服諸民族を分散して各地に移住させ、全体的に民族の混合状態にするというアッシリアの政策により、北の十部族は意味あるまとまりを失って解消してしまう。

南のユダ王国では、ダビデ、ソロモンの血統をひくダビデ王朝が存続した。首都はエルサレムにあり、ソロモンが建てた神殿があった。南北王国は、分裂した当初は当然ながら対立していた。その後は友好的な場合と対立する場合があった。基本的には北王国のオムリ王朝の時代にあたる前九世紀前半を除いては、関係はあまりよくなかったとしてよいだろう。しかし個々のさまざまな状況において、両者の態度は一定ではなかった。

南王国の王（年代はすべて前）

九三二―九〇八頃　レハベアム（ソロモンの子）
九〇八―九〇六　アブロム（レハベアムの子）
九〇六―八七五　アサ（アブロムの子）
八七五―八五一　ヨシャファト（アサの子）
八五一―八四二　ヨラム（ヨシャファトの子）（北王国のヨラム王（在位八五二―八四一）とは別人と考えるのが普通、しかし同一人物説もある）
八四二　アハズヤ（ヨラムの子、母は北王国アハブ王の娘アタルヤ、北王国のエヒウ革命で殺される）
八四二―八三七　アタルヤ（北王国アハブ王の娘、夫はヨラム王、彼女はダビデの子孫ではない）
八三七―八〇〇　ヨアシ（アハズヤの子　ダビデ王朝の復活）
八〇〇―七八三　アマツヤ（ヨアシの子）
七八三―七四二　ウジヤ（アマツヤの子）
七四二―七三五　ヨタム（ウジヤの子）
七三五―七一五　アハズ（ヨタムの子）

七一五―六九八　ヒゼキヤ（アハズの子）
六九八―六四三　マナセ（ヒゼキヤの子）
六四三―六四〇　アモン（マナセの子）
六四〇―六〇九　ヨシヤ（アモンの子）申命記改革
六〇九　ヨアハズ（ヨシヤの子）
六〇九―五九八　ヨヤキム（ヨシヤの子）
五九七　ヨヤキン（ヨヤキムの子）
五九七―五八七　ゼデキヤ（ヨシヤの子）

ユダ王国ではダビデ王朝が続いたと述べたが、一度だけダビデ家ではない者が王権を握ったことがある。北王国オムリ家のアハブ王の娘ないし妹で、南王国のヨラム王の妻となったアタルヤが前九世紀半ば（前八四二―前八三七年在位）に、短い間だが女王となった。オムリ王朝はバアル崇拝を許容していたために、ヤーヴェ宗教の純化を求める勢力を背景とするエヒウによって倒される（前八四二年）。この時の南王国の王はヨラムとアタルヤの子のアハズヤだったが、このエヒウのクーデターに巻き込まれて殺されてしまう。その時にアハズヤの母であるアタルヤが南王国の支配権を握った。北で失われたオムリ家の王権を、南王国において維持しようとしたと考えられる。彼女はダビデ家の男子をすべて殺害しようとしたが、生まれたばかりだったヨアシだけが生き残る。ヨアシが七歳になった時にクーデターがおこり、ヨアシが即位してダビデ王朝が復活する（前八三七年）。

南王国の宗教状況にも、異教的崇拝の問題はさまざまな形で存在した。前九世紀には特に、北王国でも問題になっていたバアル崇拝の影響が南王国にも及んだ。右で触れたアタルヤは、ヨラムの妻として南王国にくると、エルサレムにバアルの聖所を作った。これはヨアシのクーデターの際に破壊される。また前八世紀にアッシリアの力が強まると、親アッシリア政策を余儀なくされた王たちのもとで、アッシリア的祭儀が並行して行われたりしていた。バビロニアの力が強くなってくるにしたがって、メソポタミア起源の星辰崇拝なども混入してくる。

既に検討したヤーヴェ資料（J）は、支配的だった説で言われていたところによれば、ソロモン王から南王国初期の宮廷勢力の付近で作られた。こうした考え方については最近は別の説も唱えられており、議論がなされている。ある程度まとまった形のものができたのは、もっと遅い時期かもしれない。しかし本書では一応の理解を得るための便宜を考えて、ある程度早い時期に成立したとする説に則して解説を試みたのは既に記した通りである。

戦争と宗教的団結

前八世紀後半に入るとアッシリアはいよいよ強大となり、北のイスラエル王国は滅ぼされてしまう（前七二二年）。南王国はかろうじて国としての体裁を保つことに成功する。この北王国滅亡は南王国にとって、そしてユダヤ教の展開にとって大きな意味をもつことになる。

ここで重要となるのが、ユダヤ人が北と南の二つの国に分かれていたという点である。彼らが一つの国を形成していて、そしてその国が滅ぼされて民族が解消してしまったならば、ヤーヴェを崇拝するまとまった集団はいなくなる。ヤーヴェ崇拝は消え去ってしまい、後のユダヤ教への展開などあり得ないことになる。ところが滅んだのは北王国だけであって、南王国はアッシリアの属国といってよい地位に甘んじたとはいえ、ともかくも一つの国としてのまとまりを維持して存在し続けた。

ここで古代の戦争の意味について簡単に確認する必要がある。古代の戦争は、軍隊と軍隊の戦い、民族と民族の戦いであるという意味の他に、神と神の戦いという意味もあった。古代の戦いももちろん、基本的には軍隊と軍隊の戦いである。しかし軍隊が戦いに出かけるとなると、彼らは神が自分たちを勝利に導くだろうことを確認する。しかるべき儀式を行ったりした上で、自分たちの神は必ず勝利をもたらすだろうということになって、そして士気を高めて出陣する。「われわれの神は、われわれを必ず勝利に導く」と言われて、戦いに臨む。

古代についての歴史の本を読むと、古代の人々はたいへん宗教的に熱心だというイメージができてくるのではないだろうか。遺跡の発掘などについても、ほとんどどこでも宗教的な意味をもった大きな建物や豪華な品物などが出てくることが報告されている。しかし古代の人々が現代人にくらべて、本質的に特別に宗教熱心だったと考えるのは、あまり現実的ではないと思われるが如何だろう。古代においては互いの戦争が恒常的に行われていた。戦争の技術にあまり差のなかった時代においては集団の堅い団結をうまく実現した方が、やはり勝利を得る可能性が大きかっただろう。そして古代において戦いに敗北することは、自分たちの集団が滅亡することを意味する。団結の固い集団が生き残る。その際にただ人間的な連帯程度の原則で寄り集まっている集団と、神を中心にしてさらに団結を固めている集団とでは、やはり後者が優位に立ったと思われる。古代のこうした状況において、ある程度以上の都市などを築くまでの安定した勢力を作るような集団は、結果的には宗教的団結に重きを置いていた集団ばかりということになったのではないだろうか。このために遺跡の調査などをすると、どこでも宗教的な活動に重きを置いた社会の姿が立ち現れるということになる。

したがって古代文明がある程度進展した段階では、どこでも宗教的な団結が重要なものとなっていた。そして戦争は、民族の存亡をかけた厳しい事態である。軍隊が出動する際には、政治的・軍事的団結を確認するだけでなく、宗教的な確信を一致して確認することになる。具体的には、自分たちの神が勝利を約束したことを確認して出陣することになる。

ところで問題は、このようなことをしているのは自分たちだけではないという点である。敵の軍隊も戦闘に臨んで、彼らの神が必ず勝利に導くという約束を得て出撃してくる。そして戦いが行われれば、どちらかが勝ち、どちらかが敗北する。勝利した側には問題がない。

彼らの神は勝利の約束を守ったのであり、大量に獲得した戦利品や捕虜なども神に捧げたりすればよい。しかし敗北した側には問題が生じる。戦いに敗北すれば、たとえ生き残っても、財産は奪われ、町や神殿は破壊され、奴隷にされたりして、従来の自分たちの神への崇拝を継続するといった状況ではなくなるという問題もある。しかし神学的にも、大きな問題が生じることになる。

自分たちの神は勝利を約束したはずなのに、その約束を実行しなかったという問題である。つまり神は、約束を守らないようないわば駄目な神だということになる。もう少しきちんとした用語を用いるならば、これは神の「義」が疑われねばならないような事態だということである。「義」とは「義《ただ》しいこと」であり、いわば「きちんとしていること」である。約束をしておいて、約束を履行しないのでは、これは「きちんとしていない」。そんな神には「義」はなく、駄目な神、無能な神だと考えざるを得なくなる。

すると、このような神をさらに崇拝し続けることはできなくなる。右で述べたように、敗北後の荒廃状態では、従来の神を崇拝し続けることは事実上不可能だが、これに加えて神学的な論理としても、いい加減な神であることがはっきりした神を崇拝し続けることはできないということになる。

こうしてある集団が戦争に敗北すると、その集団が崇拝していた神は、崇拝する者がいなくなってしまう。神は消えてしまうのであって、したがって戦争で集団が敗北するとその集団が崇拝していた神は死ぬということになる。古代における戦争は神と神との戦いでもあるというのは、以上のような意味である。

罪とは「的外れな状態」

北王国の滅亡の話に戻ろう。ヤーヴェを崇拝していた北王国はアッシリアに滅ぼされてしまった。これは厳然たる事実であり、ヤーヴェは無能な神だと結論せざるを得ない事実である。その上に北王国の十部族のように、ばらばらになって民族のアイデンティティーも失われてしまうようでは、ヤーヴェという神は歴史から消えてしまっても仕方ないような事態である。ところが南王国がまだ存在していた。

南王国でもヤーヴェが崇拝されている。そして独立を保っている南王国において、領土は神から与えられたものであり、神殿は神の住む家であり、王は神の子とされていた。北王国の滅亡が生じたからといって、簡単にヤーヴェ崇拝を放棄する訳にはいかない。しかしヤーヴェは無能な神なのではないだろうか。どうすればよいのだろうか。

ここで神学的思考が展開することになる。そしてこのことによってユダヤ教は、どこにでもある単なる民族宗教の枠から一歩踏み出すことになる。この際に重要な役割を果たすことになったのが、契約の概念である。つまり神と民の関係を契約の概念でとらえる考え方である。神と民の関係についての契約の概念がこの時に初めて出現したということはできないと思われる。以前からもこうした考え方は存在していた。しかしこの時に特に重要な役割を果たすことになる。また神と民との関係は、契約の概念だけでしかとらえることができないという訳ではない。神と民との関係については、他にもさまざまなとらえ方が可能である。

契約とは何か。ごく単純な場合について、まず考えてみることにする。リンゴを百円で買うないし売るということがある場合、ここに契約が存在する。契約には必ず当事者がいる。この場合は売る者と買う者である。そして当事者の両方に、それぞれ権利と義務がある。売る側にはリンゴを相手に渡すという義務があるが、相手から百円もらうという権利がある。買う側には、相手に百円渡すという義務があるが、相手からリンゴをもらうという権利がある。両者のこの権利と義務が実行されてはじめて、この売買契約が果たされるということになる。

これを神と民の関係にあてはめる。神にも権利と義務があり、民にも権利と義務がある。民の神に対する義務は、神を崇拝することである。そして神の与えた掟を守って、神の民にふさわしい生活をしなければならない。これらは神から見れば、民に対する権利である。そして民の神に対する権利は、神からの恵みを得ることである。多くの収穫があること、家畜が増えること、子孫が増えること、国が繁栄すること、そして戦争における勝利、等々、である。これらは神の民に対する義務でもある。

このような枠組において、北王国のユダヤ人たちについて考えてみる。彼らは神への義務を果たしていただろうか。彼らは神への義務を十全に果たしていたといった状態ではなかった。ヤーヴェを崇拝しなければならないはずだった。確かにヤーヴェ崇拝をまったく放棄していたというのではない。しかし他のさまざまな神も崇拝していた。特にバアルという自然神崇拝が問題になっていた。また神の民としてふさわしい生活をしていただろうか。よく指摘されるのが、社会正義の問題である。具体的には金持ちと貧乏人の問題で、金持ちが豪奢な生活をしているかたわらで、同じ神の民であるはずの者たちが極端な貧乏で苦しんでいた。北王国のユダヤ人たちは、神への義務を果たしているというには程遠い状態だった。

　そしてアッシリアが迫ってくる。そこでヤーヴェに勝利を与えてくれと頼むのは、あまりに都合のよい態度である。百円を出さないのに、リンゴをくれと迫っているようなものである。百円を出さない者に、売り手はリンゴを渡すだろうか。もちろんリンゴを渡さない。民は神への義務を果たしていないのに、戦争に際して勝利をもたらすだろうか。そんなことはあり得るはずがない。アッシリアが攻撃してきた時に、神は沈黙していた。神は動かなかったのである。しかしこれは神が駄目な神だからではない。駄目だったのは民の方である。このように考えるならば、ヤーヴェは駄目な神だという考え方を回避することができることになる。神の義は守られて、いわば神は救われたことになる。

　これは駄目だったのは神ではなく、民の方だと考えたからである。「駄目である」という状態は「罪」と呼ばれている。「罪」という用語は、うまく理解できていないと思われる場合が多いようである。「罪」という語で問題となっている状態は、根本的には「的はずれ」の状態だと考えれば、理解しやすくなるだろう。誰にでも理解できるのは刑法上の罪だろう。たとえば「人を殺すな」という規定があるとする。もし人を殺していないならば、その者はこの規定との関連において「的はずれでない」状態にある。ところが人を殺したならば、その者はこの規定との関連において「的はずれ」の状態にあることになってしまう。そしてこの場合、彼には「罪がある」。彼は「罪を犯した」ということになる。こうしたことを神と人との関係にあてはめる。

ある者が神との関係において「的はずれでない」状態、神との関係が「きちんとしている」という状態にあるならば、その者に罪はない。しかし神との関係が「的はずれ」の状態ならば、その者に「罪がある」ということになる。ヤーヴェの他に、ついでにバアルを崇拝し、神の民にふさわしくない生活をしているならば、神との関係が「的はずれ」になっており、「きちんとしていない」のだから、その者には「罪がある」ということになる。

人が自分の側に罪があると考えるといったことは、宗教的態度の展開においてはなかなかできないことである。御利益宗教などでは、人が自分について、神の前で否定的な状態にあるなどといったことは全く考えられていない。自分には何のやましいところもないと考え、神の前に進み出て、自分に都合のよい要求を神に突きつけている。

二王国並存の状態で一方だけが滅びるという事態が生じたために、人の側に罪があるという、いわば驚くべき考え方が生じることになった。そして神の義は保全されることになった。このことは、これ以降、民の状態がどんなに厳しく悲惨なものになっても神を捨てないという態度の基礎となったのである。

北王国が滅んでも南王国が残ったために、民に罪があるという考え方が決定的に重要なものとなった。南王国はヤーヴェ崇拝を継続する。すると更なる問題が生じてくる。北王国のユダヤ人たちは罪の状態にあったので国が滅んでしまった。では南王国のユダヤ人たちの状態はどうだろうか。「罪」の対立概念は「義」である。南王国のユダヤ人たちは、神の前で義しい状態にあるだろうか。南王国のユダヤ人たちも、神の前で義しいという状態にあるのではなかった。では神の前で義しいとは、具体的にはどのようなことなのだろうか。

南王国のユダヤ人たちの誰もが、直ちにこうした問題に真剣に取り組んだのではない。アッシリアの支配下で、ヤーヴェ崇拝をあまりにあからさまに強調することは困難だったということも考えねばならない。また南王国は国際政治の状況が緊張する中で、エジプトの援助を模索するなど、さまざまに政治的に画策したりしていた。しかし前七世紀後半のヨシヤ王が、ヤーヴェへの態度をただすことを目指した宗教改革を行った。この時に作られた掟集が、聖書におさめられている申命記にほぼあたるものと考えられており、そこからこの改革は「申命記改革」と呼ばれている。しかしこの掟の中にはあまりに理想主義的で、実際には守れないような規定も少なからず存在している。こうした掟が長く施行されたならば、掟を守れない者たちをどう位置づけるかという問題が深刻なものとして浮かび上がっただろうと思われる。

しかしそのような問題が本格的に生じる暇もなく、国際情勢が大きく動くことになった。メソポタミアの南の地方から、新たにバビロニアの勢力が台頭して、アッシリアが滅ぼされる（前六一二年）。南王国はアッシリアに忠実であったから独立を保つことができたので、バビロニアの立場からは南王国を優遇しなければならない特別の理由はないことになる。更に南王国側の態度に失策というべきところもあって、結局のところ南王国も滅ぼされてしまう（前五八七年）。「バビロン捕囚」と呼ばれている出来事である。

ここではまず南王国の預言者として、イザヤとミカを取り上げる。

イザヤ

北王国のエリヤ、エリシャ、アモス、ホセアのように在野で大きな影響力をもつ預言者は、南王国ではいくらか遅れて登場する。我々に知られているところでは、イザヤが南王国のこのタイプの最初の重要な預言者である。

イザヤは前八世紀後半、前七四〇年頃から前七〇〇年頃に活動した。ウジヤ王の最後の年に活動を開始し、それからヨタム、アハズ、ヒゼキヤの王の治世の時代ということになる。アッシリアの脅威が大きな問題として常に存在した時期である。北王国が滅んだのが前七二二年頃である。

イザヤは個人として活動しただけではない。当時たいへん大きな影響力をもった。「イザヤ教団」とでもいうべきものが存在し、イザヤ自身が亡くなった後も弟子たちの集団は存続して、前六世紀のバビロン捕囚の時期、また捕囚以後の時期にもイザヤの名において預言活動を行った。

聖書におさめられているイザヤ書は全部で六十六章からなっているが、そのうち一―三九章が前八世紀後半のイザヤ本人の言葉と考えられている。そして四〇―五五章は捕囚当時の弟子による預言の言葉で、彼は「第二イザヤ」と呼ばれるのが慣例となっている。五六―六六章が捕囚以後の弟子による預言の言葉で、彼は「第三イザヤ」と呼ばれている。「第三イザヤ」は、複数の弟子たちの集団的な言葉かもしれない。

一―三九章　イザヤ本人の言葉（第一イザヤ）
四〇―五五章　捕囚の時の弟子の言葉（第二イザヤ）
五六―六六章　捕囚以後の弟子の言葉（第三イザヤ）

預言者についてはすでに若干解説を試みた。ここでは預言者の召命と具体的な預言活動について指摘する。

預言者は神と民の間にあって活動する。それは神から、民のための特殊な任務を与えられるからである。したがって預言者には、神からの召命がある。召命とは神からの特殊な呼びかけであって、これ以降神からの特殊な任務を遂行することになる。儀式や掟も神からの人への呼びかけだと言うことができるが、これらは適用されるべき人々に一様にかかわるものであって、固定的で安定した規範的性格が強い。したがって儀式や掟は、神の側から設立された制度としての性格が強いことになる。しかし預言者の場合の召命は、かなり限定された範囲の者に対するものであり、特殊な状況における特殊な問題にかんする任務が与えられる傾向がある。したがって預言者として呼びかけられる者は召命の際に、それまでのあたり前の日常生活では体験しなかったところの、いわば異常な体験をすることが多い。こうした特殊な神的な体験において預言者に与えられる任務とその意義は、まずは神と預言者の間でしか了解されていない。したがって預言者は、日常生活の枠内では通常は思いつきもしないような内容を、日常生活にとどまっている民に伝えねばならない。つまり民にとって当たり前ではない内容を、預言者は伝えねばならない。異様と思えるような振舞いをしたり、すぐには意味不明と思われるような言葉を発するということになる。民の側からすれば、彼らの前には預言者が表現したメッセージがあるだけである。いろいろな動機から預言者的な異様な振舞いや言葉を表面的につくろって、人々への影響力と権威を獲得しようとする偽預言者も少なくないので、民の側も預言的メッセージについての対応には慎重にならざるを得ない。目の前のメッセージが真の預言なのか、それを伝える者が真の預言者なのかを見極めねばならない。また目の前のメッセージが真の預言だとしても、その解釈が容易でない場合が少なくない。メッセージの真の意味を理解しなければならない。さらにメッセージの真の意味が理解できたとしても、それを民が肯定的に受け取るかどうかという問題がある。真のメッセージ、真の預言者と知りながら、さまざまな理由から預言のメッセージを無視し、真の預言者を迫害するということも生じる。

また預言者の活動は歴史上の特殊な状況の中で行われ、その場所・その時に有効な内容がメッセージとして伝えられる場合が多い。伝承として伝えられたりテキストとして書き留められるなどしてメッセージが後世に残った場合に、預言が有効だった当初の状況が変化してもなお預言のメッセージには有効なところがあるかどうかは、微妙な問題となる場合が多い。

イザヤ六章に記されているイザヤの召命の場面はたいへん有名であり、また預言者イザヤの特徴がいくつか表れている。

一―四節。召命の出来事が生じたのはウジヤ王の死んだ年（前七四二年）のこととされており、場所は「神殿」である。セラフィムの形において神的な力が現れる。セラフィムとはヤーヴェに奉仕する天使で、三対（計六つ）の翼をもっている。蛇が神格化されたものから発展したといわれたりしている。彼らの発する言葉が、特に有名である。

「聖なる、聖なる、聖なる万軍の主」。（三節）

同じことを三度繰り返すのは、その内容が絶対的で揺るがすことができないものであることを示すための方法だと考えるのが、基本である。したがってここでは「主」が「聖」であることが、揺るがすことのできない現実であることが確認されている。「聖」は、「聖／俗」の対立で考える場合の用語であるから、「俗」である領域に対して、「主」が「聖」である領域に属していることが確認されていることになる。

神が「聖」であることは、当然のことのように思われるかもしれない。しかし「聖／俗」の区分を持ち出して、「神は聖」としてしまうことは、「俗」の領域と神の間に断絶があることを認めることにつながる。すべての人が「俗」の領域に属しているのか、少なくとも一部の者は「聖」の領域に属しているのかは、微妙な問題である。しかし、「神は聖」だとすることは、少なくとも、大多数の者たち（「俗」の領域に属している者たち）に対して「神はお前と関係ないのだ」と決めつけていることを意味する。イザヤは預言者であり、特別な人である。また「イザヤ教団」と言うべき、自分に賛同する者たちの集団を作っていた。このことは、イザヤやその仲間たちは神の側にいて、他の者たちはそうではないとされていることを示す態度になっている。そしてこうした立場は「神は聖」ということが強調されていることとよく見合っている。はたして神は一部のエリートだけのものなのか、すべての者、多くの者のものなのかは、簡単には決められないと思われるが、「教団」のようなものを作って、「神は聖」などと強調する場合は、はっきりしたエリート主義・差別主義が主張されていると考えるべきだろう。

「万軍の主」という表現の解釈は微妙である。一応のところ順当だと思われる解釈を示す。「軍」という語については、やはりまず「軍隊」「軍事力」を考えるべきだろう。またもっと広くあらゆる「強制力」を考えるべきである。「万軍の主」とは、あらゆる強制力の指導者のことだということになる。普遍主義的立場が示されている。現実の人間世界に「万軍の主」はいない。さまざまな軍が対立していて、それぞれの軍にそれぞれの指導者がいる。そもそも対立があるからこそ「軍」が存在しているのである。そして対立があるということは、全体の統一がなく、したがってそのような全体の統一を体現する「主」もいないということになる。

したがって「万軍の主」という表現は、緊迫に満ちたものである。あらゆる「軍隊」「強制力」が考察の対象になっている。そして厳しい対立があるはずの諸力を統率する「主」があるとされている。もしそのような「主」があるならば、諸力の間の対立は解消するはずである。広い視野で現実を見渡すと、そこにさまざまな対立を認めざるを得ない。そうした対立を解消するための一つの方法として普遍主義的な「主」が考えられているということになるのかもしれない。

五節。自分は神を見たのだから死んでしまうと、イザヤは考える。この考え方は聖書のあちこちに見られる。たとえば出三三・一八―二三には、モーセが神の「後ろを見る」ことについての場面が記されている。神の顔を見ると、人は死んでしまうからである。人間は罪の状態にあり、したがって神の前に立つことができないという考え方である。言い換えるならば、神の前に立つことができない状態が、罪の状態である。人間の側の罪の状態には、神から離れているという性格があることになる。このことは、神の側については「神の聖性」という位置づけによって表現されている。神は「聖」であり、人は「罪」の状態にある。そして両者は、断絶している。

しかもイザヤが見た神は、「万軍の主」であるような神である。思い切って合理化して考えるならば、「普遍的統率者としての神」という神の新しい側面をイザヤは発見したのである。神の新しい可能性を、イザヤは「見た」のである。神は、だんだんと知られてくる。しかし神の新しい側面が発見されたからといっても、それがどのような意味ないし意義をもつかは別の話である。ともあれ、イザヤはこの「新しい発見」について報告している。

六―七節。続く場面でイザヤは、神によって浄められる。セラフィムのひとりが祭壇の炭火をとってイザヤの口に触れる。これは一つの儀式であり、ある特殊な外的行為が罪の赦しを実現されるとされている。ただしここでの儀式は犠牲祭のように人間の側から神に対してなされる行為でなく、神の側からの自発的行為になっていることに、注目する必要がある。場所設定が神殿でありながら、祭司や犠牲祭は言及されていない。

八―九a節。ここでイザヤは、民に向けて遣わされることになる。罪が浄められたのはイザヤだけなので、民は罪の状態にとどまっていることになる。イザヤは、

「私がここにいる。私を遣わして下さい」。(八節)

と述べており、民への使者となることを自発的に申し出ている形になっている。神とのつながりが成立した者は、自発的に神に仕えるしかない。

九b―一三a節。しかし神は、イザヤの預言活動の結果は否定的なものだと語る。

「この民の心を頑なにし、耳を鈍く、目を暗くせよ。
目で見ることなく、耳で聞くことなく、その心で理解することなく(……)」。(一〇節)

さらに国の荒廃も、告知される。こうした厳しい言葉は、イザヤが既にこのような経験をしたからだと説明されることが多い。この神の言葉はイザヤがこれから預言活動を行おうとする時に発せられた体裁になっているが、実は既に預言活動が実りないことを経験した後に、考え出された言葉であって、つまり「事後予言」だとする解釈である。そのような可能性を退けることはできない。しかしイザヤが単に実際の経験に辻褄をあわせるために神の言葉を考え出したと説明するだけでは、このような言葉がどのような意義をもつかが分からなくなってしまう。また実際の経験がなくても、行動を起こす前にその成果があまり期待できないような場合は珍しくないだろう。また「心を頑なにする」という神の介入のあり方も珍しくない。たとえば出エジプトの物語で神がファラオの心を頑なにするというモチーフが存在する（たとえば出七・三）。しかもここでは民は罪の状態にあり、神と民の断絶が前提となっている。たとえイスラエルの民が対象となっていても、心を頑なにするということが神の働きである場合も可能である。とするならば神が一方で預言者に活動を展開するように命じ、他方で預言者活動の対象の心を頑なにすることの意味を考察してみることも無駄ではないだろう。

イザ六章の言葉は少なくとも、預言活動の直接の対象となる者たちにただちに積極的な効果がなくても、それで預言活動に意義がないということにはならない例になっていると思われる。これは預言者の立場から見るならば、自分の行為が実りのない結果にしか結びつかないとしか思えないような状況でも、なすべきことはなすという態度の例になっているということになる。こうしたあり方は、洗礼者ヨハネやイエス、またパウロに見られるように、ほとんど単独でもなすべきことはなすという態度につながっているのかもしれない。

また、次のことを指摘しておく。この場面で、神は「聖」である。人間は汚れている。イザヤだけは、天使の特別な介入によって清められる。ということは、残りの者たちは、汚れた状態にとどまっている。汚れたままの状態にある人々に、イザヤが通常の活動を行っても、それが有効でないのは当然ではないだろうか。神からの直接の働きかけがなければ変化しようのない人々に対して、通常の活動をするように神が命じているのだから、その活動に効果がないのは当然である。

一三b節。しかしまったく否定的かと思われる見通しが述べられた直後に、希望的な内容をもつ「切り株」「残るもの」のモチーフが現れる。

「それでも切り株が残る」。

この部分は「グローズ」(glose)と見なされることが多い。つまり後の写本生がつけ加えたもので、イザヤが伝えた本来の神の言葉にはなく、また聖書のヘブライ語テキストの本来のものにも記されていなかった可能性が大きい。多くのギリシア語写本にこのテキストが記されていないからである。一三a節までの神の言葉の内容があまりに否定的なために、後世の者が付け加えたのかもしれない。しかしこうした希望的要素についての言及は、第一イザヤの他の箇所にも存在する。七・一四―一七のいわゆる「インマヌエル預言」は、特に有名である。

「見よ、おとめが身ごもって、男の子を産み、
その名をインマヌエルと呼ぶ」。(一四b節)

「その子が災いを退け、幸いを選ぶ……」。(一六a節)

否定的な状況がただちに好転することを告知するのではなく、肯定的な状況はある特殊なあり方によって実現すると述べられていることになる。

一四b節の言葉は新約聖書のマタイ一・二三に引用されている。マタイはイザヤの預言がイエスにおいて実現したと主張しようとしている。しかし新約聖書では、この箇所以外でイエスが「インマヌエル」という名で呼ばれることはない。初期のキリスト教徒たちは旧約聖書におけるさまざまな告知をイエスに適用しようとしているが、この「インマヌエル」のモチーフはあまり普及せず、成功していない例となっていると思われる。

イザヤの活動および立場について、整理を試みておく。

神は聖なる者であり、恐るべきものである。神はエルサレムの神殿と結びついている。民は罪の状態にあり、神との断絶の問題がある。イザヤは民の罪を告発するが、民は理解しない。国は荒廃へと進んでいく。アハズ王の時に、南王国はアッシリアの属国になってしまう。イスラエルが信頼すべきなのは、神のみである（八・一三、二八・一六、三〇・一五）。人間的な勢力関係の中での繋がりを操ることでは、確固たる立場を見出すことはできない。

「信じなければ、あなたがたはたしかにされない」。（七・九）

アッシリアに頼ろうとするアハズ王は、これを聞き入れない。アハズ王についてはなすがままにしておくしかなく、イザヤは自分の預言を書き記す。

十年ほどの沈黙の後に、再び活動の機会が訪れる。アッシリアのサルゴンが没したことがヒゼキヤ王にはアッシリアに反旗をひるがえす好機と思われ、エジプトの援助に頼ろうとする。このような計画に、イザヤは反対する。頼るべきなのは神だけである。この時は、エジプトとのつながりが告発の対象となる。

ヒゼキヤ王の計画は失敗し、エルサレムはアッシリアのセナケリブによって包囲される。

ヒゼキヤ王は降伏し、貢物をおさめて、エルサレムは征服を免れる。このことはかえって、エルサレムは不落だという信念につながる。

イザヤにおける神の聖性は、神を「まったくの他者」ととらえる態度への方向性を開くことになる。しかしイザヤにおける神は「イスラエルの聖なる者」である。神は超越的だが、歴史に介入する。三重に聖なる神は、罪の状態にある民にかかわってくる。

またイザヤが預言者集団を形成したことは、重要な出来事である（八・一六）。神の民である共同体の中に、霊的な性格において区別される内部の共同体ができることになる。この共同体は、イザヤが言うところの「残るもの」たちを実現しているところがある。民が滅亡同然の状態におちいっても、そこで堅く立ってやり直そうとし、またメシアを待ち望む。「イスラエルの慰め」を待ち望む小集団の伝統がここで成立したと言うことができる。

ミカ

前八世紀後半の南王国の預言者としてもう一人、ミカを取り上げる。「ミカ書」は、「十二小預言書」の一つである。

ミカはイザヤとほぼ同時代に活動した。イザヤが貴族階級の出身だったのに対して、ミカは農民出身である。政治が神から離れ、戦争が続いている。また金持ちが神から離れ、貧乏人たちを抑圧している。人は神の求めていることを、行わねばならない。

ミカ書からは、六・八の言葉を検討する。

人よ、何が善であり、主が何をお前に求めているかは、お前に告げられている。
正義を行い、慈しみを愛し、へりくだって神と共に歩むことである。

一言で言うならば、ここでは「善」が求められていると言うことができる。「善」とは何か。これは結局のところ、神が求めていることを行うことである。善は行動でなければならない。しかしどのようなことが善なのかを見極めなければ、善を行うことはできない。つまり善悪の判断がなければ、善が何か分からず、したがって善を行うことはできない。しかし人間の知識によって善悪を判断しようとすることは、究極的には「神のように」なろうとすることである。人間の勝手な判断でとり決めることではなく、神の求めることが善である。

ミカの言葉では、「善」の内容として三つの要素があげられている。「正義」「愛」「へりくだり」である。

正義は、社会的広がりにおいて実現されるべきものである。しかし社会の盲目的な求めにおもねることは、義ではない。社会が義を決定するのではなく、義が社会を導くべきである。したがって何が義なのかの判断が必要になる。義も、つまるところ、神が社会に求めることである。個々人や個々の集団にとっては、神につながって行動することが義である。「大志を抱く」という言葉があるが、この文脈で考えると理解し易いかもしれない。「志」においても、社会における行動が問題となる。「大きな志を抱く」とは、社会の中で出世するとか、何らかの意味で社会的成功を実現するといったことではない。あるいは社会の中で何か大規模な出来事を生じさせることではない。そのような志においては、社会の価値秩序の中で小さく動き回ることしか視野にないことになる。「大きな志」は、そのようにお膳立てされた枠組をこえて、神とつながった状態にあって示される行動の指針である。実際の行動は、大規模なものになる場合も、小規模なものになる場合もあるだろう。しかし、そのようなことは本質的な問題ではない。重要なのは、神とつながっていることである。その結果として、さまざまな行動がなされることになる。社会的に出世したり成功したりすることに帰結することもあるだろう。

愛の根源は、神の愛である。神の愛につながっていない愛は、見かけはどうあれ、利己的な欲望を充足させようとする行為にすぎない。神に愛されているのでなければ、人は愛することができない。

へりくだりということで問題になるのは、神に対してへりくだることである。神を神として、人はその前で人としてふさわしい態度を取ることである。自分を「神のように」しないことである。またへりくだりがよいということで、やたらと人前で自分を卑下して、卑屈な態度を取る者がいる。これは実は、へりくだることで自分を「よい」とされる立場、善とされる立場におこうとする卑劣な手段である。何らかの行動によって自分が善の状態におかれるのではなく、神とつながってなされる行動が善である。

そして以上の三つの要素が言及されたあとに、「神と共に歩む」という言葉が記されている。「神と共に歩む」、これがすべての根拠である。神と共にいるのでなければならない。そして神が求めることを、行ってゆかねばならない。神が何を求めているかを知ることは微妙な問題で、常に容易に識別できるとは限らない。しかし人間は時間・空間の枠に拘束されているので、何の行動もせずに生きるということは不可能である。ここでも単に神と共に「ある」のではなく、「歩む」とされている。抽象的な神とのつながりは本当のものではなく、またそのような状態は不可能である。地上の生活のごくあたりまえな生き方において、神と共にあって生活が展開しなければならない。あえてまとめを試みるならば、堂々としてへりくだっており、愛に満ちて、そして正しい、こうしたあり方が神によって求められている。

ミカ書については、新約聖書との関連においてさらに二点触れておく。

お前（＝ベツレヘム）の中から、私のために、
イスラエルを治める者が出る。（五・一）

ベツレヘムは、エルサレムの南方にある町である。新約聖書のマタイ二・一以下およびルカ二・四以下によれば、イエスはベツレヘムで生まれたとされている。これはミカ五・一でメシアがベツレヘムで生まれるとされているためである。

またマタイ二・六ではミカ五・一および三からの引用がなされている。しかし手元の聖書でテキストを確認されたい。両者のテキストは必ずしも一致していない。これは日本語訳聖書の底本はヘブライ語の聖書であるのに対して、福音書では、古代に成立したギリシア語訳聖書のテキストが引用されているからである。

申命記資料

モーセ五書の主要な四つの資料のうち、JとEについては既に検討した。ここでは三番目の資料である申命記資料について検討する。前七世紀後半の南王国で、ヨシヤ王の時に成立した。

北王国が滅んだのは前七二二年であり、この時南王国はアハズ王（前七三五―前七一五年）の親アッシリア政策により、属国に等しい地位におちたとはいえ、一応の国家の体裁を維持することができた。

これに続くヒゼキヤ王（前七一五―前六九八年）も、親アッシリアの姿勢を取り続けることを余儀なくされるが、その一方でギボンの泉の水をエルサレム城内に導く地下水道の工事を行うなど（「シロアの水路」あるいは「ヒゼキヤの水道」）、アッシリアに対抗する機会をうかがっていた。そして前七〇五年にアッシリアのサルゴン王が亡くなった際に周辺の諸王と共にアッシリアに反旗をひるがえしたが、結局エルサレムは包囲され、ヒゼキヤ王は降伏する。申命記法の核となったものは、この時代にレビ人祭司たちによって作られたのではないかと言われている。

前七世紀前半のマナセ王（前六九八―前六四三年）は半世紀の間、親アッシリアの態度を維持して、長い平和の時期となった。アッシリアの力が安定していて、そのアッシリアに従順な態度をとったことがこの長い平和につながったと考えられるが、マナセ王は聖書では異教に没頭した悪い王とされている（王下二一・二―九）。

マナセの子アモンの短い治世（前六四三―前六四〇年）のあと、アモンの子ヨシヤが即位する（前六四〇―前六〇九年）。即位の時にヨシヤは八歳だった。ヨシヤの治世が進むと国際情勢が変化してくる。メソポタミアの南でバビロニアの力が強くなり、アッシリアの支配にかげりが見えるようになってきた。こうした中で前六二二年、ヨシヤ王が神殿で工事を行わせる。大祭司ヒルキヤが「律法の書」を神殿で見つける（王下二二・八）。これは「契約の書」とも呼ばれている（王下二三・二）。これが改革の発端であり、ここで見出された文書が改革の基礎となる。

聖書では五書の五番目の文書として、申命記がおさめられている。日本語の「申命記」

という名は、この文書のギリシア語の題名である「デウテロノミオン」（英語ならばDeuteronomy）の訳で、「申《かさ》ねて命じる」という意味だと言われている。現代の日本人にはすぐには意味が分からない名前になっているかと思われるが、定着してしまっているので変更することは困難だろう。「デウテロ」とは「第二の」という意味の接頭辞で、「ノミオン」は「律法」という意味である。したがって「デウテロノミオン」は「第二の律法」ということになる。ただしこの表現は、申一七・一八の「律法の写し」という言葉が古代のギリシア語訳の際に誤って翻訳されたために生じた表現で、それが文書の題名になってしまったと言われている。聖書における設定では、モーセが死ぬ前にシナイ契約の精神をもう一度民に説き聞かせるという形になっており、「告別説教」の体裁をとっている。しかし内容は契約の文書の形になっている。

申命記の成立の実際は、次のようだったと考えられている。

（1）滅亡（前七二二年）前の北王国において、昔から伝わっていたモーセの律法が、現状にあわないことが意識されるようになる。伝統的な掟は遊牧民のために作られたものだったが、民は定着して久しく、そして全体として組織化が進んでいる。大小の問題が新しく生じてくる。たとえば新婚の夫を戦いに参加させるべきだろうか、カナンで行われている土着の宗教の危険にどのように対処すべきか、貧乏人を圧迫する金持ちたちの不義の問題にどのように対処すべきか、等々。

律法を現状にあったものにするために、いわば「第二版」を作成することが必要となる。掟と慣習をレビ人たちが集める。このプロセスにおいて彼らは、預言者たちの影響も受ける。エリヤやアモス、そして特にホセアの影響が大きいと言われている。神が民に与える律法はありきたりの契約ではなく、婚約者・夫婦の間の契約のようなものであるべきだという傾向が生じる。

(2) 前七二二年の北王国滅亡の混乱の中で、エルサレムに避難するレビ人も少なくなかった。当時の南王国はヒゼキヤ王の治世だった。レビ人たちは律法をさらに組織化し、不足を補う。北王国がなぜ滅亡したのかという問題が、彼らの関心の中心だった。神に忠実でなかったために、神が動かなかったのである。とすると神に忠実であるためには、どうすべきだったかと考えることになる。したがって彼らの作る掟は、たいへん理論的・理想的な性格のものになった。実際に従うことのできる規則というより、精神の理想的あり方の方向を示すものとなった。

たとえば七年ごとに負債を免除し、奴隷を解放しなければならない(申一五章)。七年目ごとに「負債免除の年」があって、その年に負債が免除されることになる。もしこのような掟を実際に守らねばならないとしたら、余った資本をもっていても他人に貸そうとしない場合が多く生じてくるだろう。「負債免除の年」が近づけば、この傾向はますます強まるだろう。となると国全体の経済活動がかなり減退するということになる。資本があっても有効に利用されないのである。九節に、負債免除の年が近づいても「物を断ることのないように注意しろ」とわざわざ強調されていることが、かえってこうした問題が無視できなかったものであることを物語っている。

戦争の時には町の住人を皆殺しにしなければならない（申二〇章）。敵があらかじめ降伏しないならば、敵のすべての男子を殺さねばならないとされている。「あなたの神、主がそう命じている」（一七節）からである。そうしなければ「主に罪を犯す」（一八節）ことになる。

戦争におけるこのような方針は、結局のところ自殺行為である。敵を皆殺しにしなければならないならば、敵も最後まで徹底的に戦うだろう。そうなると自軍の損害も大きくなる。敵が単独の集団でしかないならば、このような方針もよいかもしれない。しかし一つの戦いにこのようにして勝利したとしても、次の戦いが控えていて新たな敵と立ち向かわねばならないならば、損害が大きいままで自軍は次の戦闘に臨まねばならない。このようなことを繰り返していれば、いつか必ず自軍は敗北することになる。

三大祝祭日には、エルサレムに行かねばならない（申一六章）。三大祝祭日とは、過越祭（春）、七週祭（過越祭から五十日目）、仮庵祭（秋）のことである。つまり年三回は、エルサレムに行かねばならないことになる。この掟は、エルサレムの神殿の地位を高め、シケムやゲリジム山といった古くからの聖地の価値を低めるものとなっている。ところでエルサレムやその付近に住んでいる者ならばともかく、エルサレムから遠く離れたところに住む者にとって、往復の旅は大きな負担である。それにもし全ての者がエルサレムに行かねばならないならば、留守の家や町、さまざまな仕事は誰が保持するのだろうか。

こうした掟集は、北王国の伝統をもたらしたレビ人たちによって、エルサレムでまとめられたと思われ、後の掟集の核となった。五章から二六章の「あなた」という単数形の呼びかけが用いられている部分が、これにあたると考えられている。不信仰なマナセ王（前七世紀前半）の時には、この掟集は忘れられ、神殿にしまわれてしまう。

（3）これがヨシヤ王の治世の十八年目にあたる前六二二年に神殿で発見された掟集だと考えられる。ヨシヤ王はこの律法を、政治的・宗教的改革の基礎にして、エルサレムを中心に民を再編成しようとした。この時に「あなた方」という複数形の呼びかけの部分と、申命記の冒頭と末尾の部分が付け加えられたと思われる。

（4）前四〇〇年頃、モーセ五書成立の際に、第五番目の文書である申命記としておさめられる。いくらかの変更等も加えられたかもしれない。

この掟集が前七世紀後半のヨシヤ王の時にほぼ最終的に編纂されたものであって、少なくともモーセによって与えられたものでないことは、当時としては明らかだったと思われるが、五書においてはモーセによって与えられた形にされている。ここにはかなり意識的な選択があったと考えるべきだろう。その意義については、五書の編纂について扱う際に検討を試みる。

ここではヨシヤ王の時にこのような掟を成立させた意義について考えることにする。

過去のことについて「……すればよかった」「……すべきだった」と考えるのは、比較的簡単である。そのように責めてくる相手には、実際の状況に置かれていたならば、そのような理想的なことが実現できただろうかと反論できるかもしれない。しかし神が「……すべきだった」と言ったらどうだっただろうか。申命記的掟はそのようなものである。

マタイ・ルカの二つの福音書には、イエスが悪魔から三つの誘惑を受けるという物語が記されている（マタ四・一―一一、ルカ四・一―一三）。この物語においてイエスは三度の誘惑に対して聖書からの引用によって対応しているが、その三つの引用はすべて申命記からのものである。これは申命記的掟の理想主義的な性格をうかがわせる例となっているだろう。またマタイ・ルカの両福音書がそれぞれに理想主義的なものであることを示すものとなっている。ちなみにマルコ福音書にも誘惑の場面が記されているが（マコ一・一二―一三）、これはごく短いもので、具体的な三つ誘惑の叙述はなされていない。

申命記の思想

申命記の特徴を整理しておく。

形式的な特徴としては、次のような点を指摘することができる。
(1)単に命令や掟を並べるだけでなく、それらに従うようにと説得している。
(2)「あなたの神である主」「聞け、イスラエルよ」「この掟を守れ」といった表現が繰り返し現れる。
(3)民への呼びかけに際して、「あなた」という単数形の呼びかけと、「あなた方」という複数形の呼びかけがある。これは執筆が二段階にわたって行われたことが原因だと考えられている。結果的には、「あなた」という単数の呼びかけが用いられる場合には民の統一が強調され、「あなた方」という複数の呼びかけが用いられる場合には民の一人一人の独自性が大切にされているという解釈がなされたりしている。
内容の傾向としては、次のような点を指摘しておく。
(1)主は、イスラエルの唯一の神である。
(2)主は、自分のために民を選んだ。
(3)この選びに対して、民は神を愛さねばならない。
(4)神は民に地を与えた。
(5)民は神に忠実でなければならない。
申命記的な考え方は、モーセ五書の五番目の文書である申命記にのみ表明されているのではない。「申命記的伝統」とでもいうべき思想の一つの流れが存在した。北王国滅亡との関連においていて歴史を考えるというあり方が、大きな特徴となっている。

ところが前五八七年に、南王国も滅んでしまう。既にかなりまとまった形となっていたと思われる歴史叙述をもとにして、この南王国滅亡という事件との関連において「申命記的伝統」の立場から歴史を書き直すという作業が行われたと思われる。ヨシュア記と列王記にその特徴がかなり残っており、士師記とサムエル記にも影響が見られる。申命記の表現と思想の影響の見られるこれらの歴史書——ヨシュア記、士師記、サムエル記、列王記——は、「申命記的歴史」と呼ばれたりしている。

申命記の中心的テキストは、やはり申六・四—五の「シェマ・イスラエル」のテキストである。

聞け、イスラエルよ。我らの神、主は、唯一の主である。
あなたは心を尽くし、魂を尽くし、力を尽くして、あなたの神、主を愛しなさい。

このテキストについては、すでに幾らか検討した。神がまず民に呼びかけている点が重要だと指摘した。しかも神は既に民に大きな恵みを与えている。たとえば申四・三二—四〇には、創造以来の神の恵み、特に出エジプトの出来事の意義が語られている。「これほど大いなることが、かつて起こっただろうか、云々」と、民を説得する言葉が記されている。

こうした神に対して、民は「神を愛する」という態度をとらねばならないとされている。ところでここでは、神を愛するあり方について「心を尽くし、魂を尽くし、力を尽くして」という限定が加えられている。人の存在のすべてをもって神を愛すべきだという命令である。しかしこのような限定には「人の及ぶ限りにおいて」という面もある点が重要である。人は愛を貫くことができないが、神は人の及ぶ限りの愛だけを求めているのであって、人が人以上のものになることを強要しているのではない。

またこの命令においては、神と人との関係にのみ関心が集中しており、しかも人の存在のすべてが神の愛に適用されることが求められている。キリスト教はこの神への愛の掟を高く評価したが、福音書では「もっとも重要なこと」として、この命令に「隣人愛」の掟が並べられている(マタ二二・三五―四〇、マコ一二・二八―三四、ルカ一〇・二五―二八)。「神への愛」と「隣人愛」との関係は微妙である。神も愛さずまた隣人も愛さない者に「神への愛」ないし「隣人愛」が求められていることは、問題ないところだろう。「隣人愛」の掟は、神ばかりを愛する者に隣人を愛するよう求めるための要請となっているのかという点が問題である。既に解説を試みたように、神とのつながりがなければ人は他の者を愛することができない。神との愛の関係があって、はじめて隣人への愛が可能となる。しかし神を全面的に愛する者に、さらに隣人愛が可能なのかという問題もある。こうした問題について、三つの福音書の立場は必ずしも同一ではないと思われる。また、隣人愛らしきことを実践していれば神への愛を等閑にしていてよいのか、という問題もある。ちなみに福音書における「愛」の命令としてはもう一つ、「敵への愛」も有名である。しかしこの「敵への愛」が、「神への愛」「隣人への愛」と並べられていないことは、「敵への愛」の位置づけを考える上で重要な意味をもっと思われる。

二六・五b―一〇aに記されているいわゆる「信仰告白」は、申命記におけるもう一つのたいへん重要なテキストである。

五b私の先祖は、さすらいの一アラム人で、わずかな人を伴ってエジプトに下り、そこに寄留した。しかしそこで、強くて数の多い、大いなる国民になった。六エジプト人はこの私たちを虐げ、苦しめ、重労働を課した。七私たちが先祖の神、主に助けを求めると、主は私たちの声を聞き、私たちの受けた苦しみと労苦と虐げを見、八力ある手と腕を伸ばし、大いなる恐るべきこととしるしと奇跡をもって私たちをエジプトから導き出し、九この所に導き入れて乳と蜜の流れるこの土地を与えた。一〇a私は、主が与えられた地の実りの初物を、今、ここに持ってきた。

これに先立つ一—五a節のテキストによれば、五b節以下のこの言葉は、初物を捧げる際に言うべき言葉とされている。このことは上の引用の一〇a節でも確認されている。カナンでは毎年の収穫の時に、自然神であるバアルを礼拝する祭りが行われていた。しかしこうした自然神は、イスラエルの主ではない。

冒頭から九節までは、過去の歴史が振りかえられている。民が心得るべき出来事が短い中にまとめられている。イスラエルの先祖は「さすらいのアラム人」だったとされている。この「さすらい」という表現には、遊牧民だったという意味だけでなく、「道に迷った者」という意味も含まれている。エジプトで「大いなる国民」になるが、奴隷状態におかれる。これは「主のない」時期である。「土地」を求めて得ることができたが、奴隷の状況に置かれてしまっていた。主が民を導いて、自由の土地に導き入れる。状況が困難なところでは「私たち」と複数になっていることに注意すべきである。困難とそこからの脱出において、民の統一が形成されることになる。そして今の土地に導いたのは、主である。土地は主のものなので、主に初物を捧げることになる。

申命記にはその他にも重要な箇所が多いが、一つ一つを検討する余裕はない。別の機会にゆずることにする。

「預言者」前篇

ユダヤ教の聖書においてはモーセ五書からなる第一部は「律法」と呼ばれ、第二部は「預言者」と呼ばれている。第二部「預言者」は、前篇と後篇からなっている。

預言者前篇：ヨシュア・士師・サムエル・列王

預言者後篇：イザヤ・エレミア・エゼキエル・十二小預言書

ヨシュア・士師・サムエル・列王を預言者に含めるのは、単に習慣の問題ではない。内容の方向性に深くかかわっている。

したがってこれらの文書は単純な意味での歴史書ではない。つまり歴史上の出来事を正確に記して伝えることを目的として書かれたものではない。考古学上の研究などが進むと、これらの文書の記述がかならずしも実際上の出来事と一致しないことが見出されたりする。しかしこれらの文書を預言者に含める立場からは、こうしたことはあまり重大な問題にはならない。著者は事実を正確に伝えることを任務としたリポーターではない。出来事の意味を示そうとする預言者である。

預言者の書物は、伝承に伝えられていた出来事がいかなる意味で神のメッセージなのかを示すものである。出来事そのものを語ることよりも、その出来事が何を意味するのかを示すものである。長い年月の間それらの出来事は語られ、考察されてきた。新しく展開する歴史的状況の中で新しい神のメッセージをもたらすものと考えられたからである。

預言者前篇の文書は、申命記の思想傾向が支配的な状況の中で最終的に執筆されたと考えられている。つまり北王国滅亡の後の状況であり、また南王国滅亡の後にも手が加えられたかもしれない。

神は民に土地を与えるという約束を守るのだが、それは民が神に忠実である限りにおいてである。神は神殿にいるのだが、それは民が神殿に来る限りにおいてである。預言者たちが過去について考察するのは、現在のための光を見出し、未来への希望を見出すためである。

ヤーヴェ・エロヒム資料

ここでいわゆる「ヤーヴェ・エロヒム資料」(JE)について、指摘しておく。これはヤーヴェ資料(J)とエロヒム資料(E)の混合されたものである。単にテキストが交じり合ったり、調和的な方向のものに書き換えられているという、形だけの問題ではない。

一つの土地、一つの民、一つの王朝、これがイスラエルの社会宗教的なあり方の基礎である。土地は神に与えられた土地、民は神に選ばれた民、イスラエル民族の王朝の王たちは神の子だった。ソロモン王没後に王国が南北に分裂した後も、イスラエルの民は神がシナイ山での契約を結んだ相手であり、アブラハムへの約束を受け継ぐものであって、その意味で南北の王国は一つの民を形成していると基本的に考えられていた。

前七二二年のアッシリアによる北王国の滅亡は、この三つの原則のうち「一つの土地」「一つの民」の原則について、大きな問題となったと考えることができる。神が与えたはずの土地は、敵によって侵食されている。また神の民は、南王国を形成するところの二つの部族に縮小してしまったのだろうか。

北王国の滅亡の混乱の中から南王国に逃げ込んできた者たちは、北王国の伝承をもたらした。前八世紀末のヒゼキヤ王の政策には、国民主義的なあり方を政治・軍事・宗教の面で進めようとする傾向があった。この時に神学的な活動に展開が生じて、ヤーヴェ資料（J）とエロヒム資料（E）の融合の作業が進められたと思われる。

こうした作業が行われた背景には、民とはユダとイスラエルであるという確信があったと思われる。南のヤーヴェ資料と北のエロヒム資料を融合して統一的な歴史叙述を作り出すことによって、このことを具体的に表現しようとする試みが行われた。しかし両者には、微妙に異なった観点から語られた同じ話がおさめられている場合が少なくない。二つの伝統の両方を尊重する形で融合が進められたと思われる。ダビデ王朝を重視する立場と、道徳的・霊的なあり方を重視する立場の両方が尊重された。

二つのテキストを簡単に検討する。

出二〇・二二―二三・一九。

このテキストは「契約の書」と呼ばれており、出エジプト記の文脈では神が十戒をモーセに告げた場面（二〇・一―二一）のあとに続いており、この契約のテキストも神がモーセに述べた言葉とされている。

遊牧民からなる集団を前提としたかなり古い掟が基礎となっており、カナン定着後の士師の時代あたりに起源があると言われている。これが南北の両王国に保存されていた。北の伝統においてこの掟は、申命記的掟の一つのモデルになったのではないかと考えられている。生活のあらゆる面について逐一規定をつくろうとしており、また生活全体が神とのつながりにおいて展開しなければならないとされている。こうした傾向が申命記的掟に引き継がれているように思われる。

南の伝統においては、この元の掟がヤーヴェ資料に組み込まれることになる。その際に、出エジプトの物語の中に位置づけられたのだろう。十戒の場面と、二三・二〇以下の民への警告のテキストとは、本来はつながっていたのに、ここにこの「契約の書」のテキストが挿入されたかのような雰囲気である。ここでの契約は人の義務が強調されており、契約の当事者である神と民の双方が拘束されることになる。

創一五。

このテキストは、おそらくエロヒム資料の冒頭であると考えられている。しかしヤーヴェ資料からの要素が複雑に混入していて、二つの資料の起源の要素を見極めることは難しい。子孫と土地にかんする約束は、一二・二（子孫）および一三・一四―一七（土地）における（どちらもヤーヴェ資料）祝福と同じ傾向のものである。契約のテーマはエロヒム資料的である。

捧げ物の動物が二つに裂かれ（一〇節）、「煙を吐く炉と燃えるたいまつが二つに裂かれた動物の間を通り過ぎた」（一七節）とされている。これは契約が破られたならば、契約を破った者はこの動物のようになるという意味だと解説されている。しかし一七節の超自然的な場面は、神だけが裂かれた動物の間を通ったことを意味するので、契約を破った場合に裂かれた動物のようになることを受け入れているのは神の側だけである。つまり神のみが忠実であることに拘束されている。神からの約束は、神の側から一方的に与えられたものとなっている。歴史の流れの中でイスラエルが神に忠実でないことが生じると、たしかにイスラエルは罰せられる。しかしこの契約に立ち戻るならば、ここには神の無条件の約束があり、忠実な神が見出されることになる。そしてこの契約はアブラハムとの契約であって、モーセよりも以前のものである。モーセにおける契約よりも、アブラハムとの契約の方が優位にあることになる。

南王国末期の預言者たち（ゼファニア・ナホム・ハバクク・エレミヤ）

前七二二年にアッシリアにより北王国が滅ぼされた前後に活動したイザヤの声は消えてしまう。前七世紀前半のほぼ半世紀の間、親アッシリア政策をとったマナセ王の時には、重要な預言者はあらわれない。しかし前七世紀後半以降、別の世代の預言者があらわれるようになる。

ゼファニヤ、ナホム、ハバクク、そしてエレミヤについて検討する。

ゼファニヤ書は、十二小預言書の一つである。ゼファニヤはヨシヤ王在位の時代（前六四〇―前六〇九年）の初期、まだ申命記改革が始まっていない時に活動したと思われる。彼の預言から、ヨシヤ王の改革が始まる以前の状況をうかがうことができる。異教の神々の崇拝（一・四―五）、外国起源の習慣（一・八）が行われている。偽預言者たちがおり（三・四）、暴力や社会的不正義の問題がはびこっている（三・一―三）。ゼファニヤの活動は、申命記改革の準備となっていたところがあるということができる。

「主は、すべてを滅ぼす」というたいへん否定的なテーマが一・二―三・八で展開される。ここに有名な「主の日」のテーマがあらわれる。そしてこれも有名な「（主の）怒りの日」

のモチーフもあらわれる。人々は神の介入などないと考えている。「主は幸いも、災いももたらさない」（一・一二）。しかし「主の大いなる日は近づいている」（一・一四）。「怒りの日」は、dies irae というラテン語の表現が有名なものとなっている。特に一・一五の dies irae dies illa「その日は怒りの日」という表現が有名である。この「怒りの日」「主の日」に、厳しい裁きが行われる。全宇宙的な次元のものとなっているとは言いきれないが、終末論的黙示的雰囲気の濃厚な描写が繰り広げられている。

しかしまったく絶望的であるのではない。「主を求めること」「恵みの業を求めること」「苦しみに耐えること」が必要だとされている。そしてゼファニヤ書のもう一つの有名なモチーフであるところの「貧しい者」ないし「へり下る者」（ヘブライ語の「ハナヴィム」）は、こうした神の要請に応えてきた者たちである（二・三）。大多数の者の状況は絶望的だが、僅かの者においてまだ希望があるというイザヤ的なモチーフが、ここでも展開されているということができる。

三・九―二〇において、終末論的な肯定的イメージが展開されている（ただし九b―二〇節は、捕囚期の付加かもしれない）。しかも九節では、神に清められるのはユダヤ人だけではなく、「諸国の民」とされている。

ナホム書も、十二小預言書の一つである。「万軍の主」（二・一四）の絶対的支配・勝利、敵の滅亡の確信が力強く述べられている。

　主は滅ぼし尽くし、敵を二度と立ち上がれなくする。（一・九）

　ここで直接的に問題となっているのは、アッシリアの滅亡である。アッシリアの滅亡が決定的となったニネヴェの陥落は前六一二年である。ナホムの預言の言葉は、その少し前のものかと推測されている。バビロニアがアッシリアへの本格的な攻撃を始めてアッシュールの町が陥落したのは前六一六年なので、その頃の預言かもしれない。あるいはもっと以前の前七世紀半ば頃の預言と考えてもよいかもしれない。

　いずれにしてもここではイスラエルの状態ではなく、アッシリアのあり方が述べられている。つまりイスラエルでない者も、神に逆らうならば、神はその者を罰する。つまり神は、選んでいない者も罰するのであり、まさに与えない者からも取るという厳しい態度で介入することがある。

　そして圧迫する者の滅亡の告知は、イスラエルとユダにとっての「良い報せ」である。

　見よ、良い報せを伝え、平和を告げる者の足は山の上を行く。（二・一）

ギリシア語訳聖書のこのテキストにおける「良い報せを伝え」という表現には、新約聖書で「福音」と訳されることの多い「エウアンゲリオン」の動詞形が用いられている。

ハバクク書も、十二小預言書の一つである。ハバククは前六〇〇年頃に活動したと考えられる。バビロニアがアッシリアを滅ぼし（前六一二年）、さらにカルケミッシュの戦いでエジプトを破って（前六〇五年）、シリア・パレスチナを支配下におさめる時期である。

見よ、私はカルデア人を起こす。（一・六）

バビロニア（カルデア人）はアッシリアを罰するために、神が用いる道具である。しかし問題が生じる。なぜ神はこのような不浄の者たちを道具として用いるのかという問題である。なぜ悪人は、たとえ現世においてという範囲内に限られてのこととはいえ、成功するのだろうか。これはつまるところ「悪の問題」である。なぜ悪が存在し、時として悪が栄えているような状況さえ生じるのか。ハバククはこの問題を、諸国民の抗争のレベルで考える。義しい者について神は、最終的な勝利を準備している。これがハバククに与えられた答えである。

義しい者は信仰によって生きる。(二・四)

このハバクク書の言葉は、新約聖書のロマ一・一七、ガラ三・一一、ヘブ一〇・三八に引用されている。またハバクク書の一―二章の注解である「ハバクク書注解」がクムランの第一洞窟から発見されており、そこではハバクク書のテキストがクムランのエッセネ派において生じた出来事の預言として扱われている。

この「信仰による義」において強調されているのは、神への完全な信頼、神への完全に忠実な態度である。三章においてその内容が、より具体的に示されている。否定的な状況の中でも神に信頼する(三・一七―一九)。未来における神の側からの介入を待ち望む(三・二、一六b)。

否定的状況においても、神への全的な信頼を持ちつづけるというモチーフは、南王国末期の特徴の一つである。

エレミヤは前五九七年のエルサレムの包囲・第一次捕囚、前五八七年の南王国の滅亡・第二次捕囚を直接体験した。

エルサレムの近くの村の出身で、父は祭司だった。一・二(ヨシヤ王の第十三年)によれば、活動の開始は前六二六年ということになる。もっと遅い時期の前六一〇年頃とする説もある。前の説にしたがうならば、申命記改革が本格的に始まったのは前六二二年なので、改革が始まる直前に召命を受けたことになる。したがって彼の活動は四十年近くの長きにわたった。改革者である若き王についての期待に満ちた時代から、悲惨な凋落の時期、そして最終的なエルサレムの破壊を体験した。エレミヤ書には彼の個人的告白や伝記的な記述があって、エレミヤについては多くのことを知ることができる。全体として彼は孤立した人物(「私は一人で座っていた」一五・一七)で、悲劇的な生涯を送った。彼の任務は、表面的には失敗に終ったように見える。しかし彼においては、失敗が勝利となっている。

エレミヤにおいては神との個人的で直接の繋がりが重要となる。他の預言者は神が与える恵みのことを考えていたが、エレミヤは神自体を考えていると言われたりしている。この意味でエレミヤは、新しい可能性を開いたということができる。

エレミヤ書(ヘブライ語)は全部で五十二章ある。エレミヤ書の構成は複雑で、区分が容易ではないが、区分の一つの可能性を示しておく。

一・一―三　前言
一・四―二五・一四　ユダとイスラエルへの警告
二五・一五―三八　諸国民への警告
二六―三五章　救いの告知

三六―四五章　エレミヤの苦難
四六―五一章　諸国民への警告
五二章　エルサレムの陥落

初期の時代の預言は、他の同時代の預言者のメッセージとあまり変わらない。民は道を誤っている。このままでは破滅が訪れる。「民は神を捨てた」「民は神に立ち戻らねばならない」という二つのモチーフが、繰り返しあらわれる（たとえば二章、三章、また四・一―二）。ヨシヤ王の改革の時期、エレミヤは沈黙する。ヨシヤ王の改革は挫折し、ヨヤキム王の約十年間の治世においては、バビロニアとエジプトの対立の国際状況の中で、かえってダビデ王朝の安泰が強調される。この時にエレミヤは神殿と祖国の壊滅を預言した。「北から」災いと破壊が迫ってくるだろう（四・六、六・一、一五・一二、五〇・三）。民はエレミヤに耳を傾けず、危険はないとする偽預言者にしたがっていた。

しかし実際に王国が滅ぼされた時に、人々はエレミヤの言葉を思い出すことになる。イザヤの弟子たちやエゼキエルも王国の滅亡についての言葉を述べたが、彼らの言葉は王国滅亡の後にこの破局の意味を考える言葉である。しかしエレミヤは出来事が生じる前に、破局がすべての終わりでないことを述べた。このため、彼の預言は最終的かと思われる事態が生じても民が文字通り絶望的になってしまうことから救う機能を果たすことができた。破滅の出来事が生じる前に神は、破滅の出来事を前提としてエレミヤを通して語っていたのである。

エレミヤは見せかけの宗教を非難する。民はたしかに「宗教」を実践していた。契約の箱を崇拝し、神殿に行く。安息日を守り、子供に割礼をほどこしていた。しかし表面的な実践だけで、内容がなかった。外的な儀礼を遵守しているのだから、神は民とエルサレムを守るべきだと民は考えていた。つまり宗教的実践が、内面的な真の誠実さを免除すると考えていた。エレミヤは、見せかけの保証を神がすべて破壊すると宣言する。契約の箱も（三・一六）、神殿も（七・一―一五、二六・一―一九）、エルサレムも（一九章）も意味がなくなる。砕いたら元に戻すことのできない壺を砕くように、神は民とエルサレムを砕くだろう（一九・一一）。神が望むのは外的な肉の割礼ではなく、心の割礼である（四・四、九・二四―二五）。こうした批判はたいへんな冒瀆と考えられたので、エレミヤは殺されかかる。特に三八章における叙述では、エレミヤは水溜めの中に投げ込まれ、泥の中に沈められてしまう。

三一章では、不幸を超えた希望が述べられており、エレミヤのメッセージの中心的な位置を占めている。神はイスラエルを復興する。

おとめイスラエルよ、私はあなたを再び固く建てる。（三一・四）

その保証は、神が民を愛していることである。

私は永遠の愛をもってあなたを愛し（……）（三一・三）

神は厳しい態度で臨むこともあるが、それは民を捨ててしまうことではない。

彼を退けるたびに、私はさらに彼を深く心に留める。（三一・二〇）

神は民を捨てない。ここにはホセアの影響があるのかもしれない。

そして「新しい契約」について、述べられている（三一・三一—三四）。民は出エジプトの際の契約を破ってしまった（三二節）。「新しい契約」とは、心に刻まれた律法である。

私の律法を彼らの胸の中にさずけ、彼らの心にそれを記す。私は彼らの神となり、彼らは私の民となる。（三三節）

ここにも宗教の内面化のモチーフが認められる。また「自分の罪は子孫が責任をもつ」という考え方を、「自分の罪の責任は自分で負わねばならない」という考え方に修正することが求められている。

その日には、人々はもはや言わない。
「先祖が酸いぶどうを食べれば
子孫の歯が浮く」と。
人は自分の罪ゆえに死ぬ。(二九—三〇節)

神との関係において単位となるのが共同体である場合の弊害が修正され、個人が単位となる傾向があらわれている。

第六章　バビロン捕囚

二回の捕囚

バビロン捕囚は、「第一次」（前五九七年）と「第二次」（前五八七年）の二度にわたって生じた。

前五九七年に、バビロニアのネブカドネザルはエルサレムを占領する。ユダヤ人のうちの指導者たちが、バビロニアの首都であるバビロン付近に連行された。その数は三千人ほど（エレ五二・二八）あるいは一万人ほど（王下二四・一四、一六）とされている。預言者エゼキエルもこの中に含まれていた。これが「第一次捕囚」である。

この時は、ユダ本国は滅ぼされず、バビロニアに忠誠を示す王が立てられた。民の多くはこうした災難を一時的にすぎないと考えた。バビロニアに従順な姿勢を示した王も、エジプトと結んでバビロニアに反抗するために準備をする。こうした中でエルサレムでは、エレミヤがバビロニアに屈することを勧めた。エレミヤにとって重要なのは、国が政治的に自由であるか従属的なのかではなく、霊的に神に仕えることだったからである。しかし民は聞き入れない。バビロン付近に連れてこられたユダヤ人たちの間ではエゼキエルが同じような勧めを行ったが、効果はなかった。バビロンのユダヤ人たちは、パレスチナから同胞が迎えにくる時の歓迎の準備をしたりしていた。

パレスチナのユダヤ人たちは前五八九年に、バビロニアに反旗を翻す。エルサレムは一年半の間もちこたえたが、前五八七年に陥落する。エルサレムは破壊され、ソロモンが建てた第一神殿も破壊される。王は目をくりぬかれ、バビロンに連れて来られる。その他の多くの者も、バビロンに連行された。これが「第二次捕囚」である。

二回の捕囚の後も、パレスチナに残っていたユダヤ人は少なくなかった。パレスチナに残された者の数の方が多かったかもしれない。しかし指導者となり得るような有力者は殺されるか、連れ去られるかしたので、残ったのは基本的に下層の農民たちだった。それでも前五八七年以降も散発的に反抗の動きはあったようである。バビロニアに対して反抗を企てた者たちのうちでエジプトに逃げた者の一部がエジプトのヌビア方面の前哨にあたるエレファンチナ島で軍事的植民地を作ったりしている。彼らの生活については、アラム語の一群のパピルス文書が二十世紀初めに発見され、島に神殿があったことを含めて、当時のユダヤ人の生活の一つの展開の様子を知る貴重な資料となっている。

神との思い出

南王国がバビロニアによって滅ぼされたことで、ユダヤ人の独立王国はすべて失われてしまう。民は土地・王・神殿を失ったことになる。これは民が神とのつながりについての形ある保証としていた三つの要素のすべてが失われたことを意味する。土地は民への神の祝福の具体的なしるしだった。王は、神の祝福の民への仲介者であり、民の統一を保証し、神の前で民を代表していた。神殿は、神の住む場所だった。これらをすべて失ったことによって、神そのものを失ったのとほぼ同然のような状態になったのである。

バビロニアとの戦いにおいて、神はイスラエルを勝利に導かず、沈黙していた。戦いにおいて勝ったのはバビロニアであり、自分の民を勝利に導いたのはバビロニアの神であるマルドゥークだったということになる。既に指摘したように古代の常識に従うならば、ヤーヴェは約束を守らず、無能であることが明らかになったとされるべき事態になったのである。したがって生き残った者がヤーヴェを捨てて、マルドゥークを崇拝することにしても、いわば当然のことだった。しかし民の多くはヤーヴェを捨てなかった。ヤーヴェを見捨てたユダヤ人も多くいたのかもしれない。しかしヤーヴェを見捨てないユダヤ人も少なくなかった。そして特に神殿で勤めをはたしていた祭司たちが中心になって、ヤーヴェへの崇拝が維持された。

この時に決定的な役割をはたしたのは、王国が分裂していて、まず北王国が滅んだが、南王国はなお一応の独立を保った時期があったということである。北王国の滅亡という事態を前にして、それはヤーヴェが無能だからではなく、神との契約の枠内において民の状態が然るべき状態になかった、つまり罪の状態にあったので契約が機能せず、そのために神が動かなかったという考え方が重要なものとして定着する余裕があったのである。この考え方によって神の義が救われ、南王国滅亡という最終的とも思われる事態を前にしても、民には神を捨てる理由がないと考えることのできる準備があった。

また被支配民についてのバビロニアの扱いが、北王国を含めたところの被支配民に対するアッシリアの姿勢ほどには厳しいものではなかったことも、ヤーヴェ崇拝を続ける集団が存続する上では、大きな意味をもっていた。アッシリアは支配下の諸民族を混ぜ合わせて、彼らの民族的アイデンティティーを失わせる政策をとった。これに対してバビロニアは、主要なユダヤ人をパレスチナから移住させたが、彼らを徹底的に分散させるようなことはなかった。バビロン付近の土地に集落をつくらせ、ある程度の自治も許されていて、家族生活も集会も可能だった。またパレスチナに他の民族を移住させることもなく、残されたユダヤ人たちは惨めな状態にあったとはいえ、民族的なまとまりを何とか維持することができた。

しかし神とのつながりを保証する具体的なものは、すべて失われてしまったかのような状況だった。けれども全くすべてが失われてしまったのでもなかった。残っていたのは「思い出」である。

思い出といっても個人的なものではなく、神と民のつながりについての思い出である。それはぼんやりした記憶といったものではなく、神と民の関係に関する過去の記録というべきものである。神学的観点からの民族の歴史と言い替えて、よいかもしれない。口頭で伝えられていた伝承もあった。書き記されたものもあった。いわゆる物語ばかりでなく、系図や、掟集もあった。これらを一括して「思い出」と言うことができると思われる。つまりユダヤ人たちは過去における神と民の出来事をあれこれ思い浮かべることで、神と民との繋がりを確認していたのである。ここで「思い浮かべる」と言っても、個人的にぼんやりと想起するのではなく、集団的に思い浮かべるのである。具体的には集会を開いて、そこで過去の記録が語られたり朗読されたりするのを皆で聞くといった活動によって「思い出」が確認される。神と民の関係については、これしか残っていなかったのである。しかしこれは、新たな展開になっている。

バビロン捕囚以前に神と民の関係を確認する役目を果たしていた中心的な行為は、神殿における儀式である。その中心は犠牲祭であって、神殿の活動の中心は神に犠牲をささげることである。さまざまな犠牲があった。それらの犠牲のうちでもっとも中心的なものは「ホロコースト」である。これは日本語では「燔祭《はんさい》」と訳されたり、「焼きつくすささげ物」と訳されたりしている。ささげられた動物を焼いてすべてを煙にしてしまう。文字通り「焼きつくして」しまう。天に昇る煙は「神の食べ物」と見なされたりしていた。この煙を絶やさないことが、神殿の活動の中心だった。神殿が破壊されると、このホロコーストを捧げることができなくなってしまい、「煙が絶えて」しまう。これでは神と民の関係が絶えてしまう。神殿が破壊されると困るのはこのためである。この犠牲祭の様子を思い描いていただきたい。肉が焼かれ、煙が昇っている。このことで確認されているのは、煙が昇っている時の、今の、神と民とのつながりである。人の存在のあり方と関心は、やはり基本的には現在に集中しているので、現在目の前で生じている煙が昇るという出来事が、現在の神と民との関係を確認しているとするのは、ごく自然なことと考えるべきだろう。

ところが捕囚の状態では、過去の出来事を想起することで、現在の神と民との関係が確認されている。こうしたことは宗教の常識としてはやはり特殊な事態だと考えるべきではないだろうか。こうした事態が新しく生じて、ある程度定着することになったのは、バビロン捕囚の状態が暫くは続いたからである。そして過去を想起して現在の神と民との関係を確認するというメンタリティーは、今日も存続している。典型的なのは聖書を巡る態度である。ユダヤ人たちが自分の民族の過去をこのような意味で想起することさえ特殊だと考えるべきかもしれない。さらにユダヤ民族ではない者たちが、地理的にも時間的にも遠く隔たった他民族の過去の記録を想起して、そのことが自分たちの現在の神との関係を確認することになっているとされているのである。これは落ち着いて考えてみると、やはりかなり奇妙なことであり、そこに含意されている意義ないし意味について考察を深めてみる必要があるのではないだろうか。

捕囚時代には民族の過去を想起することで、神と民との繋がりが確認されていたと述べた。この過去の思い出には、さまざまなものがあった。その中でもっとも重要な意味をもつことになったのが、出エジプトの出来事である。イスラエルの歴史的展開についての具体的な検討を、本書では出エジプトの出来事を巡る時代から始めたのもこのためである。

出エジプトは前十三世紀の出来事であり、バビロン捕囚は前六世紀の出来事である。捕囚時代のユダヤ人にとっても出エジプトの出来事は、七百年も前の出来事である。しかし出エジプトの出来事は捕囚時代のユダヤ人にとって、たいへん重要な意味をもつことになった。エジプトで奴隷状態にあったヘブライ人たちを、出エジプトの際に神が導いて解放した。捕囚時代のユダヤ人たちは、現在、バビロニア帝国の支配下で奴隷のような状態に置かれている。過去において神は自分たちの祖先を奴隷状態から解放したのだから、今、奴隷状態にある我々も神は必ず解放するに違いないと考えたのである。

バビロン捕囚は半世紀ほどで終り、解放は実現されたかのように思われた。しかしバビロニア帝国が滅んでもユダヤ人たちは、他の大帝国の支配下に置かれ続けることになる。バビロニアからペルシア、そしてギリシア、そしてローマと支配者が交代しただけである。それでもユダヤ人たちは必ず解放が訪れると考え続けることができた。こうして希望というテーマが重要なものとして定着することになる。希望とは、単なる願いごとのことではない。神との関係において考えられねばならない。神との関係が十全に実現することを望むのが、希望である。他の表現を用いるならば、これは「神の国」「神の支配」の実現を待ち望むことである。異邦人の帝国の支配ではなく、神の支配の実現を待ち望むことである。このように展開する希望の考え方が、捕囚時代に定着したのである。

捕囚の時期の神崇拝に関してもう一点、捧げ物に関して指摘しておきたい。捕囚以前のヤーヴェ崇拝の中心は犠牲祭だったと述べた。これは神への捧げ物である。捧げ物はつまるところ、すべては神のものだということを表明する儀式である。御利益宗教の段階の狭い枠組では、与えられるものはすべて神の恵みだということを表明する儀式だということになる。農耕や牧畜によって作物や若い家畜が獲得される。これらの獲得物は本来的にはすべて神のものである。したがってすべての収穫を神に返すべきだが、それでは生活がなり立たないので、その一部——大抵の場合、そのもっとも良い部分、あるいは「初物」——を神に捧げることで、すべてが神のものであることが確認される。人の子孫が増えることも神の恵みである。したがって人を捧げることが、捧げ物としてもっとも素晴らしい形である。自分の子を神に捧げて、犠牲として焼いてしまったりしていた。この人身犠牲はかなり長い間実行されていたようだが、作物の一部や家畜を捧げることで代替されるようになる。こうした変化は、神の領域に対して人の領域の自立性が次第に高まった結果として生じたと考えるべきかもしれない。いずれにしても捧げ物の儀式・犠牲の儀式においては、神が神であることが確認され、神の恵みへの感謝が表明されることになる。

捕囚時代には神殿は破壊されてしまって、もう存在しない。神殿での犠牲の儀式を行うことはできなくなってしまった。しかし神に捧げるものがない訳ではない。

ここで大きな意味をもつようになったのが、祈りである。祈りは、捧げ物と並んで、人の側から神に働きかけることのできる数少ない行為の一つである。祈りは神への願いごとを表明する機会であるといった捉え方しかできていない場合が多いように思われる。しかし祈りにおいては、人の側からの要求を神に突きつけるということに中心的な意義があるのではない。祈りは捧げ物である。神を神として明示的に認め、神と人とのつながりを具体的に確認する機会である。祈りは、神への呼びかけから始まる。神を神として認める行為である。同時に、このことが神と人とのつながりの確認になっている。そして祈りは全体として、神への感謝でしかあり得ない。そもそも神に呼びかけられるということ自体、自分たちと神との間につながりがあるということ自体が、いわば奇跡的で、驚くべきことである。すべては神のものである。人は、自分の存在、自分の生活全体について、それらが神のものであることを確認して、神に感謝する以外の態度は取り得ないことになる。したがって本来的には、人の側に願いごとがあるなどということは、実は人の側の錯覚でしかないと言えるかもしれない。しかしこれはあまりに高度なことなので、実際には人の側の願いごとを付け加えるといったことも容認せざるを得ないのかもしれない。しかし祈りの中心的意義が、願いごとの表明にあるのではないことは明らかである。

ここでは捕囚時代に重要となった要素として、「思い出」と「祈り」についてだけ触れて、議論をさらに長く続けることは控えることにする。しかしこうした検討からだけでも、捕囚時代のユダヤ人の神への態度として「内面化」が特徴となっていると言うことができるだろう。外面的に重要な要素――領土、神殿、王――をすべて失っても、ヤーヴェ崇拝は継続され、神と民との関係は内面的な要素によって確保されるようになった。これはよくある民族宗教の枠内では想像もつかないような、新しい展開である。外面的に重要な要素をすべて失っても、内面的要素だけで存続する民族宗教が現れたのである。これまで「ユダヤ教」という語を特別な検討もなしに用いてきたが、厳密な用法では、捕囚時代以降にこのような特殊な面を備えるようになったユダヤ人たちのヤーヴェ崇拝について「ユダヤ教」という名称を用い、それまでのごく普通の民族宗教的なヤーヴェ崇拝については、この「ユダヤ教」と区別するために「古代イスラエルの宗教」という表現が用いられているようである。

最後に「内面性」について一言確認しておく。上で説明した「思い出」と「祈り」については、内面的といっても個人の心理的心構えや感情的態度が問題となっているのではないと、まずは言うべきである。個人のこうした面がまったく参与しない、あるいはこうした面にまったく影響がないと言い切ることもできないかもしれない。しかし神の問題は、心理や感情の領域とは違ったところで考えられる場合の方が多いとまずは理解すべきである。

捕囚期の文学活動

ユダヤ人はすべてを失ったような状態になったが、伝承がまだ残っていた。ユダヤ人たちはこの伝承を再読する。特に祭司たちが中心となって、民に信仰と希望を支えるために、民の起源にもう一度関心を向ける。歴史のこの再吟味の結果として生じたのが「祭司資料」(P)と呼ばれることになる文書で、モーセ五書の第四番目の資料となる。これでモーセ五書の主要な四つの資料が揃ったことになり、これらが纏められるのは前四〇〇年頃である。また祭司たちは、南王国末期に収集されて書き記されていたと思われる「神聖法集」(レビ記一七—二六章)をまとめる。捕囚後にさらに増補が行われて、これがレビ記になる。

預言者としては、エゼキエルが捕囚期の初めに、そして第二イザヤが捕囚期の末に活動した。捕囚の事件は、ユダヤ人たちが国民主義的なまとまりの中に閉鎖的に閉じこもっていられなくなる契機でもあった。まずはバビロニア、そしてペルシアの思想と接触したことで、知恵者たちが人間の条件についての思索を深めることができた。このことによって、捕囚期以後にヨブ記のような作品が生まれることになる。

この時期には新しい雰囲気の詩篇が、いくつか生まれたと考えられる(一三七、四〇、八〇、八九、等々)。詩篇については、別個に章を立てて検討する。

エルサレムに残されたユダヤ人たちは、哀歌に残されることになる嘆きを表明する。哀歌は、誤ってエレミヤに帰されている。

エゼキエル

エゼキエル書は、全四十八章である。エゼキエルは、前五九七年に最初に捕囚となって連れ去られた人々の中に混じっていた。第二次捕囚の前五八七年までエゼキエルは、エレミヤがエルサレムで行っていた活動に匹敵する活動を行っていた。神の民（四―二四章）と異邦人たち（二五―三二章）を非難した。イスラエルについては、エルサレムの滅亡とイスラエルの破滅を予告し、それは特に偶像崇拝が原因だとされている。第一次捕囚の人々はエルサレムや王国が滅びないと考えていたので、エゼキエルの言葉に耳をかさなかった。一―三章には、エゼキエルの召命について記されている。

しかし前五八七年に破滅が現実のものとなり、民はすべての希望を失う。この時から彼の言葉は、希望のメッセージになる。神は民を立て直すだろう（三三―三九章）。神によって再建された未来のエルサレムの姿が描き出される（四〇―四八章）。

エゼキエル書は、以下のように区分できる。

一―三章　召命
四―二四章　神の民への非難

二五—三二章　異邦人たちへの非難
三三—三九章　イスラエルの回復
四〇—四八章　未来のエルサレム

しかし実際にはエゼキエルも、他の者と同様に何もできない。彼は「幻」を見る。すべてを失ったかのような状況において、「幻」は重要なものとなり、また「(幻を) 見る者」「幻視者」の重要性も高まる。たいへんにグロテスクなアレゴリーが用いられたりしている。エゼキエルは当時流布していた神話的イメージも、アレゴリーとして用いる。二八・一一—一九(ティルスの君主への非難) には、知恵を得て「神のように」なる者が非難されており、「エデンの園」のモチーフも現れる。この背後には、創二—三章の背後にあるものと同じ神話的伝承が存在している。

エゼキエルのメッセージは、それまでの単なる民族宗教であった「古代イスラエルの宗教」とは異なったものである「ユダヤ教」の基礎の一つになる。「ユダヤ教」は一つの宗教というより、神の前でのユダヤ的な生活のあり方全体であり、そこに宗教的な面もあると考えるべきである。

エゼキエルは「神が聖なるものであること」をたいへんに強調し、このことがエゼキエルの特徴の一つとなっている。彼は祭司なので、この事実が礼拝と典礼において表されることになる。レビ記におさめられることになる「神聖法集」（レビ一七―二六章）に影響を受けているとと考えられている。

エレミヤは宗教の内面性を強調した。こうした理想は「神の貧者」の敬虔主義的態度を生み出して行く。しかしこうした方向にも危険がある。肉体的存在が忘れられ、具体的表現がなくなってしまう。エゼキエルも内面性を大切にするが、儀礼における肉体的・具体的表現の大切さも強調する。この方向にも危険がある。内面に対応するものがなく、規定通りの儀礼をうわべだけ行ってそれで十分だと見なされてしまう。

エゼキエルはきわめて神中心主義的であり、そして神の居るところは神殿である（九・三、一〇・四―五、三七・二六―二八、四三・一―一二）。エルサレムの第一神殿が破壊されても、エゼキエルは神殿の重要性を主張し続ける。典礼制度の外的・具体的な表現の重要性を退けない。

救いの業は、神の主導によって行われる。神は「牧者」を立てるが、それは僕ダビデである。そしてイスラエルの地に再び住むことが希望の対象である（三四・二三―二四、三七・二一―二八）。救いは、ダビデ王朝と「（神が）僕ヤコブに与えた土地」（三七・二五）とに結び付けられている。ここでも神の恵みの外的・具体的な表現の重要性が強調されている。三七・一―一四の「枯れた骨の復活の幻」は、エゼキエル書において有名な箇所である。

神の言葉と霊が、重要なテーマとなっている。神はエゼキエルに、枯れた骨が無数にある谷を見せる。神はエゼキエルに、これらの骨が生き返るようにとの預言を命じる。命じられた通りにエゼキエルが預言をすると、骨が近づき、筋と肉が生じ、それを皮膚が覆う。さらに霊が彼らの中に入る。これは幻であって、「イスラエルの全家」が神によって霊を吹き込まれ、再び生きるようになることが含意されている。民の多くの者は死に、残っている者も絶望で「我々の骨は枯れた。我々は滅びる」と言っている。しかし神は言葉によって民を再創造し、霊によって彼らに命を与える。

ちなみに死者復活の思想は第二マカバイ記七・九にも記されており、この第二マカバイ記の記述がユダヤ教における最初の死者復活の表現であるというコメントが付けられることが少なくないようだが、エゼキエル書のこの箇所で既に、明らかに死者復活が問題とされており、また王上一七章には、エリヤがシドンのサレプタのやもめの子を復活させる場面が記されている。

三六・一六—三八のテキストも重要である。イスラエル回復の動機ないし理由が述べられている。イスラエル民族を神は再び優遇する。しかしそれは「お前たちのためではない」（三二節）。イスラエル民族は「悪い歩み、善くない行い」「罪と忌まわしいこと」によって、諸国民の前で神の名を汚した。その「聖なる名」を惜しむ故に（二一節）、神は恵みの介入を行う。その目的は、「私が主であることを、諸国民が知るようになる」（二三節）ことである。ここには出エジプトの「海の横断の話」を検討した際に「祭司資料」のテキストに認められたものと同様な普遍主義的傾向が記されている。

また「お前たちをすべての罪から浄める日」に回復される土地について、それは「エデンの園」のようだと言われている(三五節)。「エデンの園」のモチーフが、単に失われた楽園であって、過去のものとされているだけでなく、ここでは未来の理想的な状況を指す表現として用いられている。

また「浄め」が実現するのは、「私が清い水をお前たちの上に振りかける」時だとされている(二五節)。神は「新しい心を与え、新しい霊を置く」(二六節)。また「お前たちの体から石の心を取り除き、肉の心を与える」(二六節)とされており、この「石の心」という表現は、たいへんに有名である。そして神が霊を与えるのは、「私の掟に従って歩ませ、私の裁きを守り行わせる」ためである(二七節)。水が浄めるというモチーフは、四七・一―一二にも現れている。

「水が浄め、霊が歩ませる」というこの考え方は、キリスト教に大きな影響を与えた。水によって浄められたら、霊によって歩まなければならない。ヨハネ七・三七―三九では「生きた水」についてイエスが言及し、地の文で「水」は「霊」のことだと説明されている。またガラ五・二二―二五においては、「霊の結ぶ実は愛」だとされ、さらに「喜び、平和、寛容、親切、善意、誠実、柔和、節制」という徳目が並べられている。そして「これらを禁じる掟はない」とされている。この掟への言及は、エゼキエル書三六章で霊による歩みが「神の掟に従ったもの」とされていることを考慮したものかもしれない。そしてガラテヤ書ではさらに、「霊の導きに従って生きている」とされ、「霊の導きに従って前進する」ことが勧められている。霊によって導かれなければ、愛すること、生きることはできない。愛の実は親切や寛容や柔和などだが、親切や寛容や柔和などが表面的にあれば愛があるのではない。「ちょっとした親切」「みんな仲良く」などといったことは、それだけでは愛でもなんでもない。霊の導きに従って生きているのでなくては、愛の実はなく、そうした愛を知らない者、愛に生きていない者の親切や寛容は、愛の実への憧れの不器用な仕草程度のものでしかない。

エゼキエルの召命についての記述（一―三章）の中で、二・八―三・三の場面はたいへん特異なものとなっている。エゼキエルは神に巻物を見せられる。そしてその巻物を食べ、そして語るようにと神に命じられる。そこでエゼキエルは、その巻物を食べる。

神と預言者の間に書かれたテキストが介在しており、そこに記されている言葉は神の言葉とされている。書かれたものの価値が、神聖なものとされるところまで高められている一つの例と考えることができるだろう。

四〇章以下には、神殿や祭儀についてのテキストが記されており、「聖」であることが随所で強調されている。ここでは聖性について、そして「聖職者」および「犠牲」の儀式について確認しておく。

「聖である」とは、「神的なものの領域に属する」ということである。「聖」の対立概念は「俗」である。「俗である」ところの領域とは、聖なる領域以外の領域である。宗教的な意味で「俗」と訳されている語は、ラテン語の profanum から派生した語である。この表現において fanum は「聖なる場所」という意味であり、pro は「……の前」という意味の接頭辞なので、pro-fanum「聖なる場所の前」という意味ということになる。つまり聖なる領域があって、それを前にしている領域が俗なる領域である。宗教的なことが問題になればいつでも「聖／俗」の対立が問題になるとは限らない。ただし「聖／俗」の対立が重要な要素であることが多いこともたしかである。そしてイスラエルの民の考え方においても、この「聖／俗」の区別は重要なものとなる。

人は通常、俗なる領域に属している。神が聖なるものであるとは、神が人とは根本的に異なったものであり、人とは離れているということを意味している。またイスラエルの民は、人は他者なしでは存在しないこと、殊に神なしでは存在しないことに敏感だった。「聖／俗」の区別が強調されると、聖なる神と俗なる人間との隔たりをどのようにして越えて、人間が神と関係を持つかが問題となる。神と人間との関係を成立させ保つ役割を担う者が必要になる。アブラハムやモーセのように、それまで一般人の中に混じって暮していた者が、神に特別に選ばれたりする。在野の預言者の場合には、こうしたあり方が継承されていると言うことができる。しかし王や、宮廷付きの預言者は、神と人の間の仲介者として制度的に位置づけられた者である。また祭司も、制度的に位置づけられた仲介者のもう一つのタイプである。祭司は捕囚からの時期およびそれ以降において、特に重要な意味をもつことになる。

神と人の間を仲介するための仲介者となる者は、神に近づかねばならない。したがって祭司になるには聖別されなければならず、そうして祭司は聖なる領域に入って行く。祭司は礼拝を司るために民から聖別され、俗なる領域・日常生活の世界から聖別されて神殿に入る。

祭司の活動で最も重要なものは、犠牲を捧げることである。「犠牲」は、ヘブライ語の元の語でも「屠殺」を意味する語が用いられている。しかしこの語は多くの場合「捧げ物」という意味で用いられている。またラテン語では sacrificium であり、これは「聖なるものとする」(sacrificare, sacrum facere) という意味の動詞の名詞形である。つまり「犠牲」「捧げ物」とは、俗なる領域から聖なる領域に移すという行為であって、捧げたものは神の領域に入ることになる。この行為を行うために、祭司も聖なる領域に入らねばならない。

そして聖なる領域から祭司が帰って来る時には、祭司は神が民に与えるもの、つまり恵みを持ってくる。神の恵みとは具体的には、赦し・教え・命令・祝福などである。

以上が「聖/俗」の対立を前提にした上での、犠牲の捧げ物を巡る祭司の行為の位置づけである。しかしキリスト教においては、イエス・キリスト(単なる「イエス」ではなく、後から何らかの神的意味付けがなされた「イエス」)によってこうした考え方は全面的に変更されたとされている。イエス・キリストにおいて、聖と俗の区別がなくなったのであり、すべてが聖別されたとされている。これは特に「ヘブライ人への手紙」において丁寧に展開された立場である。すなわちイエス・キリストは唯一の祭司であり、この上なく高い権威の大祭司である。しかも完全な犠牲であるところの自分自身を犠牲として捧げた。イエス・キリストは自分自身を完全な捧げ物として一度だけ捧げた。したがってそれ以後、不完全な捧げ物を繰り返す意味がなくなった。

しかし神の権威を地上で代表する公式の制度である教会においては、犠牲と聖職を旧約聖書的考え方で理解しようとする傾向が存在している。何らかの儀式を、獣の体を用いなくても、「犠牲祭」にあたるものと位置づけたりしている。これは神学的には後退であり、イエス・キリストの出来事の意味の一つを無視することである。イエスはまた十字架にかからねばならないかのような行為を繰り返しているということになる。これは教会制度の根本的な問題点の一つである。そしてこの問題について、一つの神学的後退だということを指摘して憤慨しているだけでなく、なぜそのような後退が生じて維持されているのかということへの考察へと進むべきだろう。イエス・キリストの意義を減退させてまでも守らねばならないものが、キリスト教にはあるということになるのではないだろうか。誤解をしないでいただきたいと確認した上で述べるならば、教会は、「イエス」ないし「イエス・キリスト」において実現した救いに与る者たちの組織・制度でなく、その救いに与りたい者たちの組織・制度だからである。

第二イザヤ

第一イザヤについての考察の際に指摘したように、イザヤ書全六十六章は、一―三九章が前八世紀後半のイザヤ本人の言葉（第一イザヤ）、四〇―五五章が捕囚当時の弟子による預言の言葉（第二イザヤ）、五六―六六章が捕囚以後の弟子による預言の言葉（第三イザヤ）と考えられている。

四〇―五五章の言葉を伝えた預言者を「第二イザヤ」と呼ぶのは、あくまで仮のことであって、彼の実際の名は分かっていない。この部分の文体や思想は一―三九章のものと異なっており、また預言者の活動の時代も、ペルシア王キュロスの名が言及されたりしており（四四・二八、四五・一）、第一イザヤの活動の時代とは一致しない。第二イザヤは前六世紀後半の捕囚期の末期、前五三八年に捕囚が終る直前から直後にかけて活動したと考えられている。

第二イザヤは、神を讃美する。すべてを失ったような惨めな状態にある民全体に神が慰めと解放をもたらしてくれるという希望があるからである。こうした肯定的で積極的な態度は、神が出エジプトの時に「私たちを奴隷の家から解放してくれた」という確信に基礎づけられている。神は忠実であり、民を愛している。したがって神は今度も我々を解放してくれるに違いない、と考えている。

第二イザヤには「良い知らせ」（福音）のテーマが現れる（四〇・九、四一・二七、五二・七）。その内容は、神がその支配を打ち立てるためにやって来て、真の王として現れ、悪・不義・苦しみを消し去ってくれるということである。ダビデ王朝成立の際に問題となった「神が真の王だ」という考え方が、ここでは堂々と述べられている。

いかに美しいことか、山々を行き巡り、良い知らせを伝える者の足は。
彼は平和を告げ、恵みの良い知らせを伝え、救いを告げ、
あなたの神は王となったと、シオンに告げる。（五二・七）

また神がイスラエルの母親にたとえられていて、母が子を忘れないように神はイスラエルを忘れず、イスラエルを必ず祝福することが強調される。つまり神の愛が問題とされている。ホセアの場合には神と民の関係は、夫と不品行な妻の関係にたとえられていたが、ここでは母と子の関係にたとえられており、さらに強い繋がりが想定されていると言えるだろう。

あなたを造り、母の胎内に形づくり、あなたを助ける主は、こう言う。
（……）

あなたの子孫に私の霊を注ぎ、あなたの末に私の祝福を与える。（四四・二―三）
シオンは言う。主は私を見捨てた、私の主は私を忘れた、と。
女が自分の乳飲み子を忘れるだろうか。母親が自分の産んだ子を憐れまないだろうか。
たとえ、女たちが忘れようとも、私があなたを忘れることは決してない。（四九・一四
―一五）

「新しい出エジプト」のテーマが頻繁に現れる（四〇・三、四一・一七―二〇、四三・一六
―二〇、四四・二一―二二、四八・一七―二二）。

海の中に道を通し、恐るべき水の中に通路を開いた主、
戦車や馬や強大な軍隊を共に引き出し、彼らを倒して再び立つことを許さず、
灯心のように消え去らせた主はこう言う。
（……）
見よ、新しいことを私は行う。今や、それは芽生えている。
あなたたちはそれを悟らないのか。私は荒野に道を敷き、砂漠に大河を流れさせる。
（四三・一六―一九）

呼びかける声がある。
主のために、荒野に道を備え、
私たちの神のために、荒野に広い道を通せ。(四〇・三)

この四〇・三の言葉は、洗礼者ヨハネのメッセージになっている。ただし福音書での引用は、このヘブライ語のテキストとは微妙に異なっている。これは旧約聖書のギリシア語訳である「七十人訳聖書」のテキストが用いられているためでもあるが、それだけではない。「七十人訳聖書」のテキストは以下の如くである。

荒野で叫ぶ者の声がする。
主の道を整え、私たちの神の道をまっすぐにせよ。(イザ四〇・三LXX)

これに対してマルコ福音書一・三での「引用」は、次の如くである。

荒野で叫ぶ者の声がする。
主の道を整え、その道をまっすぐにせよ。(マコ一・三)

「まっすぐ」にするべき「道」が、「七十人訳聖書」では「私たちの神の道」となっているのに対して、マルコ福音書では「その道」となっている。この「その」は、すぐ前の「主」を受けるので、つまり「主の道」がまっすぐにされねばならないことになる。このような変更がなされているのは、マルコ福音書における「主」が「私たちの神」ではなく、「イエス」(あるいは「イエスにおいて活動する神」(?))のことだからだと考えられる。テキストが微妙に変更されて、その意味が微妙かつはっきりと変化させられている例となっている。

第二イザヤには、キュロス王は「メシア」であるというテーマが頻繁に現れる(四一・一―五、二五―二九、四二・五―七、四四・二七―二八、四五・一―六、一一―一三、四八・一二―一五)。

主が油を注いだ者キュロス……(四五・一)

この「油を注いだ者」と訳されている部分が「メシア」にあたる。

ペルシアの王キュロスは前五三九年に、バビロンを無血で占領する。バビロニアの支配は終わり、その翌年の前五三八年に、ユダヤ人にパレスチナへの帰郷を許す勅令が出される。

この上なく強大なものに思われたバビロニアによる捕囚の境遇が五十年ほどで解消したのだから、そこに神の働きを感じるのも当然かと思われる。ここにおいて神が非ユダヤ人をも動かしているという普遍主義的な神の捉え方が認められるが、これは新しいことではない。まず注目すべきなのは「メシア」の出現が、民の解放と結び付けられていることである。これ以降のいわゆる「メシア思想」の基本的な枠組を、ここに認めることができる。さらに「メシア」というタイトルが、ダビデ家の者でない者、そしてユダヤ人ですらない者に適用されている。また「メシア」すなわち「油を注がれた者」は「王」であるはずだが、右で確認したように「神が真の王」ならば、必ずしも「真の王」ではない者に「メシア」というタイトルがあてはめられ得る例となっている。「メシア」についてのこうした考え方はかなり大胆なものだと言わざるを得ないだろう。バビロニアの滅亡、捕囚からの解放、パレスチナへの帰還という、ユダヤ人たちにとってはとにかくも喜ばしい出来事が一挙に実現し、こうした状況の中でこそこうした大胆な主張も可能となった。しかしキュロスやアケメネス朝ペルシアは真の解放者ではなかった。ユダヤ人たちの置かれた境遇はバビロニアの時代よりは良くなったとはいえ、異邦人の帝国に支配されているということには変わりはなかったのである。

真の解放はまだ訪れていない。そしてこの「真の解放」とはどのようなことなのかについて、さまざまな考え方が展開することになる。ユダヤ人たちが政治的・軍事的に独立国家を再建することなのか、あるいはその程度のことに留まらず、もっと別様のことが「真の解放」なのかという問題である。また解放に関する思想がすべて「メシア」の概念に結び付くのではないが、この「解放」の問題を巡って、「メシア」が重要なテーマの一つとなる。右のような主張が出現することがあったにしても、メシアはやはり基本的にはユダヤ人であり、ダビデ家の者であるべきだとするのが主流の考え方である。しかしこうした限定も絶対的なものではなくなる。そして解放がメシアの出現と結びつくならば、いつどのようにしてメシアは現れるのか、誰がメシアなのか、といったことに関心がもたれるようになる。

五二・一三―五三・一二のテキストには「神の僕」のテーマが現れている。この箇所は第二イザヤの中心であり、キリスト教に大きな影響を与えた。原文には異文が多い。つまりさまざまな写本を比べてみると、テキストが一致しないところが多い。このために解釈が難しいテキストになっている。とりあえず一つの解釈を試みることにする。

五二・一三―一五。かつては侮辱されていた僕に栄光が用意されていると、神が告げる。この「僕」とは誰なのか。「侮辱されていた状態」また「用意されている栄光」とはどのようなことなのかが問題となる。

五三・一―六。僕の惨めな状態の描写が続く。彼が苦しんでいるのは実は「私たちの痛みを彼が負っている」からである（四節）。彼は「刺し貫かれる」（五節）。彼の傷によって「私たちはいやされる」（五節）。「私たちの罪をすべて、主は彼に負わせた」（六節）。

ここでは神の他に、「私たち」と「僕」が登場している。この「私たち」と「僕」を誰と考えるかには諸説ある。「私たち」が単に「(誰とも特定できない)人々」とすると「僕」は苦難を受けている個人ということになる。しかし第二イザヤの歴史的状況において苦難を受けているのは捕囚という状態にある「民」だとまずは考えるべきだろう。「僕」が「民」だとすると、「私たち」は「諸国民」ということになる。とすると「僕」は「諸国民」のために苦しむということになる。救済の普遍主義的パースペクティヴが現れているということになる。エゼキエルでも同じようなあり方で諸国民のことが扱われていた。

五三・七―一二。預言者が「僕」の運命について考える。彼は「口を開かない」。

屠り場に引かれる小羊のように、
毛を切る者の前に物を言わない羊のように、
彼は口を開かなかった。(七節)

そして僕は、捕らえられ、裁きを受け、命を取られる。彼は神によって「命ある者の地から断たれる」のだが、それは「私の民の背き」の故である(八節)。この「私の民」とは誰のことだろうか。「諸国民」すなわち全人類のことと考えるべきなのだろうか。その場合、僕はイスラエル民族のことだと考えるべきなのか、やはり個人のことだろうか。あるいは

「私の民」はイスラエル民族のことだろうか。

その墓は神に逆らう者と共にされ、
富める者と共に葬られた。(九節)

この「神に逆らう者」および「富める者」は、どちらも神との関係において否定的な者のことだろうか。あるいは「富める者」は神の観点からの「富める者」であって、つまりここでは僕の死後の栄光のことが述べられているという解釈もある。その場合には、僕の墓はまず「神に逆らう者と共に」という状態になるが、葬られるのは「(神の観点からの)富める者と共に」という状態だという意味だろうか。一二節には、

彼が自らをなげうち、死んで、
罪人のひとりに数えられた。
多くの人の過ちを担い、背いた者のために執り成しをしたのは、
この人だった。

と記されている。九節の「富める者」がどうであれ、僕がいったんは「罪人のひとりに数え

られた」というような否定的な位置づけになるが、それは神にとっての肯定的な事態が実現されるために必要なプロセスの途中の姿に過ぎないということになる。

私の僕は、多くの人が正しい者とされるために、
彼らの罪を自ら負った。（一一節）

これが僕の運命によって実現される事態である。そして、

私は多くの人を彼の取り分とし、
彼は戦利品としておびただしい人を受ける。（一二節）

という結果が生じることになる。

「僕」は、苦しんでいるユダヤ人を一人の人物で表すという文学的な修辞であったと、まずは考えるべきだろう。しかしキリスト教徒たちは、この「僕」はイエスのことだと考える。イエスこそが自分は罪がなかったのに他の人々の過ち、すなわち神への反抗のために苦しみ、「自らを償いの捧げ物」にし（一〇節）、しかし「多くの人」を得ると考えた。

レビ記

レビ記の成立に先立って、まず捕囚前の時期に、「神聖法集」の部分がある程度成立した。北王国的な神との契約・神による選びが強調されており、また神殿での儀式が規則化される。そして捕囚後に他の部分が付け加えられたと考えられている。神の前で行うべき儀式や祭りを巡るさまざまな規定、それらの儀式を司る祭司についての規定、等が記されている。祭司にだけかかわるようなものも多いが、民全体にかかわるものもある。

一―七章　神への供え物の規定
八―一〇章　祭司の聖別についての規定
一一―一五章　清いものと汚れたものについての規定
一六章　贖罪日についての規定
一七―二六章　神聖法集
二七章　捧げ物と十分の一の献物

一七―二六章の「神聖法集」と呼ばれる部分には、清い生活についての規定、祭りについての規定、祝福と呪いについての規定などが記されている。

「レビ人」「アロンの子孫」「祭司」について、簡単に整理しておく。レビ族はヤコブの子のレビの子孫とされている。ヤコブには十二人の子があったが、レビ族は土地を持たず、いわゆるイスラエルの十二部族には数えられていない。レビとヨセフ以外の十人の子、それからヨセフの子のマナセとエフライムが十二部族の先祖ということになっている。

レビ族は祭司族であって、祭司はすべてレビ族だった。しかし捕囚後はレビ族の中のアロンの子孫だけが祭司とされ、レビ人と呼ばれる他の者たちは祭司のもとで補助的な役目を果たすことになった。だいたいの傾向としては申命記および申命記的歴史においては、レビ族はすべて祭司であるとされ、出エジプト記・レビ記・民数記、それから歴代誌的歴史においては、祭司とレビ人とは区別されていると言うことができる。

それからエゼキエル書四四・一三―一五では、ダビデ王・ソロモン王の時に祭司だったツァドクの子孫のみを祭司としようとする試みがなされている。前二世紀頃から祭司階級を中心とする上流階級を代表する流れが「サドカイ派」と呼ばれるようになるが、これはこのツァドクの名に由来すると言われている。

レビ記には繰り返しが多く、意味や意義がすぐにはよく分からない箇所も少なくないので、興味をもって全編を読むのはなかなか困難である。聖書の全体を読もうと決心して創世記から読み始め、出エジプト記まではかなり興味深く読むが、レビ記にいたってせっかくの読書の意欲が消滅してしまうということが多いように思われる。

人間は肉体を持っている存在なので、気持ちや思想を具体的な体の動きなどで表現しなければならない。たとえば訪問者を自宅に迎えて、歓迎の気持ちを表したい場合にどうすればよいだろうか。ただ歓迎の気持ちだけを抱いていて、そして訪問者が来ても、無言で、何の接待もなく、部屋も汚く乱雑なままでは、これでは歓迎の気持ちは伝わらない。心だけでなく、服装なども含めたところの体の表現、整えられた空間、さまざまな気持ちのよい接待、楽しい時間、こうしたものが準備され実行されねばならない。そのようにしてこそ歓迎の気持ちが伝わるのである。では具体的にはどのようにすればよいのか。こうした際に、礼儀のさまざまな規定が大きな助けとなる。礼儀にかなったことが行われてこそ、初めて自由で楽しい時も展開するのである。礼儀にかなっていない空間や時間がもちこまれると、それに耐えることに終始しなければならなくなる。

典礼では神の前での儀式のあり方が定められている。然るべき儀式のあり方が具体的に分からないのでは、神と人との繋がりはあまりに漠然としたものになってしまう。

しかし形式が定められることには、危険もある。形式だけを表面的に整えればよいという態度で礼儀や儀式を実行しても、それは薄汚れたものでしかない。

神に出会う場合には、儀礼が必要である。そして儀礼は心を装うことである。レビ記に見られるように、規則が細かく決められているのは、神との出会いを心のこもったものにしたいというイスラエルの民の願いの現れである。

しかしレビ記に記されているさまざまな規定を見ると、その多くは今は守られていない。犠牲のように、神学的に既に乗り越えられてしまっていて今では意味がないとされているものには、こうした態度は正当である。しかしその他の規則については、時代や文化の背景が違うのだから守らなくてもよいといった簡単な説明で済まされてしまうことが多いようである。

しかし個々の規定が、時代や文化の背景が変化すれば、意味がなくなるとされているのかどうかは必ずしも明確ではない。神から与えられたものとされている規則を、人の側の都合でそのように簡単に無視してよいのだろうか。ただしキリスト教の場合には、旧約聖書については一方で正典であるとしながら、他方で旧約聖書の価値を二義的なものとしているところがあるので、この問題を考慮しなければならないだろう。また同様なことは新約聖書についても言うことができると思われる。キリスト教においては、「聖書」は「律法」ではないからである。

レビ記に見られるいくつかのテーマについて触れておく。

(1)「神は聖」。一九・二b節は、レビ記の中心的理念を表明したものと言えるだろう。

あなたたちは聖なる者となれ。

あなたたちの神、主である私は聖なる者である。

神は聖なるものなので、人も聖なるものになるべきだとされている。典礼が必要とされる理由の中心的問題は、この点にあると言っても過言ではないだろう。「聖なるものになる」とは基本的には「神の領域に属する」ということである。しかし聖・俗を分ける考え方では、人間は基本的には俗の領域に属している。儀礼は、まず俗なるものが聖なるものと関係を作り保つための手段である。では人間が「聖なるもの」になったのなら儀礼はいらないということになるのだろうか。人の地上での存在のあり方が時間・空間の枠に限定されていること、人の関心や了解の範囲も常に限定的で、徐々にしか展開しないことなどを考えると、儀礼の意義を積極的に評価する余地はまだまだあるかもしれない。

（2）有名な「隣人愛」の規定は、一九・一八に記されている。

復讐してはならない。民の人々に恨みを抱いてはならない。
自分自身を愛するように隣人を愛せ。
私は主である。

この掟は、上で言及した「あなたたちは聖なる者となれ」（二節）から始まる一連の掟の中に含まれており、そこにはたとえば「父母を敬え」(三節)「盗むな」(一一節)といった規定が並んでいる。したがってこの「隣人愛」の規定は、いたって人間的な掟である。自分の仲間、社会的に同じ集団に属している人に対して、自分自身に対するように親切にしろということである。そしてレビ記の文脈においては、この規定における「隣人」とは「民」のことであり、つまり「イスラエル民族」のことだと了解すべきである。「隣人」は、あくまで民族主義的な枠内で考えられている。初期キリスト教の伝統においてこの「隣人愛」の規定が、申命記六・四の「神への愛」の規定と並べられている意義については既にいくらか検討した。神を愛し、そして自分を愛しているのでなければ、隣人愛はあり得ない。あるいは、神を全面的に愛するならば、他の愛は事実上実行不可能なのかもしれない。ルカ一〇章の「サマリア人の譬」では、この問題がかなり意識的に扱われていると考えられる。またこの「サマリア人の譬」の解釈において誤解があるようだが、「愛の対象になれば、その相手が隣人になる」のではなく、「隣人である者を愛する」のである。傷ついた旅人に愛の行為を行ったから、サマリア人がこの旅人の隣人になったのではなく、まずサマリア人がこの旅人の隣人になったので、サマリア人はこの旅人に愛の行為を行ったのである。

(3)「血は命」(一七・一一、一四)。

生き物の命は血の中にある。(……)血はその中の命によって贖いをする。(一七・一一)

すべての生き物の命はその血であり、それは生きた体の内にある。(……)いかなる生き物の血も、決して食べてはならない。すべての生き物の命は、その血だからである。それを食べる者は断たれる。(一七・一四)

レビ記にはセックスのタブーと血についての記述が、数多く記されている。血を食べてはならないのは、血が命だからである。実際的には肉を食べればいくらかは血を食べない訳にはいかない。気になる人のために言うと、一般的には、食事で血を食べるのは問題ないということになっている。神によってしか与えられない命を自分の物にする目的で、いわば魔術的意図で血を食べるのが禁止されていると解釈されている。しかしレビ記の表現にはそのようなニュアンスは見あたらないこともたしかである。この掟は、背後にある理念の正当性がどのようであるにしても、理想主義的ないし形式的に過ぎていて、実際の日常生活の状況についての配慮が欠けているといわねばならないだろう。このような掟も守らなければならないとすることは、形式によるエリート主義に繋がりやすいということになる。

(4) 性関係のタブーが、一八章に列挙されている。これらの掟も時代や文化が異なれば、奇異なものになってしまう。実際にはそれぞれの社会や文化の掟に従えばよいとせざるを得ない。とするならば、聖書に記されている掟を受け入れやすい文化圏に自分がたまたまいるからといって、これを聖書の権威によって普遍化してしまうことは危険だということになる。

それから「一夫一婦制」は聖書の掟ではない。聖書の登場人物の多くは、多くの妻や妾を持っている。「一夫一婦制」を聖書の教えとして強制するということが、特にアメリカの団体などでなされて来たが、聖書の権威によって自分たちの気に入る習慣を他人に押しつけるということになるので、これは聖書に対する冒瀆と言ってよい程である。宣教師とか牧師といった肩書きを持つ者が、聖書と関係のないことを聖書の名において強制しようとする良い例である。聖書やキリスト教についての社会的常識などもあてにはならないことが多い。自分で聖書を読み、自分で考えなければならない所以である。

(5)二三章には、さまざまな祭日についての記述がある。祭りの意味についての説明はなく、どのような時にどのような儀式をするか、そして「仕事をしない」ことに特に注目した記述になっている。安息日、過越祭と除酵祭(春)、五旬祭(夏)、贖罪日、仮庵祭(秋)について述べられている。

(6)一六章では、大贖罪日の規定が述べられている。この「大贖罪日」は「ヨム・キプール」と呼ばれており、ユダヤ教においてたいへん重要なものとなる。しかしこの祭りが導入されたのはかなり遅くなってからで、おそらくエズラの時ではないかと議論されている。最初のうちは、民族の中の不浄を毎年取り除くための祭りだった。しかし「罪」の概念が深化するにつれて、その罪を神が赦す機会と考えられるようになった。しかし罪の赦しは、この祭りによって自動的に獲得されるとは考えられないことが確認されるようになる。ミシュナには次のような言葉がある。「〈私は罪を犯そう。しかし大贖罪日にその罪は消えるだろう〉と誰かが言ったとしても、大贖罪日の祭りはその罪を消すことはない。人と神の間の過ちについては、大贖罪日の祭りがそれらを消すだろう。しかし人とその同胞の間の過ちについては、和解がなされなければ、大贖罪日の祭りがそれらを消すことはない」(ミシュナ、ヨマ八・九)。

一六章には「贖罪の山羊」についての規定が記されている。不浄ないし罪を生き物や物に象徴的に移して、それを排除するという儀式は、他のさまざまな文明においても見出される。土着の習慣で行われていたものをイスラエルが採用したと考えられている。「アザゼルのものに決まった雄山羊」(八、一〇節)を「荒野のアザゼルのもとへと追いやる」(一〇節)という表現が見られる。この「アザゼル」は、ギリシア語の七十人訳聖書とラテン語のヴルガタ聖書では「贖罪の山羊」の意と解されている。しかし他の翻訳版では地名として理解されていたり、一種の悪魔の名と解されたりしている。おそらくこれは後者のように一種の悪魔であって、不毛な土地に取り付く悪魔ではなかったかと考えられている。

(7) 一―七章には、さまざまな犠牲についての規定が記されている。簡単に整理しておく。「焼き尽くす捧げ物」(一―二章)。「ホロコースト」である。かつては動物のものを「燔祭《はんさい》」、穀物のものを「素祭」と訳していたようである。また動物のものだけを「焼き尽くす捧げ物」、そして穀物のものは「穀物の捧げ物」とされることもある。いずれにしても捧げられたものは、祭壇で焼き尽くしてしまう。祭司は何も受け取らない。ただし皮だけは別である（七・八）。「燃やして主にささげる宥《なだ》めの香り」（一・一七、他）とされている。「和解の捧げ物」（三章）。かつては「酬恩祭」と訳していたようである。脂肪の部分は祭壇で燃やして、これは神のための「宥めの香り」である（三・五、他）。肉の一部は祭司のものとなり、残りの部分は奉納者のものとなる。レビ記ではこの「和解の捧げ物」には三種類あるとされている。これは儀式の形態によるのではなく、捧げる側の態度による分類である。すなわち「感謝の捧げ物」（七・一二―一五）、「満願の捧げ物」（七・一六）、「随意の捧げ物」（七・一六）である。

「贖罪の捧げ物」（四・一―五・一三）。かつては「罪祭」と訳していたようである。他に「賠償の捧げ物」というのもあるが、これと区別することは、難しいところがある。もともと二つの別の捧げ物だったのが次第に混同されるようになったのか、同じ捧げ物の二つの名前であって、レビ記のテキストの著者がそれをあえて二つの別のもののように記しているのかよく分からない。問題となる「罪」のあり方によって、捧げるものも異なる。血が重要な役割をもつ。脂肪だけが祭壇で燃やされるのは、「和解の捧げ物」の場合と同じである。肉は祭司のものとなるが、ただし罪を犯したのが祭司である場合や民全体である場合は除く。誤って犯された罪あるいは不浄の状態の場合に、この犠牲によって神との関係が修復される。故意に犯された罪については、この犠牲によって赦しを得ることはできない。

「賠償の捧げ物」(五・一四—一六)。かつては「愆祭《けんさい》」と訳していたようである。被害が生じた場合に、その被害の相当分に五分の一の割増分を加えたものを捧げたり、被害者に支払ったりする。

最後に「浄・不浄」について簡単に述べておく。この問題はたいへん複雑である。世俗化された現代の人にとっては、これは道徳上の問題かもしれない。しかし聖書やその他の多くの宗教においては、まずは神秘的な存在との接触を巡る問題である。「聖性」や「タブー」といった問題に近接した問題である。

もっとも基本的な考え方は、神秘的な存在との接触によってその者が「不浄」とされるという場合だろう。なぜなら神秘的な力がその者に取り憑いていると考えられるからである。たとえばある種の病気にかかると、その病人は「不浄」だと考えられることがある。その者が病気の霊の影響下にあると思われていたからである。病気について日本語では「かかる」というが、こうした考え方が背後にあるのかもしれない。

また神との接触も、その者を「不浄」にすると考えられることがある。たとえば儀式に用いた道具を儀式の後に「浄める」ということが行われることがある。これはその道具が神の聖なる領域に入ったために、そのままでは使えなくなってしまうので、その「聖性」を取り除くのである。いわば「脱聖化」が行われていることになる。子供を産んだ女性に「浄め」

の儀式をするということもある。この場合をどのように理解すべきかは微妙だが、子供を産むという行為は生命の根源に触れることであって、いわば神と接触したことだと考えられているのかもしれない。したがってその女性が通常の生活に戻るために「聖性」を取り除くことが必要だとされているのかもしれない。

日本の伝統では、聖なるものは清浄であり、俗なるものは不浄であるという図式だけが支配的になっているかもしれないが、聖書の場合には必ずしもそのような図式は当てはまらない。「不浄」の状態は、必ずしも否定的で「悪」にかかわることではなく、神の側に参与してしまっていることを指していることもある。

祭司資料

祭司資料は、モーセ五書の第四番目の主要な資料である。捕囚期にほぼ全体が成立したと考えられている。略号は「P」を用いるが、これはドイツ語の「祭司資料」を意味する「Priesterschrift」の頭文字である。

祭司資料のスタイルは簡潔で、イメージ豊かな物語ではない。数え上げる場合が多く、数字が好まれている。また同じことを二度繰り返すことが多い。また「神は言った」「神は行った」といった表現が多用されている。

また語彙に典礼関係の専門用語が多く、系図が多い。捕囚の状況において、歴史の中にイスラエルを位置づけることが求められており、天地創造までも歴史を遡る。礼拝がたいへん重要なものとされている。礼拝はモーセが組織化し、アロンとその子孫が維持する責任を持つ。そして聖職者集団が民の統一と存在を確保するために欠かせないとされている。聖職者集団が、ヤーヴェ資料における王やエロヒム資料における預言者の役割を果たしていると言うことができるだろう。

さまざまな掟は、物語と結びつけられている。つまり歴史的状況の中で与えられた規則という体裁をとっている。

捕囚期にイスラエルの民は、外国に強制的に連れ去られてしまい、外国文化に同化して、統一の民としては消えてしまう危険に晒されていた。北王国が滅亡してアッシリアに連れ去られたユダヤ人たちはこのようにして消えてしまっていた。このような危機を乗り越えるためにエゼキエル・第二イザヤといった預言者が活躍する。しかし決定的役割を演じたのが祭司たちである。祭司たちはエルサレムで既に統一ある集団を作っていた。彼らがイスラエルの宗教を新しい状況に適応させ、新たな未来を与えることになる。

新しい行動形態が付け足され、新たな価値が付加される。安息日（サバト）が時を聖化する。割礼が民の帰属を明らかにする。集会で、祈りがなされ、神の言葉を聞く。神殿での犠牲の代わりになる。

こうした状況の中で、祭司の歴史資料が成立する。なぜ神は沈黙しているのか、これが中心的な問題である。マルドゥークを創造の神として崇拝しているバビロニア世界において、どのようにして神に忠実であり続けることができるのか。諸国民は神の計画においてどのような位置を占めているのか。過去の歴史を再吟味して、こうした問題に解答を見出そうとする。

ヤーヴェ資料の歴史と同じように、祭司資料の歴史も創造物語まで遡る。そしてモーセの死までの時期が扱われている（申三四・七）。

いくつかの主要なテーマについて、確認する。

（1）神の祝福。創世記一章の創造物語において、神は創造の業の最後に男と女を造る。そして彼らを祝福する。

神は彼らを祝福して言った。「産めよ、増えよ、地に満ちて地を従わせよ。海の魚、空の鳥、地の上を這う生き物をすべて支配せよ」。（創一・二八）

この場面は、まずは捕囚の状況にある祭司たちの信仰を表したものと考えられるべきである。神の意志は、ユダヤ人が現在置かれている状況とは逆である。しかし神の意志はいつか実現し、捕囚の状況は終わりを告げ、世界の悪は退けられる。同様な祝福はあちこちに現れる。

「洪水」の後の祝福（創八・一七、九・一―七）。アブラハムへの祝福（創一七・二〇）。ヤコブへの祝福（創二八・一―四、三五・一一）。これらの祝福においては、最初のうちは人類全体が関心の対象になっているが、次第に民に関心が集中する。

そして出一・七には、

イスラエルの人々は子を産み、おびただしく数を増し、ますます強くなって国中に溢れた。

と記されている。創四七・二七にも同様な記述が見られる。これは約束ではなく現実であり、この状態が歴史の中で実現していかなければならないことになる。

（2）ノアとの契約と洪水（創六―九章）。この物語には、ヤーヴェ資料と祭司資料が混じっている。どちらもギルガメシュ叙事詩の洪水物語にかなり似たものとなっている。祭司資料においては特に、箱舟の設計について強調されている。たとえば六・一六b節には、箱舟を三階建てにするようにとの指示が記されている。

一階と二階と三階を造るように。

この構造は、ソロモンの神殿と同じものとなっている（王上六・六参照）。箱舟は神殿に見立てられているのである。

洪水の物語は、神が契約を結ぶ話で終っている。契約の相手はノア・その子孫・すべての生き物である（創九・八―一七）。したがってイスラエルの神は普遍的な神である。全人類、そしてすべての生き物が神の計画の中に入る。しかし問題はイスラエルが特別な地位を占めるのかどうかである。この契約によって、たとえば創一・二八の人類とすべての生き物についての神の言葉の意味が浮き彫りになってくる。創一・二八においては、人が生き物を支配することが確認されている。したがって創九の契約において全人類とすべての生き物が神との契約の相手になっているからといって、それで契約の相手のすべてが平等であるのではないということが明らかになる。

（3） 割礼（創一七・九―一四）。割礼は、契約のしるしとされている。捕囚期のユダヤ人たちは自分たちは神との関係において、罪の状態にあるという意識を持っていた。罪の状態にあるとは、神との双務的な契約に違反した状態にあるということである。神は当然、契約を破棄することになる。そこでユダヤ人たちはシナイ山の契約より古いアブラハムの時代に遡る。ここでは神は一方的に約束を与えている。イスラエルの状態がどのようなものであれ、この一方的な約束に頼ることができるようになる。

（4）アブラハムの土地購入（創二三・一六—二〇）。捕囚期の人々にとって、これは重要なエピソードである。先祖がパレスチナで土地を買っている。アブラハムはそこに葬られている（創二五・九）。ユダヤ人は、この土地は自分たちのものと主張できることになる。

（5）出エジプト。捕囚期の人々は、エジプトでの奴隷状態の苦しさを強調する。

虐待されればされるほど彼らは増え広がったので、エジプト人はますますイスラエルの人々を嫌悪し、イスラエルの人々を酷使し、粘土こね、れんが焼き、あらゆる農作業などの重労働によって彼らの生活を脅かした。彼らが従事した労働はいずれも過酷を極めた。（出一・一二—一四）

イスラエルの人々は労働のゆえにうめき、叫んだ。労働のゆえに助けを求める彼らの叫び声は神に届いた。（出二・二三）

そしてアブラハムとの契約を強調する。

神はその嘆きを聞き、アブラハム、イサク、ヤコブとの契約を思い起こした。（出二・二四）

出エジプトの出来事は儀礼において毎年繰り返される。過越祭の規定についての出一二・一―二〇のテキストは、既に検討した（本書の第二章）。

海の横断の出来事は、創造の神の力の表現と考えられる。海の横断の出来事についての出一三・一七―一四・三一のテキストは、既に検討した（本書の第二章）。このテキストのうち祭司資料のテキストでは、創一章の神のように、神は言葉を発し、自然がそれに従っている。

安息日の掟はマナの出来事に結びつけられる（出一六・二三―二六）。

シナイ山での契約。祭司資料でも、シナイ山での契約をまったく無視することはできなかった。祭司資料に属するテキストは、出二五―三一章、三五―四〇章と考えられている。しかし「契約の締結」の場面（出二四章）は、ヤーヴェ資料およびエロヒム資料からと考えられており、したがって祭司資料には「契約の締結」の場面がなかった可能性が大きい。祭司資料におけるイスラエルの位置づけは、出一九・六のテキストに典型的に示されている。

あなたたちは、私（＝神）にとって祭司の王国、聖なる国民となる。（出一九・六）

イスラエルは他の国民のように王に治められるのではなく、祭司たちによって治められる。

そして神は掟を与えない。祭壇を作るようにと命令する（出二五―二七章）。また祭司を立てて、礼拝をせよと命令する（出二八―二九章）。唯一の掟は安息日に関するものである（出三一・一二―一七）。祭司資料の立場からはシナイ山の契約については民の側が破綻しているので、神がアブラハムに与えた約束に頼ることになる。民にその罪と神の赦しを思い起こさせる任務を負っているのが祭司制度である。

祭司資料については更に、創世記の冒頭の創造物語について検討する（創一・一―二・四a）。

このテキストにおいて「神は言った」という表現が十回繰り返される。神のこの十の言葉は、十戒に重ね合わせたものと言われている。シナイ山で神が民を作り出したのと同じように、神は世界を作り出す。

また神は行動する。さまざまな動詞が使われる。言葉による創造と行動による創造が並べられているのは、資料として二つの別の傾向のものがあったためなのかもしれない。あるいはどちらも祭司資料の傾向なのかもしれない。

創造の業は六日間に分けられており、最後に休みの時期に到る。これが科学的表現ではなく、典礼上の表現であるのは明らかだろう。このような表現の目的は、安息日の重要性を根拠づけることにある。神自身が仕事を離れている。またこれには、もう一つの意味があるかもしれない。今は神が仕事を離れている時代であり、つまり人間が仕事をする時、人類の歴史の時である、という意味である。ここから終末としての第八日目が来るという考えが生まれることになる。

このテキストが成立した時期は捕囚期である。このことを忘れてはならない。「世界は良い」などという言葉は一見したところ現実からの逃避であるかのように受け取られるかもしれない。しかしテキストを執筆した者たちは奴隷の境遇にあった。軽蔑や苦しみの中で、神は美しい世界を欲していると表明している。ここには希望が表明されており、この希望は世界を創造したのは神だという確信に基礎づけられている。

テキスト成立の状況を考えなければならない要素は他にもある。一六節では太陽と月が問題になっているが、「二つの光る物」という表現が用いられている。これは祭司たちの儀礼上の用語である。神殿で灯すことになっている光のことであり、出二五・六、二七・二〇、レビ二四・二などで「常夜灯」と訳されている語である。太陽と月はバビロニアでは神であった。しかしここでは神の現存を示す光と見なされている。神殿は破壊されたが、宇宙全体が神の神殿であるという考え方が示されていることになる。

このテキストにおいては神は無から創造しているのではない、ということを確認する必要があるだろう。神は分離することによって世界を作っている。ここにはバビロニアやエジプトの神話の影響があると考えられている。ただしここには、神々の間の戦いはない。神は唯一である。

ヤーヴェ資料に基づいた創造神話（創二章）と祭司資料の創造物語とは、さまざまな点で異なっている。これは両者の世界についての理解の仕方が異なっているためである。創二章では地は砂漠の中のオアシスのようなイメージであり、海にあたる部分には関心が示されていない。遊牧民が身のまわりの世界をとらえた姿がそのまま用いられている。創一章では、宇宙全体への広い視野が前提とされている。創造の神は次々と分離を行って、人間が住めるような乾いたところを作り出す。

また創二章では、地を耕すために男がまず作られ、それから女が作られる。男が人であり、女は命だとされている。人は自然に仕えるものとされている。創一章では、男と女からなる人が作られる。人は「神にかたどって」創造されている。つまり「神のイメージ（ラテン語では imago dei）」にしたがって作られている。人が作られてから、人には男と女があると示される。そして神の命令によって人は自然を支配する。神が休んでいる状況の中で、「神に似た者である人」が自然を支配するのである。

出一四章の海の横断の物語については既に検討を試みたが、ここで簡単に整理しておく。祭司資料のテキストでは、海の横断物語でも神は言葉を発し、また行動する。また神は海を分けて、乾いたところを現す。解放は、創造神の行為として示されており、創造は、人類が解放されるための行為として示されている。イスラエルの民が発見した神は、まず解放者としての神、エジプトでの隷従から民を解放した神、歴史の中で行動する神であった。バビロニアでの捕囚の状況にある民は、この神に頼って、新しい解放の希望を抱くようになる。ではなぜこの神が歴史の中で行動できるのか。それは神が歴史を創造したからである。人は神のイメージに従っている。この物語での神の特徴は、創造者であるということ。したがって人も創造者である。世界を分離し、組織化しなければならない。また神は世界に関わり、生物や人に関わっている。男と女が互いに関わりあって、命が生まれるように、人も世界に関わりあって生きていかねばならない。世界に関わらないのならば、生きることではない。

哀歌

哀歌は、捕囚期のパレスチナで作られたと考えられる。エレミヤが著者とされる伝統があって、私たちの聖書ではエレミヤ記のすぐ後におさめられている。しかしエレミヤが著者でないことは、ほぼ明らかである。ヘブライ語の聖書では、第三部「諸書」におさめられている。

哀歌は五つの歌からなっている。それぞれの歌は独立したもので、それらが並べられている。このうち最後の歌を除く四つの歌は、各連の最初の文字がヘブライ語のアルファベット順になっている。各連や各行の最初の文字や最後の文字を並べるとアルファベットや単語になったりする詩を「アクロスティック」というが、哀歌のこれらの歌はこの「アクロスティック」の例になっている。翻訳ではこの技法の姿を伝えることは、困難である。
前五八七年のエルサレム陥落以降の絶望的な状況が背景となっている。しかし単なる慨嘆の歌ではなく、毎年一度、第五の月であるアブの月（過越祭のあるニサンの月から五番目の月）の九日に行われるエルサレム陥落の日の儀式用の歌でもある。厳しい体験が内容となっていることと、儀式用のテキストであることによって、特異な緊張が生まれている。また個人的な嘆きが民全体の嘆きに投影されている。そして嘆きと絶望があるだけでなく、信仰と希望のモチーフも現れている。

エルサレムの崩壊を巡るさまざまな状況が、随所に言及されている。しかしこの悲惨な状況の故にエルサレムは自らの罪を自覚することになる。「敵」がエルサレムを破壊し、民を苦しめているのだが、この苦しみはつまるところ神によるものである。そして神は正しい。

シオンの背きは甚だしかった。
主は懲らしめようと、敵がはびこることを許し
苦しめる者らを頭とした。（一・五）

主は正しい。私が主の口に背いたのだ。（一・一八）

したがってエルサレムの破壊は当然の罰である。しかし神は民を見放さない。苦しみを受け、そして神に希望を託すという態度が生まれてくる。

私は言う、「私の生きる力は絶えた、ただ主を待ち望もう」と。(三・一八)

主の慈しみは決して絶えない。主の憐れみは決して尽きない。(三・二二)

主に望みをおき尋ね求める魂に、主は幸いを与える。
主の救いを黙して待てば、幸いを得る。(三・二五―二六)

打つ者に頰を向けよ、十分に懲らしめを味わえ。(三・三〇)

しかしこのような態度をとることを余儀なくされたからといって、苦しみを与える敵についても救いを願うのではない。敵が苦しむこと、敵が滅亡することを願う言葉も少なくない。

敵は皆、私の受けた災いを耳にして、あなたの仕打ちを喜んでいる。
彼らにも定めの日を来らせ、私のような目に遭わせてください。(一・二一)

主よ、私に向けられる嘲りと、謀のすべてを聞いてください。

敵対する者の唇、吐く言葉は、絶え間なく私を責める。

見よ、彼らは座るにも立つにも、私を嘲って歌いはやしている。

主よ、その仕業にしたがって、彼らを罰してください。

彼らの上に呪いを注いで、彼らの心を頑なにしてください。

主よ、あなたのいる天の下から彼らを追い、怒りによって滅ぼし去ってください。（三・六一―六六）

三・三〇の「打つ者に頬を向けよ」という言葉は、キリスト教にも影響を与えた。この言葉は「敵を愛せ」という教えと組み合わされて、マタイ五・三九およびルカ六・二九に記されている。しかしルカにおいては富者と貧乏人との間の対立に関する問題に限定されて用いられており、マタイでは人が神のように「完全な者となる」という前提条件（マタ五・四八）が満たされている場合に実現可能とされている。哀歌の場合も、二つの福音書の場合にも、無条件の無抵抗主義が勧められているのではない。

第七章　ペルシア帝国期のイスラエル

ペルシアの新しさ

バビロニア帝国支配下でのバビロン捕囚は、半世紀ほどで終ってしまう（前五八七—前五三八年）。バビロニア帝国がアケメネス朝ペルシアによって滅ぼされたからである。アケメネス朝ペルシアは、被支配民族にかなりの自由を許すという政策を行った。メソポタミア河口近くのバビロンで捕囚状態にあったユダヤ人たちは、パレスチナに帰ることが許される。多くのユダヤ人たちはパレスチナに帰り、荒廃していたエルサレムと神殿を再建する。ソロモン王の時に建設されてバビロニアによって破壊されたものが第一神殿、バビロン捕囚の後に帰還したユダヤ人たちが再建したものが第二神殿である。再建したといっても、この第二神殿はかなりみすぼらしいものだったという。しかし紀元前一世紀にヘロデ大王が大修復工事を行って、たいへん豪華なものになった。イエスや初期教会のペトロや主の兄弟ヤコブ、またパウロなどが出入りしたのは、修復後のこの神殿である。しかしこの第二神殿は、ユダヤ人のローマ帝国への反乱であるユダヤ戦争でユダヤ人が負けて、紀元後七〇年に破壊され、それ以来第三神殿は建てられていないままで今日にいたっている。

アッシリアがバビロニアに滅ぼされ、そのバビロニアが今度はペルシアに滅ぼされた。アッシリアもバビロニアもたいへん大きな勢力となった帝国だが、あまり長く続かずに滅んでしまった。帝国というべき大きな勢力になってから、アッシリアは一世紀余り、バビロニアは一世紀に満たずに滅んだのである。このことについて若干検討しておきたい。

アッシリア、バビロニアがなぜ早く滅んだのか。大帝国の盛衰が問題となっているので、短く説明しようとすることには無理があるだろう。しかしこの上なく重要だと思われる点は、両国ともあまりに厳しく性急な「同化政策」を行ったことである。

さまざまな民族を支配下におさめて広い領域の支配を実現した側にとって、大人数となった被支配民族をどのように管理するかは大きな問題である。まず重要なのは彼らが反乱を起こさないようにすることである。このためにアッシリアは、被支配民族で生き残った者を、それぞれの民族の伝統的な居住地から追い出し、帝国内の他の土地にばらばらに強制移住させるという政策をとった。これは北イスラエル王国滅亡の際の生き残ったユダヤ人たちの場合について見た通りである。

このようにすれば、被支配民族の者たちが団結して反乱を起こすことがたいへん難しくなる。それぞれの土地にはさまざまな民族出身の者が混じり合って暮している。言葉が互いに通じないということがある。また考え方や生活のスタイル、宗教的伝統も互いに異なっている。これでは大規模な反乱を起こせない。しかしこのような状態におかれると、人々は不満になる。政治的に無力で、文化的にも宗教的にもいわば根のない状態にされて、人生はただ働いて食べているだけといったものになってしまう。彼らはアッシリアに対して深い不満を抱いて暮していて、そしてこのような者たちが帝国の人口の大半を占めることになる。これは帝国内の反乱を未然に防ぐ上ではたいへん有効な政策かもしれないが、別の方面で大きな弱点をもつことになってしまう。外部から手強い敵が出現した際に、彼らが頼みになる兵力とならないという点である。アッシリアに対してバビロニアが迫ってくると、アッシリアは軍隊をととのえてこれに対抗しようとする。しかしアッシリア人兵士以外の兵隊は、アッシリアのために死を賭しても戦おうなどとは考えない。つまり数だけは多いが、まったく士気のない軍隊しか作れないのである。これでは勢い盛んな新興勢力に対抗することはできない。アッシリアはバビロニアによって簡単に滅ぼされるということになってしまう。

しかしバビロニアも、アッシリアとほぼ同じような支配政策を行った。もう少し丁寧に言うならば、アッシリアの「同化政策」によって混合状態になっていた者たちについて、有効な措置を行わなかった。滅ぼされた南王国のユダヤ人たちについての扱いをみると、彼らは大挙して彼らの土地であるパレスチナから強制連行されている。ただし彼らはばらばらに移住させられるのではなく、ある程度のまとまりを保ってバビロン付近で暮していた。しかも奴隷状態にあったと言われているとはいえ、実際はある程度の自治が可能で、集会をもったり自分たちの宗教的伝統を保ったりすることができ、経済的活動についてのいくらかの自由があったようである。こうした政策が採用されたのは、アッシリアの失敗に学ぶところがあったからかもしれない。しかし根本的な解決にはなっていなかった。奴隷状態におとされたのでは、いざという時に強い兵力となることはできない。また、南王国出身の者たちは、帝国全体から見れば、それほど大きな集団ではない。バビロニアの滅亡については、この時のナボニドスという王が政治についてあまりに無頓着だったことなどがよく指摘される。しかしこの大帝国の滅亡については、不十分な被支配民族政策の意味を忘れてはならないだろう。バビロニア帝国のために戦う意欲が、人々にはないのである。首都バビロンは無血開城でペルシアに掌握され、バビロニアもペルシアによって簡単に滅ぼされてしまう。

ペルシア帝国の被支配民族政策は、この二つの例と比べるならば、画期的に新しいものだと言うことができる。つまり被支配民族あるいは各地方のそれぞれに伝統的な生活をする自由をかなりの程度許したのである。この際にペルシアは、各民族・各地方の独自性をかなり強調する方向にしむけて、さまざまな民族が団結することを避けようとしたと思われる。第二神殿を建設しようとした時にサマリヤ人たちが協力を申し出たのをユダヤ人たちが断ったために、ユダヤ人とサマリヤ人の関係がこれ以降険悪なものになってしまったようだが、この背後に被支配民族が協力しあうことを避けようとするペルシア当局側の動きがあったと考えられなくもない。分割して統治するのは、さまざまな民族をまとめて支配する際の基本的な方針である。これ以降西洋の伝統において、強大な支配を実現した勢力は基本的には、個々の被支配集団にはある程度の自由を許し、しかしそれぞれの集団が互いに反目しあうように仕向けるという政策で臨んでおり、現在もこのことは貫かれていると思われる。隣りの民族や国や集団を憎むためのさまざまなキャンペーンが行われて、それを多くの人は鵜呑みにして、遠くにいる本当の支配者ではなく、近くの同じ被支配集団の悪口を述べ、時には実際の衝突も生じている。しかし他方では、この政策のお蔭で民族解消のような徹底した政策は多くの場合回避されていることも忘れられてはならない。これはペルシア以来の伝統だということができるように思われる。

第二神殿を建てたということは、バビロン捕囚以前のユダヤ教のあり方に復帰しようとする動きがあったことを意味する。前章で述べたように、ユダヤ教には通常の民族宗教のあり方を乗り越えるような動き、外面的な制度に依拠しない神崇拝の成立の動きがあった。しかしそれですべてのユダヤ人の常識的立場が徹底的に一変したのではない。新しい方向への動きが忘れ去られてしまったのではないが、従来のあり方を守ろうとする流れも根強いものとして残っていた。バビロン捕囚が半世紀ほどの長さで終ってしまったことも、こうした展開に与えるところがあったと考えるべきだろう。捕囚状態がもっと長く続いたならば、ユダヤ教の内面化の動きは広範囲に徹底したものとなって、ユダヤ教は別様の展開をしたのではないかと思われる。そして紀元後一世紀のユダヤ戦争での敗北の時とは違って、この時には聖書や律法がまだ整備されていなかったので、律法主義とは違った展開になったかもしれない。

聖書の核が成立

ペルシア期において神殿再建と並んで重要な出来事は、聖書の核が成立したことである。ここでいう聖書とはユダヤ教の聖書であって、これがキリスト教に受け継がれると、キリスト教では旧約聖書と呼ばれる部分になる。ここでは誤解を避けるために「ユダヤ教の聖書」と呼ぶことにする。このユダヤ教の聖書は、これまで存在していなかった。つまりペルシア期にいたるまでのユダヤ教には聖書は存在していなかった。ユダヤ教の聖書は、古代ユダヤ教の展開において、かなりの時間を経てようやく登場したものであり、新しい出来事である。またユダヤ教の聖書はその全体が一挙に成立したのではなく、まず核となる部分が成立し、徐々に他の部分がつけ加わり、そして全体の構成がどのようなものかについてもなかなか統一がなされず、ようやく紀元後一世紀末になって一応のところの最終的な形が確定した。

またキリスト教においてユダヤ教の聖書が旧約聖書として受け継がれたと述べたが、これはユダヤ教においてユダヤ教の聖書の姿が確定する直前の出来事だった。つまりキリスト教に受け継がれたユダヤ教の聖書は、まだその形が未確定のものだった。したがってキリスト教における旧約聖書は、現在のユダヤ教の聖書——つまり紀元後一世紀末に確定した形の聖書――とまったく同じものとはなっていない。

ペルシア期におけるユダヤ教の聖書の核となる部分の成立において重要な役割を果たしたのは、エズラという人物である。彼が前五世紀後半の人物なのか、前四世紀初めの人物なのか、異説があって決め難い。いずれにしてもエズラはユダヤ人であり、またペルシアの宮廷に仕える人物、いわばペルシアの高級官僚だった。彼はユダヤ人の聖書の核となる部分を成立させる。もちろん彼一人ですべての作業を行ったのではなく、協力者たちがいたと考えるべきである。そして出来上がったのが「律法」である。「律法」という語はさまざまな広がりで用いられるので注意しなければならないが、ここでの「律法」とはエズラの時に成立したと考えられる書物のタイトルである。具体的には「モーセ五書」という名でも呼ばれる五巻からなる書物で、ユダヤ教の聖書でもキリスト教の旧約聖書でも冒頭に置かれており、創世記・出エジプト記・レビ記・民数記・申命記のことである。これがユダヤ教の聖書の第一部である。ユダヤ教の聖書の第一部のタイトルが「律法」である。やがてこれに第二部「預言者」が付け加わる。第二部もどの文書によって構成されるかは確定している。さらに第三部「諸書」が付け加わる。この「諸書」というタイトルは「書かれたもの」という語の複数形であって、いわば「その他の文書」といった意味である。ユダヤ教の聖書のタイトルや文書構成については本書の第一章で説明したので、参照されたい。ここでユダヤ教の聖書の文書構成をもう一度記すことにする。

第一部　トーラー（律法）
創世記・出エジプト記・レビ記・民数記・申命記
第二部　ネビイーム（預言者）
前編　ヨシュア記・士師記・サムエル記（上下）・列王記（上下）
後編　三大預言書（イザヤ・エレミヤ・エゼキエル）
十二小預言書（ホセア・ヨエル・アモス・オバデヤ・ヨナ・ミカ・ナホム・ハバクク・ゼファニヤ・ハガイ・ゼカリヤ・マラキ）
第三部　ケトゥビーム（諸書）
（その他の文書）詩篇・箴言・ヨブ記・雅歌・ルツ記・哀歌・伝道の書（＝コヘレトの言葉）・エステル記・ダニエル書・エズラ記・ネヘミヤ記・歴代誌（上下）

この文書表を手元の旧約聖書の目次と比べられたい。第一部のモーセ五書の部分は同じである。しかし第二部の部分からは、文書の順が異なっている。旧約聖書では十二小預言書が末尾に置かれている。ユダヤ教の聖書では第三部に分類されているルツ記が、旧約聖書ではヨシュア記・士師記の次に置かれている。等々。右でユダヤ教の聖書とキリスト教の聖書は必ずしも一致しないことを述べたが、その様子が分かるだろう。どのようにしてこのようなことになったかについては後述する。

外部の権威と正典

エズラが「律法」を作ったのだが、何もなかったところにいきなりモーセ五書にあたるテキストが出現したのではない。基本的にはそれまでイスラエル民族に伝えられてきたさまざまな資料を元にして、それらを編集することによってモーセ五書を作り出した。モーセ五書の内容は全体としては、天地創造の話から始まってモーセが亡くなるまで、つまりカナンへの侵入の直前までの物語になっている。この広い範囲にかかわるさまざまな資料が伝えられていた。口伝のものもあっただろうし、既に書き記されているものもあった。断片的なものもあったし、いくらか長いものもあった。いわゆる物語風のものもあったが、系図や捉集もあった。たとえば申命記については、かなり大きな捉集のまとまったテキストが既にあって採用されたと思われる。

エズラがなぜこのような事業を行ったかについて、考えてみなければならない。「律法」の成立についての歴史的資料は限られているので、推測によってかなり補わねばならないが、一つの有力な可能性として次のように言えるのではないかと思われる。

既に述べたようにアケメネス朝ペルシアは広大な帝国を支配して、被支配民族にはかなりの自治を許す統治政策を採用していた。被支配民族にかなりの自由を許していたのである。自由を許すといっても反乱を起こすのでは困るので、反乱を起こさない限りでの自由である。それにしてもそれぞれの被支配民族をまったく野放しにして、中央当局がまったく関知しない、あるいは関知しようとしてもそれができないというのでは、これでは支配者側として不都合である。そこで中央当局は各民族に自分たちがどのような原則で生活するかについて、明示的に書かれた文書を作成して、当局に提出するようにという方針をとったと思われる。ペルシアの高級官僚であるユダヤ人エズラが中心となって「律法」の編集が行われたのは、このような事情が背景にあっただろう。しかもこの際にペルシアは、ペルシア側がいわば一方的に作成した掟を作って「以後この決まりに従って生活せよ」といった具合に異質な掟を被支配民族に押し付けたのではなく、各民族の伝統的なあり方を尊重し、しかも各民族が自分たちでその掟を作成するようにした。被支配民族側から見るならばたいへんに寛大な命令であって、反対することはできなかったと思われる。モーセ五書の内容を見ると、たとえば民族の神が全世界を創造したことになっている。このような大胆な内容さえもペルシア当局は許容しているのである。ペルシアは各民族の宗教的伝統については表面的には尊重していても、それは統治のための手段と割り切った功利的な態度で臨んでいたと考えるべきである。たとえばペルシアの王はバビロンではマルドゥーク崇拝を尊重し、エジプトではエジプトの宗教的伝統を尊重してエジプトにおけるペルシア支配は古くからのエジプトの王朝の伝統を引き継いだもの（第二十七王朝）という体裁をとっていた。

「律法」の編集は、実際にはなかなか困難だったと思われる。ユダヤ人の掟を作るのだが、ユダヤ人は一つの民族であり、一つの民族ともなればさまざまな考え方や流れが存在する。民族全体を拘束する掟となるテキストとしては、これらのさまざまな立場の者たちがそれなりに納得できるものを作らねばならない。最終的なものができるまでには、妥協に妥協を重ねる必要があっただろう。このことは出来上がったモーセ五書の内容に窺われる。同じような内容でしかし微妙に異なったテキストが、繰り返し現れたりする。通読して行くと、一度扱われたテーマがしばらくして再び扱われていて、そこで表明されている立場が以前のものと異なっていたりする。十戒でさえ二度記されている（出二〇・二―一七、申五・六―二一）。通読していてだんだんと印象がぼんやりしてくるようなものが出来上がっているのだが、これは編集時に右のような事情があったためだと考えられる。

そしてとにかくも最終的テキストが出来上がる。これが聖書の核となったのである。聖書の核となるとは、このテキストが「正典」と呼ばれるような位置づけになったということである。つまりもはや一字一句も変更できないなどと言われるほど確定したものでなければならないと考えられ、絶対的な権威をもったということである。

私たちは聖書が存在して、これが正典と呼ばれるべきような絶対的な権威をもっているということは当然のことと考えてしまいがちである。しかし歴史的経緯を順次確認して行くと、エズラの時に作られたテキストが突如として正典性を獲得したことは、異様なことではないかと思われてくる。ユダヤ人たちはそれまでに、権威あるテキストを持っていなかったのではない。王の権威によって定められた掟などがあった。たとえばヨシヤ王の時の申命記は大きな権威をもっていたと思われる。そして王は神の子である。王の命令・王によって定められた掟は「神の言葉」である。また預言者たちの言葉もあった。預言者は「神の言葉」を伝えていた。モーセの十戒は大きな権威をもっていただろう。しかしこうしたテキストは、たとえ神の言葉であっても、それだけでは正典とされる程の絶対的な権威をもつには到らなかったのである。このことはどのように考えればよいのだろうか。

ここで一つの考え方を提案したい。聖書の解説書の多くでは、聖書が絶対的な権威をもつことは当然の前提とされており、聖書の成立の経緯については説明がされていても、その経緯によってなぜ聖書が絶対的な権威をもつことになったかについての説明はないようである。エズラが「律法」を作成したと記されているだけでは、なぜその「律法」が絶対的な権威をもつことになったかは分からない。

しかしここでも資料は限られている。ここでの説明はあくまで仮説だが、荒唐無稽でない仮説を提案してみることには、それなりの意義があるだろう。

モーセの十戒や預言者たちの言葉、王の掟集などの場合と、エズラの事業によってできたテキストの場合を比べてみると、そこに大きな違いがあることに気づく。それはエズラがぺルシアの高級官僚だったという点である。「律法」の作成は、ペルシア当局の命令によるものだった。つまり民族の外部に強大な権威が存在したのである。これに対して他のテキストは、すべて民族の内部で生じてきたものである。

ユダヤ人たちの内部に限定されていたのではどんなに権威あるテキストでも、絶対的な権威をもつには到らない。神の言葉でさえも、ある歴史的な時点で表明されたものであり、別の神の言葉が別の時に別様に表明されるかもしれない可能性を排除することはできない。新しい神の介入や言葉があったとされ、それが新たに権威をもつということもあり得る。神の古い言葉（たとえば、モーセの契約）があって、しかし実はもっと昔に神のもっと古い言葉（たとえば、アブラハムの契約）があるのだ、とすることもあり得る。モーセの十戒でさえ、少なくとも二つのヴァージョンが伝えられていたのである。ユダヤ人内部に限られるならば、ある権威が成立しても、対抗する別の権威が必ず現れる。

しかし外部に強大な権威があった場合は、どうだろうか。ユダヤ人たちはペルシア帝国の強大な権威に服従しなければならない。そしてペルシア当局は、ユダヤ人たち全体の合意が得られる掟集の提出を望んでいる。これはたいへん巧みな政策である。被支配民族を野放しにして自由にさせておくのではなく、ある一定の原則に縛りつけたいのだが、その原則を被支配民族の側に作らせているのである。当局からのこの要請には寛大な面があまりに多いので、ユダヤ人たちは反対できない。そして妥協を重ねて一つのまとまったテキストを自分たちの掟として、ペルシア当局に提出する。提出するまでにはさまざまな議論や対立があったかもしれない。いわば何を神の言葉とするのかについての議論や対立である。ユダヤ人内部に限るならば神の言葉でさえも絶対的な権威をもたないという状況を、端的に示す例ではないだろうか。ところが出来上がったテキストをペルシア当局に提出してしまったら、どうなるだろうか。

ユダヤ人たちはもはやこのテキストを変更することはできない。ペルシア当局から押し付けられたものではなく、自分たちの自由な合意として提出したものなので、それを変更することはなおさらできない。しかもこのテキストは、ペルシア当局によって公認されたところのユダヤ人支配の原則となっている。変更をすることが手続き上可能だったのかどうかについてははっきりしないが、たとえ変更が可能だったにしても、変更箇所についてペルシア当局の認可を得なければならない。「神の言葉」である掟を変更するために、異邦人の当局の認可を得るなどということは不可能である。

ユダヤ人たちは個々の場合に不満があっても、この掟に従わざるを得ない。ユダヤ人の間の合意を得るだけですむならば掟を変更することは可能かもしれないが、ペルシアのものとなってしまったユダヤ人向けの掟は、ユダヤ人からは変更できない。現実に対応していない部分があるのならば、テキストはそのままにして、あとはそのテキストの解釈のあり方を変えて行くしかないということになる。こうして「もはや一字一句も変更できない」という程の絶対的な権威をもったテキストが誕生することになる。
聖書のテキストが聖書として成立する、つまり正典性を獲得するという、いわばこの上なく特殊な事態が生じてしまった背景には、外部の強大な権威があったということになる。しかもこうした構造は、エズラの場合にだけあてはまるのではないと思われる。後でも触れるが、ヘブライ語で書かれたユダヤ教の聖書のギリシア語訳の一つである「七十人訳聖書」が、翻訳版であるにもかかわらず、ヘブライ語版に匹敵する権威があるとされたことがあった。このことの背後にはプトレマイオス朝エジプトの権威があったと考えられる。また新約聖書の正典としての地位が確立されることについても、ローマ帝国の権威の存在を考えなければならないと思われる。

ペルシア期の特徴

ペルシア期の出来事について、整理しておく。
アケメネス朝ペルシアの王は、以下の通りである（年代はすべて紀元前）。

五五九—五三〇　キュロス二世
五二九—五二二　カンビセス二世
五二一—四八六　ダリオス一世

四八五―四六五　クセルクセス一世
四六四―四二四　アルタクセルクセス一世
四二四　クセルクセス二世
四二三―四〇五　ダリオス二世
四〇六―三五九　アルタクセルクセス二世
三五八―三三八　アルタクセルクセス三世
三三八―三三六　アルセス
三三六―三三一　ダリオス三世

前五三八年にバビロニアが滅び、キュロス王（二世）の勅令によって、ユダヤ人は祖先の地に帰り、また神殿を再建することが許される（エズ一・二―四）。この措置には、政治的・軍事的な意味もあったと思われる。パレスチナはエジプトに対する前線の位置にあったので、ユダヤ人がペルシアに忠実であることが重要だった。前五三八年の第一回の帰還では、シェシュバツァルが指導者だった（エズ一・五―一一）。

ユダヤへの定着には、さまざまな困難があった。ユダヤはサマリア人によって治められていた。サマリア人は神殿建設を手伝おうとするが、ユダヤ人はこれを拒否する。またサマリア人はエルサレムの城壁の修復には反対する。さらに旱魃や財政難の困難もあった。神殿再建中断を余儀なくさせられる。おそらくこの時期に、第三イザヤが活動した。

前五二〇年、ダリオス一世の時に、第二回の帰還が行われる。ゼルバベルとヨシュアが指導者だった。預言者ハガイ、ゼカリヤの活動は、この時期である。

前五一五年、神殿再建の工事が完了する（エズ三章—六章）。第一神殿と比べてあまりにみすぼらしいので、第一神殿を知っている者は失望する。

お前たち、残った者のうち、
誰が、昔の栄光のときのこの神殿を見たか。
今、お前たちが見ている様は何か。
目に映るのは無に等しいものではないか。（ハガイ二・三）

前五世紀後半、ネヘミヤの二回にわたる介入（前四四五年、前四三二年）で、エルサレムの城壁修復工事が完成する。サマリア人からの独立がはっきりしたものとなる。この頃、預言者マラキが活動する。

前三九八年（あるいは前四五八年）、エズラがアルタクセルクセス王によって派遣される（「アルタクセルクセス王の第七年」エズラ七・七）。「アルタクセルクセス王」を「二世」（在位、前四〇六—前三五九年）とすると、ここで示したようにエズラの派遣は前四世紀初めのこととなるが、この「アルタクセルクセス王」は「一世」(在位、前四六四―前四二四年)かもしれない。エズラは、地方の再編成、信仰の純化、外国人との結婚禁止、などの政策を推し進める。また「天の神の律法」の宣布の儀式を行う。これがおそらく現在の「モーセ五書」である。しかしこれについても異説がある。この儀式の様子はネヘミヤ記八―一〇章に記されている。これはいわばユダヤ教創設の儀式である。集会は神殿ではなく、広場で行われた。またこの時には犠牲の儀式は行われていない。律法の朗読と祈りだけが行われた。シナゴーグ的礼拝がここで公式に誕生したと言うことができる。

この時期の特徴として、次のような点を指摘することができるだろう。

祭司が民を組織しており、祭司が政治的・宗教的指導者である。

捕囚以前はユダヤ人は、パレスチナにだけ住んでいたが、捕囚の時期を経てそれ以降は、ユダヤ人はパレスチナ以外のところにも住むようになる。このようなパレスチナ以外のところに住むユダヤ人を「ディアスポラ」のユダヤ人という。「ディアスポラ」とは「離散」という意味だが(英語での訳語はDispersion)、この時期以降、紀元後一世紀末までの「ディアスポラのユダヤ人」には、「離散」という語が醸しだすような悲惨なイメージはない。紀元後一世紀後半のユダヤ戦争敗北後には、ユダヤ人はパレスチナに住むことができなくなり、ユダヤ人の全員が文字通り「離散のユダヤ人」だった。この状態は二十世紀半ばまで続く。現在もパレスチナ以外のところに住むユダヤ人は「ディアスポラのユダヤ人」だと言うことができる。ペルシア期には、少なくともバビロニア、そして既に言及したエジプトのエレファンチナにユダヤ人の集団がいた。

ペルシア帝国では、その被支配民族政策の故もあって、さまざまな言語が使われたが、共通語となったのはやはりアラム語である。アラム語はアッシリア時代に分散された諸民族出身の者たちが共通語として使わざるを得なくなって以来、広く使われるようになっていた。ユダヤでもアラム語が次第にヘブライ語に代わり、ヘブライ語は儀礼の言語としてだけ残る。「天の神の律法」の宣布の儀式についてのネヘミヤ記八―一〇章の叙述で、一般の者たちのために翻訳をするという場面がある（八・八）。原本はヘブライ語で書かれていてそれがまず朗読されたが、それをアラム語に翻訳したのだと思われる。共通語が浸透したことおよびディアスポラが広まっていったことが、ユダヤ人を普遍主義に開いてゆく。

第三イザヤ

第三イザヤの言葉は、イザヤ書五六―六六章におさめられている。この部分の言葉は、実は一人の預言者の言葉ではなく、第二イザヤの弟子にあたる幾人かの預言者の言葉が集められたものである可能性が大きい。このために一人の預言者を指すものであるかのような「第三イザヤ」という名称を避けて、たとえば「イザヤ書五六―六六章の預言者たち」といった表現を用いる研究者もいる。

第三イザヤの預言者たちが活動したのは、前五三八年の帰還の直後の時期と考えられる。第二イザヤの預言によって民は捕囚からの帰還を「新しい出エジプト」と考えた。しかし帰還後の生活は貧しく苦しいものだった。失望に陥ろうとする民にとって、神に忠実な歩みはどのようにして可能となるのか、これが第三イザヤの課題である。第三イザヤは、第二イザヤとエゼキエルから大きな影響を受けていると言われている。第三イザヤからは、神についての普遍主義的な方向と神との関係についての内面性を重んじる態度を受け継ぐ。エゼキエルからは、神殿によって聖なるものとされる聖都の考え方と、安息日や断食を守ることを強調する態度を受け継ぐ。

第三イザヤの中心は六一章とされることが多い。その前に幾つかのテキストを検討する。

神についての普遍主義的な方向は、かなりはっきりと表明されている。しかし神に集められる条件としては、どの社会にも見出されるような道徳的原則もあれば、ユダヤ教特有の戒律――安息日や食物規定――もある。シナゴーグの活動が幅広く展開するようになって、非ユダヤ人でもユダヤ教に改宗できるようになるが、そのようなあり方がここで既に考えられていると言うことができるだろう。

正義を守り、恵みの業を行え。(……)

いかに幸いなことか、このように行う人、それを固く守る人の子は。
安息日を守り、それを汚すことのない人、悪事に手をつけないように自戒する人は。
主のもとに集って来た異邦人は言うな、主は自分の民と私を区別する、と。
（……）
主のもとに集って来た異邦人が、主に仕え、主の名を愛し、その僕となり、
安息日を守り、それを汚すことなく、私の契約を固く守るなら
私は彼らを聖なる私の山に導き、
私の祈りの家の喜びの祝いに、連なることを許す。
彼らが焼き尽くす捧げ物といけにえをささげるなら、
私の祭壇で、私はそれを受け入れる。
私の家は、すべての民の祈りの家と呼ばれる。
追い散らされたイスラエルを集める方、主なる神は言う。
既に集められた者に、さらに加えて集めよう、と。（五六・一―八）
豚や忌まわしい獣やねずみの肉を食らう者は、ことごとく絶たれる。
私は彼らの業と彼らの謀のゆえに、
すべての国、すべての言葉の民を集めるために臨む。

彼らは来て、私の栄光を見る。
私は、彼らの間に一つのしるしをおき、彼らの中から生き残った者を諸国に遣わす。
(……)
更に私の名声を聞いたことも、私の栄光を見たこともない、遠い島々に遣わす。
彼らは私の栄光を国々に伝える。
(……)
新月ごと、安息日ごとに、すべての肉なる者は私の前に来てひれ伏す。
外に出る人々は、私に背いた者らの死体を見る。
蛆は絶えず、彼らを焼く火は消えることがない。
すべての肉なる者にとって彼らは憎悪の的となる。(六六・一七―二四)

右の引用でも神に背く者の状況が扱われているが、「神を畏れない者」について次のような言葉もある。民に属していれば自動的に救われるのではない。

この犬どもは強欲で飽くことを知らない。
彼らは羊飼いでありながらそれを自覚せず、それぞれ自分の好む道に向かい、
自分の利益を追い求める者ばかりだ。(五六・一一)

神が特別に働きかけようとしても、民は神を拒否している。

反逆の民、思いのままに良くない道を歩く民に、
私は、絶えることなく手を差し伸べてきた。(六五・二)

神が顧みるのは誰か。神に忠実であることの内面性が強調されている。

私が顧みるのは、苦しむ人、霊の砕かれた人、
私の言葉におののく人。(六六・二)

また断食のように宗教的とされる行為について、社会的側面から再解釈が始まっている。

私の選ぶ断食とはこれではないか。悪による束縛を断ち、軛の結び目をほどいて、
虐げられた人を解放し、軛をことごとく折ること。
更に、飢えた人にあなたのパンを裂き与え、さまよう貧しい人を家に招き入れ、
裸の人に会えば衣を着せかけ、同胞に助けを惜しまないこと。(五八・六―七)

従来のように社会的不正義の問題解決のための活動を儀式の活動とは別の義務とするのではなく、神の前での儀式の意義になぞらえて義務化の度合いを高める操作が行われていると言うことができるだろう。隣人愛を神への愛と同義に考える方向に踏み出していると言い換えることもできるかもしれない。しかし隣人愛の活動さえしていれば神への愛の活動になっているという安易な態度に陥る危険のあることも、忘れられてはならないだろう。

また神が新しい天地、新しいエルサレム、新しい民を創造する可能性も、普遍主義的な展開の一つのあり方として表明されている。

見よ、私は新しい天と新しい地を創造する。
（……）
見よ、私はエルサレムを喜び躍るものとして、
その民を喜び楽しむものとして、創造する。（六五・一七―一八）

神に祝福された新しい世界では、人ばかりでなく、動物も、神との調和的関係そして互いの調和的関係において生きることになる。

狼と小羊は共に草をはみ、獅子は牛のようにわらを食べ、蛇は塵を食べ物とし、
私の聖なる山のどこにおいても、害することも滅ぼすこともない。（六五・二五）

最後に引用した六五・二五のイメージは、最終的な神の平和が支配する世界のものとして有名である。

しかし神は今はまだ沈黙している。神自身の到来を求める祈りが表明されている。

どうか、天を裂いて降ってください。（六三・一九）

福音書ではこの祈りで求められていることが、イエスの洗礼において実現したとされている（マルコ一・一〇）。

六一章は第三イザヤの中心的なテキストだと言われている。

一―四節では、預言者の召命が一人称で語られている。「私」は「油を注がれた者」であり、「霊にとらえられた者」である（一節）。ここでは「霊」は、すぐ後で検討するヨエル書の場合と異なって、メシアである預言者にだけ与えられている。預言者の任務は「良い知らせ」（福音）と「解放」を伝えることである。この告知は社会的に虐げられた者――貧しい

人、捕らわれている人、つながれている人――である。これは具体的には誰のことか。第三イザヤの活動の背景を考えると、まずはユダヤ民族だということになる。このことは次の五節以下でも確認できるところがある。

五―九節。神が預言者を通して語っている。異邦人が働き、「あなたたち」は「主の祭司」と呼ばれる（五―六節）。「異邦人」と対比されるところの「あなたたち」は、やはりユダヤ民族かもしれない。しかし八節からは「彼ら」が問題となる。「彼ら」は「主の祝福を受けた一族」とされる（九節）。この「主の祝福を受けた一族」とは誰だろうか。やはりユダヤ民族なのだろうか。それとも別のカテゴリーの集団を考えるべきなのだろうか。

一〇―一一節。預言者と民が喜ぶ。その理由は、神が与えた救い・恵み・栄誉である。

この六一章の冒頭は、ルカ福音書におけるイエスの最初のメッセージとなっている（ルカ四・一六―二二）。

ペルシア期の預言者たち（ハガイ・第一ゼカリヤ・マラキ・オバデヤ・ヨエル）

ハガイとゼカリヤは、ゼルバベルとヨシュアが指導者だった第二回目の帰還集団と共にパレスチナに戻ってきた。ハガイについては十二小預言書に含まれているハガイ書と、エズラ五・一および六・一四で言及されている以外には、記録がない。

第二回目の帰還集団がパレスチナに到着する。神殿再建は、長い間中断されている。ハガイは神殿再建を訴える。

今、お前たちは、この神殿を廃墟のままにしておきながら
自分たちは板ではった家に住んでいてよいのか。(一・四)

ゼルバベルとヨシュアは神殿再建を決定し、第二神殿が完成する。それは既に引用したよ
うにみすぼらしいものだった。しかし一方でハガイは第二神殿の栄光を讃える。

この新しい神殿の栄光は昔の神殿にまさると、
万軍の主は言う。(二・九)

そしてイスラエルの政治的・軍事的な支配を神は約束する。

私は国々の王座を倒し、異邦の国々の力を砕く。
馬を駆る者もろとも戦車を覆す。
馬も、馬を駆る者も、互いに味方の剣にかかって倒れる。
その日には、と万軍の主は言う。わが僕、シェアルティエルの子ゼルバベルよ、

私はあなたを迎え入れる、と主は言う。
私はあなたを私の印章とする。私があなたを選んだからだ。(二・二三―二三)

神殿の意義をこの上なく高く評価し、エルサレムに存在する神殿、そしてイスラエルの地上での支配を称揚する立場が表明されている。帰還後のユダヤ人たちの間にあった一つの有力な立場だったと考えられる。

ゼカリヤ書は全十四章からなっており、二人の預言者の言葉がおさめられている。第一ゼカリヤがハガイと共に活動した預言者で、彼のメッセージは一―八章におさめられている。彼の立場は、ハガイのものとほぼ同じ方向のものである。

第一ゼカリヤについても、ゼカリヤ書一―八章とエズラ五・一および六・一四での言及以外には資料がない。八つの幻が記され、そこに預言的な言葉がいわば注釈のように付されている。彼にはエゼキエルの影響が大きいと言われている。

ゼカリヤにとっても神殿再建は大きな関心事である。しかし神殿再建は彼にとって、メシア的時代の前兆でしかない。ゼルバベル(四・六―一〇)とヨシュア(三・一―一〇、六・一一―一三)がメシアだと考えられている。そして、

これは全地の主の前に立つ、二人の油注がれた人たちである。(四・一四)

という神の言葉が記されている。メシアが二人いることが可能とされている。このことは王的なメシア、つまりダビデ王朝のイデオロギーに従ったところのメシアから祭司的メシアへの考え方への移行が見られることと合わせて、第一ゼカリヤの特徴となっている。

マラキ書の著者の名前は、実は分かっていない。ヘブライ語の「マラキ」は「私の使者」という意味の一般的な表現である。三・一の「私は使者を送る」に由来する名称である。マラキが預言活動をした時には、神殿は既に再建されていた。礼拝や犠牲も再開されたが、捕囚以前の悪しき習慣も復活してくる。儀礼は行うが形式だけで、内実がともなわなくなる。社会的不正義の問題も再び生じてくる。

民は神よりも、地上の権力者を尊んでいる。

子は父を、僕は主人を敬うものだ。
しかし、私が父であるなら、私に対する尊敬はどこにあるのか。
私が主人であるなら、私に対する畏れはどこにあるのか。(一・六)
(……)

あなたたちは、主の食卓は軽んじられてもよい、と言う。
あなたたちが目のつぶれた動物を、いけにえとしてささげても、悪ではないのか。
足が傷ついたり、病気である動物をささげても、悪ではないのか。
それを総督に献上してみよ。彼はあなたを喜び、受け入れるだろうか。（一・七―八）

祭司たちは、真の神の言葉を教えていない。

あなたたちは道を踏みはずし、教えによって多くの人をつまずかせ……（二・八）

神のみを神としない態度も広まっている。

ユダは主が慈しんでいる聖なるものを汚し、
異教の神を信じる娘をめとっている。（二・一一）

前四四五年にネヘミヤが、非ユダヤ人との結婚を禁止する。この言葉は、それ以前のものと考えられている。

また神にしたがって善と悪を判断することをしていない。

あなたたちは、自分の語る言葉によって、主を疲れさせている。
それなのに、あなたたちは言う、どのように疲れさせたのですか、と。
あなたたちが、悪を行う者はすべて主の目に良しとされるとか、
主は彼らを喜ぶとか、裁きの神はどこにいるのか、
などと言うことによってである。(二・一七)

そして「審判の日」のテーマが現れる。「正しい人と神に逆らう人、神に仕える者と仕えない者」(三・一八)が区別されることになる。裁きの前に預言者エリヤが送られる。

見よ、私は使者を送る。彼はわが前に道を備える。(三・一)

見よ、私は大いなる恐るべき主の日が来る前に、
預言者エリヤをあなたたちに遣わす。(三・二三)

このテキストのために、ユダヤ教におけるエリヤの重要性が高まることになる。そして誰がこのエリヤなのかといった問題に、人々が関心をもつようになる。イエスがこのエリヤな

のだと考えた者もいた。キリスト教は、洗礼者ヨハネがこのエリヤだと考えた（マタイ一七・九―一三）。そして右の三・二三にあるように、終末の裁きの日は「主の日」と呼ばれるようになる。また単に「（その）日」という表現が、この終末の裁きの日を指すようになる（英語では大文字で強調して〈D-day〉、仏語でも〈jour-J〉）。

見よ、その日が来る。（三・一九）

オバデヤ書は、旧約聖書の中でもっとも短い文書である。オバデヤについては、オバデヤ書の言葉以外に直接の資料はなく、旧約聖書では言及されていない。この預言者が活動した時期は、前五世紀前半のネヘミヤの改革が行われるまでの時期あたりが考えられている。それはオバデヤの立場がたいへんに民族主義的だからである。神の民のすべての敵が、「主の日」に、神によって裁かれる。

主の日は、すべての国に近づいている。（一五節）

彼らは存在しなかった者のようになる。（一六節）
エサウの家には、生き残る者がいなくなる。（一八節）

イサクの子がエサウとヤコブであり、「エサウの家」とは、「ヤコブの家」でない者、つまりイスラエル民族以外の者という意味である。一方、イスラエルは回復される。

救う者たちがシオンの山に上って、エサウの山を裁く。
こうして王国は主のものとなる。（二一節）

ここには神についての肯定的な普遍主義的考え方の影はない。ユダヤ教の中に普遍主義的な方向への展開があっても、それは民族主義的立場が消えることを意味していない。

ヨエルについても、ヨエル書の言葉以外に直接の資料はなく、旧約聖書の他の文書では言及されていない。成立時期を確定することも困難だが、テキストのさまざまな徴候から前四世紀初め頃のものと考えられている。

ヨエル書（全四章）は、一―二章と三―四章の二つの部分に分けることができる。前半では蝗の大発生という事態を前にして、終末の近いことが感じられる。

ああ、恐るべき日よ。
主の日が近づく。全能者による破滅の日が来る。（一・一五）

主の日が来る、主の日が近づく。（二・一）

預言者は、民が神に立ち返って、聖なる集会をもつようにと命じる。すると神は慈しみを与える。このことを通じて、民は神を知るようになる（二・一二―二七）。

前半（一―二章）と後半（三―四章）では雰囲気がかなり異なっているので、両者をどのように結び付けて考えるべきかは難しい問題である。異なった預言者の言葉であるとする説も存在する。いずれにしても後半でも「主の日」の状況が問題となっている。三章においては、主の日に大災害が生じる前に、神は霊を注ぐとされている。

私はすべての人にわが霊を注ぐ。（三・一）

主の名を呼ぶ者は皆、救われる。（三・五a）

これまでは民全体が神と直接結ばれるということは、基本的には考えられなかった。何らかの制度（王や神殿）、特別な人物（預言者など）を通じて与えられた言葉やしるし、また神の権威によって定められた掟などが、神と民とのコミュニケーションの仲介の手段だった。したがって霊が「すべての人」に注がれるということが想定されていること、これはまったく新しい事態である。神と民とのこのような全面的な霊による繫がりが可能になるならば、その他のあらゆる地上の制度の権威が相対的に低くなる、あるいはまったく意味がなくなる、ということになりかねない。ヨエルの文脈では、これは主の日の大災害が生じる前に生じるとされている。このような切迫した状況が想定されているからこそ、地上の制度をすべて相対化するこうした根本的に新しい考え方が生じてきたと思われる。

終末のモチーフは前五世紀前半の預言者であるマラキにも認められる。これは一方では、神殿が再建され、聖書の正典化が始まって律法が整備されて、ユダヤ教が日常的な敬虔のレベルに終始し始めたこと、また大帝国の支配が揺るぎなく続いて政治的・軍事的な面でのイスラエルの復興がますます非現実的なものとなってきたことが大きな原因となっていると思われる。こうしたことを背景にして終末思想が本格的に展開することがなければ、さまざまな制度を越えた普遍主義的な神の考え方が展開することも困難だったと思われる。そしてさまざまな制度を越えた普遍主義的な神の考え方が展開することによって、キリスト教の出現が準備されることになる。

しかしヨエルにおいては、「すべての人」はまだ民族主義的にとらえられていると思われる。右の三章の引用に続く四章では、「諸国民の裁き」について述べられており、そこではユダヤ民族の繁栄の回復が合わせて問題とされている。こうした文脈を尊重するならば、三・一の「すべての人」はユダヤ民族のことと了解すべきだろう。

しかし右で引用したテキストを含む三・一—五のテキストは、キリスト教に大きな影響を与えた。使徒行伝二・一七—二一でこのテキストは、ペトロがエルサレムで行ったとされる最初の演説で引用されている。ただし5b節の「シオンの山、エルサレムには逃れ場があり、主が呼ぶ残りの者はそこにいる」という部分は、ペトロの演説では引用されていない。このテキストの正確な意味を確定することは難しいが、いずれにしても救いがエルサレムだけにあまりにはっきりと結び付けられているためと思われる。キリスト教はユダヤ教から、受け入れ得るものだけを受け入れているのである。

「律法」の成立

「律法」(モーセ五書)は、ペルシア宮廷の高級官僚であるユダヤ人のエズラが中心となって編集活動が行われて成立した。彼はペルシア当局によって、パレスチナに派遣される。エズラがエルサレムに着いた年代は既に指摘したように、前三九八年か、あるいは前四五八年か、はっきりしない。

ネヘミヤ記八章には、「モーセの律法の書」(八・一)ないし「律法の書」(八・三)を民の前でエズラが読み上げるという場面が記されている。この出来事の年代も確定するのは難しい。前四世紀初め頃とされることが多いようだが、それよりも早く、前五世紀半ば頃とされることもある。そしてこの時に読まれた文書が、「モーセ五書」にあたるものなのか、それとも他のおそらくもっと小規模な文書なのかもはっきりしない。エズラを巡る問題については、資料が少なく、また存在する資料も必ずしも整合的でなく、はっきりしないところが多い。

「モーセ五書」がどこで編纂されたのかも、微妙な問題である。当時の状況の基本的な理解としては、パレスチナのユダヤ人たちは貧しく、社会的組織もまだ整備されず、文化的にも大規模な作業を行うのは困難だったと思われる。ネヘミヤやエズラが派遣されて、パレスチナのユダヤ人社会を堅固に組織化する事業を行わねばならなかった。これに対してバビロンに残ったユダヤ人たちの状況は、かなり落ち着いたものだったと考えられている。捕囚期から捕囚後にかけての時期に作られた祭司資料は、バビロンのユダヤ人たちによって作られたのである。エズラ記七章の記述によれば、エズラは「イスラエルに対する主の戒めと掟の言葉に精通」している者とされている（七・一一）。このような学者が出現するのは、パレスチナではなく、バビロンでなければならなかった。また派遣された時にエズラは、すでにある程度まとまった文書を携えていたとされている（「あなたにゆだねられた神の律法」エズラ七・一四）。ここで言及されている「律法」が、すでに完成された「モーセ五書」なのかどうかも決め難いが、モーセ五書の編集作業のかなりの部分がバビロンで行われたと考えた方が現実的だろう。

モーセ五書の編纂に際してエズラの手元には、次のような資料があったと考えられる。

ヤーヴェ資料

エロヒム資料（以上の二つは一部既に融合していたかもしれない）

申命記資料

祭司資料とレビ記

その他の独立した資料（特に、帰還後に祭司たちが執筆したと思われる犠牲と祭りに関する掟）

エズラはこれらを一つに纏める。そしてすべての者（ユダヤ人とサマリア人）に、ペルシア帝国の権威に基礎をおいた法律として「天の神の律法」（エズ七・二一）を課する。

こうして聖書の核であり、第一部であるところの「律法」（トーラー）が成立する。この「律法」がなぜ正典性を獲得することになったかについては、本章の冒頭で説明を試みた。簡単に述べるならば、ペルシア帝国の強大な権威が背景にあったからである。ここではなぜモーセ五書のような内容のものができることになったのかについて、考察を試みることにする。しかし編纂者や、彼らの作業の結果生じた文書をともかくも支持した当時のユダヤ人の考え方を推し測るのは困難なので、実際にはモーセ五書のような内容のものが正典というべき絶対的権威あるものとして成立することの意義ないし意味について考察してみるということになる。

モーセ五書の正式の名称は「律法」である。しかしこの名称は、いささか戸惑いを与えるのではないだろうか。「律法」ならば、掟集とか法律集といったようなもの、すなわちさまざまな規定が並べられたものではないかとまず考えるのが常識的かと思われる。しかしモーセ五書は全体として、ユダヤ人たちの遠い過去の物語になっている。つまり天地創造からモーセの死にいたるまでの物語になっている。この中にはさまざまなジャンルのテキストが含まれており、そこには掟集のようなものも少なくない。しかしそれらの掟集はあくまでモーセ五書の一部であって、全体が掟集であるのではない。これはやはり奇妙なことだと考えるべきではないだろうか。

古代の中近東の伝統において、民族を律するために掟集を作るといったことは珍しくなかった。またユダヤ民族も、十戒や中命記などの掟集を既にあれこれと作った経験をもっている。したがってエズラの編纂作業において、「律法」として掟集のようなものを作るということは、意識的に避けられたと考えるべきだろう。

エズラが民の前で朗読した文書は、「モーセの律法の書」（ネヘミヤ八・一）と呼ばれている。モーセ五書が過去の物語になっているということに関して、「律法」の全体がモーセを著者とする体裁がとられていることに注目することから考えてみる。このモーセの著者性には、かなり無理がある。しかしあえてモーセが著者とされ、この立場がかなり早くから存在した。モーセ五書成立の当初から、もしかしたらモーセ五書全体がまだ出来上がらず、民に対してはその一部だけが課せられていた段階があるかもしれず、そうした段階で既にモーセが著者とされていたかもしれない。

モーセは当時のユダヤ人にとっても過去の人物であり、モーセを著者とすることで「律法」が古くから存在したものだという体裁をとることができる。古くからあるものは良いという考え方にうったえて文書の権威を確保するという機能は、モーセの著者性に関しては、やはり重要な要素だと思われる。しかもモーセはユダヤ民族にとってこの上なく重要な出エジプトの出来事の際の指導者である。

モーセを著者とすることの効用がたいへん高いということはこれで了解することができるかもしれない。けれどもまだ問題が残っている。一つの首尾一貫した大きな捉集をモーセが作ったということにして、それを発布するということにしてもよかったかと思われる。しかしそうではなく、物語形式の文書が作られた。なぜだろうか。

ここでエズラの使命がどのようなものだったかが重要になる。エズラの使命の一つは、ユダヤ人たちをペルシアの権威におとなしく従うように組織化するということである。このことの関連で重要になるのが、ユダヤ人たちが内部で反目し合うのではなく、まとまりをもった集団となるようにすることだったと思われる。ペルシア当局側から見れば、これは支配下の者たちの社会を秩序だったものにするということだと言えるだろう。

既に長い歴史をもっているユダヤ人たちには、さまざまな流れが生じてきている。これは本書でのこれまでの検討でも明らかである。神についても普遍主義的流れと、民族主義的流れの対立がある。神殿の位置づけについても、すべてのユダヤ人が第二神殿の再建に全面的に賛成していたのではない。そもそもモーセ五書にさまざまな立場の文書が複雑に織り成されて含まれていること自体が、さまざまな伝統や立場が並存していて、さまざまな程度でそれらが相容れずに対立していたことを示している。

モーセ五書は、「書かれたもの」である。つまり口頭のものではなかった。この二つの形態——書かれたものと口頭のもの——には、大きな違いがある。さまざまな立場が対立して並存している場合に、口頭の掟ではさまざまな主張が口頭で述べられるだけで、結局のところ残るのは対立するさまざまな立場だけである。また口頭のコミュニケーションは、その場その場の状況に個別的に対応しやすく、結局のところさまざまな流れが自分たちに都合のよい部分だけを用いるということになりがちである。これに対して書かれたものを作るならば、さまざまな立場を必ずしも互いに妥協させることがなくても、とにかくそこにそれらの立場の主張を盛り込んで一つの文書を成立させれば、一応の形のある文書ができあがる。文書の内部に立場の違いがあっても、残るのは形式的に全体としてまとまりのある一つの文書である。この「一つの文書」が成立するという点が重要である。

神は一つかもしれないが、捕囚後のユダヤ人にとって、地上で一つのものは何も存在しなかった。一つの神の前でユダヤ人たちは、さまざまな点において分裂していたのである。土地も分裂している。パレスチナやエルサレムは一応のところ中心だが、バビロンにユダヤ人のかなりの規模の共同体があり、文化的にはバビロンの共同体の方が有力である。そして何よりも、エルサレムに帰らないユダヤ人たちがたくさんいるという事実が、エルサレムがもはやユダヤ人にとっての唯一の土地という地位をもっていないことを示している。

また神殿については、神殿支持派の勢力はかなり強く、そして第二神殿も結局は作られる。しかし「人の手によって作られた家に神が住むこと」に反対する勢力もある。「実際に第一神殿は破壊されたのであり、それでも神と民のつながりがあり得たのならば、また神殿を新たに建設しなければならない理由はないと主張することも可能である。しかもバビロンのユダヤ人たちは神殿があるエルサレムには帰ってこない。そして神殿の価値を絶対的としない立場も有力なものとして存在したことは、エズラによる律法の発布の儀式が神殿で行われず、犠牲の儀式も行われないことに端的に表れている。神殿が不可欠だとはされていない立場が、確固として存在していたのである。

そして王ももちろん存在していない。王国もなく、ユダヤ人たちには政治的な統一もない。

預言者たちが次々に現れて、さまざまな観点から厳しい批判の声をあげている。互いに相容れない立場が並存して、ユダヤ人たちは分裂しているのである。

こうした事態を収拾するために物語形式の一つの文書が、権威あるものとして作成されたのではないだろうか。一つのまとまった掟集では、明らかに矛盾する規定をいくつも並べてしまうことはできない。しかし物語形式ならば、物語の流れの中のさまざまな設定にさまざまな立場を組み込んで、それらが並んでいても大きな問題は生じない。それぞれの立場にそれなりの場所を与えることができる。

物語形式を採用することの効用は、これだけではない。モーセ五書は古い過去に時間・空間を設定した物語である。そしてそれぞれのエピソードが、その場その場での神の介入の結果生じた出来事として描かれている。神は実際に歴史的にしか介入しないというあり方を具体的に示すことができる。

また特にさまざまな掟は、どれも神の権威が背景にあり、それだけが独立するならば、時間・空間をこえて遵守しなければならないような形式になっている。だからこそどの掟を守ることにするかによって、ユダヤ人たちの間に相容れない対立が生じたのだと思われる。しかしそれらの普遍的かつ絶対的な遵守を求めているさまざまな掟を物語の枠内に組み込むならば、どれも神によって与えられたものでありながら、どれもが相対化されることになる。そして全体としては、過去における神の介入にはさまざまなものがあったという情報を伝える文書ができあがっている。こうした情報は、個々の掟集や伝統に忠実であろうとするために分立しているユダヤ人たちの間に一応の融和の可能性をもたらすだろう。

しかもそれだけでなく、未来における新しい展開の余地も確保できる。神は常に歴史的に介入しており、ある時に絶対的であるかのような立場が表明されても、別の時には別様に介入している。とするならば未来において神は、これまでの経験では想像もできないようなあり方で介入することもあり得るかもしれないということになる。これは「神の律法」が神のものでありながら、全体的には相対的なところがあるという、いわば驚くべき形式になっているのである。

想像を逞しくするならば、「神の律法」といったタイトルは、ペルシア当局から与えられたものなのかもしれない。正典性の議論のところで考えたように、このようなものを被支配民族に作らせることで被支配民族を強く拘束しようとする策略が背後にあったのかもしれない。しかしエズラはこれを物語の形式にすることによって、あらゆる個々の現実を越えて固定的に拘束するような掟にユダヤ人が完全に縛り付けられることを回避したのかもしれない。つまりペルシアの高級官僚であるユダヤ人エズラは、ペルシア当局の命令に表面的に従いながら、実はペルシア当局の究極的な狙いからははずれたところのあるものを作成したのである。こうしてユダヤ人には自由の可能性が残されることになった。これが可能となったのは物語形式が採用されているからである。物語は、さまざまな立場のそれぞれに場所を与えて、そしてすべてを相対化することのできる巧妙なジャンルである。
物語形式が採用されていることについては、ヤーヴェ資料、エロヒム資料、祭司資料といった主要な資料が既に物語形式だったのだから、それを継承しているに過ぎないという議論がなされるかもしれない。たしかにユダヤ人たちは、既に物語形式で民族の歴史を記録する伝統をもっていた。しかし申命記のような捏集も作っている。そしてエズラは、捏集ではなく物語形式のものを「律法」として敢えて作成したのである。単に歴史記述の伝統があったからエズラも自分なりの歴史記述を作成したと簡単には説明できない意識的な選択がエズラにはあったと考えねばならないだろう。

そして「律法」を巡る展開は、エズラの思惑通りになったと言えるだろう。まとまりのある一つの書かれたものが権威をもつことで、ユダヤ人たちの分裂が取り返しのつかないところまで至ってしまうことは避けられた（ただし後一世紀になって、この「律法」の伝統がキリスト教の分裂を招くことになる）。そして「律法」を尊重しながら、モーセ五書だけに縛られない自由がユダヤ人に確保された。モーセ五書以外にさまざまな文書が、権威あるものとして作られるようになる。また「書かれた律法」と並んで「口伝の律法」が、同じように権威あるものとして次第に成立する。こうした動きがそのまま展開したならば、たとえば仏教のように、ユダヤ教は権威ある経典を際限なく作り出して、二千年以上の年月が経つ間には、膨大な経典の蓄積が生じたかもしれない。しかしユダヤ教の聖書の正典性は後一世紀に閉じられたものとなる。また「口伝の律法」も結局のところタルムードに纏められてしまう。聖書に比べてタルムードは、はるかに膨大なものだが、これも閉じた文書になってしまっていることに変わりはない。正典を閉じたものにしてしまうことは、エズラが苦労して確保した自由を自ら放棄することを意味してしまっているかもしれない。また閉じていないことに意味があるものとして制定された律法を、どんな歴史的事情があるにしても閉じたものにしてしまうのは、もしかすると律法そのものの根本的精神の裏切りになってしまっているのかもしれない。聖書やタルムードの研究者は、既に書かれた内容を研究して議論を重ねるばかりでなく、律法の精神にかかわるこのような問題を考え直す必要があるのではないだろうか。

サマリア人

サマリア人について簡単に確認しておく。

サマリア人も、この「天の神の律法」を受け入れたと考えられている。しかしユダヤ人とサマリア人の統一は長く続かない。間もなく——おそらく前四世紀後半のアレキサンダー大王の征服の時期——に、両者は決別してしまう。

サマリア人たちはゲリジム山に自分たちの神殿を建てる。しかし「モーセ五書」も保持する(「サマリア五書」と呼ばれることになる)。モーセ五書以外の文書で、ユダヤ教の側で権威が認められるようになる文書についてサマリア人は、権威をまったく認めない。

サマリア人共同体は今も子孫がいて、毎年ゲリジムで過越の儀式が行われている。

歴代誌的歴史

ペルシア期には、「歴代誌」「エズラ記」「ネヘミヤ記」からなるいわゆる「歴代誌的歴史」も作られ始める。

最終的に出来上がるのは、おそらくアレキサンダー大王の征服以後のギリシア期、前三世紀前半頃と考えられる。作者は分からない。便宜上「歴代誌家」と呼ばれている。アダムからエズラまでの歴史を書くという壮大な野心をもった企てになっている。資料として二十ほどの書物が用いられたと考えられており、そこにはサムエル記・列王記なども含まれていた。どのような文書なのか今では分からなくなったものもある。当初は二巻だったものが、四つに分けられて、「歴代誌（上下）」「エズラ記」「ネヘミヤ記」という区分になった。

アダムからサウルの直前までは、主として系図だけが記されている（歴上一―九章）。以後、サウルの死からダビデ（歴上一〇―二九章）、ソロモン（歴下一―九章）、そして南王国の諸王の歴史と、バビロン捕囚までの歴史が記されている（歴下一〇―三六章）。北王国の歴史にはまったく触れられていない。

歴代誌は「サムエル記」「列王記」のミドラシュ（すぐ後で解説する）だと言うことができる。歴代誌家は一種の歴史神学家である。ユダヤ人の生活のあるべき姿を示すために、過去の歴史（ダビデ・ソロモンの歴史）を理想化する。そのためにアダムからダビデまでの系図を作る。都合の悪いエピソード（バトシェバの事件のようなダビデの罪、贅沢、ソロモンの偶像崇拝など）を削除する。ダビデは、神の心に従った王、神を代表する者であったという理想化されたイメージを描き出す。そしてイスラエルの唯一の真の王は神であると主張されている。神学的正統性のない北王国の歴史には触れない。神殿と礼拝の歴史を強調し、特に祭司とレビ人を重要なものとして位置づける。南王国の諸王の歴史においては、王と民が神に忠実である時は彼らは幸せであり、不忠実である時は不幸せであるとされている。単純ではあるが、地上での神の国の一つのあり方を示そうとした一つの試みだと考えることができるだろう。

ミドラシュとタルグム

テキストの変更ができない高い権威のある書物として聖書が成立する。しかし時間が経つにつれて、しかもかなり早い時期に、聖書を新しい状況に適応させねばならなくなる。古いテキストに、現在の状況の中での意味を見出すことが必要になる。

「ミドラシュ」（Midrash）とは「解釈の方法」という意味で、またその方法で執筆された作品のことである。「ミドラシュ」という語は「探求する」「研究する」を意味する「ダラシュ」（darash）に由来している。ミドラシュにおいては、テキストの文字通りの意味ではなく、もっと深い意味を見出すことが求められている。正典のテキストは神の言葉であり、その「本当の意味」、つまり「神の本当の意図」は、テキストの表面的な意味よりももっと深いところにあるとされていることから生じてくる解釈である。

しかしこうした「ミドラシュ的解釈」の正当化のための説明を、単純に肯定して受け取ってしまうことには問題がある。「ミドラシュ的解釈」はテキストの誠実な解釈のあり方としては、多くの場合あまりにも恣意的であり、元のテキストの意味のほんの一部だけを取り出してそれでテキストの全体が理解できていることにしたり、元のテキストの意味から遠くかけ離れた意味をいわば「こじつけて」いたりすると言わざるを得ない場合が多い。これを正当化するのが「深いところにある神の本当の意図」といった表現だが、そうした主張にどれほどの正当性があるかを吟味する必要があることを常に念頭においておかねばならない。「ミドラシュ」は、聖書を正典だとする立場を受け入れる一般の人々が理解したいと思う要求に合わせて考え出されて、宗教的ないし社会的に意味あるものとして受け入れられるところの「説明」だと了解するべきである。「ミドラシュ」についての学問的な解説においては、「聖書を〈宗教的意義〉において意味あるものとするものが、ミドラシュである」とされていたりする。そしてこうした「解釈」は、ユダヤ教における聖書のラビ的な用い方において認められるだけでなく、根本的にはキリスト教における教会での説教や信者向けの「信仰の書」において無数の例が存在する。聖書は十分に複雑な書物なので、聖書のどこかに記されている適当なテキストの断片から、ありとあらゆる立場を正当化できるような事態になっているのは、こうした伝統が巨大なものとして存在し続けているからである。

ミドラシュにはさまざまな分類の可能性があるが、ここではその中で「ミドラシュ・ハラカ」と「ミドラシュ・アガダ」の二種類の分類について確認する。両者の区別は必ずしも明確でないところがあるが、次のように述べることができるだろう。

「ハラカ」(halakah) は、語源的には「道」という意味であり、日々の生活の規則や掟や指針のことを意味する。したがって「ミドラシュ・ハラカ」は聖書のテキストから、こうした日々の生活の規則や掟や指針を読み出そうとする解釈だということができる。しかしこうした定義だけでは「ミドラシュ・アガダ」との違いがはっきりしない。「ミドラシュ・ハラカ」には、もとのテキストに依存している度合いが強いという面がある。そうすると、逆説的なことだが、聖書のテキストに「欠けている」とされている要素を盛り込んだり、聖書のテキストにあっても「不要だ」といった判断がされるならばそれを削ったりする。また聖書に記されているさまざまなエピソードが、聖書の別のところに記されている掟を遵守したものだと示そうとしたりする。たとえば出エジプトのエピソードについて、それらは実は申命記の掟を遵守したものだと「説明」する。また聖書のテキストの「矛盾」と思われる点を一見して矛盾がないように整合的に説明したりする。このような操作を縦横に駆使して、聖書のテキストを一般の者に「分かる」ように、あるいは一般の者に適用させるべきだとされる立場を表明しているものとして、「説明」ないし「解釈」する。

歴代誌は「サムエル記」「列王記」のミドラシュだと、右で指摘した。たとえば「もとのテキスト」であるサムエル記下一一章には、ダビデとバトシェバの事件についての記述がある。ダビデはバトシエバという美しい女性に目をとめる。ダビデは彼女を召し入れ、バトシエバは子を宿す。このバトシェバは、ダビデの家臣の一人であるウリヤという者の妻だった。そこでダビデはウリヤを激しい戦いの最前線に出して、ウリヤを戦死させる。そしてダビデはバトシェバを妻にする。このエピソードは、歴代誌ではまったく触れられていない。歴代誌では、ダビデは理想的で欠陥のない王というイメージの人物でなければならないからであり、このためにバトシェバの事件は「不要」だと判断されたことになる。

歴代誌における「ミドラシュ的」な操作として、神殿が建設された場所についての例を指摘することもできる。創世記二二・一―一九にはアブラハムがイサクを犠牲にささげようとする場面が記されている。二二・二によれば、これは「モリヤ」という土地の山での出来事とされている。ところで歴代誌下三・一では「ソロモンはエルサレムのモリヤ山で、主の神殿の建築を始めた」とされている。エルサレムの神殿がある丘ないし山は「シオン」と呼ばれることは多いが、「モリヤ山」とされているのはこの箇所においてだけである。これはアブラハムによるイサクの犠牲のエピソードに神殿を結び付けて、神殿の尊厳をさらに高めようとするための操作と思われる。

ネヘミヤ記八・七—八の描写は、既に言及したところのエズラによる民の前での律法の朗読の場面の中の一節である。一般のユダヤ人はアラム語で生活しているので、ヘブライ語で書かれている文書の朗読を聞いても分からない。そこで次のように記されている。

次いで、イエシュア、バニ、……というレビ人がその律法を民に説明したが、その間民は立っていた。彼らは神の律法の書を翻訳し、意味を明らかにしながら読み上げたので、人々はその朗読を理解した。

この箇所は「ミドラシュ」と「タルグム」が実践されている様子を伝える最初の例であるとされている。歴史的信憑性がどれほどのものであるかはともかく、聖書のテキストと一般のユダヤ人と間の関係が典型的に示されている例だと言えるだろう。一般のユダヤ人にとっては、書かれた聖書は朗読されねばならず、しかもヘブライ語が分からないので翻訳が必要であり、そして説明(「意味を明らかにする」)が必要である。聖書のテキストと一般のユダヤ人との間に介在するこうしたプロセスにおいて、聖書の「意味」として一般のユダヤ人に「理解」される内容が、もとのテキストの意味するところに比べて大きく変化する余地は十分にあったと思われる。そしてこのように「理解」された「意味」が、一般のユダヤ人の日々の生活の規則や掟や指針の基礎となったのである。

「アガダ」（aggadah）は、語源的には「語る」という意味である。「ミドラシュ・アガダ」も日々の生活の規則や掟や指針を獲得しようとするものである点は、「ミドラシュ・ハラカ」と同じである。しかし「ミドラシュ・ハラカ」の場合のように聖書のテキストを再構成するというよりも、聖書に記されているエピソードや登場人物、時にはほんの短いテキストや単語をきっかけにして、大小の教訓的なエピソードないし物語を作り出すことと理解できるだろう。この際に、さまざまな具体的かつ詳細な説明をかなり恣意的に付加し、人物像を生き生きしたものにし、寓意的解釈を加えたり、時代錯誤的になるようなことも厭わない。聞き手ないし読み手に与えようとする教訓の例話のようなものであり、規模が大きいものについては「ためになる歴史小説」のようなものと言えばよいだろうか。時代設定や場所設定は結局のところあまり重要でない場合が多い。ルツ記やヨナ書は昔の歴史的な話という体裁になっているが、歴史的な状況についての情報よりも、新しい状況での教訓が見出されることが目的となっている。これらは、ミドラシュ・アガダだと言える。キリスト教の礼拝でも、聖書のテキストが読まれた後の説教において、聴衆に親しい古今の人物の例や、同時代の人の「実話」や「例話」が、聖書のテキストの意味を理解する助けになるものとして語られることがある。これも「ミドラシュ・アガダ」だということができる。

「タルグム」（Targum）とは、基本的には聖書のアラム語での口頭の翻訳のことである。聖書はヘブライ語で記されている。しかし民はアラム語を話すようになり、ヘブライ語が分からなくなる。礼拝において聖書はヘブライ語で朗読される。それから書記がアラム語で翻訳する。しかしこの際に、逐語的な直訳をする代わりに、人々が分かるように意味を展開する。この時の「意味の説明」は、ミドラシュ的なものであって、かなり恣意的なところがある。したがって「タルグム」と「ミドラシュ」の区別は、曖昧なところがある。

右で引用したネヘミヤ記八・七―八の記述では、エズラが律法を朗読したあと、レビ人が翻訳して説明をしている。これが最初のタルグムの一つだとされている。

タルグムの元になるものは口頭のものなので、記録があまり残っていない。残っているもののほとんどが、紀元後のものである。

初期のキリスト教徒も、ミドラシュの解釈方法で聖書を理解する。またタルグムも参考にした。

タルグムの例として、民数記二四・一七のものを紹介する。ここではイスラエルがモアブと対立している。モアブの王がバラムという人物にイスラエルを呪うように依頼する。しかしバラムはイスラエルを呪うことができない。イスラエルが神に祝福されているからである。

そしてバラムも、イスラエルを祝福せざるを得ない。民数記二四・一七は、こうしたバラムに臨んだ託宣の言葉の一節である。

一つの星が、ヤコブから出る
一つの笏《しゃく》が、イスラエルから立ち上がる。

「笏」は、王の象徴である。したがって「一つの星」とはダビデのことだと思われる。サムエル記下八・二によれば、ダビデがモアブに対して勝利している。あるいはダビデ王朝の王たちのことかもしれない。彼らはモアブにとって手強い相手だった。いずれにしてもここでは、イスラエルとモアブの対立が問題となっている。

ところがタルグム(おそらく紀元後一世紀のもの)では、次のようになっている。比較が容易なように、ヘブライ語のテキストと並べて記す。

ヘブライ語テキスト	タルグム
一つの星が	一人の王が
ヤコブから出る。	ヤコブの家から立ち上がり
一つの笏が	一人のメシアが

イスラエルの家から（立ち上がる）。

イスラエルから立ち上がる。

タルグムにおいては、イスラエルから現れることになっているのは、まずは「王」とされているが、それは「メシア」だとされている。この「翻訳」ないし「説明」では、イスラエルとモアブの対立はもはや問題となっていない。紀元後一世紀のユダヤ人が待ち望んでいたのは、民ないし世界を救う「メシア」である。一般のユダヤ人はこのように聖書を理解していたのである。そしてこのタルグムは、イエスが活動した時代のものと考えられている。

そしてヘブライ語のテキストにおいて「星」が言及されていることを合わせて考えるならば、マタイ福音書二章の「東方の学者たち」のエピソードを思い出さずにはいられない。生まれたばかりのイエスに会うために東方の学者たちが、エルサレムに来る。そして次のように言ったとされている。

「ユダヤ人の王として生まれた方は、どこにいるか。私たちは東方でその方の星を見たので、拝みに来た」。（マタ二・二）

民数記二四・一七のヘブライ語のテキストおよびタルグムと、このマタイ福音書二章の「東方の学者たち」の言葉とが直接的に関係していると言うのは困難だが、タルグムの実践において「星」は「メシア」のことだというイメージが成立していたと考えるならば、両者の結びつきが生じる可能性が出てくる。

もう一つのタルグムの例として、本文への「説明の付加」がなされている場合を紹介する。この例も、創世記二二・一—一九に記されているアブラハムがイサクを犠牲にささげようとする場面に関わるものである。祭壇にイサクが縛りつけられ、いよいよアブラハムがイサクを屠ろうとする。二二・一〇には次のように記されている。

そしてアブラハムは、手を伸ばして刃物を取り、息子を屠ろうとした。

このテキストの後に、タルグムでは次のようなテキストが付加されている。

イサクは父アブラハムに言った。「私の父よ、私が暴れてあなたの捧げ物が無効にならないように、私をよく縛ってください」。アブラハムの目はイサクの目をじっと見た。イサクの目は、高いところの天使たちに向けられた。この時、天から声が下って、言った。「来て、私の世界にいるこの比類のない二人の者を見よ。一人は犠牲を捧げようとし、もう一人は犠牲として捧げられようとしている。犠牲を捧げる者は、たじろいでいない。犠牲に捧げられる者は、首を差し出している」。

イサクが自分を「よく縛る」ようにと求めているのは、自分が暴れて傷つくと、そのために捧げ物として自分がふさわしいものでなくなってしまうからである。イサクは自分が死ぬことになるに及んでも、神の掟を徹底的に守ろうとしている。迫害があっても律法を守ろうとするユダヤ人は、このイサクの例に励まされた。また自分に罪があっても、このイサクの例を神が思い出して、神が民を救うことを願った。

知恵文学

「知恵」は「よく生きる技術」である。したがって人間は誰でも、多かれ少なかれ「知恵者」である。しかし誰もが知恵文学の作品を書くのではない。

「知恵者」とは基本的には「よく生きようとする者」である。自分の生活や周りの世界において自分がよく生きるために利益となるものを発見しようとする。あるいは何が死をもたらすのかを見極めようとする。

したがって「知恵者」は人間の存在の条件について、生や死、愛や苦しみ、善や悪、神との関係、他人との関係（社会関係）といった大問題について思索する者である。人間が生きることに意味があるのか。それはどんな意味なのか。子供から大人そして老人まで、また社会のあらゆる階層の者が、それぞれが自分なりにこの思索を進める。したがって知恵は本来的に普遍的で、時間を超越している。苦しみ・死・生・愛などには国境がない。病人の苦しみや身近な人との愛の喜びなどについては、二千五百年前のバビロニアやイスラエルの人々にとっても、現代の人々にとっても共通であるところが多い。しかし普通の人の思索は曖昧である。そこで詩人や哲学者が、これらのテーマに取り組んで、作品を残す。こうしたことがイスラエルにおいても生じた。民が民として存在して以来、知恵の思索が進められた。たとえば創世記の冒頭の二つの創造物語は知恵文学の思索の表現である。

諺は大衆の知恵を短い文に表現したもので、「箴言」に集められる。また祈りは「作品」の原初形態である。「文学作品」とは神に向かって思索が迫っていくその痕跡である。しかし著作家がこうした思索の全体を取り上げて本格的に整理するようになるのは捕囚後である。知恵文学の作品がこの時期になって初めて現れるようになったからといって、知恵の思索がこの時期に始められたということになるのではない。モーセ五書が長い経験と思索から生まれたように、知恵文学の背後にも、長い思索が存在する。

しかも知恵は本来的に普遍的で、時間を超越しているので、他の文明の知恵の伝統も参考にしやすいところがある。しかし他の文明の知恵の伝統は、イスラエルにおいては唯一の普遍的な神との関連で考え直される。知恵の源泉は真実だが、それは結局のところ神である。

神との関係に入り、神との敬意に満ちた関係を維持する。この状態のことが「神の畏れ」と呼ばれることもある。
イスラエルにおける知恵者とは、まず大衆である。多くの諺が作られている。また王も知恵者である。民を治め、善と悪を見分ける。王は神の知恵を民に対して示さねばならないとされている。書記・律法学者といった知識人は、知恵を担うべき人々である。学校で組織的に学ばねばならない。また学校を営むのも彼らである。また彼らは多くの場合、宮廷の役人である。政治的知恵によって権力を維持する。小さい者・貧しい者を擁護する預言者と対立することが多い。
捕囚後の知恵者は、こうした流れのすべてを受け入れることになる。彼らの思索はおおむね人間的だが、究極的には、唯一の知恵者は神であることが認められることになる。

ルツ記

ルツ記は、五巻ある「メギロース」(Megilloth) のうちの一つである。「メギロース」とは「諸書」のうちの以下の五つの書を指す名称で、これらの書はそれぞれ特定の祭日にシナゴーグで朗読された。

雅歌　過越祭

ルツ記　　五旬祭
哀歌　　エルサレム滅亡の日
伝道の書　　仮庵祭
エステル記　　プリム祭

ルツ記はいわば小さな歴史小説であって、「ミドラシュ・アガダ」の一つである。ユダのベツレヘムの家族が、飢饉のためにモアブに寄留する。エリメレクの妻はナオミであり、二人の息子（マフロンとキルヨン）はモアブの女（オルパとルツ）を妻にする。つまりオルパとルツは、外国人の女である。しかしエリメレクとその二人の息子は亡くなってしまう。ナオミは嫁たちと別れて故郷に帰ろうとする。その際、ルツだけはナオミに従ってベツレヘムに行く。彼女は夫の親族のボアズの畑で落穂拾いをする。このことがきっかけでボアズとルツが結婚し、ルツは男の子を産む。これがオベドであって、ダビデの先祖である。

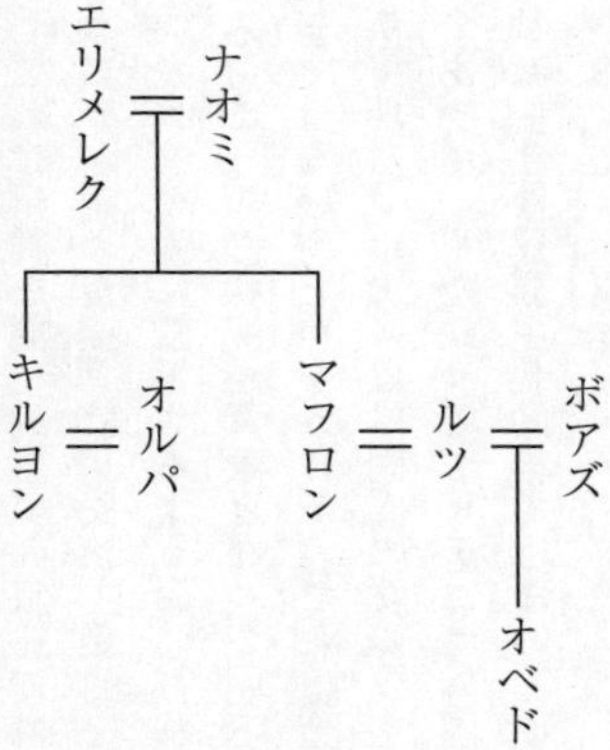

エリメレクの系図

これは単純な歴史的事実の叙述ではない。執筆されたのは前四世紀頃と考えられている。エズラが定めた掟では、民族主義的な「信仰」の純粋さを保つためには、外国人と結婚していたユダヤ人に離婚するよう命じられていた。この措置は、神の命令ということになっている。こうした状況が背景となっている。エズラの措置についてルツ記は、これは少し行き過ぎではないかと声をかける。これは聖書が包容力のある、幅のある思想を示している端的な例である。ボアズは外国人の女ルツを娶り、オベドが生まれる。オベドはかのダビデの祖父であって、したがってダビデには外国人の血が混じっていることになる。ルツ記の立場では、神は偏狭な民族主義的神ではないということになる。

ボアズはこうしてルツをめとったので、ルツはボアズの妻となり、ボアズは彼女のところに入った。主が身ごもらせたので、ルツは男の子を産んだ。(四・一三)

近所の婦人たちは、ナオミに子供が生まれたと言って、その子に名前を付け、その子をオベドと名付けた。オベドはエッサイの父、エッサイはダビデの父である。(四・一七)

ダビデの祖父の母は、外国人だということになる。

この立場は、マタイ福音書とルカ福音書のイエスの系図でも継承されている。マタイ福音書では特にルツの名が挙げられている。

サルモンはラハブによってボアズを、ボアズはルツによってオベドを、オベドはエッサイを、エッサイはダビデ王をもうけた。ダビデはウリヤの妻によってソロモンをもうけ（……）（マタイ一・五―六）

（……）メレア、メンナ、マタタ、ナタン、ダビデ、エッサイ、オベド、ボアズ、サラ、ナフション、（……）（ルカ三・三一―三二）

ヨナ書

ヨナ書も、前四世紀頃に成立したと考えられている。十二小預言書の一つとされているが、他の小預言書のように預言者の言葉を集めたものではなく、預言者ヨナの物語になっている。そして歴史的出来事を語るという体裁になっているが、基本的には創作物語であり、「ミドラシュ・アガダ」の一つである。

この物語はアッシリアが支配している時代という設定になっている。アッシリアの都ニネヴェは滅亡するという預言をするようにと、ヨナは神に命じられる。しかしヨナは神の命令に従おうとはしない。ニネヴェは東にある。しかしヨナは西に行こうとする。神が異邦人のためにも介入することが気に入らないからであり、自分は異邦人のために働きたくないからである。主の前から逃げようとしてヨナは、地理的に移動するだけでなく、舟底に、眠りに、海の中に逃げて行く。しかし神は巨大な魚でヨナを捕まえる。ヨナは魚の腹の中に三日三晩とどまる。そして陸に吐き出される。預言者が神の命令を嫌って逃げる、ということがあり得ることになる。

再び神の命令を受けてヨナはニネヴェに行き、都の滅亡を預言する。ニネヴェの住民は悔い改め、このために町は滅ぼされない。このことがヨナには不満である。ヨナは都がどうなるかを見届けるために、都の東に座り込む。そこで神は一日で木を成長させてヨナの頭の上に陰をつくる。ヨナはこれを喜ぶ。しかし神は翌日には、この木を枯らせてしまう。ヨナは木を惜しんで怒り出す。神はヨナに、次のように言う。

「お前は、自分で労することも育てることもなく、一夜にして生じ、一夜にして滅びたこのとうごまの木さえ惜しんでいる。それならば、どうして私が、この大いなる都ニネヴェを惜しまずにいられるだろうか。そこには、十二万人以上の右も左もわきまえぬ人間と、無数の家畜がいるのだから」。(四・一〇―一一)

ここには普遍主義的な方向の態度を示す神のあり方が、ヨナの民族主義的態度に対置されている。そしてヨナは神に従わざるを得ない。ヨナ書も、エズラの時代の偏狭な民族主義的なあり方に反対する文書である。

ヨナ書では、魚の腹の中からのヨナの感謝の祈り（二・三―一〇）が有名である。この祈りは「苦難の中で、私が叫ぶと、主は答えた」という言葉で始まる（三節）。神から逃げようとするヨナが魚の腹にとどまり、そして陸に戻ることが、捕囚の状態から解放されたことに重ね合わされていることは確実である。しかしもう一つの重要な側面は、こうした運命の変化がヨナという個人の運命に重ね合わされていることから、政治的な状況の変化という意味よりも、神との関係における人の運命の変化として捉えられる傾向が強くなっていることである。この祈りには、たとえば次のような表現が含まれている。

大水が私を襲って喉に達する。深淵に呑み込まれ、水草が頭に絡みつく。
私は山々の基まで、地の底まで沈み、地は私の上に永久に扉を閉ざす。
しかし、わが神、主よ、あなたは命を、滅びの穴から引き上げた。（六―七節）

ここでは人の死や、宇宙ないし世界の深淵が問題となっている。神との関係が、人に普遍的に通用する問題として捉えられている。これは知恵文学の大きな特徴である。神の普遍性が、ユダヤ人と非ユダヤ人との区別を前提にした上で、神がユダヤ人に関わるように非ユダヤ人にも関わり得るというだけでなく、ユダヤ人と非ユダヤ人との区別を越えて人一般との神の関わりが問題にされるようになっていると言うことができるだろうか。

福音書においてヨナは、イエスにとって、悔い改めへの呼びかけの象徴であり、復活のイメージでもある（ルカ一一・二九—三二、マタ一二・三九—四一、一六・四）。

ヨブ記

ヨブ記は一種の演劇だと考えると、まずは了解しやすいだろう。限られた登場人物によって、劇的な空間が作り出されている。

現在の形は長いものとなっているが、冒頭と末尾の短い物語が枠組になっていて、この枠組の部分のみからなるものがかなり昔から存在していて、それが原型になっていると考えられている。中間部分にヨブと友人たちの対話がある。全体のだいたいの形が成立したのは前五世紀から前四世紀。しかし部分的には前二世紀頃の挿入もあるかもしれない。

ヨブは信仰深い正しい者でありながら苦しみが与えられる。これがヨブ記の中心的な問題である。これはつまるところ、神の義の問題である。

友人たちは伝統的解釈を示す。あなたが苦しむのは、あなたが罪を犯したからである。神はあなたを愛しており、神は愛するものを罰するのである。ところがヨブは、そのような解釈は受け付けない。神の沈黙を前にして、ヨブは叫び、反抗し、神をののしる。

そしてついに、神が語る。解説したり慰めたりするのではなく、神は自分の創造した世界の威厳によってヨブを圧倒する。

これは何者か。知識もないのに、言葉を重ねて、神の経綸を暗くするとは。(三八・二)

私が大地を据えたとき、お前はどこにいたのか。
知っていたというなら、理解していることを言ってみよ。(三八・四)

お前は私が定めたことを否定し、自分を無罪とするために、
私を有罪とさえするのか。(四〇・八)

ヨブは平伏する。

私は軽々しくものを申しました。どうしてあなたに反論などできましょう。
私はこの口に手を置きます。(四〇・四)

あなたは全能であり、あなたのどんな企ても妨げることはできないと悟りました。

「これは何者か。知識もないのに、神の経綸を隠そうとするとは」。
そのとおりです。私には理解できず、私の知識を超えた驚くべき業を
あげつらっていました。(四二・二—三)

神の義について人間が議論したり批判したりできると考えること自体が過ちである。神が悪いという。しかし何の基準によって、神についての価値判断をしているのか。神を退けている時に、神によって退けられているのは自分である。
ヨブ記を最後まで読んでも、なぜ悪がヨブを苦しめるのかの理由がヨブにとってはっきりしないのはたしかである。しかし反抗やののしりも、祈りである。敬虔を装った説明は意味をなさない。

主はこのようにヨブに語ってから、テマン人エリファズに言った。
「私はお前とお前の二人の友人に対して怒っている。
お前たちは、私について私の僕ヨブのように正しく語らなかったからだ。(……)」(四
二・七)

神によって非難されているのは、「あなたは罪を犯したのだから苦しんでいるのです。だ

から……しなさい」といった議論である。たとえば「友人」の一人であるビルダドは、次のように述べている。「神に対して過ちを犯したからこそ、彼らをその罪の手にゆだねた」（八・四）、「あなたが神を捜し求め、全能者に憐れみを乞うなら、また、あなたが潔白な正しい人であるなら、神は必ずあなたを顧みる」（八・五―六）。ビルダドは、何が善で何が悪なのかを自分は知っているという前提で話している。またそのような基準に沿って人の側が正しいならば、人は神を動かすことができると述べている。この立場においては人が「神のように」なってしまっている。

唯一の可能な態度は、神への信頼であり、神に忠実であり続けることである。

神が真の知恵者だ、あるいは真の知恵は神と共にある、という主張は、ヨブ記のもう一つの重要なテーマである。

知恵はどこに見いだされるのか、分別はどこにあるのか。（二八・一二）

その道を知っているのは神。神こそ、その場所を知っている。（二八・二三）

優れた知恵者もやはり不完全である。では真の知恵者は誰か。それは神であるしかない、といった思考の展開によって行き着いた結論だと考えることができるかもしれない。

箴言

「箴言」は、諺集である。いろいろな分類が提案されているようだが、ここでは次のような分類を示しておく。各部分の成立の時期も成立の状況もさまざまであり、各部分の統一性についても問題がある。

一—九章　捕囚後

一〇・一—二二・一六　最古の部分（ソロモンの時代？）

二二・一七—二四章　知恵者の言葉（エジプト起源？）

二五—二九章　一〇・一—二二・一六の補遺

三〇章　アグルの言葉（外国人知恵者の言葉）

三一章　レムエルの言葉（外国人知恵者の言葉）

古くから伝わっていたさまざまな諺や知恵の言葉が、ここに編纂されている。全体が成立したのは捕囚後の時期と思われるが、それ以上に具体的に時期を確定するのは困難である。いくつかのテーマを確認する。

神への畏れは知恵の根拠である。

主を畏れれば長寿を得る。主に逆らう者の人生は短い。（一〇・二七）

主を畏れる人はまっすぐ歩む。主を侮る者は道を曲げる。（一四・二）

主を畏れれば頼るべき砦を得、子らのためには避けどころを得る。

主を畏れることは命の源、死の罠を避けさせる。（一四・二六—二七）

すべての業は、神のものである。

人間を豊かにするのは主の祝福である。

人間が苦労しても何も加えることはできない。（一〇・二二）

主の道は、無垢な人の力、悪を行う者にとっては滅亡。（一〇・二九）

偽りの天秤を主はいとい、十全なおもり石を（主は）喜ぶ。（一一・一）

善人は主に喜び迎えられる。悪だくみをする者は罪ありとされる。（一二・二）

うそをつく唇を主はいとう。忠実を尽くす人を主は喜び迎える。（一二・二二）

以上のような言葉では、神と人との関係の問題が、単純な善と悪の観念にいささか簡単に結び付けられている。こうした民衆的な「知恵」に潜んでいる誤解が、右で検討したヨブ記で批判されていると言えるのかもしれない。

知恵には、教育の機能がある。

聡明な唇には知恵がある。意志の弱い者の背には杖。（一〇・一三）

諭しを愛する人は知識を愛する。懲らしめを憎む者は愚かだ。（一二・一）

不遜な者に対しては罰が準備され、愚か者の背には鞭打ちが待っている。（一九・二九）

女について。

豚が鼻に金の輪を飾っている。美しい女に知性が欠けている。（一一・二二）

妻を得るものは恵みを得る。主に喜び迎えられる。（一八・二二）

愚かな息子は父の破滅。いさかい好きな妻は滴り続けるしずく。（一九・一三）

いさかい好きな妻と一緒に家にいるよりは、屋根の片隅に座っている方がよい。（二一・九）

いさかい好きで怒りっぽい妻といるよりは、荒れ野に座っている方がよい。（二一・一九）

降りしきる雨の日に滴り続けるしずくと、いさかい好きな妻は似ている。（二七・一五）

いくらか長い例話のようなものが記されている箇所もある。姦淫の問題についてのリアルな描写を含むテキストを引用する（七・六―二七）。


私が家の窓から、格子を通して外を眺めていると、浅はかな者らが見えたが、中に一人、意志の弱そうな若者がいるのに気づいた。通りを過ぎ、女の家の角に来ると、そちらに向かって歩いて行った。日暮れ時の薄闇の中を、夜半の闇に向かって。

見よ、女が彼を迎える。遊女になりきった、本心を見せない女。騒々しく、わがままで、自分の家に足の落ち着くことがない。街に出たり、広場に行ったり、あちこちの角で待ち構えている。

彼女は若者をつかまえると接吻し、厚かましくも、こう言った。

「和解の捧げ物をする義務があったのですが、今日は満願の供え物も済ませました。

それで、お迎えに出たのです。あなたのお顔を捜し求めて、やっと会えました。

寝床には敷物を敷きました、エジプトの色糸で織った布を。

床にはミルラの香りをまきました、アロエやシナモンも。

さあ、愛し合って楽しみ、朝まで愛を交わして満ち足りましょう。

夫は家にいないのです、遠くへ旅立ちました。

手に銀貨の袋を持って行きましたから、満月になるまでは帰らないでしょう」。

彼女に説き伏せられ、滑らかな唇に惑わされて、たちまち、彼は女に従った。まるで、屠り場に行く雄牛だ。足に輪をつけられ、無知な者への教訓となって。やがて、矢が肝臓を貫くであろう。彼は罠にかかる鳥よりもたやすく、自分の欲望の罠にかかったことを知らない。
それゆえ、子らよ、私に聞き従い、私の口の言葉に耳を傾けよ。
あなたの心を彼女への道に通わすな。彼女の道に迷い込むな。彼女は数多くの男を傷つけ倒し、殺された男の数はおびただしい。彼女の家は陰府への道、死の部屋へ下る。

怠惰について。

怠け者は鉢に手を突っ込むが、口にその手を返すことすらしない。（一九・二四）
怠け者の畑の傍らを、意志の弱い者のぶどう畑の傍らを、通ってみた。
見よ、いらくさが一面に茂り、あざみが覆い尽くし、石垣は崩れていた。
私はそれに心を向け、観察した。それを見て、諭しを得た。
「しばらく眠り、しばらくまどろみ、手をこまぬいて、またしばらく横になる。
貧乏は盗賊のように、欠乏は盾を取る者のように襲う」。（二四・三〇—三四）

大酒について。

不幸な者は誰か、嘆かわしい者は誰か、いさかいの絶えぬ者は誰か、愚痴を言う者は誰か、理由なく傷だらけになっているのは誰か、濁った目をしているのは誰か。それは、酒を飲んで夜更かしする者。混ぜ合わせた酒に深入りする者。酒を見つめるな。酒は赤く杯の中で輝き、滑らかに喉を下るが後になると、それは蛇のようにかみ、蝮の毒のように広がる。目は異様なものを見、心に暴言をはき始める。海の真ん中に横たわっているかのように、綱の端にぶら下がっているかのようになる。「打たれたが痛くもない。たたかれたが感じもしない。酔いが醒めたらまたもっと酒を求めよう」。(二三・二九―三五)

知恵を実際に用いるだけではなく、知恵そのものについての考察、神と知恵との関係についての考察も進められるようになる。八・二二―三一には知恵が、万物の創造以前に創造された者とされている。ここで「私」とは、知恵のことである。

主は、その道の初めに私を造った。いにしえの業になお、先立って。
永遠の昔、私は祝別されていた。太初、大地に先立って。
私は生み出されていた、
深淵も水のみなぎる源も、まだ存在しないとき。（八・二二―二四）

主のもとにあって、私は巧みな者となり、
日々、主を楽しませる者となって、絶えず主の前で楽を奏し
主が造ったこの地上の人々と共に楽を奏し、
人の子らと共に楽しむ。（八・三〇―三一）

キリスト教においてイエス・キリストは神の子であり、すべてを超越して、神と共にあると考えられるようになる。またイエスは教えを述べており、したがって最高の知恵者と考えられるようになる。すると右のような「知恵は万物の創造以前にあった」という考え方と結び付いて、「子は万物の創造以前にあった」といった考え方が生じることになる。コロサイ一・一五―二〇、一コリント一・二四には、このような考え方が表明されている。

子は、見えない神の姿であり、すべてのものが造られる前に生まれた者である。

天にあるものも地にあるものも、見えるものも見えないものも、王座も主権も、支配も権威も、万物は子において造られたからである。つまり、万物は子によって、子のために造られた。(コロサイ一・一五―一六)

ユダヤ人であろうがギリシア人であろうが、召された者には、神の力、神の知恵であるキリストを宣べ伝えている。(一コリント一・二四)

イエスが「キリスト」と呼ばれることになる意味は、それ以前のメシア思想の展開についての理解がないと分からないように、イエスが「すべてのものが造られる前に生まれた」といった表現は、知恵に関する思考の展開についての理解がないと、何のことなのか分からない。

第八章　ギリシア・ローマ期のイスラエル

「帝国」と「王国」

前四世紀になると世界情勢が、再び大きく変化する。ギリシアの勢力が台頭して、広大なギリシア世界が作り出された。アレキサンダー大王の征服が行われたのである。アケメネス朝ペルシアを滅ぼし、エジプトも制圧して、またたく間にインドに迫るまでの領域が支配下に置かれることになった。パレスチナが占領されたのは前三三三年のこととされている。

これ以降、この広大な領域が基本的にギリシア文化の世界になる。それ以前のギリシア文化は、エーゲ海の周辺およびギリシア系の植民都市がある地中海の各地の沿岸地方に限られていた。この古い時代のギリシア文化（「古典的ギリシア」などと呼ばれる）と区別して、アレキサンダー大王以降の広大な領域に広がったギリシア文化は、「ヘレニズム」と呼ばれる。ヘレニズム世界・ヘレニズム帝国が成立したのである。

周知のようにアレキサンダー大王は若くして亡くなり（前三二三年）、そのあと将軍たちの間に対立がおこってヘレニズム世界はいくつかの地域に分かれるが、どこも基本的にはギリシア系の王朝が支配した。ユダヤ人との関係で重要なのは、エジプトに成立したプトレマイオス朝（首都はアレキサンドリア）、そしてシリアのセレウコス朝（首都はアンティオキア）である。パレスチナはまずプトレマイオス朝の支配下に入り、前二世紀からはセレウコス朝の支配下に入る。

これまでアッシリア帝国以来の諸帝国の興亡を見てきたが、ここで「帝国」という語の定義について簡単に確認しておきたい。さまざまな定義の仕方が可能だろうが、ここでは「王国」との対比において考えたい。

まず「王国」から考える。「王国」とは基本的には同質の者たちが集まって作っている国である。多くの場合には一つの民族ということになる。そして最高の指導者が恒常的に存在する。それが「王」である。これに対して「帝国」は、異質の者たちが集まって国を形成している場合だということができる。異質の者たちが並存しているのだから分裂するのが自然の成り行きだが、そこを一つに纏めるのである。異質の者たちとは、多くの場合、さまざまな民族や部族ということになる。多くの民族や部族を支配下におくことになるので、帝国は広大な領域を支配することになる場合が多い。これらをまとめる最高の支配者が「皇帝」である。

「帝国」というと、十九世紀以来「帝国主義」といった表現に使われたりして、たいへん悪ついては落ち着いて検討してみる必要がある。帝国支配がない状況の特徴は、多くの場合、戦争である。民族にとって、隣りの民族は敵である。いつ彼らが攻めてくるか分からない。軍備を整え、城壁をめぐらし、文化的にも宗教的にも団結を固めて、いざという時に備えねばならない。そしてこちらも隙あらば隣りの民族を襲撃しようとねらっている。こうした状況では、それぞれの民族独自の文化や宗教が発達する。民族間の交流は基本的にはあり得ない。相手はいつ攻めてくるか分からないような敵である。

たとえばある若者が隣りの民族の娘を好きになったとしよう。彼が彼女と一緒に暮したいと願ったとしても、そんなことは到底許されない。敵と血を混ぜるなどということは、裏切りである。民の長老が、最初は優しく忠告し、それでも若者が聞き入れないと、長老は顔を真っ赤にして怒り出すといったことになる。娘の方の民族の対応も同様である。それであきらめればよいが、あきらめ切れずに二人でどこかへ逃げたとしよう。どちらの民族の町にも住むことはできないので、城壁の外の荒野に逃げることになる。城壁の外は、無法地帯である。法の外に置かれるということの意味も、最近ではなかなか理解しにくいものになっているのかもしれない。誰も守ってくれない、秩序のない世界である。駆け落ちした二人は、盗賊の類か野獣に襲われて、間もなく殺されたりすることになる。帝国支配のない世界は、弱肉強食の戦々競々とした世界である。

これに対して帝国支配が成功すれば、広い範囲で平和が維持される。支配当局の立場からは、支配下で秩序が保たれることがもっとも重要である。被支配民族の間で戦争をするなどといったことは、許されない。戦争をすれば、どちらが勝つかといったことなど問題でなくなり、帝国の強力な軍隊が出動して、秩序を乱した両者が滅ぼされてしまう。したがって支配下の諸民族は、おとなしく平和裡に共存することになる。上の例の若者と娘の場合も、昔風の考え方が抜けない頭の固い長老が怒って反対しても、あまり説得力がないということになる。隣りの民族はもはや敵ではないからである。

したがって帝国支配の下では、民族間の交流が行われる。上の例のような恋愛といった要素も働くだろうが、まず重要だと思われるのは商業的な交流である。自民族のところでは数多く生産されるのでたいした値段にならないものが、キャラバンを組むなどして遠くの民族に売りに行くと、珍しいものだということで思いがけない高値で売れたりする。これは大きな魅力である。また物々交換の方法しかないのでは取引のできる相手を見つけるのが困難で、商売が不便である。価値が安定してどこでも通用する貨幣があれば、たいへん便利である。こうして貨幣経済が発展する。広く通用する貨幣制度が維持され得るのは、帝国支配のお蔭である。それでもいちいち幾つもの民族の町を訪れていたのでは、効率が悪い。他民族と商売をして儲けようという気持ちはどこの民族の商人も同じなので、そうした商人が一同に会して取引をすると効率がよい。こうして大規模な市場が生まれる。こうした市場は一定の民族的伝統にとらわれた場所でない方が都合がよいので、適当な中立の土地に市場が発達しやすいだろう。人工的に作られたエジプトのアレキサンドリアやシリアのアンティオキアなどは、こうした要求にとってたいへん好都合である。商売の必要からこうした都市に定住するようになる者もでてくるだろう。こうした都市は、帝国の軍隊や役所の常置場所としても都合がよい。またいろいろな理由で、伝統的な民族的都市に住めなくなった者、そうした都市に住みたくない者も、この中立の都市に流れてくる。大都市は一種の避難所の役目も果たすことになる。こうしてどの民族の伝統にも属さない大都市が生まれてくる。これは帝国支配下の状況の特徴の一つである。

こうした大都市の内部は、どのような状態だろうか。そこではさまざまな民族の出身者たちが暮している。商売をしている者も多いが、何をしているのか分からないような者も多い。ともあれ彼らは、一つの大きな集団を形成している。ここでは言語の問題に注目する。商売その他の活動では、コミュニケーションが必要である。その際に自分の出身民族の言葉を使ったのでは、他の者には分からない。相手の言語を習得すればよいが、相手はさまざまな民族の出身である。すべての言語を習得することはできない。そこで共通語を用いることになる。大抵の場合、共通語となるのは支配者の言語である。ギリシア語ということになる。またアッシリア帝国以来の事情があったために、アラム語も広く用いられた。

しかしコミュニケーションの問題だけが存在しているのではない。共存の問題もある。異質の者たちが集まって暮らす場合には、交流だけが問題となるのではなく、共存も問題になる。さまざまな伝統を背景にしたさまざまな人々がいる状況では、互いに分かり合うなどということはある程度のことでしかない。片言の共通語で最低のコミュニケーションは行うが、それ以上の交流は不可能だし、また余計なことである。異なった言語・文化の者たちと共に暮らすからといって、だから交流が必要だ、異文化を理解しなければならない、などと言われたりするが、たとえばごまかしの利かない言語に注目するならば、いったいいくつの言語を習得すればよいのだろうか。そこで、百歩ゆずって、共通語の習得が必要だ、そして共通語の背景となる「どこでも通用する」文化や習慣を誰もが身につけねばならない、などといった主張がなされることが現代では多いようである。しかし一つの外国語を十分に身につけることは、多くの者にとって大きな負担だし、そのことによって従来の文化がおろそかになり、多くの者が文化的な根無し草になってしまう可能性がある。最低限のコミュニケーションについては共通のものを用いることは致し方ないにしても、その他の部分については、各人・各集団が好きなように暮らすのではいけないのだろうか。互いに理解するのではなく、互いに認め合うこと、つまり共存が問題とされねばならない。このように考える者も多いだろう。これは毎日の生活のスタイルの問題である。

自分の生活については、やはり自分の民族の生活スタイルを続けることになる。しかし隣りに住んでいる人は、別の民族の出身であり、別のスタイルの生活をしている。隣りの人たちが日常使っている言語は分からない。そのまた隣りの人は、また別の生活スタイルで生活し、別の言語を使っている。こうして大都市全体としては、さまざまな生活スタイルや言語が坩堝状態になる。隣りの人に自分のスタイルや言語を強制するなどということはできなくなる。隣人の生き方は自分とは違うし、そもそも理解もできない。しかし「それでもよいではないか」と考えて、それを容認するしかない。この「それでもよいではないか」というメンタリティーは、帝国支配下の大都市の大きな特徴である。これは「コスモポリタニスム」と呼ばれている。日本語では「世界市民主義」などと訳されたりしている。この訳は直訳になっているが、誤解を招く可能性がある。「世界市民」などというと、「世界」の全体が一つの民族であるかのようで、全員が同質のメンバーでなければならないと思われかねない。しかし「コスモポリタニスム」は、まずは、さまざまな異質の者たちが互いを認め合うようなメンタリティーである。

大都市の「コスモポリタニスム」は、どことなく格好よいもののように思えるかもしれない。しかしこれには、苦しい面も存在する。コスモポリタンな状況で生活するということは、周りの人について理解できないが「それでもよいではないか」と容認して生活することである。このことは、自分も周りの者から理解されないということを意味する。片言の共通語を使ってなんとか生き延びていくことはできるけれども、誰にも理解してもらえず、大都市の中で孤独に生活するということになってしまう。

大都市に定着した第一世代の者たちは、それでも出身民族の文化や生活スタイルが身についている。しかし時間がたって世代が下がってくると、それらもだんだんと忘れ去られてしまう。そもそも血が他民族と混ざってしまうので、自分がどの民族に属しているのかもはっきりしなくなる。文化的にも共通語しか分からなくなる。どの民族に属しているというのでもなく、何人《なにじん》なのかと訊かれても、帝国の住人だとしか答えようのない者たちが溢れてくることになる。これは人々が次第に同質になってくる段階であり、こうした状況も「コスモポリタニスム」と呼ぶべきだとするならば、最初の段階の状況と区別してたとえば「熟したコスモポリタニスム」とでも呼ぶべきだろうか。しかし都市と田舎では、都市部だけでコスモポリタンな状況が速く進展する傾向がある。いずれにしてもこうした状況は、ヘレニズムの時代になって顕著に展開することになった。

シナゴーグ

既に見たようにアッシリアとバビロニアは、被支配民族の支配においてあまりに厳しく性急な同化政策を強いたので、支配下の者たちに不満がたまり、帝国全体の団結が弱体になって、短期間で帝国が崩壊してしまった。ただし共通語に関しては、アッシリアの統治以来、アラム語がパレスチナからシリア、メソポタミアにかけて広い範囲で普及して、これが長く人々によって日常的に用いられる言語となる。基本的にこの時期以降、パレスチナ、シリア、メソポタミアの一般のユダヤ人たちも日常生活においてはアラム語だけを用いることになり、この状況はイエスの時代にも及ぶことになる。

ペルシアは各民族を互いに分離して統治する方向での政策を積極的に進めたと思われる。したがって諸民族間の交流は、あまり進展しなかった。これに対してヘレニズムの帝国は、漸次的な同化政策を行い、各民族の伝統的なあり方を守る生活にあまり圧力を加えない一方で、個人としてはギリシア語を習得してコスモポリタンな生活をする方が有利になるように仕向けて、個人の自由な選択によって次第に各民族単位の団結が崩れるようにしたと言える。

こうした状況の中で、古代の多くの民族は消えてしまう。人が消えたのではない。コスモポリタンな雰囲気の中で、民族的帰属の意味が失われ、自分がどの民族に属するのかが分からない者たちが増えたのである。民族単位の文化的統一も次第に失われ、民族の神の崇拝の活動もすたれてくる。神々は忘れられて、死んでいった。

こうした中にあって、ユダヤ人のアイデンティティーは消滅しなかった。バビロン捕囚以前には、ユダヤ人たちは基本的にパレスチナで暮らしていた。バビロン捕囚からの帰還の際にバビロンに残った者も少なからずあったので、バビロンにもある程度の共同体があり、パレスチナ・バビロン以外の場所に住む者も増えてくる。ギリシア期に入ると、ユダヤ人はヘレニズム世界の各地に移り住むようになる。エジプト・シリア・小アジア・ギリシア、またペルシアまで広がっていった。パレスチナ以外に住むこうしたユダヤ人を「ディアスポラのユダヤ人」と言うことは、既に指摘した通りである。ディアスポラのユダヤ人は、都市に暮らしていることが多かった。特にエジプトのアレキサンドリアでは、ユダヤ人はかなりの割合を占めていたようである。

このディアスポラのユダヤ人を含めたところのユダヤ人は、広範囲に広がって生活していたが、全体的な民族的統一を失わなかった。ユダヤ教の中心は、やはり神殿である。そして神殿は基本的にエルサレムにある神殿一つだけである。他の場所に神殿や祭壇を作る試みもなくはなかったようだが、それらは十分に定着してユダヤ人全体から地位を認められるには到らなかった。

神殿がエルサレムのもの一つだけという状況には、問題がある。エルサレムおよびその周辺で暮らすユダヤ人は、神殿の活動に接することができるだろう。しかしエルサレムから遠く離れた場所に住むユダヤ人にとって、ユダヤ教の具体的な表れが神殿の活動だけならば、ユダヤ教なるものに接する機会がないことになる。あなたはユダヤ人だと言われても、コスモポリタンな状況で日々を暮らしているだけならば、ユダヤ人であることが何なのか、本人にも分からない。

ここで重要な役割を果たすことになるのが「シナゴーグ」である。日本語では「会堂」「集会所」などと訳されている。「シナゴーグ」はギリシア語の表現であって、この表現だけならば単純に「皆が集まるところ」といった意味で、つまり「集会所」である。しかしユダヤ教の文脈では、これはユダヤ教の集会所のことであって、キリスト教の個々の教会のようなものと考えてよい。実はキリスト教の教会は、シナゴーグの活動を真似て生じたものである。

シナゴーグは、ユダヤ人の共同体のあるところにあった。パレスチナ以外の地域では少数派であるユダヤ人が田舎に定住するのは基本的に困難なので、彼らは各地の都市に共同体をつくる。したがってシナゴーグも、各地の都市にできるようになる。

このための特別な建物があればこの上ないが、特別な建物がなくても皆が集まることのできる部屋などがあれば、それを用いることもできた。犠牲は神殿で捧げられるものなので、シナゴーグでは犠牲は捧げない。シナゴーグでは定期的に集会を行う。その集会では、聖書が朗読される。聖書はヘブライ語で書かれているので（ただしギリシア語版も権威をもつようになる。後述）、一般のユダヤ人には理解できない。そこで聖書の勉強をした先生がいて（「ラビ」と呼ばれるようになる）、朗読された箇所を皆が理解できる言語に翻訳する。そしてその聖書箇所に関連して先生が、ためになる話をする。さらに祈りをしたり、神を讃美する歌を歌い、献金が集められる。そのあと皆で一緒に食事をしたりすることもある。これは皆の親睦を深める役割を果たしている。この食事は無料なので、貧しい者に対しての小規模な社会福祉活動の機能も果たしていた。また集会以外の日に部屋が空いているなら、子供たちを集めて先生が読み書きや聖書を教えた。そしてシナゴーグに集まるユダヤ人たちは社会的相互援助の共同体にもなっていて、問題を抱えた者を援助したり、葬式等の活動を助け合って行っていた。

こうしたシナゴーグ活動を、ユダヤ人たちは、広大な地域で行っていた。特に重要なのは中心に聖書があったことである。どこでも同じテキストを中心にして神の崇拝が行われ、集団の団結が保持されていた。コスモポリタン的雰囲気が強まる中で広範囲に広がっていたユダヤ人全体の纏まりが長い間維持されるといったことは、聖書を中心にしたこうしたシナゴーグ活動なしでは不可能だった。

しかもシナゴーグ活動は、非ユダヤ人の者たちにかなり魅力的に映ったと思われる。古代の人口について知ることは難しいが、紀元後一世紀のローマ帝国においてユダヤ人は、パレスチナのユダヤ人も含めて、帝国の全人口の一割ほどだったらしい。ユダヤ人は少数派だが、かなりの大きな勢力になっていた。このような状態は、パレスチナとバビロンにいたユダヤ人の子孫が増えたということだけでは到底考えられないという。非ユダヤ人でユダヤ人になった者がかなりあったと考えられている。非ユダヤ人はユダヤ教徒になることができ、ユダヤ教徒はユダヤ人である。

シナゴーグの集会には非ユダヤ人も参加することができた。ユダヤ教徒にはならないが、ヤーヴェについて肯定的な態度をとり、シナゴーグの集会によく参加するような者のことを「神を畏れる者」と言う。この「神を畏れる者」の中からユダヤ教徒への改宗者が出ることになる。非ユダヤ人出身でユダヤ教徒になった者を「プロゼリット」という。「プロゼリット」とは「改宗者」という意味であって、この語は特にユダヤ教への改宗者についてだけ用いられるのではないが、ユダヤ教への改宗者についてよく用いられることもたしかである。

非ユダヤ人がユダヤ教徒になるのは、簡単なことではない。単にヤーヴェを自分の神として気持ちのうえで認めればよいというのではない。割礼を受けねばならない。割礼は身体の一部を変更することなので、基本的には消すことはできない。したがって軽い気持ちで割礼を受けることはできない。またユダヤ教のさまざまな掟を守らねばならない。ユダヤ教の立場からは非ユダヤ人は救われない者なので、両者の間での交わりをもつことが難しくなる。たとえばユダヤ人は非ユダヤ人と同じテーブルについて食事をすることはできない。穢れるからである。したがって家族のうち自分だけがユダヤ教徒になるならば、以後は自分の家族と食事を共にすることさえできなくなる。またこうなると職業上のさまざまな人付き合いも難しくなり、場合によってはこれまで培ってきた非ユダヤ人たちとの人間関係をすべて放棄しなければならない。それでも多くの改宗者がいたのだから、ユダヤ教はたいへんな魅力をもっていたことになる。神学的内容の魅力もさることながら、ユダヤ人共同体の団結力も大きな意味をもっていたと思われる。コスモポリタン的状況の中で孤独に、そして何の指針もなく生きることは、やはり辛いことだったのである。

サドカイ派・ファリサイ派・エッセネ派

ギリシア・ローマ期におけるユダヤ人の状況を整理しておこう。

神殿は再建されて久しく、聖書（ユダヤ教の聖書）は権威あるものとして定着し、この両者が大きな役割を果たすようになる。神と民の間の繋がりを確保する二本の柱は、神殿と律法である。ここで「律法」は広い意味に理解されなくてはならない。書かれた律法、つまり聖書（ユダヤ教の聖書）と、口伝の律法があった。

ユダヤ教には根本的な問題があった。神の民であるはずのユダヤ人たちが異邦人の支配下にあるという問題である。バビロン捕囚以来、ユダヤ人は常に大きな帝国の支配下にあった。バビロニア帝国は滅んでも、支配者はペルシア、ギリシア、ローマと交代し、ユダヤ人が支配下にあることに変わりはない。神の民であるはずのユダヤ人が、なぜこのような屈辱的な状況に長く甘んじなければならないのか。

この問いに対して、さまざまな態度が生じてくる。神についての普遍的な考え方が重要視されるならば、異邦人支配者が強大な力をもっていることも神の遠大な計画の一つだと合理的に考えることもできるようになる。神は最終的には自分の民に勝利をもたらすのだが、現在はそれに到る前の途中の段階であると考える。これは最終的な救いを目的として神が全人類の歴史を導いているという考え方であって、「救済史」的な見方だということになる。この場合、最終的な勝利はどのように実現するのか、そしてそれは何時のことなのか、最終的勝利が民にもたらされるにしてもその「民」とは正確には誰のことなのか、全人類なのか、ユダヤ人なのか、ユダヤ人の宗教的エリートか、民族に関係なく選ばれる者なのか、等々、といったことが問題になってくる。政治的・軍事的に独立王国が再建されることを考える者もいる。帝国の強大な力を前にしてそのようなことは非現実的だと考えるならば、最終的勝利は民族の独立戦争といったことで実現するのではなく、超自然的な神の介入によって生じるという考え方も出てくる。この考え方がつきつめられると、この世はいったん滅ぼされて、「終末」が訪れ、そして新たに理想的な世界が創造されるといった「終末論」的考え方も出てくる。

このような大掛かりなことを考えない者たちも多い。彼らは基本的には神の前での義を自分たちの態度ないし行動で確保しようとする。この方向には大きくいって三つの流れがあったということができる。この三つの流れは、イエスの時代のユダヤ教を代表する三つの流れ——サドカイ派、ファリサイ派、エッセネ派——である。

神殿での活動を然るべく行っていれば神の前での義が実現されるとする流れがあった。「サドカイ派」と呼ばれる。この時期のユダヤ教の中心的な制度は、やはり神殿である。したがってサドカイ派が、この時期のユダヤ教の中心的な流れだった。サドカイ派は神殿の祭司たちを中心にしている。犠牲を中心とする神殿での儀式等をつつがなく執り行うことが、彼らの勤めだった。なすべきことをなす。それが神の前で、美しいことである。コスモポリタンな自由な雰囲気では、なすべきことなどない。何をしてもいいのである。しかし何をしても、それが真に価値があるということにはならない。何をしてみても、そうしなくてもいいことしか、していないのである。真の満足のない、不安だけの世界の中で、不安のない価値を支えるのが神殿だった。神殿は人々の尊敬を集めている。また「十分の一税」という制度があって、収入の十分の一を税として神殿に納めねばならなかったので、神殿には富が集まっていた。サドカイ派は、社会的にも経済的にも、ユダヤ人社会の上層階級だった。

しかし儀式を行っていればよいということになると、これは容易に形式主義に堕してしまう。社会的にも経済的にも心地のよい生活に慣れて、神学的厳しさを失ってしまう。しかも「十分の一税」はあちこちから送られてくるので、これが無事にエルサレムの神殿に到着するためには、広範囲の平和が維持されていなければならない。つまり安定した帝国支配の現状を認める立場に立ってしまうことになる。神の前での義を具体的に実現することが目的であるはずなのに、神の民が異邦人の支配下にあることを事実上認めるという矛盾に陥ることになる。

律法を厳密に守ることが、神の前での義を実現することだという流れも生じていた。彼らは「ファリサイ派」と呼ばれる。祭司階級出身でない知識人たちが中心だった。つまり一般ユダヤ人の中の知的エリートたちである。書かれた律法である聖書と、口伝の律法とを学んで、細々した点までその規定に従った生活を送ろうとする。基本的にすべてのユダヤ人は、律法を守らねばならない。しかしファリサイ派はこの律法遵守を、たいへん細かい点にまで及ぼし、律法の掟の意味や相互の関係について徹底的に議論をし、またユダヤ人たちがそれを守るのかどうかについて相互監視をする雰囲気を作り出していた。

律法に絶対性が生じたのは、自分たちが作った掟がペルシア帝国の強大な国家権力に結び付けられて客観的で絶対的なものとなって、遵守せざるを得なくなったためであることは、既に指摘した通りである。しかしいったん律法が絶対的なものになると、その成立の経緯は問題にされなくなり、律法は絶対的であり遵守しなければならないという構造だけが残る。これがファリサイ派においては極端化して実践されようとしていたと考えるべきだろう。ファリサイ派の律法遵守は、日常生活での手の届く範囲のものに限定されていた。日々の生活に関わる細々した規定が守られているかどうかにだけ関心が集中して、神の民が異邦人支配の下にあるという問題は無視されていた。

こうした律法主義も根本的には、なすべきことをなすのが神の前で義しいことだという立場である。政治的に危険をともなうような大問題をごまかして、日々の生活における無数の掟遵守に個々人は忙殺されてしまう。こうした立場を納得して受け入れるならば、個人的にはそれなりの満足を得られる立場である。

ファリサイ派は律法を遵守するのだから、神殿の権威も認めている。しかしやはりサドカイ派とは異なった流れだと考えるべきである。ファリサイ派的立場は、特に神殿とは疎遠な、シナゴーグのユダヤ教において大きな意味を持つことになる。

神殿の儀式は祭司たちが執り行っているので、一般ユダヤ人はいわばそれを尊重していれば十分である。しかし日々の生活における律法遵守が必要だということになると、各人の日々の生活のあり方が問題になる。守らねばならない掟があれば、それを守らない者あるいは守れない者も出てくる。律法を守ることが神の前での義ならば、それを守らない者は、神の前で義しくないということになる。彼らは「罪人」だということになる。民族宗教であるユダヤ教は民族全体を救うものであるはずだが、民族内部に「救われない者」が生じてくる。優れた人とそうでない人を区別しないところが民族としての纏まりを維持するための大原則だと思われるが、優れたものだけが宗教的にも救われるという、人の価値による宗教上の価値の区別という方向にファリサイ派的立場は立っていることになる。キリスト教はユダヤ教との論争において表面的にはファリサイ派を厳しく批判しているが、ファリサイ派における基本的なこうした問題はキリスト教の内部においても克服されていないと言えるかもしれない。

民の間に宗教的区別を認めるという点では、もう一つの流れである「エッセネ派」の方が厳しい立場を取っていた。エッセネ派は祭司階級から生じた流れである。紀元前二世紀のマカベア戦争（後述）で、ユダヤ教徒たちは一応のところ勝利をして、王朝も成立した。しかし大国の間にはさまれて、この王朝は国際的な大勢におもねる態度をとらざるを得なかった。そのような態度の宗教上の表れがサドカイ派である。祭司たちの中でこうした日和見的態度をいさぎよしとはしない流れが、神殿を中心とする一般的なユダヤ教からたもとを分かって、荒野にしりぞき、自分たちの納得のできる共同体生活を企てて生じたのが「エッセネ派」である。エッセネ派はエルサレム神殿の権威を認めず、反サドカイ派である。少数のエリートによる共同体を形成し、厳しい修行生活を送っていた。これは極端な宗教的エリート主義の立場である。厳しい修行をしなければ神の前で義ではないならば、修行しない者は神の前で義しくないことになる。しかも彼らは共同体に閉じこもって生活しているので、罪があると彼らが見なす者のあり方を正しくするために働きかけることもしない。彼らは民族宗教のあり方からかけ離れた選択肢を選んだのである。

以上の三つが、当時のユダヤ教の三つの主要な宗教的流れだとされるが、さらに政治的・軍事的な独立を目指す実際的な流れも重要である。

バビロン捕囚以来、大規模な反乱は巧みに抑えられていたが、前二世紀になってパレスチナがセレウコス朝シリアの支配下にあった時に、まず大きな事件が起こる。マカベア戦争である（前一六八―前一四二年）。セレウコス朝のアンティオコス四世エピファネスが、律法遵守の禁止やエルサレム神殿へのゼウス像の安置など、かなり強引なヘレニズム化政策を実施した。アンティオコス四世の判断は、それほど無謀ではなかった。この時にエルサレムでは大きな反対は起こらなかったのである。都市部では、ディアスポラの諸都市だけでなくエルサレムにおいても、ユダヤ人のヘレニズム化はかなり進展していた。ギリシア風のスポーツ競技場で運動をする時には全裸だったが、ユダヤ人の場合には割礼をしていることが分かってしまう。それが恥ずかしくて、割礼の跡を消す手術を受ける者が少なくなかったという。しかしパレスチナの田舎のマッタティアス（マタテア）という老祭司が、王の命令を伝える使者を殺したことから反抗が始まり（前一六八年）、長いゲリラ戦の末に結局のところシリアに対して一応の勝利をおさめて、ハスモン朝が成立する（前一四二年）。

しかしハスモン朝のあり方には、ユダヤ人の全体的支持は集まらなかったようである。特に「ハシディーム」と呼ばれる者たちの態度が典型的である。「ハシディーム」とは「敬虔な者たち」という意味で、律法を厳守し、厳しい宗教的生活を行おうとする者たちだった。マカベア戦争をユダヤ教の宗教的自由と独立を獲得するための戦いと捉えて、彼らは勇敢に戦った。ユダヤ人側の勝利は、彼らの貢献に負うところが大きいと思われる。しかしハスモン朝が成立して一応の平和が訪れてみると、新しい国は大国に挟まれて優柔不断で日和見主義的な態度を取るばかりで、宗教的純粋さも守られなかった。彼らから出たのがエッセネ派を始めた者たちで、また後のファリサイ派もハシディームが起源だとされる。

ユダヤ戦争

前一世紀になると、前六三年にエルサレムはポンペイウスが率いるローマ軍によって占領されてしまう。前一世紀半ば以降が、ローマ期である。ハスモン朝は前三七年まで形だけは存続したが、もはや実権をもたなかった。ユダヤ人にとってはこの事件も、支配者が交代しただけで、自分たちが支配されていることには変わりはないということになる。

ヘレニズム期とローマ期の違いについては、ヘレニズム期は「服従と無秩序」の時代であり、ローマ期は「服従と秩序」の時代だと言われたりする。ヘレニズム期には大規模な支配者間の争いもあったし、小規模な戦いは絶えなかった。ギリシア文化の自由な雰囲気も、こうした状態に与るところがあったかもしれない。これに対してローマはたいへん実務的で、良くも悪しくも全体的統一と秩序の維持におおく意を用いた。したがってローマの支配は、被支配民族に必ずしも歓迎されなかった訳ではない。

ローマによる支配においては、直接統治がされるところと、間接統治がされるところがあった。パレスチナのユダヤ人については、半ユダヤ人のヘロデが採用されて、間接統治を行った。ヘロデには王という称号が与えられたが、これは独立王国が成立したことを意味するのではない。ヘロデを通して、あくまでローマが支配しているのである。しかし一般民衆の側からは、自分たちには王がいるという形になっている。ローマは大規模小規模の経済的援助による懐柔政策を行う。ヘロデによる神殿の大修復工事も、その一つである。ローマがユダヤ教の神殿を修復するのではユダヤ人側には、やはり受け入れ難いところがあったと思われるが、ユダヤ人の王ヘロデが行うならば反対しにくいということになる。かなり大規模な工事になった。ローマによる征服戦争が落ち着いたあとの失業者対策という意味もあったと思われる。たいへん豪華で壮大な神殿になった。ユダヤ教の威信を高めることになった。その他にローマは、駐屯軍の隊長に、気前よく貧乏人への施しをさせたり、シナゴーグ建設の費用を出させたりして、民を愛する支配者のイメージを作ろうとした。ユダヤ人の間には親ローマ派も、一つの大きな勢力になった。彼らは「ヘロデ党」「ヘロデ派」などと呼ばれたりした。

しかしユダヤ人が独立していないという事実には変わりはない。既に見たように、ユダヤ教の宗教的に大きな流れだったサドカイ派・ファリサイ派・エッセネ派などは、政治的に介入しない立場をそれぞれに選んでいた。しかし武力をもって民族的な独立を実現しようとする過激派も存在した。彼らは「ゼロテ派」と呼ばれる。「ゼロテ」とは「熱心」という意味なので、「熱心党」と訳されたりする。少人数でナイフ程度の武器しかないのではローマ帝国の支配を覆すことは到底できそうもないのだが、彼らはそれでも自分たちの直接行動に意義があると考えていた。実際にはテロ行為を時おり行ったりしていたようである。こうした流れの中には、ローマがギリシアの勢力に代わって広大な支配を確立して行く姿を見て、そのローマにユダヤ人がとって代わる可能性があると考える者もあったと思われる。

紀元後一世紀前半には、目立つ流れとして、サドカイ派・ファリサイ派・エッセネ派・ヘロデ派・ゼロテ派があったということになる。サドカイ派が主流であり、ファリサイ派も大きな力をもっていた。しかし紀元後一世紀の半ば頃から、ユダヤ人の間に、ゼロテ派的な立場、つまり武力をもってローマの支配を覆そうという立場が大きな力をもってくる。ローマは前二世紀半ばに宿敵カルタゴを滅ぼした後、前一世紀半ばまでに広い世界を支配下におく。プトレマイオス朝エジプトが滅んだのが、前三〇年である。間もなくローマ帝国は帝政に移行し、さらに支配領域を広げる。しかし紀元後一世紀になってくると、連戦連勝で向かうところに敵なしという訳にはいかなくなった。特にメソポタミアの東方およびペルシアを支配するパルチア帝国との戦いは、一進一退を繰り返していた。ローマは無敵ではなかったのである。

ユダヤ人は、こうした国際情勢に刺激されたところもあったと思われる。後六六年についにユダヤ人のローマに対する全面的な反乱が開始される。これがユダヤ戦争である（後六六―七〇年）。ディアスポラのユダヤ人たちはほどなく抑えられたが、パレスチナでは当初の戦闘でユダヤ人側が勝利した。しかしローマ側はウェスパシアヌスを総司令官として送る。六八年に皇帝ネロが亡くなると、皇帝争いの混乱を抑えて、彼が皇帝になった。つまりローマ側はユダヤ人鎮圧のために、最高の人物を送ってきたのであり、ユダヤ人の反乱がローマにとっていかに重大な脅威となっていたかが窺われる。ウェスパシアヌスが皇帝になると、彼の子であるティトゥスが総司令官になる。ティトゥスも後に皇帝になる人物である。そしてローマは七〇年に、ついにエルサレムを陥落させ、神殿を破壊する。バビロン捕囚後に建てられた第二神殿が、ここで破壊されたのである。

既に指摘したように、ユダヤ人は少数派とはいえ、ローマ帝国の全人口の一割を占めると言われる程の大きな勢力である。反乱を起こしたからといって、ユダヤ人全員を殺してしまうことは非現実的である。生き残ったユダヤ人も、少なくなかった。ユダヤ教はこれ以降、ファリサイ派的なあり方に統一されることになる。この際に中心的な役割を果たしたのが「ヤムニア会議」であり、その中心はヨハナン・ベン・ザッカイという人物である。彼はエルサレムが包囲されている時に棺の中に身を隠して城壁の外に出され、ローマ軍の包囲を抜けて脱出に成功する。ヤムニアはパレスチナの小さな村で、ここに「ヤムニア会議」があった。「会議」と言われているが、ユダヤ人の指導方針を決定する「指導委員会」ないし「指導部」のようなものと考えた方が理解しやすいだろう。この「ヤムニア会議」の決定の中で聖書に関して重要なのが、ユダヤ教の聖書の正典の文書がヘブライ語の三十九の文書に決定されたことである。

ユダヤ戦争後のユダヤ教のあり方がファリサイ派的なあり方に統一されたのは、自然な成り行きだったと言えるかもしれない。ユダヤ戦争はゼロテ的な反ローマの立場が失敗したことを意味する。神殿は破壊されてしまったのでサドカイ派は、もはや存在意義をもたない。エッセネ派はもともと一般ユダヤ人から自分たちを切り離した流れなので、ユダヤ人全体を指導する立場には立ちようがない。ユダヤ人の親ローマ的流れは存続していた。ヘロデ大王の子孫の一人であるヘロデ・アグリッパ二世が、パレスチナ北方のペレアという地方の領主だった。しかしつい最近まで反ローマの必死の戦いを行っていたユダヤ人を、親ローマ派のユダヤ人勢力が指導するのは困難だったと思われる。しかもユダヤ戦争後のユダヤ人は、基本的にはパレスチナ以外のところに住むディアスポラのユダヤ人なので、小さな地方の一領主では管理するのが困難だという問題もあったと思われる。

したがってファリサイ派だけが残っていたのである。しかもファリサイ派は律法主義的な流れであって、日常生活における細かい掟を守ることに専念して、政治的には無関心の立場をとる傾向があった。これはローマ当局にとっても、生き残ったユダヤ人にとっても好都合だったと思われる。ローマ側にとっては、生き残ったユダヤ人が再び反乱を起こすことがないように、おとなしく生活することが望ましい。また生き残ったユダヤ人は、つい最近大きな反乱を起こして敗北した民族の生き残りであり、いわば反逆の徒だった者たちである。反乱後に生きていく上では、ローマ当局や周囲の他民族たちをできるだけ刺激しないように暮らしていたいと願っていたと思われる。

この後にもユダヤ人の一部は、二世紀前半にも、バル・コクバという人物の指導の下に、ある程度の規模の反乱を起こしたが、これも鎮圧されてしまう。ユダヤ人のパレスチナへの立ち入りは厳しく禁止され、これ以降すべてのユダヤ人が文字通り「ディアスポラ」(離散)のユダヤ人となってしまい、この状態が長く続くことになる。

一神教の内実

ギリシア・ローマ期のユダヤ教について、さらに指摘しなくてはならない点がある。前二世紀初めあたりからのユダヤ教を特に「後期ユダヤ教」と呼ぶことがある。そしてこの名称が適用されるのは後二世紀あたりまでの期間のユダヤ教についてである。第二神殿が再建され、聖書が成立して、既にかなりの時間がたっている。そうした状況において、さまざまな模索が生じ、さまざまな立場が生まれてくる。そして後一世紀に第二神殿が破壊されて、神殿がなく律法だけを中心とするユダヤ教の姿が定着するまでのユダヤ教が問題となっているとまずは理解できるだろう。この後期ユダヤ教におけるさまざまな立場として、上の説明では、神の前での義の問題に注目しながらいくつかの流れについて指摘した。

この後期ユダヤ教において、かつての多神教の脅威がなくなったことも大きな特徴となっている。預言者などが機会あるごとに批判をしていたように、イスラエルの民はヤーヴェを崇拝しながら、バアルなどの他の神々の崇拝の誘惑に陥ることがあった。しかしギリシア・ローマ期になるとヤーヴェだけが神であることが、揺るぎないことになってくる。このこともバビロン捕囚以来の状況の変化から考えることができると思われる。

バビロン捕囚以前のイスラエルの宗教には、パレスチナの領土・王・神殿があった。王国のメンバーがユダヤ人であって、ユダヤ人のアイデンティティーは政治的に定義できた。したがって民族宗教としての古代イスラエルの宗教においては、政治的にユダヤ人である者がヤーヴェを崇拝することが求められていた。このような条件においては、政治的にユダヤ人であっても、ヤーヴェ以外の神々を崇拝する者が生じることになり、そしてそのような者もそれでユダヤ人ではないということにならない。したがってユダヤ人はヤーヴェのみを崇拝するのかどうかということが問題になることになる。

バビロン捕囚以降は、右の意味におけるようなユダヤ人の政治的アイデンティティーが失われてしまう。ユダヤ人はパレスチナだけに住んでいるのではない。文化的にもユダヤ人を定義することは難しく、たとえばユダヤ人が用いているアラム語をはじめとするさまざまな言語は、他の民族も用いている。ギリシア期以降には、ギリシア語しか分らないユダヤ人も多くなる。こうした状況においてユダヤ人は政治的に定義されるのでなく、宗教的に定義されることになった。つまりヤーヴェを崇拝する者がユダヤ人だということになった。ヤーヴェを崇拝しない者は、シナゴーグの集会に参加しなくなり、血統的にはユダヤ人であっても、事実上ユダヤ人共同体から離れてしまう。このようにしていわば「失われた」ユダヤ人も少なくなかったと思われる。ヤーヴェを崇拝する者がユダヤ人だという状況では、他の神々を崇拝する者はいなくなる。こうしていわば「ユダヤ教の純化」が生じたと考えられる。

このことと相俟ってこの時期以降、預言者の活動が衰退する。その一方で神がますます超越的になって、それと同時に神と人との仲介者として天使や霊などのさまざまな仲介者的存在が現れてくる。こうしたことと、ヤーヴェ崇拝が右のような意味で純化したこととには密接な関係があると思われる。

預言者は、民におけるヤーヴェ崇拝のあり方に問題が生じた際に、その問題を神の権威をもって批判するのが主な務めだった。しかしヤーヴェ崇拝が基本的に揺るぎないものになると、基本的なレベルでは批判すべき問題がなくなってしまう。もちろん神と人の関係には、それでもさまざまな問題はある。しかしヤーヴェを崇拝する者がユダヤ人であることの条件になると、神と人との関係に問題があっても、それは民の指導者の問題ではなく、いわば神と各人の問題であることも多くなってくる。こうした状態においては、神と人との関係の問題は多様なものとなる。預言者の活動は、ある特定の人物に神が特別に臨んで批判の視点が与えられることによって生じる。しかし神と人との関係の問題があまりに多様なものとなってくると、ユダヤ人全体について預言者というような単独者が適切な忠告を与えることが難しくなる。神と人との関係の問題は、個々人のレベルでそれぞれ対処せざるを得なくなる。本書では神が歴史のさまざまな流れのさまざまな具体的な状況の中で、異なった介入をするということを強調してきた。一言で述べるならば、神の介入は多様だということである。しかし神と人との関係の問題が多様なものとなるということは、神の介入の多様性が、歴史的に多様であるばかりでなく、小さな集団や個人のレベルで多様になるということも意味する。しかし無数の小さな集団や個人が、自分にとっての神がヤーヴェだと主張することを許すならば、無限に多様なヤーヴェ観が存在することになって収拾がつかなくなってしまう。神の介入の具体的な多様性を容認し過ぎると、神の統一性が脅かされることになる。この危険を回避するために、神についてみだりに直接的に語らないことが強く要求されるようになったと思われる。このことは神が次第に超越的になることの背景として、重要な要因の一つである。

ところが神があまりに超越的になると、神のさまざまな具体的介入について了解できなくなる。知識人は律法についての思索や、知恵ないし哲学的な思索によって、神以外の超自然的存在を想定することを避ける傾向にあった。しかし一般の者は、もっと具体的なものを求めるようになる。ここに、神と人との仲介者として天使や霊などのさまざまな仲介者的存在が現れてくるという現象が生じてくる原因があるだろう。異教のさまざまな神々や超自然的存在についての考え方に影響されながら、神の直接的かつ具体的な個々の介入はこうした仲介者が担うことになる。

しかしこうして神以外の超自然的存在が認められるようになると、これも一種の多神教への傾斜ではないかということになってしまう。この問題を避けるために、天使などはあくまで神よりも下位に位置するものとされる。したがって天使などは、神と対等な立場で人々の崇拝を集めるのではなく、究極的な崇拝は神が対象でなければならないといつでも確認できることになる。しかし実際には、神以外の存在が崇拝の対象になっていることもたしかである。

紀元後一世紀末にユダヤ教が律法主義に一本化された際には、こうした天使崇拝などを更に徹底的に排除する配慮も含まれていたのかもしれない。

ここで用語について若干整理しておく。「ポリテイスム」は「多神教」と訳され、「モノテイスム」は「一神教」と訳されていて、この区別は比較的よく理解されていると思われる。しかし神が唯一であることが確定したはずの後期ユダヤ教には、天使や霊が存在しているし、「一神教」であるはずのキリスト教にも、天使崇拝や聖人崇拝の伝統が残っている部分がある。また近代以降の、宗教的な偉人崇拝、また世俗的な偉人崇拝なども、こうしたメンタリティーの名残かもしれない。これに対してイスラムでは、神以外の超自然的存在を認めないという点ではかなり徹底的だと思われる。

こうした現象を区別して呼ぶために、「ヘノテイスム」という用語を加えると便利である。「ヘノテイスム」という語は、ギリシア語の「一」を意味する「ヘイス」という語の変化形が接頭辞になったものが「テイスム」（神論）に付け加わっている。この「ヘノテイスム」は「唯一神教」と訳すべきかと思われる。これに対して「モノテイスム」は「一神教」である。つまり「モノテイスム」では、最高のものとしては一つの神しか認めないが、その他の超自然的存在を認めないのでもない。これに対して「ヘノテイスム」では、最高の一つの神以外の超自然的存在をまったく認めない。こうした用語の定義からは、後期ユダヤ教やキリスト教は「モノテイスム」だが、「ヘノテイスム」にはなり切っていないということになる。

それから「ポリテイスム」（多神教）と呼ばれるものも、もう少し厳密に観察するならば、さまざまな神々が全体として認められているようでも、崇拝の活動の個々の場合には「モノテイスム」的なアプローチが現実のものとなっているということが指摘されている。全体として多神教でも、ある町はある一つの神を中心的に崇拝し、別の町は別の神を中心的に崇拝したりしている。またたとえば豊作を願う場合には、豊穣の神に対して儀式を行い、戦争に際しては戦いの神に対して儀式を行うといったことは、むしろ普通である。したがって「モノテイスム」と「ポリテイスム」の区別は、実はあまりはっきりしていないところがある。

このように考えると、キリスト教はユダヤ教を多神教的に受け継ぎ、イスラムはユダヤ教を唯一神教的に受け継いだといった観察は、かなり適切なのかもしれない。

ギリシア・ローマ期のイスラエルについて、年代を追って簡単に確認する。

前三三三年、アレキサンダー大王によるパレスチナ征服。

前三三二年、エジプトのアレキサンドリア建設。

前三二三年、アレキサンダー大王没（三十三歳）。

大王は広大な帝国を建設し、ギリシア風の都市を幾つも建設する。以後、基本的にはギリシア語（コイネ）が共通語になる。


【プトレマイオス朝下のイスラエル（前三〇五—前一九八年）】

大王の死後、ディアドコイと呼ばれる将軍たちの勢力争いの時期がしばらく続き、大王の帝国はマケドニア・エジプト・シリアの三つに分裂する。

前三〇五年、パレスチナはエジプトのプトレマイオス王朝（ラゴス王朝）の支配下に入る。

ヘレニズムの帝国は、それぞれの被支配民族の独自性をある程度尊重する。

イスラエルはエズラが定めた体制で存続することになる。

ユダヤ教の三つの中心地は、バビロニア・エジプト・パレスチナである。

バビロニア。詳しいことはあまり分からない。数世紀後に「バビロニア・タルムード」ができる。

エジプト。アレキサンドリアに大きなユダヤ人共同体ができる。イエスの時代には、人口の五分の一を占めていたという報告がある。「七十人訳聖書」が作られる。ユダヤ教とギリシア思想(プラトン主義)の融合が試みられる。この企てを行った代表的な学者が、アレキサンドリアのユダヤ人で、ギリシア語で執筆したフィロン(後一世紀前半)である。

パレスチナ。ギリシア文化(ヘレニズム)に惹かれる傾向と、ユダヤ教の伝統に忠実であろうとする傾向が分裂する。後者では、掟を守ったり、伝統的儀礼を繰り返すだけでなく、ユダヤ教においても人間的解放はあり得ることを示そうとする試みも行われる。ここから「コヘレトの言葉(伝道の書)」「トビト記」「シラの書(集会の書)」などが生まれる。

【セレウコス朝下のイスラエル(前一九八—前一六四年)】

前一九八年、セレウコス朝シリアが、パレスチナを占領。

セレウコス朝は、ユダヤ人にギリシアの文化と宗教を強制しようとする。ユダヤ人のヘレニズム化は既にかなり進んでいたが、それが暴力的に達成されようとした。

前一六七年、アンティオコス四世が、ユダヤ人の特権を取り消し、安息日遵守と割礼を禁止する。神殿にゼウス像を建てる(ユダヤ教の側からは「憎むべき破壊者」と呼ばれる)。大祭司の中には、これに反対しない者もいた。

【マカベア戦争（前一六八―前一四二年）・ハスモン朝（前一四二―前三七年）】

アンティオコス四世の強硬な同化政策に対して、律法を守るために死を受け入れる者も多数いた。リダに近い小さな村モディインの老祭司マタテア（姓はハスモン）が、偶像に犠牲を捧げることを強制しようとした王の官吏を殺害。彼とその五人の息子（ヨハネ、シモン、ユダ、エレアザル、ヨナタン）はゲリラ戦を行う。最初に指導者となったのがユダ。彼の渾名が「マカベア」（ハンマーのような男）。指導者の家族はこの名で呼ばれる。

前一六四年、シリアの正規軍に対して勝利。十二月に神殿での儀式が再開される（「宮潔めの祭り（ハヌカ）」）。しかし戦いは続く。ユダは没し、残ったシモンが前一四二年に王となり、ハスモン朝が成立する（後に「マカベア朝」とも呼ばれる）。

しかし小国の独立は難しく、シリアの影響を退けきることができない。ユダヤ教の純粋さを守ろうとする者の満足する状態ではなくなる。

【ローマ期（前六三年以降）】

前六三年、ポンペイウスによりエルサレム陥落。

マカベア戦争の時期のハシディーム（敬虔な者たち）から、サドカイ派・ファリサイ派・

エッセネ派が生まれる。

ギリシア期の預言者（第二ゼカリヤ）

ゼカリヤ書は全十四章のうち一—八章はペルシア期の預言者ゼカリヤのもので、残る九—一四章はゼカリヤのものではないと考えられており、便宜上「第二ゼカリヤ」と呼ばれている。内容から、ギリシア期の前三世紀—前二世紀に成立したと考えられている。

ペルシアを倒したアレキサンダー大王は、希望のしるしと考えられた。しかしゼカリヤは、根本的変化は神からしか起こらないと述べ、「メシア的な希望」を再確認する。メシア（「聖なる油を注がれた者」）によって、神がいつか支配を確立する。ゼカリヤの描くメシアのイメージは、王としてのメシアであり、ダビデの子であり、神の子であり、苦しみの僕である。

以下の四つのテキスト（九・九—一〇、一一・四—一七、一三・七—九、一二・一〇—一三・一）はどれもキリスト教徒によってイエスにあてはめられている。

へりくだった平和的な王であるメシア（九・九—一〇）

娘シオンよ、大いに踊れ。娘エルサレムよ、歓呼の声をあげよ。
見よ、あなたの王が来る。彼は神に従い、勝利を与えられた者、

高ぶることなく、ろばに乗って来る。（九・九）

九・一―八のテキストはおそらく、前三三三年のアレキサンダーによるパレスチナ・エジプト侵攻の描写である。しかしアレキサンダーはメシアではない。地上の権力者のように馬とか戦車といった立派な乗り物には、メシアは乗ってこない。謙虚なロバに乗ってくる。これはイスラエルの父祖の乗り物である（参照、創四九・一一、士五・一〇）。イエスもエルサレム入城の際ににロバに乗る（マルコ一一章、マタイ二一章、ルカ一九章、ヨハネ一二章）。このモチーフは、ゼカリヤ九・九―一〇のイメージ故に生じたと考えるべきである。

民によって売られた羊飼い（一一・四―一七、一三・七―九）

まず一一・四―一七のテキストを見ていただきたい。このテキストは分かりにくい。おそらく次のようなアレゴリーかと思われる。「羊」は民。「羊飼いたち」は王、大祭司。「商人」は偽預言者や悪い祭司であって、民を敵に渡す者。「退けられる三人の羊飼い」は三人の大祭司（？）。「〈一致〉〈好意〉の杖を折る」は過去に受けた侵略、また南北の王国の分裂やイスラエルとサマリアの分裂のこと。全体として過去の出来事を示唆しながら、そのことを通じて現在の状況を理解しようとしていると思われる。

王や大祭司は民を憐れまない。そこで、神も民を救わないことにする。神を代表して民や世界を管理しなければならない者たちは、務めを然るべく果たしていない。神は諸国民との契約も無効にする。

災いだ、羊を見捨てる無用の羊飼いたちは。（一一・一七）

一一・四―一七では「悪い羊飼い」について記されている。これに対して一三・七―九では「良い羊飼い」が問題になっていると言えるかもしれない。

剣よ、起きよ、私の羊飼いに立ち向かえ（……）
羊飼いを撃て、羊の群れは散らされるがよい。
私は、また手を返して小さいものを撃つ。（一三・七）

彼がわが名を呼べば、私は彼に答え、
「彼こそ私の民」と言い、
彼は、「主こそ私の神」と答えるだろう。（一三・九）

一三章の羊飼いの運命は、イエスにあてはめられている（マタイ二六章）。

また一一・一二では「私」（＝預言者）に、銀三十シェケルが支払われる。この金額は、奴隷一人を買う金額だと言われている。つまり預言者を奴隷程度のものとしてしか評価していないことになり、これは預言者を嘲る行為である。ユダに与えられた金額が「銀貨三十枚」とされているのは、このイメージから由来していると思われる（参照、マダイ二七章）。

刺し貫かれた神（一二・一〇―一三・一）

私はダビデの家とエルサレムの住民に、憐れみと祈りの霊を注ぐ。
彼らは、彼ら自らが刺し貫いた者である私を見つめ、
独り子を失ったように嘆き、初子の死を悲しむように悲しむ。（一二・一〇）

これはたいへんに特異な託宣である。神自身が刺し貫かれるとされている。しかも神を刺し貫くのは「ダビデの家とエルサレムの住民」だとされている。しかも意外な結果が生じる。

その日、ダビデの家とエルサレムの住民のために、
罪と汚れを洗い清める一つの泉が開かれる。（一三・一）

贖罪のテーマが、「泉が開かれる」というテーマに結び付いている。エゼキエル書四七・一に「水が神殿から湧いてくる」というテーマがある。このテキストとの関連があるのかもしれない。いずれにしてもヨハネ福音書の受難物語において（一九章）兵士がイエスのわき腹を突き刺し、すると血と水が出たとされている（マタイ・マルコ・ルカにはこの記述はない）。これは医学的な記述ではなく、神学的記述であり、第二ゼカリヤとエゼキエル書に依拠した表現になっている。刺し貫かれたイエスは神であり、泉が開かれたところ、つまり真の神殿である。イエスが新しい神殿だという考え方は、ヨハネ福音書の中心的な主張である。

ギリシア期の知恵文学

ペルシア期に続いてギリシア期にも、知恵を巡る活動が展開する。知恵はまず人のものである。しかし知恵を用いての思索が深まると、人の知恵では神を把握することが不可能だということがはっきりと感じられてくる。これと同時に「真の知恵者は神」という考え方がはっきりしてくる。

このことは単に人が知的満足が得られるかどうかという問題であるだけでなく、神の前での人の「正しい」あり方を人は知ることができるのかどうかという問題と関わってくる。図式的に分類するならば、神の前での人の「正しい」あり方を人は知ることができるという立場と、知ることはできないという立場が分かれてくる。前者は「敬虔主義」と呼ばれるべき立場であって、ユダヤ教においては後一世紀末の律法主義への収斂の時に、この立場は基本的には退けられたと考えるべきだと思われる。キリスト教においては、この点は曖昧なままに残されていると思われる。

どちらの立場でも、人が純粋に自分の知恵の能力を働かせるだけでは、神の前で人がどうあるべきかを知ることはできないとされている。しかしユダヤ教徒ならば目の前に、儀式と律法がある。これらを遵守することはユダヤ教徒の義務である。

この義務を実行すれば神の前で人は正しい、とされるのならば、人は確信をもつことができるようになる。このような立場が「敬虔主義」である。この立場では、人は自分の力で神の前で正しいという状態になれることになる。有体に言えば、人は自分は正しいと力ずくで神に認めさせているのである。したがって人は神の前で、この上なく自信に満ちた態度を取ることになる。

これと対置されるべき態度が、結局のところ本来的な律法主義だということになる。「敬虔主義」の場合も律法を遵守するので、区別が微妙に思われるかもしれないが、本質的には大きな違いがある。本来的な律法主義の立場は、次のように言うことができるだろう。たしかに儀式と律法を遵守することは義務である。しかし人が正しいかどうかは、神が決めることである。つまり人が正しいかどうかは、人が決めることではない。本来的な律法主義では、律法を守ることは人にできる最大限のことである。しかしそれで十分なのかどうかは人には分からないとされていることになる。何とも自信のない態度だが、神を前にして人が自信に満ちて威張るようなことができるものではないはずである。またこうした方向には、律法遵守だけに関心を抱くのではなく、神が人間に与えた人間的なあり方を無理に正当化することなく、素直に享受するという態度も生じてくる。

この両者の中間に位置しているというべき態度も生じてくる。神の前で人が自己正当化するというような敬虔主義的な誤りは犯したくない。しかし結局のところは自分は正しいという絶対的な確信をもちたいという想いも捨てきれない。

明らかに神に反する力の前で、人の力の及ぶ限りのところで正しい方向の態度を取り、それが死を賭すことになっても厭わないという殉教志向の傾向がその具体的な表れの一つである。殉教者本人の態度について云々することはできない。これも神が判断することである。しかし殉教を無原則に讃美する態度には、右のような傾向が認められると言えるだろう。また人の側の態度によって正当化ができないとしても、正しい者が正しいことを神が示すことはあり得るはずだということになる。つまり神の審きが現出すればよいことになる。たしかに神の審きは訪れていないかのようである。しかし実は神は既に幻という形で神の審きの様子を示したと主張されるようになる。黙示文学がこの時期に生じる背景には、こうした雰囲気が大きな意味をもったと考えられる。

コヘレトの言葉（伝道の書）

本書のタイトルは、かつての日本語訳聖書のいわゆる「口語訳」では「伝道の書」とされていたが、「新共同訳」では「コヘレトの言葉」とされている。「コヘレト」は本書のヘブライ語の題名の読みをそのまま転記したものである。「コヘレト」とは「集会」ないし「集会を司る者」という意味なので、「伝道の書」というかつての題名は元の題名の意味をある程度訳したものとなっている。

冒頭の記述（一・一）では、著者はダビデの子、すなわちソロモンとなっており、また最初の二章はこの王の生活を前提としているような内容になっている。しかし言語はラビ的であり、考え方においても捕囚以後であることはたしかで、したがって成立はおそらく前二世紀前半のマカベア戦争以前だと考えられる。

著者の立場についてはさまざまな議論があるが、おそらく自分をイスラエルの集会に参加している者の一人のように考えているのであろう。この集会で、神は義であり善であり、世界は神の計画に従って展開しているというきれい事が述べられる。しかし彼は言う。

なんという空しさ、なんという空しさ、すべては空しい。（一・二）

いわゆる「口語訳」では「空の空、空の空、いっさいは空である」という訳になっていた。これは彼が「知恵」を極めた結果生じた結論である。人間は地上において真の「満足」を得ることができるのかという観点から、彼はごまかしのない観察を行う。自分にとってのかなり直接的な「満足」を基準としているために、彼の思考は論理的にねばり強く展開するのではなく、その場その場の鋭い感想を並べるといったスタイルになっている。したがって「コヘレトの言葉」の全体が、内容の鋭い警句ないし諺を並べたような姿になっている。

彼はこの世界には神が働いていることを認めている（二・二六、三・一四、九・一）。しかし神はかなり超越的になっていて、究極的な支配者でしかない。人は神を知り尽くすことはできない。神の介入のあり方が人の理解できる範囲を越えるような場合が多いことを認めることができるばかりである。したがって神と直接に争うようなことは避けるべきである。

焦って口を開き、心せいて、神の前に言葉を出そうとするな。
神は天にいまし、あなたは地上にいる。言葉数を少なくせよ。（五・一）

しかし人には日常生活がある。地上での日常生活においては、相対的な価値の判断は可能だが、究極的な満足を得ることはできない。地上での満足については、自分の感覚や気持ちのあり方（二・二四—二五）や、人々の記憶に残るかどうかといった社会的価値の基準しかない（九・一四―一六）からである。著者は繰り返す。

なんと空しいことか、とコヘレトは言う。すべては空しい、と。（一二・八）

この文書の著者については「懐疑家」といった位置づけがなされることが多いようである。しかし著者は神の業を認めているのだから、彼は「懐疑家」ではない。こうした評価は、すべてが神の業なのだから、何でもかんでもすべてがすばらしいとしなければならないと強制しようとする勝利主義的狂信の立場からの評価である。その背後にはどんなにつまらない生活や人生も「かけがえのない価値」があるのだとして、正直な感想を述べる者を許さないイデオロギーがあり、それは近代における一面的な人間観にも支えられていると言うべきだろう。つまらないものを「つまらない」とさえ言うことができないのである。しかし著者は、堂々と正直に「つまらない」と言う。

著者の背景にあるのは、超越的になって遠ざかっていく神、被支配の屈辱的な状態に長くおかれている閉塞の状況、長い平和の中で日常生活の小さな範囲内でしか可能性のない自由、などである。それでも「すばらしい」と言わねばならないのだろうか。著者の状況とそれに対する態度は、ヨブのものと似ている。たしかに、ヨブの場合ほどには劇的ではない。しかし日常の起伏のない状況が問題とされていることで、かえって深い意味があると言えるかもしれない。

本書の末尾には、究極的な裁きは神に属すること、人の「知る」能力に限界があることが確認され、人のあるべき姿が結論的に述べられている。


書物はいくら記してもきりがない。学びすぎれば体が疲れる。すべてに耳を傾けて得た結論。「神を畏れ、その戒めを守れ」。これこそ、人間のすべて。

神は、善をも悪をも、一切の業を、隠れたこともすべて裁きの座に引き出すだろう。(一二・一二―一四)

神を畏れるべきであること、神の掟を守るべきことが、議論の余地のない絶対的な要請として位置づけられているのではなく、可能な限りでの最善のものでしかなく、その意味で相対的なことだとされていることは注目に値する。

女性について、厳しい判断が示されている箇所を引用しておく。

千人に一人という男はいたが、

千人に一人として、良い女は見いだせなかった。（七・二八）

トビト記

この文書は教訓を与えるための歴史小説のようなものであり、つまり「ミドラシュ・アガダ」である。北イスラエル王国がアッシリアに滅ぼされて、ユダヤ人が強制連行されたという設定になっていて、したがって前八世紀末ないし前七世紀前半が物語の舞台となっている。トビトはナフタリからニネヴェに連れて行かれる。トビトはエルサレムの伝統に忠実な者として描かれている。彼は失明する。若い娘のサラ（ラグエルの娘）も、不幸になる。七度結婚するが初夜の前にどの夫も死んでしまうのである。トビトの子のトビアが、このサラと結婚し、帰国して父の失明をいやす。

物語全体は敬虔主義的な因果応報の考え方で貫かれている。つまり儀式や道徳について「良い」とされる行為や心構えを維持すれば、神から必ずよい結果が訪れるとされる考え方である。敬虔主義的な態度の問題は、その構造が御利益宗教のものと同様であることである。つまり人の態度の如何によって、人に対する神の介入のあり方を左右できるとされている。上で検討した「コヘレトの言葉」の背景となっている状況と同じような状況の中で、「コヘレトの言葉」の著者が人の判断の不完全性を認めて、その限界の中で最善のものを選ぶしかないとしているのに対して、敬虔主義的立場では何が正しいのかを人が知っていると宣言してはばからない。

私トビトは、生涯を通じて真理と正義の道を歩み続けた。(一・三)

こうした考え方の枠組では、神の前での自分の罪を認めることがあっても、そこにはそのように罪を認めることが正しいからそのようにしているという面が隠れている。妻ハンナがもらってきた子山羊について、トビトは妻が盗んだものと思い込み、絶望的になって祈り始める(三・一―六)。

私はあなた(＝神)の前で罪を犯し……(三・三)

子山羊は実は盗んだものではないので、トビトは実際は罪を犯していないのである。こうしてトビトの「正しさ」が二重に強調されることになる(実はトビトは罪を犯していない、罪を神の前で認めようとする態度は正しい)。敬虔主義的な正しさは、「死を願うサラの祈り」(三・一一―一五)にも認められる。またこの祈りの中で、結婚したにもかかわらず性的交渉を夫と持たなかったことが価値あることとして考えられている。

主よ、あなたは知っている。
私がどの夫とも夫婦の関係を持たず、
清い身であることを。(三・一四)

同じような傾向は、トビアとサラが結婚した夜の寝室での祈り(八・四―八)にも認められる。性的欲望が否定的に位置づけられている。

今私(=トビア)は、この人を、情欲にかられてではなく、
あなた(=神)の意志に従ってめとります。(八・七)

目が癒された後でのトビトの讃美の祈り(一三・一―一〇)では、因果応報の考え方が繰り返し述べられている。

神の前で正義を行え。(……)
神は、あなた方を喜び迎え、
憐れむだろう。(一三・六)

癒しの実現は、つまるところトビトの「正義」が原因だとされている。神の介入は、トビトがいかに正しいかを証明する飾りのようなものになっている。

この物語では、北王国が滅びる前には、トビトはエルサレム神殿での儀式を尊重したことになっている。しかしその後は「祈り」が、神と人との関係を保証する手段になっている。祈りは人が率先して神に働きかけることのできる手段であって、こうした手段が中心的意義をもつようになることも、民衆の敬虔主義的な傾向において、神中心から人中心に関心が移行することに見合った現象だと考えられる。また敬虔主義は神と人との個人主義的な関係に関心が集中するので、この意味で男女の区別が薄らいでいることも一つの特徴となっている。

またこの物語には、天使や悪魔が登場する。こうした神と人との中間の超自然的存在が受け入れられるようになることも、この時期の民衆の態度の特徴であって、トビト記はその一つの実例になっている。

雅歌

雅歌は、特定の祭日にシナゴーグで朗読される「メギロース」(Megilloth) のうちの一つである(「メギロース」については「ルツ記」の説明を見よ)。雅歌は過越祭の際に朗読される。「雅歌」の元の題名は「歌の歌」であって、この題名の最初の「歌」は複数形である。つまり「さまざまな歌の中でもっとも素晴らしい歌」という意味である。これは神殿のもっとも聖なる場所が「聖（複数）の聖」とされたり（日本語で「至聖所」と訳されることが多い）、神が「王（複数）の王」とされるのと同じ言い方になっている。

過越祭はユダヤ教の祭りの中でもっとも重要な祭りと言ってよいので、その際に朗読される雅歌は、ある意味では聖書中でもっとも重要なものとされていると言うことさえできる。紀元後二世紀のラビ・アキバは「（聖書の）文書はすべて聖である。しかし〈歌の歌〉（＝雅歌）は聖の聖である」と述べたと言われている。

雅歌は、若者と乙女の間の愛についての詩であり、肉体的関係についても大胆に示唆されている。たとえば、

若者たちの中にいる私の恋しい人は、森の中に立つりんごの木。
私はその木陰を慕って座り、甘い実を口にふくみました。（二・三）

私は城壁、私の乳房は二つの塔。
あの人の目には、もう、満足を与えるものと見えています。（八・一〇）

また相手の女性が「妹」と呼ばれていることは特異なこととされ（四・一〇、一二、五・一）、エジプトの愛の詩にも同様な例があることが指摘されたりしている。しかし日本の愛

の歌の伝統では「妹」という表現は同じような意味で頻繁に用いられているので、日本の読者には違和感はないだろう。

最終的な成立の時期については、さまざまな説がある。とりあえず順当かと思われる説として、前四世紀あたりと述べておくことにする。

紀元後二世紀以降、雅歌についてはアレゴリックな解釈が行われるようになった。ユダヤ教では神と民の関係が表現されていると考えられ、これを受けるようにキリスト教ではキリストと教会の関係がここで表現されているとされるようになった。これはユダヤ教において律法主義が支配的になり、またキリスト教は西洋で展開したために理性で把握できない人間の生き生きした側面を無視しようとするギリシア的エリートの偏見の影響が大きかったためかと思われる。しかし最近では、こうしたアレゴリックな解釈が受け入れられないことが、専門家の間ではかなり広く受け入れられている。

(1)紀元後二世紀以前には、雅歌についてこのようなアレゴリックな解釈がなされていなかった。(2)男女の関係がアレゴリーとして、神と民の関係を表現するというあり方は、ホセア・エレミヤ・エゼキエルなどに認められる。しかしこれらの預言者の場合には、問題とされる男女の関係がアレゴリーであることが明示的に述べられている。これに対して雅歌では、表現されていることが実はアレゴリーであることはまったく述べられていない。(3)それでもアレゴリックな解釈を適用しようとすると、細部において解釈しきれない箇所があまりに数多く出てきてしまう。（4）神は人を肉体としても創造したのであり、男女の愛は肉体の美しさを見ることから始まる。こうしたテーマがこれほどはっきりと雅歌の全体にお

いて展開されていながら、それを無視する方向に解釈する正当性はない。

最後に挙げた第四点に関しては、創世記二章の物語における場面との比較がよくなされるようである。神が最初の女を人に見せると、彼は「私の骨の骨、私の肉の肉」と述べて、女の存在の肉体的な面に注目し、そしてここで初めて「女」および「男」という語が用いられている（創二・二二―二三）。そして男は女と結ばれて「一つの肉体となる」（創二・二四）。

また雅歌には次のようなテキストが記されている。

愛は死のように強く、熱情は陰府《よみ》のように酷い。（八・六）

男女の間の愛に、死のテーマが結び付けられており、これも創二―三章に認められる関係である。

創二―三章の物語は、ジャンルとしては知恵文学に属するものであり、知恵の思想がかなり展開した段階のものとなっている。このために創二―三章の物語が属するとされるヤーヴェ資料の成立の時期が、本書で一応のところ採用した前一〇―前九世紀ではなく、もしかすると捕囚記以後ではないかとされる一つの有力な理由となっている。

いずれにしても雅歌の背後には、知恵の思索が展開する背景となっている状況が典型的に存在すると考えるべきである。すなわち神が超越的となって、人が地上での人の状態を、人間的能力である知恵を駆使して思考を進めるようになっている。右で検討した「トビト記」に見られるような偏狭な敬虔主義的態度も、また「コヘレトの言葉」に見られるような人間の限界を厳しく見つめる態度も生じるが、人が肉体的存在であることを忘れずに喜びを喜びであると堂々と宣言する態度も生じてくる。このことと関連して、雅歌では「神」はまったく言及されていないこと、また愛の女神といったものも言及されていないことも、神が超越的になると同時に多神教の危機が消えることと対応した現象として注目に値すると思われる。また女性は男性に従属するものとされていた社会状況の中で、若者と乙女が対等な立場で愛を歌っていることも、知恵の伝統における男女の位置づけの特徴的な側面と考えるべきだろう。

シラ書（集会の書）

この文書は最初はヘブライ語で、前二世紀初めに記された。著者は、パレスチナに住むベン・シラ・イエスス（序言七、五〇・二七）だとされている。このヘブライ語の書物を、著者の孫が前二世紀末にギリシア語に翻訳したものが本書である。このヘブライ語のテキストは長い間失われていたが、一八九六年にエジプトのカイロのシナゴーグの「ゲニザ」（シナゴーグの古文書置き場）でかなりの部分が見つかっている。見つかった部分のヘブライ語のテキスト、それからギリシア語のテキスト、また古ラテン語版起源のヴルガタ聖書のラテン語テキストは長さも違っていて、正文批判の作業が複雑なものとなっている。現在の私たちの手元にあるテキストは、すべてがベン・シラのものでなく、後世の付加もあると考えられている。シラ書は知恵文学に属しているが、「ヨブ記」や「コヘレトの言葉」に見られたような人間の知恵の限界の問題には、著者はまったく苦しめられていない。知恵は本来的に神に属するものである。

すべての知恵は、主から来る。
主と共に永遠に留まる。（一・一）

この知恵は生まれる前から各人に与えられているとされているが（一・一四）、知恵の内容には教えによって人々に伝えて行かねばならない面があり、そしてそのような教育活動には意味がある。知恵の内容は、各人の人間的能力を駆使してあれこれと思索を巡らすことではない。それは「神を畏れること」であり、具体的には「律法」である。

主を畏れることは、知恵の初めである。（一・一四）

すべての知恵は、主を畏れることにある。
すべての知恵には、律法の実践が伴う。（一九・二〇）

これらのすべてはいと高き神の契約の書、
モーセが守るように命じた律法であり、
ヤコブの諸会堂が受け継いだものである。（二四・二三）

知恵のすべてが神に属しており、人が自分の知恵を自由に駆使する余地が認められていないことは、知恵そのものについての思索が突き詰められていることを物語っている。このことと相俟って、創造の前から知恵があったことがはっきりと述べられている。

知恵は、他のすべてのものに先立って造られ……（一・四）

この世が始まる前に私（＝擬人化された知恵）は造られた。
私は永遠に存続する。（二四・八）

この考え方は、特にヨハネ福音書一章に影響を与えている。

知恵の価値は至高のものであり、その知恵によるさまざまな教えは疑問の余地がないので、実践の際に生じるであろうさまざまな具体的問題はまったく考慮されていない。「コヘレトの言葉」にも、知恵による思索が律法主義に帰着する様子が垣間見られたが、ここでは知恵の立場からの律法主義が確立した姿を示している。

そしてこの知恵を受ける者は、幸福であることが確約されている。

主を畏れることは、知恵に満たされること、
人々は、知恵の果実に陶酔し、
彼らの家は、すべて望むもので満たされ、
そのすべての倉は、知恵の産物で満ち溢れる。（一・一六―一七）

知恵を愛する者は、主から愛される。（四・一四）

知恵に心を向ける者は、安らかに暮らす。（四・一五）

知恵を律法とすることと並んで、民の歴史に関心を示していることは、知恵文学に属する

文書としてのシラ書のもう一つの大きな特徴になっている。四四―五〇章にイスラエルの歴史の偉人の賛歌が記されている。彼らは知恵を愛し、知恵に導かれて聖なる道を歩んだ代表的な者たちである。したがってシラ書全体では、知恵は個々人の能力ではなく、律法（理論）と偉大な先駆者によって示されていることになる。律法も先駆者の例も過去に与えられたものだが、どちらも時空を超えて適用される原則である。このことは閉じられた正典としての旧約聖書の全体の姿だということもできるし、新約聖書も基本的にはこの構造を受けついでいると言うことができる。

シラ書には女性について、厳しい判断が示されている。

男の悪行は、女の善行よりましだ。
女は恥知らずで不名誉をもたらす。（四二・一四）

マカベア戦争関係の文学

マカベア戦争（前一六八―前一四二年）については、既に触れた。ここで簡単に復習する。この戦争は、セレウコス朝シリアのアンティオコス四世がギリシアの宗教を強制的にユダヤ人に受け入れさせようとしたことから始まる。前一六八年に、神殿にゼウス像を建てたことが、直接のきっかけになった。エルサレムなどでは大きな反対が生じなかったが、田舎の老祭司マタテア（姓はハスモン）が、偶像に犠牲を捧げることを強制しようとした王の官吏を殺害する。彼とその五人の息子はゲリラ戦を行う。

前一六四年、シリアの正規軍に対して勝利する。十二月に神殿での儀式が再開される（「宮潔めの祭り（ハヌカ）」の起源）。また前一四二年には、ハスモン家が王朝を立てる（「マカベア朝」あるいは「ハスモン朝」、前一四二―後三七年）。

しかし小国の独立は難しく、シリアの影響を退けきることができない。ユダヤ教の純粋さを守ろうとする者が満足できる状態ではなくなる。

マカベア戦争における抵抗は、まずは宗教的行動だった。そして短期間のうちに大帝国の正規軍をエルサレムから退けて神殿を浄めたので、宗教的熱狂が発生する。こうした雰囲気から、文学作品も生まれてくることになる。

ユディット記

この物語も教訓を与えるための歴史小説であって、「ミドラシュ・アガダ」である。原本はヘブライ語あるいはアラム語である可能性が大きいが、今は失われている。現存しているのはギリシア語のテキストである。

物語の背景となっている歴史的状況にはさまざまな時代のものが混在しており、明らかな時代錯誤がある。たとえば「アッシリアのネブカドネザルの時」という設定になっているが、ネブカドネザルはバビロニアの王である。また出来事が生じたとされる時代設定も「捕囚後」とされており、その「捕囚」の経緯も荒唐無稽である。また地理的設定もあまりにも誤りが多い。著者はおそらく故意にこうした荒唐無稽な歴史的・地理的背景を設定したと思われる。成立の時期はマカベア戦争の時期か（前二世紀半ば）、そうでないならば遅くとも前一世紀末と考えられている。

大軍に包囲されてイスラエルの民は危機的状況に陥る。しかしユダヤ人の女であるユディットはその美しさ故に、敵の将軍を誘惑して、その首を持ち帰ることに成功し、イスラエルは勝利する。勝利を決定的にしたのが女であることが強調されている（一三・一五、一六・五）。

全能の主は、女の腕をもって彼らを退けた。（一六・五）

女性を低く位置づける風潮が広がる中で（たとえば「コヘレトの言葉」「シラ書」）、これに対する抗議となっていると思われる。しかしユディットが素晴らしい功績を実現したことで示されているのは、女性にも優れた者がいることである。つまりここでは男女を問わず優れた者とそうでない者とがいるという価値基準が代わりに用いられている。また女性の美しさが敵を籠絡《ろうらく》するための手段としてしか評価されていないことは、たとえば「雅歌」における立場とは対極的である。

人の能力では神を知り尽くすことはできないこと、その知り尽くすことの出来ない神がすべてを定めることは、はっきりと確認されている。

人間の心の奥すらも見通せず、その思いを理解することもできないのに、
どうして、万物を造った神の心を探ってこれを悟り、
その考えを知ることができるだろうか。(八・一四)

現在のことも未来のことも、
すべてあなた(=神)の考えのまま。(九・五)

しかしユディットの言葉や行動には、トビト記に関して指摘したような敬虔主義的な側面が認められる。すなわち儀式や道徳について「良い」とされる行為や心構えを維持すれば、神から必ずよい結果が訪れるとされる因果応報の考え方である。ただしユディットは、トビト記の場合のように自分自身を簡単には正当化しない。祈りなどにおいてすべてを神に帰すように、かなり丁寧に気が配られている。しかしすべてが神の業だとするならば、人には自発的行動の契機がないことになりかねない。敵に包囲されて民が全滅しそうになっていても、それも神の業だと考えざるを得なくなる。九章のユディットの祈りにおいても、ユダヤ人の

都合のよいように神が動くようにユディットの側から願うことはやはり避けられていない。

このやもめの腕に、企てを成し遂げる力を与えてください。

（……）

女の腕をもって、彼らの傲岸さを打ち砕いてください。（九・九―一〇）

そして美しい装いを凝らして敵陣に赴くという具体的な企てを、ユディットがどのようにして了解するに到ったかについては、テキストは沈黙している。つまり九章の祈りのあと、一〇章の冒頭では、美しい装いを凝らす行動を始めている。ユディット記の著者は、敬虔主義における自発的行動の契機についての問題に苦慮して、このことに沈黙したと考えるべきだろうか。

彼女の態度の敬虔主義的な構造は、トビト記の場合と同様である。しかしユディットの行為は、個人的な正当化が目的となっているばかりではなく、民の運命を好転させる原因にもなっている。ユディット記における敬虔主義は、民族の排他的な正当化の原理として拡大されている。ここにマカベア戦争の時期がテキスト成立の背景になっていることが窺われる。九章のユディットの祈りは、ユディットの祖先であるシメオンが異邦人と戦ったことの確認から始まっている。

あなた（＝神）はシメオンの手に剣を渡し、
かの異邦人どもに報復することを許された。（九・二）

そして神は創造の神だが、敵に打撃を与えるものとされている。

全被造物の王よ、（……）
彼らに痛手を負わせ、打撃を与えてください。（九・一二―一三）

そして敵は全滅し（一五・四―五）、略奪は三十日間におよぶ（一五・一一）。また神に守られるべき自分たちは「この世ではごく否定的な存在に過ぎない」とするいわば「自信に満ちた謙遜」も敬虔主義的なあり方の特徴であり、この傾向もユディット記にははっきりと認められる。

あなたは虐げられた者の神、小さき者の助け主、弱き者の支え、
見捨てられた者を守り、希望を失った者の救い主。（九・一一）

神についてのこうした位置づけと、神が「全被造物の王」であることをどう理解するかについては何も記されていない。そして大軍を全滅させた民はやはり強者になったと考えるべきだと思われるが、彼らにとって「虐げられた者の神」との関係がどのようなものになるのかについても何も記されていない。

エステル記

エステル記も、教訓を与えるための「ミドラシュ・アガダ」である。「メギロース」(Megilloth) のうちの一つである(「メギロース」については「ルツ記」の説明を見よ)。

エステル記のヘブライ語のテキストとギリシア語のテキストとはかなり異なっており、ギリシア語のテキストはヘブライ語のものよりも三割ほど長い。ヴルガタ聖書ではこの付加部分は、「補遺」の部分に置かれていた。基本的にはヘブライ語のテキストが元のものに近く、後世にさまざまな付加等がなされて、ギリシア語のテキストが出来たと考えられている。ヘブライ語のテキストはマカベア戦争の時期か、その直後に成立し、ギリシア語のテキストは前二世紀末には存在したと考えられている。

エステルも美しくそして優れた女性で、彼女によってユダヤ人が救われる。また厳しく排他的な民族主義的立場が示されている。こうした点は「ユディット記」と共通である。

物語はアハシェロス(=クセルクセス)がペルシア王だった時という設定になっている。

ユダヤ人であるモルデカイの姪エステルは、アハシェロスの妃になる。ある日、アハシェロスを倒そうとする企みについてのモルデカイからの情報が、エステルを通してアハシェロスに伝わり、アハシェロスは命を救われる。この頃ハマンという人物が高い地位にのぼる。王の命令にもかかわらずモルデカイは、ハマンに敬礼しない。そこでハマンは王の許可を得て「第十二の月（アダルの月）の十三日」に国中のユダヤ人を全滅させることにする。モルデカイはエステルに、アハシェロスへの取成しをするように頼む。一方ハマンは、モルデカイを処刑するために、高い柱を立てさせる。その夜アハシェロスは、たまたま宮廷日誌を朗読させたことから、モルデカイが自分を救ったことを思い出す。そこでハマンに、王が栄誉を与える者にはどうすればよいかと尋ねる。ハマンは自分に栄誉が与えられると考えて答えるが、栄誉が与えられるのはモルデカイだった。そして民を救うようにというエステルの願いも、アハシェロスに聞き届けられる。ユダヤ人迫害の決定は取り消され、ハマンは失脚し、モルデカイが大臣になる。そして「第十二の月（アダルの月）の十三日」に、国中でユダヤ人に敵対する者はユダヤ人が皆殺しにしてよい、また持ち物を奪い取ってよいという勅令が出される。この結果ユダヤ人は敵を一人残らず殺し、スサの町だけで五百人が殺される。エステルは翌日にも同じようにしてよいと勅令を出すように王に頼み、この願いも聞き届けられる。この結果、七万五千人が殺される。そしてユダヤ人は「安らぎを得て、この日を祝宴と喜びの日」（九・一七）とする。ユダヤ人は毎年アダルの月の十三日と十四日にこのことを祝うことにし、これが「プリム祭」である。

したがってエステル記は、「プリム祭」のいわれを説明する物語である。物語の背景となっている具体的なさまざまな点には、荒唐無稽な点が多い。いずれにしてもディアスポラの東方のユダヤ人たちの間で、祭りもこの文書も成立して、次第に広まったものと考えられる。

またエステル記のヘブライ語のテキストには、神がまったく言及されていない。ギリシア語のテキストでは、この点について修正されている。「モルデカイ」という名は「マルドゥーク」に、「エステル」という名は「アスタルテ」に関係があると指摘されることもある。

第二マカバイ記

「マカバイ記」は「マカベア書」と訳されることもある。「マカバイ記」という名の文書は、以下で触れる第一・第二の他に、第三・第四のマカバイ記が存在する。「第三マカバイ記」は、プトレマイオス四世（在位、前二二一—前二〇四年）の時のアレキサンドリアのユダヤ人への迫害の様子を描く歴史的叙述の体裁の文書で、紀元後一世紀初めの頃、アレキサンドリアで成立したと考えられている。「第四マカバイ記」は、ストア派的な傾向の強いユダヤ人によって記されたもので、敬虔な態度によって導かれた理性が情感を統御できるという考え方が示されている。第二マカバイ記に記されているエレアザルと七人の兄弟の殉教の例に想を得ている。紀元後七〇年以降に成立したと考えられている。

第二マカバイ記は第一マカバイ記の続きではない。成立もおそらく第一マカバイ記よりも先だと思われる。冒頭に二つ書簡（どちらもエジプトのユダヤ人への手紙）のテキストが記されており、この書簡は前一二四年のものと考えられるので、文書全体の成立はそれ以降の前二世紀末と考えられる。著者の名前は分からない。アレキサンドリアのユダヤ人かもしれない。キレネ人ヤソンなる人物の五巻の著作を要約したものが本書だと述べられている（二・一九以下）。

前一七五年にセレウコス朝シリアの王がセレウコス四世からアンティオコス四世エピファネスに代わった時から、前一六〇年のユダ・マカベアのニカノルに対する勝利までの事件が扱われている。

導入部分と結びに挟まれた五つの部分からなっていると区分することができる。

一—二章　導入、エジプトのユダヤ人への二つの手紙と著者の序文
(1)三章　宰相ヘリオドロスと神殿
(2)四—七章　アンティオコス四世エピファネスの迫害
(3)八・一—一〇・九　ユダヤ人の勝利
(4)一〇・一〇—一三・二六　アンティオコス五世エウパトル時代のユダの戦い

（5）一四・一―一五・三六　デメトリオス一世時代の戦い、ニカノルに対する勝利

一五・三七―三九　結び

この敬虔な書には、神への態度がよい者には神から必ずよい結果が訪れるという考え方が基調として存在する。戦いはいわば「聖戦」である。ユダの偉業を語りながら、勝利を与えるのは神であることが強調される。したがって戦いの前には必ず祈りをし（八・一―七）、また神による奇跡的介入が語られる。特に超自然的な存在である「騎士」が何度も登場する（三・二五、五・二、一〇・二九、一一・八）。

「主よ、（……）あなたの名を冒瀆した者どもを憎んでください」。（八・二―四）

戦いがたけなわの時、金のくつわをはめた馬にまたがる五人の騎士が、天からはっきりと敵前に出現し、ユダヤ人たちの導き手となった。（一〇・二九）

ユダヤ人たちが天使の派遣を神に嘆願する場合も生じる。

マカベア軍は、（……）群衆と共に主に向かい、イスラエルの救いのために、良い天使

の派遣を嘆願した。（一一・六）

殉教の描写も繰り返し現れる。老エレアザル（六・一八―三一）、七人兄弟（七章）。死後の生命ないし復活を認める考え方が、はっきりと示されている。

あなたはこの世から我々の命を消し去ろうとしているが、世界の王は、律法のために死ぬ我々を、永遠の新しい命へとよみがえらせる。（七・九）

人の出生をつかさどり、あらゆるものに生命を与える世界の造り主は、憐れみをもって、霊と命を再びお前たちに与えてくれる。（七・二三）

喜んで死を受け入れなさい。そうすれば、憐れみによって私は、お前を兄たちと共に、神から戻してもらえるだろう。（七・二九）

たとえば創世記二―三章の「命の木」のテーマにおいては、死後の生命が問題とされていることははっきりしていない。「女」が「命」と呼ばれていることから見ると、ここではまだ人としての十全な生のあり方だけが問題とされているかと思われる。死後の生命についての問題は、意識的に考えられてもいないとされるべきだろう。後世になって、創世記二—三章の「命の木」に死後の生命のテーマが結び付けられるようになったのである。

死後の生命といったテーマについて関心をもつ態度は、古代においてもかなりの思想的展開を経なくては現れなかったことになる。しかしこれ以降、古代の世界において一つの重要な関心事になる。これも神とのある程度の距離が生じて、そうした神との関連において人のあり方そのものについての思索ができるような状況がととのって来たためだと思われる。このために人は不死ではないといった思想も現れることになる（たとえばヘレニズム期のエピキュリアンの立場にこうした傾向が生じる）。これに比して、この世界が永遠だという考え方は、あまりはっきりと現れてこないことは注目に値する。人には制御できない世界を前にして、人は人自身について関心を抱いていた。このことは現代の人々には、もしかすると理解しにくいことかもしれない。特に自然科学の世界観の影響を受けているためかと思われるが、現代人は何となく世界は永遠であり、人は死ぬものであって永遠ではないと考えているのではないだろうか。古代では世界は永遠ではなく、人の永遠の命に関心をもっていたと図式化することもまったく不適当ではないかもしれない。

また「死者のための祈り」が現れる（一二・三八—四五）。罪のために既に死んだ者のために、生きている者の祈りが有効だとされている。

一同は、隠れたことを明らかにする正しい裁き主の業をたたえながら、この罪が跡形もなくぬぐい去られることを、ひたすら祈願した。（一二・四二）

このテキストは特にカトリック教会の「煉獄」の考え方に大きな影響を与えることになる。死者のために祈ることができるのは、死者が完全には失われていないからであって、だからこそ死のあとに赦しを願うことができることになる。プロテスタントの伝統では第二マカバイ記を正典とは認めておらず、死者は神に委ねられるようである。

また「無からの創造」(creatio ex nihilo) の考え方もはっきりと示されている。

子よ、天と地に目を向けよ、そこにある万物を見て、神がこれらのものを既に在ったものから造ったのではないこと、そして人間も例外でないということを（……）（七・二八）

この時期まで「創造」の考え方においては、神は無から創造したとはされていなかった。創世記一章では、神は分けることによって天地を作っている。

また神殿が、それだけで絶対的価値と権威があるのではないこと、いわば便宜的なものであることを認めるようなテキストも記されている。

主よ、あなたは何物も必要としないのに、あなたの住まいである神殿が我々の中にあるのを許しました。(一四・三五)

したがって神殿も重要だが、律法や、祈りも、神との関係を保証するものとして重要であり、神殿だけが排他的に重要なものではなくなっている。そして神殿よりも律法が優先していると思われるようなテキストも記されている。

律法と、祖国と、聖なる神殿がまさに奪われようとしている。(一三・一一)

また右で確認したように第二マカバイ記は、キレネ人ヤソンなる人物の五巻の著作を要約したものとされている(二・一九以下)。なぜ要約の仕事を企てたのかについての説明も記されている。

それというのもヤソンの書は、物語の展開のみに興味を持つ人には、数字が多すぎ、資料が煩雑すぎると思われるからである。(二・二四)

あまりに大部で複雑な書物は、すべての人が読むには適していないという判断がなされていることになる。書かれたものが蓄積されてくると、それが人々にとって重圧になってきているこ とになる。同じ問題は聖書についても、あてはめることができるだろう。聖書はあまりに複雑であり、全体的理解を得ることはこの上なく困難である。したがって「聖書物語」といった本や「解説書」が繁茂することになる。本書もその一つである。しかし複雑なものを簡単に解説することができるだろうか。誠実であろうとすればするほど、要約の仕事は困難である。第二マカバイ記の著者も、このことを漏らしている。

要約を自らに課してみたものの、これは心を削り、身をそぐ仕事であって、容易なことではない。(二・二六)

ところで要約を作ることは他人のための作業であるばかりでなく、自分のための作業でもある。大部の書物を読むということは、すべてを暗記することでなく、頭の中に自分なりの要約を作る活動ではないだろうか。とするならば大部の複雑な書物を「読む」という行為を誠実に企てるならば、それは「心を削り、身をそぐ仕事」だということになる。このことは聖書全体についても、やはりあてはまると思われる。

また全体的理解を得ることがこの上なく困難であるような書物が権威あるものとされている状態を理解するためには、その書物に書かれていることに関心をもつだけでなく、そのような書物が権威あるものとされている意味についても考えねばならない。つまり権威はあるがあまり読まれない書物の意義とはどのようなものかという問題である。大部で複雑な書物の場合、部分的に「読む」ことだけでも効果が生じることがある。第二マカバイ記にはたいへん興味深い例が記されている。戦いの前にユダが「律法の書と預言書」によって同志たちを励ますという場面がある。

更に、律法の書と預言書によって彼らを励まし、かつて成し遂げた数々の戦いを思い起こさせ、彼らの士気を高めた。（一五・九）

この「律法の書と預言書」を今のユダヤ教の聖書と同一のものと簡単に考えることはできない。しかしかなり整った形になってきたものだと思われる。そしてここでユダがその「律法の書と預言書」のすべてを朗読したのではないことは、まず間違いないと思われる。権威ある聖書から、目の前の状況に有効な部分だけを適宜用いるという態度も、次第に定着してきていることになる。

第一マカバイ記

第一マカバイ記においては、前一七五年のアンティオコス四世エピファネスの支配の開始から、前一三四年のマタテアの息子のシモンの死までの時期が扱われている。ハスモン朝成立までの、マカベアの抵抗の物語である。導入部分（一—二章）の後に、ユダ（三—九章）、ヨナタン（九—一二章）、シモン（一三—一六章）についての物語が続く。

本書の成立は前一世紀初めと考えられている。したがって第二マカバイ記よりも後に成立したことになる。作者の名は知られていない。聖書に詳しいパレスチナのユダヤ人である。ハスモン朝に好意を寄せている。ハスモン家はアロンの子孫ではなかったが、王であると共に大祭司の職も務めていた。しかしこうしたことは著者には問題にならない。後のサドカイ派に近い立場だと言うことができる。

「神」という表現は一度も用いられていない。神が超越的になるという捕囚後の傾向がますます顕著になってきている。その代わりに「天」（三・一八—一九）「イスラエルの救済者」（四・三〇）といった表現が用いられている。また三人称単数の代名詞（「彼」）が使われている（二・六一）。（彼において希望をもつ全ての者たちは、力を失わないだろう（pantes hoi elpizontes ep'auton ouk asthenesousin）。ちなみに、いわゆる「新共同訳」では、この「彼auton」を「神」と訳出している。この文書では「神」という語を意識的に避けているので、その意図を無視した訳になっている）。罪のために不幸に苦しんでいる民を救うべく神は働いているという考え方が、基本的モチーフとなっている。戦いの前に神に助けを求め、勝利が得られると神に感謝する。また律法が重要であり、敵と味方は律法を守るものと守らない者という区別で分けられる。しかし神ないし律法への信頼によって静寂主義（神の側からの介入だけを待ち望んで、人の側は何もしない態度）に陥ることについては批判的である。安息日だからといって敵の攻撃に抵抗せずに全滅することには、まったく同情的ではない（二・三六―三八）。特に律法のために戦うことが賞賛されている。

お前たちは、律法をよりどころとして雄々しく強くあれ。律法によってこそお前たちは栄誉を受ける。（二・六四）

第一マカバイ記において律法は、神そのものと同じほどに重要なものとなっている。そして祖国に対する民族主義的な態度と、神への忠誠が、重なり合っている。

黙示文学

「黙示」という日本語は、「アポカリプス」（apokalypsis　ギリシア語、ラテン語はapocalypsis）の訳語である。「アポカリプス」は一般的には、大災害や大規模な破壊のことしか意味しないかのように理解されている。この表現は、ギリシア語の「アポカリュプテイン」(apo-kaluptein) という動詞に由来しており、この動詞は「覆いやヴェールを取る」という意味である。神の力ないし秘密は隠れていて、それが顕わになることが問題となっている。神はさまざまなあり方でこの世に介入している。王や預言者に啓示がある。歴史上のさまざまな出来事に神の介入が認められる。しかしこうした介入については、「アポカリプス」という表現を用いない。この世界ないし宇宙全体を破壊するような神の力の介入の場合に、この表現が用いられる。

黙示文学の諸文書は、紀元前二世紀頃から紀元後二世紀頃まで、ユダヤ教およびキリスト教において幾つも成立した。旧約聖書では「ダニエル書」、新約聖書では「ヨハネ黙示録」、そしてそれ以外に「第四エズラ書」「エノク書」「シビラの託宣」「ペトロ黙示録」などがある。また文書の一部が黙示的なものになっていることがある。たとえばイザヤ書二四—二七章、エゼキエル書三八—三九章、ゼカリヤ書九—一四章、マルコ福音書一三章、第二テサロニケ書二章などである。

黙示文学を読むと、荒唐無稽で大規模な破壊の様子がいろいろと記されており、そしてたいへん謎めいた表現が多く用いられている。この世の終わり(ないしそれに匹敵するようなこと)がそこで問題になっていることは了解できるが、細かい部分についてはよく分からないという印象をもつことになると思われる。個々の表現にはたしかに難解な部分が多く、専門家にとっても理解が困難であることが少なくない。しかし黙示文学の全体的な傾向について述べることは可能である。

私たちは人生において幸福な出来事や不幸な出来事に出会う。それらに自分で対処する。すなわちそれらの出来事がどのような意味を持つのかを考え、幸福ならばそれが続くように、不幸ならばそれが幸福になるように、状況を変え、自分の外的・内的な態度を変えていく。

しかし不幸があまりに大きいと、どうしようもできないように思われる。何をしても状況が変わらないならば、状況の方がいつか好転してくれるのを待つしかないと思われる。そんな時に誰かが、その大きな不幸がどのように終わるのかを告げてくれるのならば、それは一つの希望の光となって、忍耐を続ける勇気を与えてくれる。黙示文学はこのようなものである。黙示文学は危機的な時期に生まれる。作者は世界について悲観的である。すべてがこの世の王（悪魔）に支配されている。悪が支配するこの世に屈服したくない者は、待つしかない。しかし待つことができるということは、完全に絶望的ではないということでもある。黙示文学においては、希望を与えるために、最後には神が到来して新しい世界を創造することが示されている。したがって黙示文学は悲観的であるばかりでなく、根本的には楽観的である。信頼の態度・神への根本的な忠実さ（信仰）が要求されることになる。

具体的に黙示文学の背景となっているのは、神の民が捕囚以来、異邦人支配のもとに長く苦しんでいるという事態である。マカベア戦争の結果としてハスモン朝がとにかくも成立するが、大国にはさまれたこの小独立国は、たちまち宗教的に堕落してしまう。あらゆる試みが失敗に終って、なす術がないかのようである。すべてが絶望的であり、世界は悪によって支配されていると考える者が現れてくる。しかし人の側になす術がなくても、神が介入する可能性を退けることはできない。悪によって支配されているこの世界を神がどのように終焉させるのかが、黙示文学において描かれることになる。

黙示文学の作者は偽名を使うことが多い。過去の聖人が著者であるという体裁が採用される。過去の聖人が著者として選ばれることには、二つの意味がある。

第一に、聖人は神に近い者であり、したがって神の秘密を明らかにすることができる。このことによって著作の信頼性ないし権威が増大する。

第二に、表向きの著者が過去の人物なので、未来を語ることができる。つまり本当の著者にとって、表向きの聖人は過去の人物である。この過去の人物が未来のことを語っているという体裁になっている。この聖人は自分にとっての未来について語る。ところが本当の著者にとっては、この過去の聖人の時代から自分の時代まで間のことは過去のことである。つまりこの時期については何が生じたのかを本当の著者は知っている。そこで表向きの聖人の予言のうち少なくとも本当の著者の現在にあたる時代までの予言は、すべて的中することになる。そこでこの聖人は正確な「未来の」知識をもっていることが証明される。つまり聖人の予言が信頼できるものであると証明される。聖人は本当の著者の時代以降についても予言を示し、最終的に終末の出来事を描き出す。この期間は本当の著者にとっても未来なので、内容の真否は時がたってみなければ検証できない。しかし聖人の予言は信頼できることが既に示されているので、この期間についての予言も信頼できるものだということになる。つまり黙示文学は基本的には、二部構成になっている。本当の著者にとっての過去の時代の予言が第一部である。第二部は、本当の著者にとっての未来であり、特に終末についての予言である。

これでは世界の終わりが迫っているという通俗の「予言もの」の書物と同じではないかと思われるかもしれない。しかし黙示文学には新しい立場が示されており、それは大きな意義をもつものである。

黙示思想の基礎となっているのは、創造の神への信頼である。神は同一であり、この神がこの世界を創造した。したがって神はこの世界を破壊することもできるし、また新しい世界をつくることもできる。そしてこの世界は、創造の時から終末の時までの一つの方向をもって展開していると考えられている。歴史が一つの線のように考えられているのであり、「歴史は繰り返さない」のである。

また黙示思想の立場は、悪の問題についての一つの整合的な解答になっている。創造の時から悪は存在し、その悪は次第に増大している。そしてその悪の増大が極まった時に神はこの世界を滅ぼす。これが終末である。神に真に忠実な者だけが、新たにつくられる理想的な世界へと導き入れられる。悪の問題の全面的な解決は、終末を待たねばならない。

したがってこの世のさまざまな事態に、それを改善しようとして活動することは無意味なことになる。現存の社会の価値を認めず、また社会改革の意義も認めない。社会にまったくコミットメントしない立場が、神学的に正当化されている。

しかし黙示思想の考え方には大きな欠陥がある。構想が大掛かりで、全宇宙規模の終末が訪れなくてはならないとされている点である。しかし終末は訪れない。少なくとも黙示文学がいくつも成立してからこの二千年ほどの間には、終末は訪れていない。それでもこの大規模な世界の終わりに信頼を置いて「待望」する者もいくらかは、いつの時代にも存在する。しかし大多数の者にとっては、この世界が悪で満ちていることを認めたにしても、終末の告知だけに信頼をおいて、それに見合った形にこの世での生活のあり方を変更してしまうことは困難である。終末が訪れないままに生涯を終える例が幾多もあるというだけではない。終末論との関連においてのみ誤魔化しなく生活を続けることがそもそも困難である。

黙示文学が後二世紀に活力を失った原因としては、さまざまなものが考えられるだろう。しかしもっとも決定的だったのは、グノーシス思想の登場だったと思われる。黙示思想が取り組んだものと同様の問題に取り組みながら、グノーシス思想はより整合的な立場を示したからである。グノーシス思想については、新約聖書について解説する中で検討を試みることにする。

ダニエル書

全十二章のこの文書の成立は、マカベア戦争の初期（前一六四年頃）と考えられている。ヘブライ語聖書では「諸書」の中に、ギリシア語聖書では「預言者」の中に分類されている。二つの文学的ジャンルが混じり合っている。敬虔な歴史叙述と黙示文学である。一―六章は、執筆当時の状況に対する批判をこめた歴史物語である。戦争中に、物語の中で敵を否定的に描くことには効果がある。次のようなテキストがある。

あなたは人間の社会から追放されて野の獣と共に住み、牛のように草を食べ、天の露にぬれ、こうして七つの時を過ごすだろう。そうして、あなたはついに、いと高き神こそが人間の王国を支配し、その意志のままにそれを誰にでも与えるのだということを悟るだろう。（四・二二）

しかしこれがアンティオコス四世についての批判だと明示してしまうのは、著者にとって危険である。そこでさまざまな人物が創作され、この人物は四世紀前のネブカドネザル王のことだという設定にされている。
またこの物語には、教訓を与えるための「ミドラシュ・アガダ」的な面もある。ユダヤ人の食物に関する規定はたいへん厳しいもので、異邦人には愚かしいものに見えた。ヘレニズム的傾向のユダヤ人にもそのように考える者が出てきた。アンティオコス四世はこの規定を守ることを禁止する。一章のバビロニアの若者たちの物語がこれに答える。生の野菜と水だけしか食べないのに、彼らの顔色がもっとも良い(一・一―一六)。さまざまな大国がイスラエルを征服した。しかし神が、永遠に滅びることのない国を興す。

この王たちの時代に、天の神は一つの国を興す。この国は永遠に滅びることなく、その主権は他の民の手に渡ることなく、すべての国を打ち滅ぼし、永遠に続く。(二・四四)

マカベア戦争で戦ったユダヤ人は、「王の命令に従わず、他の神に仕えるよりは、体を死に明け渡した者」である。ダニエル書の物語では、三人の若者が炉の中に投げ込まれる。しかし神は彼らを救う(三・一九―二八)。

彼らは王の命令に背き、体を犠牲にしても自分の神に依り頼み、自分の神以外にはいかなる神にも仕えず、拝もうともしなかったので、神は使者を送って、この僕たちを救っ

た。(三・二八)

ギリシア語聖書では、三人の賛歌(「ダニエル書補遺アザルヤの祈りと三人の若者の賛歌」)がつけ加えられている。神は死から救い出す。

主は、陰府より我らを救い出し、死の力より救い、燃える炎の炉の中から、火の中から我らを解放した。(アザ六五節)

同様にダニエルはライオンの洞窟に入れられる。しかし彼は生きている(六・一七―二四)。

神が天使を送って獅子の口を閉ざしたので、私はなんの危害も受けなかった。(六・二三)

一―六章にも黙示文学的要素は存在するが、七―一二章では黙示文学的手法がはっきりと用いられている。この箇所は、ユダヤ教の思想にも大きな影響を与えた。四世紀前の捕囚の時の迫害の状況を描いている体裁になっているが、問題にされているのは執筆当時のシリアによる迫害である。

「ダニエル」は、フェニキアの伝承において有名な人物の名で、ウガリットの神話のテキストにも認められる。つまり彼は外国人である。ダニエルの名は、エゼキエル書一四・一四においてノア、ヨブと並んで記されており、この三人の外国人は救いのテーマと結びつけられている。ここからダニエルの名が、ダニエル書の著者によって採用された可能性が大きい。ダニエルは捕囚期からマカベア戦争までの未来の出来事について預言する。この部分はダニエル書の本当の著者にとっては、過去にあたる部分である。これは神がどのように振舞うかの確認にもなっており、ここから神がどのように歴史を終結させるのかも考えられるようになる。

黙示文学で用いられるさまざまなイメージには、謎めいたものが多い。すべてのイメージについてその「意味」を確定することはできない。しかしすべてのイメージがまったく恣意的に用いられているのでもない。幾つかのイメージについて、よく指摘される「意味」を示しておく。

白　勝利、純粋さ、浄さ
赤　殺人、暴力、殉教者の血
黒　死、不純、汚れ

7　完全な数字、完成
6　6＝7－1であって、すなわち不完全
三つと半分　不完全、苦しみ、試練・迫害の時。これは別の形で現れることもある。一時期、二時期、半時期。三日と半日。四二ヶ月（一二×三＋六）。一二六〇日（四二×三〇、一月を三〇日とする）。
12　イスラエル（十二部族）
4　世界（四つの基本方位）
千　数え切れない数
角　大国
白髪　永遠（「老い」ではない）
長い着物　祭司制度
金の帯　王の権力
山羊　悪者
羊　民

ダニエル書七章

幻があって（一―一四、一九―二二節）、それを天使が解釈する（一五―一八、二三―二七節）という構成になっている。

幻では、四つの獣（獅子・熊・豹・第四の獣）が現れ、第四の獣からは十本の角が生える。さらに一本の角が生え、三本の角が引き抜かれる。王座があって「日の老いたる者」が座している。「人の子」が天の雲に乗って現れ、「日の老いたる者」の前に来て、「権威、威光、王権」を受ける。

ここには獣と人という基本的対立がある。「……の子」という表現は、まずは「……の種類の者」という意味である。したがって「人の子」とはまずは単に「人」という意味である。獣は淵（海）から出てくる。淵は悪の力が棲むところである。人は天に属している。獣は悪の側から来るものであり、人は善の側から、すなわち神の側から来ることが示されている。

四頭の獣は何を意味しているのか。最初の三つ（獅子・熊・豹）については、バビロニア・メディア・ペルシアか、あるいはアッシリア・バビロニア・ペルシアかと議論されている。四番目はアレクサンダーのギリシア帝国である。十本の角は、セレウコス朝の王を表す。最後の角はアンティオコス四世エピファネスのことである。引き抜かれる三本の角は、アンティオコスが退けたライバル（デメトリオス、弟のアンティオコス、プトレマイオス・フィロメトリウス）のことで、これは当時としては明らかだった。

この王（二四節）は、神に敵対し、ユダヤ人を迫害する（二五節）。

彼はいと高き方に敵対して語り、いと高き方の聖者らを悩ます。
彼は時と法を変えようとたくらむ。聖者らは彼の手に渡され、
一時期、二時期、半時期がたつ。(二五節)

人(「人の子」)は何を意味するか。

夜の幻をなお見ていると、見よ、「人の子」のような者が天の雲に乗り、
「日の老いたる者」の前に来て、そのもとに進み、
権威、威光、王権を受けた。(一三—一四a節)

彼が雲に乗っているのは神の領域に属していることを示す。彼は天から地上に来るのではなく、神の方へ行く。そして彼は全的な永遠の支配権を得る。

諸国、諸族、諸言語の民は皆、彼に仕え、
彼の支配はとこしえに続き、その統治は滅びることがない。(一四b節)

また神の民にも、同様な地位が与えられる。

いと高き者の聖者らが王権を受け、王国をとこしえに治めるだろう。(一八節)

天下の全王国の王権、権威、支配の力は、いと高き方の聖なる民に与えられ、その国はとこしえに続き、支配者はすべて、彼らに仕え、彼らに従う。(二七節)

獣は滅び、聖なる民の支配が確立する。信仰を否定するよりも死を選ぶユダヤ人を力づける内容になっている。またダニエル書では、この世界は全体的に悪であって滅びに至り、まったく別の新しい善なる世界が作られるという黙示思想に典型的な図式は現れていない。このために、この世界で滅びるのは悪の支配者であって、神の民がそれに代わって支配者になるという民族主義的世界支配の構想が打ち出されている。

また超越的になる神との関係をとりもつための超自然的介在者が生じる傾向がある中で、この介在者が「人」だとされていることは、新しくかつ重要な観点である。つまり一般的な人は実は獣であって、神の民だけが「人」だとされている。超自然的な存在が人を支配するのではなく、人が人(=「獣」)を支配するという考え方が神学的に正当なものとして打ち出されている。ギリシアの一般的な世界観において神々が人を支配しているとされていることと考え合わせると、ここに二つの根本的に異なる世界観の対立があり、後の大きな展開がここで準備されていると考えることができる。

ダニエル書一二・一—四

このテキストでは、死者の復活が問題となっている。エゼキエル書三七章の「死の谷」の場面では、どの個人が復活するということには特に関心がなく、いわば民の復活が問題となっていた。ここでは審判のモチーフが加わっていて、個人的な復活が問題になっている。復活の問題が重要なものとなったのは、マカベア戦争のために生じた事態が大きな意味をもったと言われている。アンティオコス四世はユダヤ人を迫害した。ユダヤ人の中には死を選ぶ者もいる。このような者たちはどうなるのかというところから、復活の問題への関心が本格的になったのである。

それまではイスラエルには死の後の生についての考えは、はっきりしたものとしては存在しなかった。「生」は地上の生でしかなかった。しかし殉教者は神のためにこの唯一の生を失っている。迫害によって生を失うのだが、実は「いと高き者の民」は死ぬことによって、永遠に続く王国において全く新しい生の中に入れられる、といった考え方が生じてくる。

ここでは復活のプロセスが具体的に示されている。

多くの者が地の塵の中の眠りから目覚める。ある者は永遠の生命に入り、ある者は永久に続く恥と憎悪の的となる。
目覚めた人々は大空の光のように輝き、
多くの者の救いとなった人々は、とこしえに星と輝く。（二―三節）

ここには、前と後という構造が見られる。死ぬ前には生きている。死ぬと、塵の中に入る。死のあと塵から出て、目覚める。死の前も後も、同じ者である。ただし死の後の生は前のものとは違う。ここでは「大空の光のよう」と述べられている。また下と上という構造も見られる。地上では死に到る。しかし神のそばに行って、新しい生を得る。「とこしえに星と輝く」とされている。右で検討したダニエル書七章の、神のもとに進む「人の子」というイメージと合わせて、特にイエスの復活についてこうした表現が適用されることになる。特にイエスは自分のことを「人の子」と呼んでいる。

またここでは「ある者は永遠の生命に入り、ある者は永久に続く恥と憎悪の的となる」とされており、復活の際の審判の考え方が現れている。

バルク書

次にディアスポラの知恵文学について検討する。

バルク書（全五章）はギリシア語聖書では、「エレミヤ書」の次に置かれており、その後に「哀歌」と「エレミヤの手紙」が置かれている。ヴルガタ聖書では、「エレミヤの手紙」がバルク書の第六章とされている。

バルク書はバビロニアで成立したと考えられている。著者はエレミヤの秘書であるバルクとされているが、実際はさまざまな時期にさまざまな作者によって作られた四つのテキスト（「エレミヤの手紙」を加えるなら五つ）を集めたものである。

一・一—一四　序文
一・一五—三・八　悔い改めの祈り
三・九—四・四　知恵の賛歌
四・五—五・九　励ましと慰め
（六章）　エレミヤの手紙

バルク書の成立年代を確定することは困難である。ダニエル書に依存していると思われる箇所が少なくないところから、ダニエル書（前二世紀半ば）よりも後の成立と考えられる。部分的には紀元後に成立したものもあると考えられている。

全体として罪の贖いがテーマになっていると言うことができるかもしれない。

私たちは神なる主に罪を犯し、今日に至るまで、主の憤りと怒りが私たちから離れない。
(一・一三)

罪とは神から離れたことであり、捕囚の状態と重ね合わされている。

私たちは今捕らわれの身である。神なる主から離れた先祖の罪ゆえに、あなたはこの地に私たちを散らし、恥辱と呪いにさらして罰を下した。(三・八)

また真の知恵は神の知恵であり、それは律法である。

知恵は神の命令の書、永遠に続く律法である。
これを保つ者は皆生き、これを捨てる者は死ぬ。(四・一)

最後のテキスト(四・五―五・九)については、第二イザヤとの類似がよく指摘されている。神がイスラエルを勇気づけ、栄光と憐れみを与えることが告げられている。

神は自らの慈しみと義をもって栄光の輝きを表し、
喜びのうちにイスラエルを導く。（五・九）

バルク書はディアスポラのユダヤ人たちが、どのようにして団結を保っていたかについて垣間見させてくれる。彼らにとって、エルサレムとの繋がり、そして律法が団結の中心だった。

「エレミヤの手紙」は、捕囚となってバビロンへ連行されようとする人々にエレミヤが送った手紙という体裁になっているが、本当の作者はエレミヤではない。バビロニアで成立した可能性が大きい。成立年代も、バルク書の場合と同様、前二世紀半ばよりは後かと考えられる程度で、はっきりしたことは分からない。バビロン捕囚が「神に対する罪」（一節）によるものだとされ、偶像崇拝が空しいことについての指摘が続く。そして神のみを崇拝しなければならない。

あなたたちまでが異邦人たちに似た者となり、それら（＝神々の像）をおそれるようなことがあってはならない。むしろ心の中で「主よ、伏し拝む方はあなただ」と言え。
（四―五節）

特に「ベル神」(「ベル」はバビロニアの神であるマルドゥークの別名)の崇拝およびバビロニアの有名な「神聖な売春」について言及されている(四〇―四三節)。ヘロドトス(I・一九九)によれば、すべての女性が一生に一度、「アフロディテ」神の神殿で見知らぬ男に身をまかせねばならないという掟があったとされている。

知恵の書

原本はギリシア語であり、エジプトのアレキサンドリアで書かれた。紀元前五〇―前三〇年頃の成立と考えられている。

著者はギリシア文化に深く精通しているユダヤ人である。パレスチナのハスモン朝を巡る問題は遠いところの出来事にすぎない。イエスの同時代人であるフィロンと同じように、ギリシア文化の枠組の中でユダヤ教を考えようとしている。

三つの部分に分けることができる。

(1)一―五章。神による人間の運命。

自分たちは偶然に生まれたとして、神を信じない者の考え方が示されている(二・一―二)。

我々は偶然に生まれ、死ねば、まるで存在しなかったようになる。(二・二)

実践的には彼らはどのような態度をとることになるか（二・六―二〇）。

だからこそ目の前にある良いものを楽しみ、

青春の情熱を燃やし、この世のものをむさぼろう。（二・六）

神に従っているあの貧しい者たちを虐げよう。（二・一〇）

一言で言えば彼らは死の友である（一・一二―一六）。

不敬虔な者たちは、手と言葉で、それ（＝ハデス）を招いて、それ（＝ハデス）を友と

考え、うっとりとして、それ（＝ハデス）と契りを結んだ。なぜなら彼らは、そうした

領分にふさわしいから。（一・一六）

しかし人は本来的には「死の友」ではない。神は人をどのように作ったか。

神は人を不滅な者として創造し、

自分の本性の似姿として造った。（二・二三）

神に従う者は表面的には苦しむこともあり、迫害を受けることもある。しかし彼は主と共に生きる。

主に依り頼む人は真理を悟り、

信じる人は、主の愛のうちに主と共に生きる。（三・九）

（2）六―九章。知恵の讃美。

作者は神の知恵を求めることを勧める。神の知恵は人間の友であり、私たちの人生の同伴者である。知恵の美しさを愛する者にならねばならない。

それ（＝知恵）を手に入れる人は神の友とされ……（七・一四）

知恵は太陽よりも美しく……（七・二九）

（3）一〇―一九章。

一〇章以下は、ミドラシュである。聖なる歴史の重要な時が取り上げられ、知恵が歴史を導いていることが示される。アダムを作り（一〇・一―二）、ノアの箱船を導き（一〇・四）、自分の子への愛情に打ち勝つようにアブラハムを強め（一〇・五）、モーセを導いた（一〇・一五―一一・三）。一一・四以下は、出エジプトについての思索が展開されている。エジプトの災害は、ある者にとっては罰であり、他の者には救いである。

七・二一―三〇のテキストについて、いま少し検討する。知恵は「万物の制作者」である（二二節）。

この確認に続いて、二二―二三節では、「知恵の霊」について二十一の性質が並べられている。七つの性質の列挙されたものが、三組並んでいる。こうした配置は、完成の極致を示すものである。

二六節では、知恵と神との関係が述べられている。

知恵は永遠の光の反映。

神の働きを映す曇りのない鏡、

神の善の姿。

ここで「姿」とは「イコン」である。「イコン」はイメージの一種である。「シンボル」（象徴）は、そのものではないのだがそれを示すとされているものである。これに対して「イコン」は、それが示すものそのものでもある。創世記一・二七の「神は自分をかたどって人を作った」というテキストにおける「かたどって」という表現は「イメージにしたがって」という意味であり、ギリシア語聖書では「イコン」という語が用いられている（参照、知恵二・二三）。人間は神の似姿（イコン）であり、知恵は神の姿（イコン）である。人間は神である知恵の性質を具体化しているということになる。こうした考え方は、キリスト教の特にパウロ的な流れに大きな影響を与える。「神の似姿であるキリスト」（二コリ四・四）、「私たちは（……）主と同じ姿に造りかえられる」（二コリ三・一八）、「子は、見えない神の姿であり、万物が造られる前に生まれた者である」（コロ一・一五）、「造り主の姿に倣う新しい人を身につけ」（コロ三・一〇）。キリストについて、私たちの使命について、知恵の観点から考えることができる。知恵の書の「知恵」を「イエス」と読み替えながら読むと、初期のキリスト教徒たちの考えたことの一面が分かってくる。

七十人訳聖書

紀元前三世紀から前二世紀にかけて、エジプトのアレキサンドリアで、ユダヤ教の聖書の最初のギリシア語訳である「七十人訳聖書」が成立する。三十九の文書からなるヘブライ語聖書の形が定まったのは紀元後一世紀後半である。したがって七十人訳聖書には、ギリシア語で直接書かれた文書も含めて、後のヘブライ語聖書の三十九の文書以外の文書も含まれている。七十人訳聖書を構成する文書は、本書の第一章に示した。

七十人訳聖書のもっとも大きな特徴は、翻訳版であるにもかかわらず、ヘブライ語聖書に匹敵する権威をもったことである。このことを理解するためには、七十人訳聖書の成立の状況を検討する必要がある。

前四世紀後半にアレキサンダー大王が、ギリシアからペルシア、そしてエジプトを含む広大な帝国を成立させた。このためにこの地域はこれ以降、ギリシア文化圏になる。いわゆる「ヘレニズム文化圏」が誕生する。帝国の成立により広大な地域に平和が実現し、ギリシア語を主軸とする文化的統一政策もあって、人口の移動が活発になる。ユダヤ人の本拠地は基本的にパレスチナであり、パレスチナには多くのユダヤ人がいた。また前六世紀の「バビロン捕囚」が終っても、メソポタミア南部に居残ったユダヤ人も少なくなかったことから、この地域にも多くのユダヤ人がいた。しかしそれ以降、特にアレキサンダー大王の征服事業の後、その他の地域にもユダヤ人が多く住むようになる。殊にエジプトのアレキサンドリアには、かなりの規模のユダヤ人共同体が存在するようになった。

ギリシア語文化が支配的になったといっても、シリア以東、およびパレスチナでは、アッシリア支配以来の共通語であったアラム語が依然として使われていて、軍事や行政ではギリシア語が不可欠だったが、商業や一般民衆の日常生活ではアラム語が用いられていた。これに対して、エジプトと小アジアでは、それぞれの土地の言葉は使われていたにしても、全体としてはギリシア語が日常生活でも使われるようになり、この傾向は大都市で特に顕著だった。シリアはアラム語（つまりそのシリア方言であるシリア語）とギリシア語の二ヶ国語地帯だった。

こうした状況が続く中で、ギリシア語が強い地域、特にアレキサンドリアでは、ギリシア語しか使えないユダヤ人が多くなってくる。ギリシア語しか使えないユダヤ人にはヘブライ語がわからない。そこでギリシア語訳の聖書が作られた。こうしてできたのが「七十人訳聖書」である。

「七十人訳聖書」の成立についてのこうした説明は、ごく単純なものとしては間違いないのだが、問題がある。とくに最後の段落の部分（「ヘブライ語の聖書が朗読されても……」）は、このような単純な理解では納得しかねるところがある。

前四世紀後半に広大なギリシア文化圏が成立して、この状況においてユダヤ人たちはアラム語かギリシア語を使っていたと、大まかに言うことができる。ギリシア語はヘブライ語とはかなり異なった言語なので、ギリシア語しか分からないのならば、ヘブライ語が分からない。しかしアラム語が分かったとしても、ヘブライ語が分かるとは限らない。アラム語とヘブライ語は「セム語」と呼ばれる系統に属する言語で、たいへんよく似ている。しかしアラム語しか分からないのでは、やはりヘブライ語は理解できない。したがって、ギリシア語しか分からないユダヤ人にとっても、アラム語しか分からないユダヤ人にとっても、ヘブライ語で書かれた聖書の朗読が分からないという問題は、いわば同じように存在していたはずである。

ところが、ギリシア語圏では「七十人訳聖書」が成立したが、アラム語圏では結局のところこの「七十人訳聖書」に匹敵するような聖書の本格的なアラム語の訳書は作られなかった。

「七十人訳聖書」について、次の点を確認する必要がある。

①「七十人訳聖書」は、キリスト教が出現する以前、つまり後一世紀以前の聖書全体の翻訳としては、唯一のものである。つまりキリスト教が出現する以前には、ヘブライ語の聖書とそしてそのギリシア語訳である「七十人訳聖書」だけが、まとまった聖書として存在していた。

②私たちが「聖書を読む」という時に実際に読んでいるのは、多くの場合、翻訳された聖書である。旧約聖書について言うならば、その原本はヘブライ語で書かれているが、これを

読むためには、ヘブライ語を習得しなければならない。しかしこれは困難なので、自分が読める言語に訳された聖書を読んでいる。しかしこれはあくまで次善の策であって、「本来のテキスト」はヘブライ語のものであり、自分の読んでいる聖書のテキストはあくまで便宜上のものであることを了解して読んでいる。真に権威のある聖書のテキストは、あくまでヘブライ語のものであることを受け入れて、しかしそのヘブライ語のテキストを直接読むことができないので、仕方なく翻訳のテキストに接している。ところが「七十人訳聖書」は、ヘブライ語のテキストからの翻訳でありながら、ヘブライ語の聖書と並ぶ権威をもつものとして受け取られていた。聖書には数多くの翻訳が存在するが、翻訳の聖書がこのような地位を獲得した例はこの「七十人訳聖書」以外に存在しない。古代ギリシア語への聖書の翻訳は、「七十人訳聖書」以外にも幾つか作られたことが分かっている（Aquila、Theodotion、Symmachusといった名称で呼ばれている）。どれも紀元後二世紀以降のもので、これらの翻訳聖書は「七十人訳聖書」に匹敵するような地位を獲得するにはいたっていない。また幾つか存在したラテン語訳聖書のうち「ヴルガタ訳聖書」はかなり権威あるものとして受け取られていたが、二十世紀半ばまでのローマカトリック教会の枠内に限られた状況だった。

したがって「七十人訳聖書」は、翻訳版聖書としてはたいへんに特異な存在だったということになる。どのようにしてこのような状況が生じたのだろうか。

「七十人訳聖書」成立の事情は、「アリステアス書簡」（Letter of Aristeas）と呼ばれる資料に伝えられている。この「アリステアス書簡」自体は、前二世紀半ばに成立したと考えられている。「アリステアス」という名は偽名であり、著者はユダヤ人で、かなりギリシア的な傾向がある者と考えられている。これによると、エジプトを支配していたギリシア系の王朝であるプトレマイオス朝のプトレマイオス二世（在位前二八五―前二四六年）の時代に、ユダヤ人たちの「律法」をアレキサンドリア図書館におさめるべきだという進言が宮廷の高官（アレキサンドリア図書館の館長か？）によってなされ、プトレマイオス二世がその準備を命令した。王からの使者に対してエルサレムの大祭司は、豪華な「五書」を携えた七十二人の長老を派遣する。この長老たちがアレキサンドリアで翻訳の作業を行い、ギリシア語訳を完成させた。この時の翻訳は聖書全体のものでなく、「五書」の翻訳である。

「アリステアス書簡」の情報には伝説的な要素も含まれていて、すべてを史実と簡単に考えることはできない。たとえば「律法」の翻訳計画を進言した高官は、ファレロンのデメトリオスという名だったとされているが、このデメトリオスという人物はプトレマイオス二世の前に在位していたプトレマイオス一世の時に寵を受けていて、プトレマイオス二世の時には追放されていた。また翻訳者の数が「七十二人」とされているのは、ユダヤ教における「良い数」とされる「七十」に合わせて採用されている可能性が大きい。出二四・一および九で、モーセが「アロン、ナダブ、アビフおよびイスラエルの七十人の長老と一緒」であるとされているということが、「七十」を良い数とする根拠と関係しているのかもしれない。ちなみに「七十二」と「七十」は、相互に交換可能な数字と見なされていた。『アリステアス書簡』で「七十二人」とされているのは、十二部族からそれぞれ六人ずつの長老が翻訳者として選ばれたとされているからである。「十二」(十二部族)という「良い数」と、「七十」という「良い数」を結合させようとした結果、「七十二」を「七十」と同等であると考えるようなあり方が生じたと考えるべきだろう。後一世紀のユダヤ人歴史家であるヨセフス(『古代誌』XII. ii. 7 [57])は、翻訳者の数を「七十人」としているが、そのように記したすぐ後で「各部族から六人」と書いている。

しかし『アリステアス書簡』の情報の大枠は、ある程度の信頼性があるものとされている。すなわち「七十人訳聖書」の核となる最初の部分、つまり「五書」の部分の翻訳は、前三世紀半ば頃にエジプトのアレキサンドリアで成立したのであり、それはプトレマイオス朝の王の命令によるものだったという点である。ここで特に注目したいのは二番目の点、つまりプトレマイオス朝の権威を背景にして「七十人訳聖書」が成立したという点である。「律法」の翻訳の命令が出されたのは、「律法」をアレキサンドリア図書館におさめることが直接の目的だったとされている。しかしこの出来事については、単に新たな資料を図書館の蔵書として確保するといったことだけに関心がもたれていたとは考えられない。ユダヤ人はプトレマイオス朝支配下のエジプトにおいては、少数派だった。しかし後三世紀においては、ユダヤ人が多数を占めるパレスチナは、プトレマイオス朝支配下にあった。またエジプトの中心都市であったアレキサンドリアには、多くのユダヤ人がいて、ユダヤ人はたしかに少数派だったが、かなり有力な少数派だった。文字通り信じるかどうかはともかくとして、ユダヤ人はアレキサンドリアの人口の三分の一を占めていたとする報告もある程である。

ヘレニズム時代はアレキサンダー大王の広範な征服事業の成功によって成立したが、アレキサンダー大王の帝国は彼の死後ほどなく分裂したことは周知のとおりである。しかし分裂したとはいえ、個々の王朝の支配領域はやはりかなり広く、そこにはさまざまな民族が存在していた。広い領域の帝国の支配者の側としては、支配下にある互いに異なる諸民族をどのように統合していくかが大きな問題である。ヘレニズムの帝国は、基本的にはギリシア化政策を進める一方で、支配下の諸民族にある程度の自由を許容するという方針で臨んでいた。しかし支配下の諸民族に許容されている自由はあくまで「ある程度」のものであって、支配者側としては彼らを野放しにしておくことはできない。

ユダヤ教を奉じて生活しているユダヤ人は、プトレマイオス朝支配下にあってかなりの勢力をもつ集団である。その有力な集団の生活の根本的原則が記されているとされている聖書のギリシア語への翻訳を作成して、当局にそれを提出するようにという命令は、プトレマイオス朝の諸民族支配の政策の文脈の中で考えられるべきではないだろうか。つまり聖書の翻訳を提出するようにという命令は、支配下にあるユダヤ人たちの生活のあり方の原則を、支配当局に分かるような形で報告するようにという命令だと考えられるべきである。被支配民族であるユダヤ人を統率する上での原則となる掟を成文の形で確定することが、支配当局側の目的だったと考えられる。しかし支配当局側が勝手に作成した掟をユダヤ人に押し付けるのでなく、ユダヤ人の側で納得できる掟を成文にして作成して、それを当局に提出させたのである。

ユダヤ人の側とすれば、被支配の状況におかれていることは根本的には好ましいことではないが、これは動かし難い現実である。この与えられた状況の中で、自分たちなりのある程度の自由が許容されていることは幸いだとしなければならない。自分たちの生活の根本的原則となる掟が、はっきりとした成文として支配当局に確保されてしまうことには問題があるかもしれない。しかし支配当局は勝手な掟を押し付けようとしているのではなく、ユダヤ人たちが伝統的に尊重している律法を提出するようにと求めているだけである。当局はいわば「もの分かりのよい」態度を示しているのである。当局の要求は、被支配の状態にあるユダヤ人としては、反対する理由のあまりないものだったと思われる。ただヘブライ語の「律法」ではなく、ギリシア語の翻訳版を作成することが求められている。しかしこの点についても、強く反対する理由は存在しない。当局側はギリシア系の王朝であり、ギリシア語の文書の提出を求めてくるのは、いわば当然である。しかもユダヤ人の側も、アレキサンドリアではほとんどのユダヤ人がギリシア語しか解さないという言語状況にあった。「律法」はヘブライ語のものがあくまで本来のものであって、他の言語に訳したのでは意味がないといった反論の余地はあったかもしれない。しかし被支配の状態にあって、無闇に当局に逆らうことははばかられるところがあったと思われる。

こうしてユダヤ人はヘブライ語の「律法」を、ギリシア語に訳して当局に提出する。しかしギリシア語翻訳版がいったん提出されてしまうと、ユダヤ人がおかれた状況に変化が生じてくる。ヘブライ語の「律法」とギリシア語の「律法」が存在するのだが、ユダヤ人たちはどちらの「律法」に従うべきなのだろうか。ギリシア語の「律法」の背後にはプトレマイオス朝の当局の強大な権力が存在しており、当局との関係において重大な問題が生じた際にユダヤ人が実際に依拠しなければならないのは、ギリシア語のテキストである。ギリシア語の「律法」は、不可解な言語であるヘブライ語の「律法」の内容を窺い知るための便宜上の翻訳文であるというだけではなくなってしまった。ヘブライ語のテキストがどうあれ、根本的に依拠すべきなのはギリシア語のテキストだということになってしまったのである。

こうした事情があって、右で確認したような「七十人訳聖書」の特殊な特徴が生じたのではないだろうか。第二の点の事態(「七十人訳聖書」は翻訳版でありながら、ヘブライ語原典に匹敵するような権威をもつにいたった)が生じたのは、このギリシア語翻訳版の背後にプトレマイオス朝の当局の強大な権力があったからである。また第一の点(「七十人訳聖書」以外にギリシア語の翻訳版が作成されなかった)も、ここから理解できると思われる。翻訳はどんなに綿密に作業しても、原本の意を完全に汲み尽くすようなものは実現できない。ヘブライ語原典があくまで権威あるものならば、ギリシア語翻訳版が一度作られても、さらに適切な翻訳を作ることが企てられることもあり得たかもしれない。しかし権威があるものとなってしまったのは「七十人訳聖書」のテキストである。翻訳としての「七十人訳聖書」のテキストに、ヘブライ語のテキストに照らして不適切なところがあったにしても、権威ある「七十人訳聖書」のテキストを変更することは、もはやあり得ないのである。

ここに「七十人訳聖書」が翻訳でありながら、原本であるヘブライ語聖書に匹敵するような権威をもつことになった理由があると考えられる。

こうした考察は、それを裏付ける資料が十分に存在しているのでなく、限られた資料に基づいた上で憶測を交えたものである。しかし「七十人訳聖書」の成立、そしてこのギリシア語聖書の特殊な位置づけについて、ギリシア語しか解さないユダヤ人たちが増えたのでギリシア語版聖書が作られたといった単純な説明では了解できない部分を補う可能性のある考察だと思われる。さらに言うならば、プトレマイオス朝エジプトは、エズラを通じて書かれた「律法」を作成・提出させたのと同じ構造の政策を行い、このためにユダヤ人にとっては「第一の正典」(ヘブライ語聖書)に並ぶいわば「第二の正典」(ギリシア語聖書)が生じたことになる。「正典」は排他的であるようだが、強大な権力を背後にして別の正典が生じる余地があることになる。そしてキリスト教において、さらに別の正典（新約聖書）が生じることになるのだが、この背後にはローマ帝国の力の存在があった。

第九章　詩篇

詩篇は全部で百五十篇からなる。さまざまな時期に成立したものが集められており、また扱われているテーマは、多岐にわたっている。

「情報の言葉」と「関係の言葉」

病人が「水を飲みたい」と言ったら、一杯の水をもってきて与える。この「水を飲みたい」という言葉においては、病人が水分を要求していること、水を飲むという行為を欲していることがそのまま表現されている。病人の状態がそのまま相手に伝えられている。こうした言葉を「情報を与える言葉」と呼ぶことができるだろう。したがってこうした言葉に対して、言葉通りの状況にそのまま対応して、「水をもってきて与える」という行為を行うことは適切である。

しかし同僚が「酒を飲みたい」と言った時に一杯の酒をもってきて与えたら、これは誤りである。この同僚が求めているのは、即座にその場で酒を単に飲むことではない。一緒にどこかへ出かけていって、料理を食べながら酒を飲み交わす、といったことが求められているのである。酒を飲むこと自体も大切だが、それよりもこの同僚によって求められているのは、相手との人間関係である。こうした含みのある言葉を「関係の言葉」と呼ぶことができるだろう。

情報の言葉・科学の言葉は、伝えたい内容をそのまま言葉に表現してその内容を正確に伝えようとする。しかし関係の言葉においては、伝えたい内容はむしろ言葉の文字通りの意味以外のことである。

詩篇を読むときに、この二つの言葉遣いがあることを念頭においておくことは大切である。実は聖書全体が関係の言葉であるといってもよい程である。

聖書は多くのことを教えてくれる。しかし何よりもまず神との関係が問題とされている。情報の言葉は理性にうったえかけるが、私自身を変えることはない。しかし関係の言葉は、そこで問題となっている関係にどのような態度を取るにしても、それを聞く前と聞いた後とでは、聞いた側の存在は同じものではなくなってしまっている。科学者は「これは何か」に関心をもつ。これに対して、聖書の作者は「それが何を意味するか」に関心をもっている、ということもできるかもしれない。

理科の先生が女性の学生に一本の花を差し出したら、これは何の花かなどということが問題になっている。「これはバラです」と答えて、それが正解として誉められたりする。しかし若者が同じ少女に一本の花を差し出したら、この花は何の花かと尋ねているのではない。「これはバラの花です」と答えるのでは誤りである。そして一本の花を差し出すという若者の行為に対して、どのような態度を少女がとるかによって、その前とその後とでは、少なくとも若者と少女の関係は同じではないだろう。

聖書を開いた時に、そこではまず関係の言葉が問題になっていることを考えなければならない。呼びかけに対してその意味を考え、何らかの態度を取ることが求められているのである。同じイメージでも、それを受け取る者の立場によって、意味が違う。「神は岩」と書かれているとしよう。自然科学者は神は岩ではないと考え、「神は岩」という言明は無意味だとして、このメッセージを無視する。宗教学の専門家は、メモ帳を開いて「聖書には〈神は岩〉と記されている」と書き込んで、メモ帳を閉じる。講義をしたり論文を書いたりする際にこの情報を利用することはあっても、このメッセージは彼にとってそれ以上のものではない。しかし「神は岩」という言明がそれを読む者に神との関係のあり方を迫るものとして受け取る者にとっては、この言葉は自分にとっての神との関係についての呼びかけになっている。呼びかけを受け入れないと、自分は呼びかけによって拒否されることにもなってしまう。岩を尊重しない者はその岩に自分が打ち砕かれる。しかしその岩に他の者はしっかりとした足場を築く。

詩篇の区分と番号

詩篇は形式的には、五つに分けられる。

第一　一―四一
第二　四二―七二
第三　七三―八九
第四　九〇―一〇六
第五　一〇七―一五〇

各部の末尾は「ドクソロジー」（頌栄、神を讃える歌）で終っている（四一・一三、七二・一八―一九、八九・五二、一〇六・四八、および一五〇篇）。最後の一五〇篇は詩篇全体の「ドクソロジー」でもある。

詩篇の全体の数は、ヘブライ語聖書の場合もギリシア語聖書の場合も、百五十篇である。ギリシア語聖書には一五一篇が存在するが、これは数えないという断りがついている。

ヘブライ語聖書のものと、ギリシア語聖書のものでは、詩篇の番号が違っている場合がある。ヘブライ語聖書のものが用いられることの方が多い。一つの数字が示され、それに続いて括弧にはいった違う数字が示されている場合は、その括弧内の数字はギリシア語聖書のものである。

ヘブライ語聖書の詩篇の番号とギリシア語聖書の詩篇の番号は一つしか違わない。これは一方の一つを他方が二つと数えるということがあるからである。対照表を示す。

ヴルガタ聖書の詩篇の番号は、ギリシア語聖書のものに従っている。

ヘブライ語聖書	ギリシア語聖書
1–8	1–8
9, 10	9
11–113	10–112
114, 115	113
116	114, 115
117–146	116–145
147	146, 147
148–150	148–150

詩篇の数え方

詩篇に収められている詩については、さまざまな分類の仕方が提案されている。ここではテーマ別の分類の仕方にしたがって、検討を進めることにする。本稿では、詩篇に収められている詩のすべてを扱うことはできない。章末に、本章で扱った詩のリストを記したので、参考にしていただきたい。

都に上る歌

全部で十五篇（詩一二〇―一三四）。一つ一つに「都に上る歌」という題がついている。「三大祭」の時のエルサレムへの巡礼の途上で唱える歌である。ただし一三二篇は、純粋に「都に上る歌」だとは言えないかもしれない。

さまざまなテーマが認められるが、あえて言うならば「神はいつも共にいる」ということが中心テーマである。

あなたが出で立つのも帰るのも、主が見守る。
今も、そしてとこしえに。(一二一・八)

前半の意味は、巡礼の往復において神が共にいることである。しかし後半において、このことが一般化される。神は巡礼の際だけでなく、常にそして永遠に「共にいる」。

いかに幸いなことか、主を畏れ、主の道に歩む人よ。
(……)
あなたはいかに幸いなことか、いかに恵まれていることか。(一二八・一―二)

「神の道を歩めば、恵まれる」とされている。これらは一般の民衆の立場からの歌だということができる。

太陽暦	バビロニア系の暦(春から)	カナン系の暦(秋から)	祭り
3－4	1　ニサン	7　アビブ	15日　過越祭
4－5	2　イッヤル	8	
5－6	3　シワン	9	6日　五旬祭
6－7	4　タンムズ	10	
7－8	5　アブ	11	
8－9	6　エルル	12	
9－10	7　チスリ	1　エタニム	10日　贖罪の日の祭り 15日　仮庵祭
10－11	8　マルケスワン	2　ブル	
11－12	9　キスレウ	3	25日　宮浄めの祭り
12－1	10　テベテ	4	
1－2	11　セバテ	5	
2－3	12　アダル	6	14, 15日　プリム祭

ユダヤ教の祭り

ユダヤ教には年ごとの主要な祭りとして、六つの祭りがある。以下の説明の最初の三つの祭りが、「三大祭」である。これに「贖いの日の祭り」を加えて「四大祭」とされることもある。「三大祭」は、古くからあった牧畜・農耕に関する祭りに歴史的出来事を記念する祭りとしての意味が加わったものである。他の三つの祭りは、「三大祭」の三つの祭りに比して新しいものである。

過越祭（**除酵祭**）（出一二・四三、一六・一）。元は春祭り。これが出エジプト記念の祭りとなる。アビブの月（後のニサンの月）の十日に子羊を選び、十四日にそれを屠り、血を入り口の柱と鴨居に塗り、肉は焼いて過越の子羊として食べる。その翌十五日から一週間を種を入れぬパンの祭り（除酵祭）とする。キリスト教では復活祭となる。

五旬祭（ペンテコステ・刈り入れの祭り）（出二三・一六）・七週の祭り（出三四・二二）。過越祭の二日目（ニサンの十六日）から数えて七週後、すなわち五十日目（シワンの六日）。元は小麦の収穫感謝祭。これに別の解釈が適用されて、シナイ山で十戒が与えられた日とされる。律法を感謝する日である。キリスト教では聖霊降臨日となる（使徒二）。

仮庵の祭り（レビ二三・三四―四三）。「ヤーヴェの祭り（主の祭り）」とも呼ばれる（たとえば士師二一・一九）。チスリの月（今の九―十月）の十五日から一週間ないし八日間。秋の収穫感謝祭である。年末祭かつ新年祭でもある。収穫の期間にあたる時期であり、畑に小屋を建ててそこに住む。出エジプトの際にイスラエル人が経験した苦しみと天幕生活を記念する祭りとなる。野外に木の枝などで仮住居を作ってそこに住む（ネヘ八・一四―一七）。これは神の導きと守りを記憶してこの世が仮の住居であることを告白する行為である。会堂では伝道の書が読まれる。律法の朗読年間計画の最後を読み終わる日、「シムハト・トーラ」（律法の喜び）の日である。祭りの最後の日に雨の恵みを求める祈り、シロアムの池から水を汲んで注ぐ行事が行われる。

贖いの日の祭り。ヘブライ語では「ヨム・キプール」（より正確には「ヨム・ハキプリム」）。チスリの月の十日（おおよそ秋分の日にあたる）にすべての者が仕事を休み、断食する。大祭司は、自分と自分の家族そして民のすべての罪を浄めるための贖罪の儀式を行う（レビ一六章、二三・二六―三二）。特に、一年のうちこの日にだけ大祭司は神殿の至聖所に入る。また二頭の山羊のうちの一頭に、すべての民の罪を負わせて、荒野に放つ（「贖罪の山羊」）。この祭りが実際にいつ頃から行われたのかははっきりしない。捕囚後に「モーセ律法」の権威が確立した前五―前四世紀頃かと考えられる。

プリムの祭り（エステル九・二四―二九）。「プリム」はヘブライ語で「籤」の意味。アダルの月（過越祭のある月の前の月）の十四日および十五日。ペルシア在住のユダヤ人たちが、王妃エステルおよびモルデカイによって、高官ハマンの陰謀から救われたことがエステル記に記されており、これを記念する祭り。十四日の夕刻に会堂でエステル記をすべて朗読し、ハマンの名が出るたびに、会衆は「彼の名は塗り消されよ。悪人の名は朽ちるべきだ」と叫ぶ。翌日再び、会堂でエステル記を朗読し、その後、娯楽が催され、貧しい人々に贈り物をする。

宮浄めの祭り。前一六八年にセレウコス朝のアンティオコス四世がエルサレムの神殿に偶像を置かせて、神殿を汚した。マカベア戦争が起こり、ユダ・マカベアが前一六四年にエルサレムに入城し、神殿を浄め、新しい祭壇を奉献した（一マカ四・三六―五九）。このことを記念する祭り。キスレウの月（今の十一―十二月）の二十五日から八日間。

救済神・創造神である神への讃美

歌を歌いたい時がある。ただ日々を過ごすのでなく、積極的な命の動きが日常を越えてほとばしるようなことが人にはある。外的・内的な活動を能動的に起こそうとする衝動が問題になることもあるが、受けることにおいて、あるいは受けることを求めることにおいて、ほとばしる表現もある。しかし生物的な生命の動きだけが問題となるのでは、そこでの表現は結局のところさまざまな意匠の戯れに過ぎない。世俗化した現代におけるさまざまな表現行為、とくに芸術表象の行き詰まった状況は、こうしたところに原因があるのかもしれない。歌が真実のものとなるのは、それが神との関係において歌われる時である。

世界が美しいと思った時、友人が自分を赦してくれた時、誰かが自分を愛していると思った時、自分が誰かを愛していると思った時、等々、歌が出てくる。個人としてばかりでなく、共同体としても歌が歌われる時がある。包囲している敵を敗走させた時、大規模な工事が完成した時、等々。こうした時に神の働きを認めることのできる者がいれば、歌が生じてくる。しかしもっと直接的に、神が自分たちを赦してくれたなら、神が私たちを愛していることに気が付いたなら、神が私を愛していることに気が付いたなら、神がこの世界を造ったと気が付いたなら、神を讃美せざるを得ない。詩は音楽であり、音楽は愛である。そして愛の源泉は神である。

小さな子供が長い間一人でいれば不安になる。そこにやっと親が来れば、親の顔を見ただけで、子供の顔は喜びに満ち、子供は叫び声をあげる。神がそこにいると気が付いたなら、私は喜びに満たされないだろうか。

既に見てきたようにイスラエルは、自分たちの神をまず解放者・救済神として経験した。神は、まず奴隷状態から自分たちを解放した神である。解放者としての神、勝利をもたらす神への賛歌として、

ミリアムの賛歌、海の横断の奇跡によって勝利した後の歌（出エジプト記一五・二〇―二一）

女預言者デボラの賛歌、タボル山の麓での勝利の後の歌（士師記五章）

が有名である。

これらの歌は、神による解放の業を目の当たりにした者たちが歌った賛歌とされている。民は祭りの儀式において神のこうした不思議な業を讃える。自分たちが神の民であることを確認し、神との契約および神への希望を新たに見直す。神に対して過去の解放の業を思い起こして、それが未来における新たな解放において完全なものとなることを神に願う。

また神が歴史において介入できるのは、神が歴史の主だからである。神が歴史の主であるのは、神が世界を創造したからである。こうしたことをイスラエルは次第に発見する。

これらのテーマを歌った詩篇には、殊にその細部の具体的な情報に関して、現在の私たちには理解しにくい点が少なくない。しかし私たちは、祖父母の昔の経験がよく分からず、よく感じ取れないからといっても、祖父母と私たちの繋がりがそれでなくなるとは考えない。祖父母の人生は私たちの人生と密接な関係をもったものであり、私たちの人生に先立ち、私たちの人生の前提になるものである。祖父母の人生は私たちの人生の一部だと言っても過言ではない。それと同じように、詩篇の神の賛歌によって、神の民の歴史は私たちの歴史でもあるという確信が強くなる。

しかし私たちは歴史の中の過去の出来事に完全に拘束されてしまうのでもない。遠い昔のイスラエルの人々が神に導かれてエジプト脱出の経験をしたように、キリスト教徒たちもエジプト脱出の経験を前提とした上で、イエスないしイエス・キリストにおいて新しい脱出を経験した。キリスト教徒たちは、エジプト脱出の経験だけでは不十分だということに気がついたのである。現在の私たちも、エジプト脱出の経験、イエスないしイエス・キリストにおける新しい脱出の経験を前提とした更に新しい脱出の経験に導かれているのかもしれない。

一一四篇。

イスラエルはエジプトを、ヤコブの家は異なる言葉の民のもとを去り、
ユダは神の聖なるもの、イスラエルは神が治めるものとなった。（一―二節）

まず「第一の出エジプト」が想起される。民が「神の聖なるもの」となったとは、民がいわば祭壇になったことを意味する。三―四節でこの「第一の出エジプト」の神の奇跡的な業が想起され、五―六節ではこの神の奇跡的な業の意味を考えるようにと作者が促す。七―八節では、「第二の出エジプト」における神の奇跡的な業が記される。

岩を水のみなぎるところとし、硬い岩を水の溢れる泉とする（……）（八節）

この表現は、第二イザヤの「荒れ野に水を、砂漠に大河を流れさせ、私の選んだ民に水を飲ませるからだ」（イザヤ四三・二〇）というイメージに着想を得ている可能性が大きい。「第二の出エジプト」が実現するという考え方は、キリスト教にも影響を与える。「出エジプト」はギリシア語では「エクソドス」(exodos) だが、ルカ九・三一には次のように記されている。

イエスがエルサレムで遂げようとしている〈エクソドス〉について話していた。「エクソドス」という表現は「生から出ること」つまり「死ぬこと」という意味ももち得るので、この箇所は通常「エルサレムで遂げようとしている最期」などと訳されているが、ルカ福音書のこのテキストにおいてはそれ以上のこと、すなわち「第二の出エジプト」が問題となっていると思われる。

一一三篇。

神が創造の神であるということは、神は一部の者の神ではないということを意味する。

主の僕らよ、主を讃美せよ、主の名を讃美せよ。

今よりとこしえに、主の名がたたえられるように。
日の昇るところから日の沈むところまで、主の名が讃美されるように。（一―三節）

ここでは神はユダヤ人にとってのみ神であるのではない。普遍主義的な神の考え方がはっきり示されている。ただしすべての者がまだ「主の僕」ではないことが前提となっている。
続いて「主はすべての国を超えて高い」(四節)とされていて、神の権威が政治的な最高のものであること、そして「私たちの神、主に並ぶものがあろうか」(五節)とされていて、神の権威が政治的にだけでなく宗教的にも最高のものであることが確認されている。

(神は) なお、低く下って天と地を見る。
弱い者を塵の中から起こし、乏しい者を芥の中から高く上げ、
自由な人々の列に、民の自由な人々の列に返す。
子のない女を家に返し、子を持つ母の喜びを与える。(六―九節)

「低い」とされているところの「天と地」を神は見るとされている。それは必ずしも宗教的エリートを優遇するためではない。ここで人は「否定的な立場にある者」(弱い者、乏しい者、子のない女)と「そうでない者」(自由な人々、子を持つ母)の二つに分類されている。そして「否定的な立場にある者」を否定的でない立場に「返す」ために神は介入するとされている。ここで注意しなければならないのは、「否定的でない立場にいる者」が非難されているのではないという点である。「神は弱い者の味方」なのかもしれないが、神は「弱い者」だけを優遇するのではない。そうではなくて、苦しい立場にいる者について特に介入して、皆

が苦しくない立場にあるように介入するとされている。
サムエル上二・一―一〇の「ハンナの祈り」でも、同様なテーマが扱われている（特に七―八節）。ただし七節では「主は貧しくし、また富ませ、低くし、また高める」とされていて、貧しくなり低くなることも含めてすべてが神の業であることが確認されている。

詩篇一一三篇から一一八篇の六つの詩篇は「ハレル」（Hallel、讃美）と呼ばれており、三大祭の際に歌われる。マルコ福音書一四・二六ではいわゆる「最期の晩餐」の中で「一同は讃美の歌をうたって（……）」とされており、この「ハレル」が歌われたとされている可能性が大きい。

八篇。
この詩においては創造神としての神が讃美され、そして五節から人の位置付けが問題とされている。

人の子は何ものなのか、あなたが顧みるとは。
あなたは人をほとんど神として造り、なお、栄光と威光を冠としていただかせ
あなたの手の業に人を支配させ、

すべてをその足もとに置いた。
大小のあらゆる家畜も、野の獣も
空の鳥、海の魚、海路を渡るものも。（五―九節）

人が偉大であることを述べることは、人をそのようなものとして造った神の偉大さを讃えることである。こうした人の位置付けの考え方は、創世記一章の物語における立場と呼応している。

一〇四篇。

前十四世紀に成立したとされているエジプトの詩に着想を得たものと考えられている。しかしエジプトの詩においては太陽が中心である。本書の冒頭近くで既に検討したが、ここでもう一度、前十四世紀半ばのファラオであるイクナートンの作とされる「太陽神アテンの賛歌」の一部分を引用しておく。太陽神アテンが、万物の創造者、宇宙秩序の維持者、生命の賦与者である。

天のかなたに、完璧なあなたが現れる。
あなたは生きた円盤であり、命の源である。

（……）
太陽の円盤として、あなたは昼のあいだ輝いている。
人々は目覚め、自分の足で立ち上がる。
人々の腕が、あなたの姿を讃える。
それから地全体が自らの仕事にはげむ。
動物たちは皆、自分の草に満足し、
草木は緑になる。
鳥たちは、翼であなたを讃えながら、
巣から飛び立つ。
（……）
あなたの創造物の数のなんと多いことか。

一〇四篇では、太陽も被造物になっている（一九節）。神が、太陽を含めた被造物全体の創造者である。また右で検討した八篇や創世記一章の物語の場合と違って、人が他の被造物を支配しているというモチーフは強調されておらず、むしろ人は他の被造物と同様に神によって制御されている世界の中で暮している とされている。
創世記一章の創造のイメージよりも、創世記二―三章のエデンの園の物語における創造のイメージに近いと言えるだろう。

若獅子は餌食を求めてほえ、神に食べ物を求める。
太陽が輝き昇ると彼らは帰って行き、それぞれのねぐらにうずくまる。
人は仕事に出かけ、夕べになるまで働く。(二一—二三節)

新約聖書のコロサイ書一・一五—一八によれば、「子」(=イエス・キリスト)も創造に先立って神と共にいるとされている。そして神がすべてを創造したのは、キリストによって、そしてキリストのためだとされている。

一〇四篇の末尾には次のような言葉が記されている。

どうか、罪ある者がこの地からすべて失せ、
主に逆らう者がもはや跡を絶つように。(三五節)

神が制御する調和的な被造物の世界から「罪ある者」——つまり神との関係が調和的でない者——は排除されるべきだとされている。

近くにいる神への讃美

基本的に神は、私たちやこの世界とは「別個の存在」である。神が歴史を導き、神が創造者だからである。しかし神は「近くにいる」。神はエルサレムの神殿にいる。また律法も近くにある。「戒めは（……）、遠く及ばぬものでもない。それは天にあるものではない（……）。海のかなたにあるものでもない（……）。言葉はあなたのごく近くにあり、あなたの口と心にあるのだから、それを行うことができる」（申三〇・一一―一四）。

一三九篇。

そのままの自分が、長所も欠点もそのままに、愛される。これは人にとっては理想的と言ってもよいようなことである。人間どうしの愛の場合には、相手を完全に知ることはできない。相手についての誤解がある。「愛の思い違い」があって、時にはそのために悲劇的なことが生じたりする。

しかし神は人を誤りなく知っている。そしてそのような者として神は人を愛している。神に愛されているということはそのようなことであり、そのことに気付くならば、神を讃美せずにはいられない（一―一八節）。

主よ、あなたは私を究め、私を知っている。(一節)

一九―二二節では、悪の問題が扱われる。

どうか神よ、逆らう者を打ち滅ぼしてください。(一九節)

主よ、あなたを憎む者を私も憎み(……)(二一節)

神が私のすべてを知っているということは、神が自分を特に優遇している証拠と考えられていると思われる。しかし神が私のすべてを知っているならば、神は他の者も知っていると考えられる可能性が大きくなる。とすれば神はすべての者に恵みを与えるのだということになってしまう可能性がでてくる。「悪」の側にいるとされる者をどのように理解すべきかが難しくなる。「神を憎む者」は、神の恵みを認識できない者ということかもしれない。いずれにしても「神を憎む者」についての判断を神に委ねるのではなく、彼らを排除すべきことが人の側の判断によって決定されている。

しかし末尾では、人の側が自分のこうした判断に完全な自信をもっているのではないとされている。

見てください、私の内に迷いの道があるかどうかを。(二四節)

この末尾の句は、人が善悪の審判者になってしまうという問題を回避するために後から付加されたものかもしれない。

「神はすべてを知っている」というテーマと、自分だけが神の恵みに与っているという自己中心的ないし民族中心主義的態度とが完全には折り合っておらず、ここには未解決の緊張があると考えるべきだろう。キリスト教は神の普遍性をはっきりと肯定しようとしたが、具体的な展開においてこうした問題をキリスト教も完全に克服していないとやはり言わざるを得ないだろう。

八四篇。

巡礼者がエルサレムの神殿に到着した際の、神への愛が表明されている。「住む」「幸い」といったテーマが強調されている。

万軍の主よ、あなたのいるところは、どれほど愛されていることでしょう。

主の庭を慕って、私の魂は絶え入りそうです。命の神に向かって、私の身も心も叫びま

す。（二―三節）

いかに幸いなことでしょう、あなたの家に住むことができるなら、
ましてあなたを讃美することができるなら。（五節）

日本語でも「住む」という語には「澄む」という意味が含まれていると言われている。転変の激しい放浪の生活から比べれば、定着することは秩序と調和の基礎である。住むことは、社会的地位の安定にも繋がる。しかもここでは神の家に住むことが問題となっている。キリスト教においては、復活したイエスの体が真の神殿だとされる立場がある。そして歴史の中で教会は、理念的にはイエスの体だとされている。したがって教会に「住む」ことは、理念としては、真の神の家に住むことである。しかし現実の個々の教会が澄んでおらず、濁っているのかもしれないという問題がないのではない。

「神の家に住む」ことのもうひとつの可能性も指摘しておく。「神の子」ならば、神殿のように空間を限定した建物や人間的な組織の所属にかかわらず、どこに居ようと「神の家」に属していると言えるのではないだろうか。

四二―四三篇。

この二つの詩は実は一つのものである。リフレイン（四二・六、一二、四三・五）が全体を三つに分けている。

著者は、神殿では奉仕者だった者で（四二・五）、今はレバノン地方に強制的に連れてこられている（四二・七）。捕囚の状況の中での苦しみが述べられている。彼が苦しむのは、神から遠ざかっているからである。彼は神を求める。神は「私の岩」（四二・一〇）「私の砦」（四三・二）である。

涸れた谷に鹿が水を求めるように、神よ、私の魂はあなたを求める。
神に、命の神に、私の魂は渇く。（四二・二―三）

しかし神は失われてしまったかのようである。

私を苦しめる者は私の骨を砕き、絶え間なく嘲って言う、
「お前の神はどこにいる」と。（四二・一一）

なぜ（神は）私を見放したのか。（四三・二）

しかし「私」は神に求めることをやめない。
神よ、あなたの裁きを望みます。私に代わって争ってください。
あなたの慈しみを知らぬ民、欺く者、よこしまな者から救ってください。(四三・一)

人は「神を知る者」と「神を無視する者」とに分けられている。

一一九篇。百七十六節からなる長い歌である。「主よ、私は律法を愛する」というテーマが中心である。

いかに幸いか。
完全な道を踏み、主の律法を歩む人は。(一節)

八節ずつの二十二の連からなる。各連の八つの節は同じ字で始まり、ヘブライ語のアルファベットの二十二の文字が順番に使われている。つまり第一連の八つの節はすべて「アレフ」で始まり、第二連の八つの節はすべて「ベト」で始まる。そして各節には律法を表すさまざまな語（言葉、定め、道、など）が必ず用いられている。

恋人たちが、愛しているということをさまざまな言い方で言ってあきない。そうした恋人同士の対話のように、これは神と神を愛する者との対話である。

キリスト教においては、「律法」にどのように対処すべきかは、大きな問題だった。新約聖書の諸文書でもさまざまな立場が提案されている。現世的なヨハネ福音書では、真の律法はイエスだとされている。イエスは「道」「真実」「命」など、である。

王に関する歌

二種類のものがある。王としての神、神の権威の王的な側面を讃える歌、それから地上の王についての歌である。

古代において「王制」は、新しい社会秩序である。大きな規模の社会の統一と秩序を実現する素晴らしい制度と思われたことだろう。神のこの世への関わりが「王制」になぞらえて考えられるのは、こうした時代においては、いわば当然の成り行きである。しかし近代以降に王制は、その意義が薄らいできた。「民主主義」といったことが強調されることに見られるように、大きな権力が一点に集中していなくても、人々が相互のネットワークを維持することで全体の統一と秩序が保たれる傾向が強くなってきている。こうなってくると、神を「王であるかのように」考えることがどれほど適切なのかを再検討しなければならないかもしれない。「神はほんとうに〈王〉のようなのか」という問題である。
しかし聖書は古代の書物だから、ここでは古代の枠組で考えることにする。イスラエルでは基本的には、唯一の王は神である。地上の王は、いわばその代官のようなものに過ぎない。バビロン捕囚以後、地上の王はいなくなる。この時期に、神の王位についての思想が展開する。特に第二イザヤにおいて、神が「王」であることが強調される。それは神が創造者だからである(イザ四〇・一二―三一、四三・一五、四四・六)。そして支配を確立するために、つまり「神の王国」を実現するために、王である神が到来するだろうと告げられている(イザ五二・七)。

主は地を覆う大空の上にある座に着く。(イザ四〇・二二)

私は主、あなたたちの聖なる神、イスラエルの創造主、あなたたちの王。(イザ四三・一五)

いかに美しいことか、山々を行き巡り、良い知らせを伝える者の足は。
彼は平和を告げ、恵みの良い知らせを伝え、救いを告げ、
あなたの神は王となった。(イザ五二・七)

四七、九三、九六—九九篇。

これらは「王としての神」についての歌である。この王の即位の日に、イスラエルでなく、すべての民、宇宙のすべての要素が喜ぶとされている。他の神々は「むなしい」。

神は諸国の上に王として君臨する。神は聖なる王座に着いている。（四七・九）

主こそ王。威厳を衣とし、力を衣とし、身に帯びる。
世界は固く据えられ、決して揺らぐことはない。（九三・一）

諸国の民の神々はすべてむなしい。（九六・五）

諸国の民よ、こぞって主に帰せよ、栄光と力を主に帰せよ。（九六・七）

天よ、喜び祝え、地よ、喜び躍れ、
海とそこに満ちるものよ、とどろけ、
野とそこにあるすべてのものよ、喜び勇め

森の木々よ、共に喜び歌え。（九六・一一―一二）

あなたは主、全地に君臨するいと高き神。

神々のすべてを超え、あがめられる神。（九七・九）

二四篇。これも「王としての神」についての歌である。七―一〇節は古いテキストで、エルサレムへの聖なる箱の入城を讃美するものである。

城門よ、頭を上げよ、とこしえの門よ、身を起こせ。栄光に輝く王が来る。

栄光に輝く王とは誰か。強く雄々しい主、雄々しく戦う主である。（七―八節）

一―六節は捕囚期以後に付加されたもので、詩全体の構想を普遍主義的なものにしている。

地とそこに満ちるもの、世界とそこに住むものは、主のもの。（二四・一）

二、**二一**、**四五**、**七二**、**八九**、**一〇一**、**一一〇篇**。

これらの七つの詩は、イスラエルの王を讃えるものである。他にも幾つかの詩を、この分類に加えることができるかもしれない。

他の民族と違ってイスラエル民族は、王を神格化しない。しかしイスラエルの王は預言者ナタンが告げたように、即位の日に、たいへんに特殊な意味で「神の子」になる。この日に彼は「生まれる」のであり、神は彼を「神の子」として「生む」。

これらの詩のうちにはかなり昔から存在したものもあったかもしれないが、いずれにしてもどれも捕囚以後、つまりもはや王のいなくなった時代に再解釈がなされた。これらの詩は希望を伝えるものとなる。将来のある日、神がその支配を打ち立てるために、自分の王であるメシアを送るだろうという希望である。

キリスト教徒は、イエスがこの「王であるメシア」であると認める者である。

二篇。

サムエル下七・一一b―一四aには、ナタンへの神の言葉の中で、次のように記されている。ダビデに告げるようにと伝えられた言葉なので、文中の「あなた」は、ダビデのことである。

主はあなたに告げる。主があなたのために家を興す。あなたが生涯を終え、先祖と共に眠るとき、あなたの身から出る子孫に跡を継がせ、その王国を揺るぎないものとする。この者が私の名のために家を建て、私は彼の王国の王座をとこしえに堅く据える。私は彼の父となり、彼は私の子となる。

詩篇二篇は、この王についての考え方に見合った内容になっており、王の即位式の際に使われる宣言文である。イスラエルの王だけが神によって即位するのであり、「神の子」と宣言される。他の王や民は、この王に逆らうことができない。

なにゆえ、国々は騒ぎ立ち、人々はむなしく声をあげるのか。
なにゆえ、地上の王は構え、支配者は結束して、
主に逆らい、主が油を注いだ者に逆らうのか。（一―二節）

（神は）彼らに宣言する。
「聖なる山シオンで、私は自ら、王を即位させた」。（五―六節）
主は私（＝宮廷の預言者）に告げた。
「お前（＝王の候補者）は私の子、今日、私はお前を生んだ」。（七節）

「神の子」とは「神の代官」といった意味であって、その者の神格化を意味するのではない。その者が「神の子」となって「生まれる」とは、油を注がれて、すなわち「メシア」（油を注がれた者）となって、王となることを意味する。彼は世界の支配者となる。

この「誕生」がイエスに当てはめられているのは、洗礼の時であって、ベツレヘムでの赤ん坊としての誕生の時ではない（マコ一・一一）。あるいは復活の時である（使徒一三・三三、ロマ一・三―四、ヘブ一・四―五、五・五、黙示一二・五）。

一一〇篇。

宮廷で預言者が王に向かって、神からの言葉を述べるという形になっている。

主（＝神）はわが主（＝王）に言う、
「私があなたのもろもろの敵を、あなたの足台とするまで、
私の右に座せよ」と。（一節）

王は神の右に座しているとされている。王は神ではないが、神の権威に匹敵するような権威をもっていることを示すものである。「もろもろの敵」が「あなた（＝王）の足台」とな

るとは、王が神のようにすべてを支配するということである。
実際の王がいない状況が長く続く中で、この「王」が次第に神格化されてくる。大祭司へのイエスの言葉の中で、この詩一一〇・一のイメージがダニエル七・一三のイメージと結び付けられている。

「あなたたちは、人の子が全能の神の右に座り、
天の雲に囲まれて来るのを見る」。(マコ一四・六二)

神の右に座している者は王であり、「油を注がれた者」(メシア)である。メシアが神格化されているのであれば、そしてイエスが単に人間でしかないのならば、これは冒瀆である。しかしペトロは「イエスは神の右に上げられた」と主張している(使徒二・三三)。
また詩篇一一〇・一は、イエスがダビデの子ではないという議論に用いられている。

「どうして律法学者たちは、〈メシアはダビデの子だ〉と言うのか。ダビデ自身が聖霊を受けて言っている。〈主は、私の主に告げた。〝私の右の座に着きなさい。私があなたの敵を、あなたの足もとに屈服させるときまで〟と〉。このようにダビデ自身がメシアを主と呼んでいるのに、どうしてメシアがダビデの子なのか」。(マコ一二・三五―三七)

伝統的には詩篇の作者はダビデだとされていた。メシアはダビデではない。ダビデ王朝の権威を特権的とする考え方が批判されている。

八九篇。
バビロニアによるダビデ王朝の滅亡以来、王朝は再興しない。この根本的な問題が扱われている。
ダビデに対する神の約束が確認される。

私が選んだ者と私は契約を結び、私の僕ダビデに誓った。
あなたの子孫をとこしえに立て、あなたの王座を代々に備える、と。(四―五節)

しかしメシアは退けられる。これも神の業とされている。

しかしあなたは、自ら油を注いだ人に対して、
激しく怒り、彼を退け、見捨て(……)(三九節)

けれども、この結果生じた事態は耐え難いものである。

いつまで、主よ、隠れているのか。怒りは永遠に火と燃え続けるのか。（四七節）

願いの祈り・感謝の祈り

詩篇の多くにおいて、願いが表明されている。願いの祈りは、基本的に四部からなっていると言うことができる。（1）神への呼びかけ、（2）願いの状況の描写、（3）願いが実現するための根拠（愛、忠実さ、神の栄光、信頼、など）、（4）結部（信頼の祈り、感謝の祈り、など）。

願いが表明される状況には、さまざまなものがある。病い、不正義による貧苦、追放、イスラエルの軍隊の勝利を求める、敵の滅亡を求める、など。

二二篇。

神への呼びかけの後、すぐに願いの状況の描写が続く。

わが神、わが神、なにゆえ私を捨てるのか。（二節）

四―一二節で、願いが実現するための根拠が述べられる。神は先祖を救った。神は「私の神」である。一三―二二節では、苦しみの状況がさらに述べられる。しかし二三―二七節で、最終的には希望があることが確認される。二七節までは、個人的な祈りになっている。

主は貧しい者の苦しみを、決して侮らず、さげすまない。
顔を隠すことなく、助けを求める叫びを聞く。（二五節）

二八―三二節（あるいは二八―三〇節）は、おそらく後から付加された。王としての神を讃美する内容になっている。

マタイ福音書とマルコ福音書の物語で十字架上のイエスが、この詩の冒頭部分を引用している。引用だと気づかずにイエスの言葉だけを考えると、イエスが神に見捨てられたことが決定的であることをイエスが確認して、イエスは文字通り絶望的な状態にあるかのように考えられてしまう。しかしイエスはこの詩の全体に依拠していると考えるべきだろう。絶望的だとしか思えないような状況にあっても、神との関係において希望は失われない。イエスは神に根拠を置いているのである。

一〇九篇。

これは「呪いの祈り」である。敵を滅ぼすようにとの願いが、繰り広げられている。「愛しても、憎む」(五節) 者については、「裁かれて、神に逆らう者とされる」(七節) ことが求められている。

また八節以下では、敵が不幸な状態に陥ることが具体的に、そして執拗に述べられている。

彼の生涯は短くされ、地位は他人に取り上げられ
子らはみなしごとなり、妻はやもめとなるがよい。
子らは放浪して物乞いをするがよい。廃墟となったその家を離れ、助けを求め歩くがよい。(八—一〇節)

こうした呪詛は、実は敵が言っていることになっているのだといった解釈が試みられることもあるが、この詩篇についてだけそのような誤魔化しをしてもあまり意味がないだろう。敵への呪詛は他の詩篇にも、また聖書の他の箇所にも、数多く認められる。たとえばエレミヤ書には、次のような箇所がある (一七・一八。他にも、一八・二一—二三、二〇・一一—一二)。

私を迫害する者が辱めを受け、私は辱めを受けないようにしてください。

彼らを恐れさせ、私を恐れさせないでください。
災いの日を彼らに臨ませ、彼らをどこまでも打ち砕いてください。（エレ一七・一八）

五一篇。

三つの語がキーワードだと言えるだろう。「罪」「浄め」「愛（憐れみ、恵み）」である。
「罪」の状態にある者が、神に願い求めている。

あなたに背いたことを私は知っています。
私の罪は常に私の前に置かれています。（五節）

「罪」とは、神との関係が不適切な状態にあること、あるいは神と断絶していることである。したがって「罪」は、神との関係が否定的な状態であることが基本になっている。しかし、共同体の中での不正な行為や、他者（人、共同体、神など）に対する不当な攻撃や、道徳上の不義などが、「罪」の状態を具体化して大きな苦しみの直接の原因になることもある。

冒頭の言葉によればこの詩は、ダビデがバトシェバの事件で苦しんで述べたものということになっている。王であるダビデは、部下の妻であるバトシェバを自分のものにするために、その夫を危険な戦場に送り、しかも彼が死ぬ前にバトシェバと通じたことになっている。

「浄め」は、このような状態から適切な状態に戻ることである。

ヒソプの枝で私の罪を払ってください、私が清くなるように。
私を洗ってください、雪よりも白くなるように。(九節)

このような「浄め」を実現できるのは、神だけである。神は「憐れむ」からである。

神よ、私を憐れんでください、愛をもって。
深い憐れみをもって、背きの罪をぬぐってください。(三節)

末尾近くで、神に犠牲をささげることが提案されている。しかしこの犠牲は通常のものでなく、「打ち砕かれた霊」である(一九節)。神との関係が修復されるためには、人間の側の内面が整うべきだという考え方は、宗教の内面化・個人化が進んできてはじめて現れるものである。しかし人間の側の外面や内面の操作によって神を動かすことはできないのではないかということに気づくことが、イエスの活動を意味あるものにする状況を準備することになる。

知恵文学と詩篇

捕囚期以後に知恵の思索が本格的に展開したことは、既に見た通りである。知恵者が人生のさまざまな問題に思索を巡らす。知恵の源泉が神であることに気付くようになる。「真の知恵者は神」という考え方が生じてくる。これと相俟って、人の知恵が不完全であることが意識されるようになる。そこから神への全的な信頼に向かう場合もあり、律法の遵守や儀式の活動などを知恵の最高の実現形態と考えて、それらとの関係で自己正当化を求める方向に向かう場合もある。

一一一、一一二六篇。

正しいあり方が、知恵との関連で可能だとされている。

私は心を尽くして主に感謝をささげる、
正しい人々の集い、会衆の中で。(一一一・一)

主を畏れることは知恵の初め。これを行う人はすぐれた思慮を得る。
主の讃美は永遠に続く。(一一一・一〇)

いかに幸いなことか、
神に逆らう者の計らいに従って歩まず、
罪ある者の道にとどまらず、傲慢な者と共に座らず、
主の教えを愛し、その教えを昼も夜も口ずさむ人。（一・一―二）

主よ、あなたの裁きを望みます。私は完全な道を歩いてきました。
主に信頼して、よろめいたことはありません。（二六・一）

知恵が発達するとは、共同体において指導者とされるような者たち（預言者、王、祭司など）が考えて民はそれに従うというだけでなく、一般の者たちが「自分で考える」ようになったことを意味する。古代において文明と呼び得るような状況が生じても、このような状態になるためには幾世紀もの時間が必要だった。イスラエル民族においては「神の前での義の実現」が最大の問題だったので、人々がこの問題について、自分自身について自分で考えるようになる。そしてある程度の「正しい」生活を送っていると、「神の前で自分は正しい」と考えてしまう。こうした判断が必ずしも誤りだとは言えないかもしれない。しかし問題は、神が審判者であるにもかかわらず、こうした者たちは自分で自分の審判者になってしまって

いることである。

一一九篇。

神が創造の神であることが確認された上で、律法が讃美される。「律法」は「知恵」である。

主の律法は完全で、魂を生き返らせ、
主の定めは真実で、無知な人に知恵を与える。（八節）

神が「最高の知恵者」であるという考え方が窺われる。人は神の知恵に従って生活すべきである。ところで律法は、イスラエルの民の日々の生活を律するものである。神と直接につながるのではなく、伝えられて来ている律法が不動の権威をもつようになる。
これに対してイエスは、神に聖霊を与えられることで、律法を批判した。イエスは直接に神につながっているのである。

一三八篇。

正しい者がそれに相応しい報いを得ず、正しくないと思われる者が恵まれる。知恵の立場からは、これは大きな問題である。殊に神の民が、苦しい状況に長くとどめられている事態を前にして、単純な因果応報の考え方が不適切であることに気付くようになる。神は今すぐではなくても、必ずいつか因果応報の原則を貫くこと、敵を滅ぼすことを前提にする立場が生じてくる。そうした確信をもつことで、気持ちの上での「解放」を確認する。

主は高くいても、低くされている者を見ている。
遠くにいても、傲慢な者を知っている。
私が苦難の中を歩いているときにも、
敵の怒りに遭っているときにも、私に命を得させてください。
(……)
主は私のために、すべてを成し遂げる。(六—八節)

呼び求める私に答え、
あなたは魂に力を与え、解き放ってくれた。(三節)

一〇篇、九四篇にも、同様な傾向が認められる。

四九篇。

四九篇には、「コヘレトの言葉」(伝道の書)に似た傾向が認められる。自分を正しいとする者、自分の価値判断の基準に神が必ず従うと考える者への批判になっている。

知恵ある者も死に、無知な者、愚かな者と共に滅び(……)(一一節)

人間は栄華のうちにとどまることはできない。屠られる獣に等しい。(一三、二一節)

これが自分の力に頼る者の道、自分の口の言葉に満足する者の行く末。(一四節)

七三篇。

この詩においても、神に逆らう者が恵まれているようであり、正しいと思われる行いが無意味であるかのようだという問題が扱われている。

神に逆らう者の安泰を見て、私は驕る者をうらやんだ。(三節)

私は心を清く保ち、手を洗って潔白を示したが、むなしかった。(一三節)

ただし彼は、善悪についての自分の判断が確かでないことを自覚している。

私は、あやうく足を滑らせ、一歩一歩を踏み誤りそうになっていた。（二節）

私は愚かで知識がなく、あなたに対して獣のようにふるまっていた。（二二節）

彼が見出すのは、神が導いているということだけである。

あなたが私の右の手を取っているので、

常に私はあなたのもとにとどまることができる。（二三節）

私の肉も私の心も朽ちるであろうが、

神はとこしえに私の心の岩、それが私に与えられた分。（二六節）

私は、神に近くあることを幸いとし、主なる神に避けどころを置く。（二八節）

人が人であること、神のようにならないこと、神と共にいること、これが人について知恵によって見出される最終的な姿ではないだろうか。

第一部　1−41	第四部　90−106
1　知恵と義	93　王としての神
2　イスラエルの王の讃美	94　神は必ず報いる
8　普遍的神への讃美	96−99　王としての神
10　神は必ず報いる	101　イスラエルの王の讃美
19　律法の讃美	104　創造の神（エジプトの詩の影響？）
21　イスラエルの王の讃美	**第五部　107−150**
22　絶望の中の希望	109　呪いの祈り
24　王としての神、聖なる箱の入城	110　イスラエルの王の讃美
26　知恵と義	（113−118「ハレル」（讃美）（三大祭りの際に））
第二部　42−72	111　知恵と義
42−43　囚われの身で神を求める。「神は私の岩」	113　普遍的な神
45　イスラエルの王の讃美	114　二つの出エジプト
47　王としての神	119　私は律法を愛する
49　人間の知恵への批判	（120−134　都に上る歌（132？））
51　罪の清め	138　神は必ず報いる
72　イスラエルの王の讃美	139　神は私を知っている
第三部　73−89	150　第五部および詩篇全体のドクソロジー
73　神のようにならずに、神と共にいる	
84　神殿到着の際の神への愛	
89　イスラエルの王の讃美	

本章で扱った詩篇一覧

あとがき

旧約聖書および旧約聖書をめぐる状況についての入門的解説の叙述は、前章までで一応のところ終わりである。

対象があまりに複雑で膨大なものなので、完璧な解説を作ることはとてもできない。あれもこれもと考えたテーマで断念したものも少なくないし、一応のところ扱ったテーマでもさらに議論ができるトピックがありながら扱い得ないで次に進んでしまった場合も少なくない。しかし何もかもを扱おうとして本書を無制限に大部のものにしてしまったのでは、入門書として近づきにくいものとなってしまうだろう。

「あとがき」の場を借りて、二つのことについて述べておきたい。一つは、本書にいたるまでの私の旧約聖書との関わりについてである。それから旧約聖書についての研究をもっと本格的に進めようとする人のために、簡単な指針を記しておく。

私は一九八三年の秋にフランスのストラスブール大学プロテスタント神学部に入学して、神学の勉強を始めた。大学ではまず聖書を学ばねばならないということで、聖書の言語であるヘブライ語と古代ギリシア語、それから旧約聖書と新約聖書の入門の授業を取ることになった。新しい二つの言語を学び、さらに聖書を本格的に学び始めたのである。まさに全時間・全エネルギーが拘束されたという感じになった。

聖書の世界は無限に広く深いといっても過言ではない。今でも、すべてを理解しているというにはほど遠いが、今の状態から振り返ってみると、当時の私は聖書についてほんとうに何も知らなかった。聖書がどのようなものなのか、その全体についての一応の理解ないしイメージをもっていなかった。そして困ったことに、大学での聖書についての授業は「入門的」なものとはいえ、聖書についてすでにある程度のイメージをもっていることを前提にして、いくらか専門的なものになっていた。こうした状態に、フランス人の学生も含めて、多くの学生が当惑していた。

フランスの大学は成績評価が厳しく、入門段階で学生の半分くらいは落第してしまう。落第すると、もう先に進めない。「良く分からない」では済まないのである。これはどうにかしなければならない。学生たちの間で、これこれの入門書を読むべきだといった情報が流れたりするのだが、どうもすっきりした解決にならない。

そうこうするうちに、私が住んでいた学生寮で、神学部の同じ学年の他の留学生たちといっしょに旧約聖書の勉強会を始めた。

「学生寮」というのは、ストラスブールにある「シュティフト」のことである。この「シュティフト」は、当時はどの学部の学生も入寮できたが、かつてはプロテスタント神学部の学生だけの寮だった。このために昔からの伝統がいろいろと残っていて、付属の食堂では、食べ始める前に簡単な讃美歌を皆で歌ったりしていた。部屋は個室で、天井が高く、窓も大きい。女中さんがいて、毎日掃除をしてくれる。有名なシルベルマン作のオルガンがあるサン・トマ教会に隣接していて、週末などはオルガンを練習する音が聞こえてきたりする。そして神学関係の本を集めた比較的広い図書室があった。

この図書室は、夜遅くなると誰もいなくなる。それを利用して、時間のある時にここに集まって、勉強会を開いた。私と、それからトーゴ出身の男の子、それからマダガスカル出身の女の子、それにもう一人、私たちよりも安定した知識があると思われるフランス人の男の子が参加した。

私たちが聖書研究についてどれほど素人だったかということだが、たとえば本を読んでいて「RB」という略語がよく出てくる。その意味が分からないというので、あれこれ調べ回ったのを覚えている。これは何のことはなくて、Revue Bibliqueというフランスのカトリック系の権威ある聖書学の学術誌の略語だった。そんな程度だったのである。

この勉強会が私にとって、たいへんに役に立った。フランス人の男の子はアルザスの牧師の息子らしく、聖書知識の導入の基本を心得ていて、組織立った計画で勉強会を引っ張ってくれた。旧約聖書を勉強することになったのだが、彼は旧約聖書のテキストを通して読んだりするのではなく、イスラエル民族の歴史の展開にしたがって、それぞれの歴史段階にとって重要なテキストを選んで、それらのテキストを順次検討するという方法を取ってくれた。旧約聖書は、整理の原則がまちまちの多くの部屋からなる巨大な博物館のようなもので、漫然と眺めているだけでは全体像が得られない。ガイドがついて時代順に整理しながらあちこちの部屋の重要なオブジェを見学順に並べなおして訪問者の頭の中に入れてくれるような方法だったのである。つまり本書で採用したような手順である。

これによって私は、自分の目が開かれる思いがした。出エジプトの時代から始まって、南王国滅亡のあたりまでしか進まなかったが、有効な理解の方向が十分に与えられた気がした。このおかげで大学の試験にも合格できて、先に進めることになった。

大学では、学士の段階までは特に専門ということはなく、神学のさまざまな分野についての勉強をして、口頭発表をしたりレポートを出したりするだけで済んだ。修士、博士の段階になると専門を決めて論文を書かねばならない。私は新約聖書学を選んだので、旧約聖書についての勉強は相対的に手薄になっていた。新約聖書を勉強するためには旧約聖書についての理解は不可欠だが、何もかもはできない。ヘブライ語はマラバル先生の「上級ヘブライ語」の授業を取って単位を取得したりはしたが、旧約聖書については突っ込んだ勉強ができないままに時が過ぎてしまった。

次の転機は、日本に帰ってきてから生じた。

私は千葉大学というところに就職したが、千葉大学には神学部がない。文学部の教官（当時の千葉大学は国立大学なので教師は「教官」である）になった。神学部がないどころか、聖書やキリスト教関係の授業は私が一人で全部を担当することが期待されていた。一時などは、一日のうちに、旧約聖書、新約聖書、中世から近代初頭にかけての教会史（宗教革命について）、環境問題とキリスト教（あるいは、日本ないしアジアとキリスト教）、を行うというようなことさえあった。一日のうちに人類の全史を駆け巡るような日々の連続である。これはきわめてハードだが、私にとっては貴重な訓練になった。旧約聖書については、特に全学部の学生が取ることのできる授業だった。キリスト教や聖書についてほとんど何の準備もない学生たちに、それなりに意義のある講義をしなければならない。

この時に、シュティフトでの勉強会、それからそれ以降にそれなりに進めた旧約聖書関係の勉強が役に立った。聖書については、さまざまな入門書や読書ガイドの本がある。この頃までに、フランス語のものがいくらかは集まっていた。

こうした本から与えられる指針に助けられながら、授業を毎年毎年繰り返したのである。最初はノートを準備してそれを見ながら話をしていたが、いくらか繰り返すとノートをもって行っても、それを見ずに長い話ができたりする。

しかも講義をするということは、講義をする側にとってもたいへんな勉強になる。準備したことを話すのだが、話しているうちに新しい問題点に気づいたり、新しい側面が見えてきたりする。仕事の義務として繰り返し行う講義だが、入門レベルのものとはいえ、繰り返すうちにだんだんと理解が深まってくる。ストラスブール大学で私は学生だったから、いろいろと学んだのはもちろんだが、千葉大学でも教師としていろいろと学ばせていただいた。しかも神学部のようにさまざまな専門分野に専門の先生が配置されているのではないことが、却って思いもかけぬ広い範囲でのトレーニングをさせていただくことに繋がった。たとえばストラスブール大学の神学部のようなところに就職したら、自分の専門領域にとってはたいへんに好都合だが、神学の他の領域について本格的に勉強することは、いくら時間がたってもなかなかできなかったのではないかと思われる。神学の先生方が互いの目を見て、ときとして不安そうな表情になるのは、このためではないかと思われる。

最後に、旧約聖書についての研究をもっと本格的に進めようとする人のための指針を、簡単に記しておく。

聖書はテキストであり、書物である。だからこれを理解するには、この本を読めばよいと思うかもしれない。その通りなのだが、聖書は漫然と読んでいるだけでは理解が深まらない。

ユダヤ教やキリスト教の活動の中で読み方を身につけるという可能性もあるが、このような枠組の中では、すぐに信者や信仰共同体にとっての意味ばかりが強調されてしまう。しかし聖書にはそれだけでは済まない部分ないし側面がある。伝統的なさまざまな読み方を無視しないにしても、それに必ずしも捉われずに、書物としての聖書を本格的に読み込みたいという場合には、どうすればよいのか。

（1）まず聖書の言語であるヘブライ語と古代ギリシア語を勉強する。旧約聖書はヘブライ語で書かれているが、アポクリファはギリシア語で書かれているし、七十人訳聖書などの古代におけるギリシア語訳も無視できない。また新約聖書も無視できない。ヨセフスの著作なども考慮しなければならない。したがってギリシア語も必要である。

（2）原語の聖書を手に入れる。ヘブライ語の聖書は、Rudolf Kittel, ed., *Biblia Hebraica*, Stuttgart（BHあるいはBHSと略される）。七十人訳聖書は、*Septuaginta*, Stuttgart。ちなみに新約聖書は、Nestle-Aland, *Novum Testamentum Graece*, Stuttgart。

原語のテキストが手元にないのでは、研究はできない。今はデータ化されて、コンピューターで見られるものがある。私が知る限りではBible Worksが、便利である。もしかしたらもっとすばらしいものができているのかもしれない。StuttgartのDeutsche Bibelgesellschaftのホームページ（http://www.academic-bible.com）では、旧約聖書・新約聖書の原語のテキストが公開されている。きわめて便利である。

（3）近代語のうち、少なくとも英語、フランス語、ドイツ語を習得する。聖書学はやはり西洋が本場である。辞書やその他の参考書、研究書や研究論文に目を通さねばならない。

（4）いわゆる「作業の道具」（instruments de travail）を揃えて、有効に使えるようにする。各国語の辞書、聖書事典、神学事典、地図、歴史解説書、など。また「コンコルダンス」（聖書の単語がどの箇所で使われているのかを網羅的に整理したもの）など。これらについても、コンピューターでデータ化されたものが、整えられつつあるようである。

（5）研究書、学術論文に目が通せる体制をつくる。膨大な量になるので、すべてを自分で揃えるのは不可能である。図書館など、どこに何があるかについて理解を深める。インターネットも活用する。

（6）以上のような準備をととのえた上で、解釈の作業を進めることになる。これまでの聖書学の蓄積を無視することは薦められない。二十世紀には、様式史研究、編集史研究といった重要な方法の進展があった。これらの発見は今も基本的に重要である。

（7）最初のうちは、あまり大きなテーマ、長いテキストについてではなく、限定された短いテキストを選んでそれを徹底的に検討してみるのがよい。自分が選んだテキストについての研究論文をいくつも集めて目を通す。分厚い学術書も、自分のテキストに関係するところだけならば、それほどの量でなく済むことが多い（多くの場合、「聖書箇所索引」から、どこを見ればよいのか簡単に知ることができる）。いろいろな解釈者の見解を知ることができる。こうした作業を進めていくうちに、だんだんと全体（聖書の全体、聖書学の全体）の様子がわかるようになる。

「少年老い易く、学なり難し」という言葉がある。きわめて中国的な見解だと思われるのだが、それはともかく、この言葉は「学問というのは、たいへんなものだ」、だから「頑張らねばならない」という教訓を引き出すために引き合いに出されることが多いようである。重要なテキストを前にしてそれを学ぶということは、終わりのない道である。だから真摯に取り組まねばならない、というのである。

その通りなのだろうけれども、あまり指摘されないもう一つの面を指摘しておきたい。「学」は「成す」のでなければならないのだろうか、ということである。

学びの道が無限ならば、「学」はいつまで経っても成就しない。右の言葉が指摘するように、そのうちに人は老いてしまう。

こうなると「学ぶ」ことに価値があるのは、「成就」のためでなく、「学ぶ」こと自体に価値がある状況において価値があるのでしかないということになる。

テキストが開いてくれる世界は、たしかに相当に素晴しいものである。さまざまな努力をするに値する。しかし一回きりの人生を、テキストの世界だけに捧げてしまうのは、かなり特殊な選択ではないだろうか。しかも聖書は、聖書自体に価値があるのではなく、神に価値があるから神について語る聖書に価値がある、というものである。聖書が大事だからといって、聖書中心主義になって、神をないがしろにするのでは、人は生きて行くことはできない。「聖書」は、ユダヤ教的に言うならば「律法」である。したがって聖書中心主義は、律法中心主義と言い換えることができる。「聖書中心主義」「律法中心主義」は、神をないがしろにして成り立つ立場である。

このように神をないがしろにして「律法」を絶対視するのはやめようじゃないかと主張した最大の大物は、イエスである。そしてイエスは、「冒瀆をしている」ということで十字架につけられてしまった。これは一般化して言うならば、「学」と「生」の対立である。

「学」の背後には広い意味のテキストがある。書物のテキストばかりでなく、掟とかイデオロギーとか教えも含められる。「学」の行きつく先は「老」であり「死」である。これに対して「生」の背後には「神」がある。世俗化した今に合うように言うならば「人」がある。

「神」「人」の世界には、「生」がある。

聖書の入門書なのだから、聖書をもっと読んで欲しいという希望を表明すべきところかもしれないが、聖書の圧力はかなり大きい。聖書中心主義にならず、「老」「死」ではなく、「人」「生」の側を選ぶべきではないかと示唆して、本書を終えることにする。

本書の出版については、平成十九年度千葉大学文学部の学部長裁量経費から助成を受けることができた。当文学部および三浦佑之文学部長に感謝の意を表明する。

また筑摩書房の伊藤大五郎氏にいろいろとお世話いただいた。感謝の意を表したい。

文庫版追記

二〇〇八年初めに単行本で出版された『旧約聖書の誕生』（筑摩書房）を、「ちくま学芸文庫」の一冊として出版していただくことになった。この機会に若干の訂正を行ったが、全体としては単行本版と同じ内容である。単行本版のテキストを注意深く見てくださり、有意義な指摘をしてくださった方々に感謝している。また今回も、筑摩書房の伊藤大五郎氏にたいへんにお世話になった。再び、感謝の意を表したい。

聖書箇所索引

旧約聖書

［律法］

創世記

出エジプト記

レビ記

民数記

申命記

［諸書］

新約聖書

付録 モーセ五書資料表

創世記

J	E	P	D	備考（出所不明）
		1・1 – 2・4a		
2・4a – 4・26				
		5・1 – 28		
5・29				
		5・30 – 32		
6・1 – 8				
		6・9 – 22		
7・1 – 5				
		7・6 – 11		
7・12				
		7・13 – 16a		
7・16b – 17				
		7・18 – 21		
7・22 – 23				
		7・24		
		8・1 – 2a		
8・2b – 3a				
		8・3b – 5		
8・6 – 12				
		8・13a		
8・13b				
		8・14 – 19		
8・20 – 22				
		9・1 – 17		
9・18 – 27				
		9・28		
		10・1 – 7		
10・8 – 19				
		10・20		
10・21				
		10・22 – 23		
10・24 – 30				
		10・31 – 32		
11・1 – 9				
		11・10 – 32		
12 – 13				
				14
15				
16・1 – 2				
		16・3		

J	E	P	D	備考（出所不明）
16・4－14				
		16・15－16		
		17		
18－19				
	20			
21・1－2a				
		21・2b－6a		
21・6b－7				
	21・8－21			
21·22－34(Eと)				
	22（Jと）			
22・11				
22・14－15				
22・18				
		23		
24				
25・1－6				
		25·7－17(Eと?)		
25・18				
		25・19－21		
25・22－26a				
		25・26b		
25・27－34				
26				
27・1－45				
		27・46－28・5		
		28・6－9		
	28・10－12			
28・13－16				
	28・17－18			
28・19a				
				28・19b
	28・20－22			
29・1－14				
	29・15－30(?)			
29・31－30・43				
31・1				
	31・2			
31・3				
	31・4－20			
31・21				
(31・27,31,38－40?)	31・22－42			

J	E	P	D	備考（出所不明）
31・43 – 32・3（Eと）				
				32・4 – 13a
	32・13b – 22			
32, 23 – 33（Eと）				
				33
	34（Jと）			
	35・1 – 20(?)			
				35・21 – 22a
		35・22b – 29		
				36・1 – 5
		36・6 – 14		
				36・15 – 43
	37（Jと）			
				38 – 39
	40			
	41（Jと）			
	42			
				43 – 44
	45（Jと）			
	46・1 – 7（Jと）			
		46・8 – 27		
				46・28 – 34
47・1 – 6				
		47・7 – 12		
47・13 – 26				
		47・27 – 28		
47・29 – 31				
48・1 – 2（Eと）				
		48・3 – 6		
48・7 – 22（Eと）				
				49・1 – 28
		49・29 – 33		
50・1 – 11（Eと）				
		50・12 – 13		
50・14 – 26（Eと）				

出エジプト記

J	E	P	D	備考（出所不明）
		1・1 – 5		
1・6 – 14				
	1・15 – 22			
	2・1 – 10			

J	E	P	D	備考（出所不明）
2・11－22				
		2・23－25		
3－4（Eと）				
	5・1－4			
5・5－6・1				
		6・2－7・7		
7・8－ch.11（E, Pと）				
		12・1－20		
				12・21－23
			12・24－27	
				12・28
12・29－34				
				12・35－37
12・38－39				
				12・40－42
		12・43－50		
				12・51
				13・1－2
			13・3－16	
13・17－14・31（E, Pと）				
				15・1－21
15・22－27				
		16・1－14		
16・15－20				
		16・21－36		
17・1－7（Eと）				
	17・8－16			
	18			
19（Eと）				
	20・1－21			
	20・22－23・19 契約の書			
	23・20－33			
24・1－2				
	24・3－8			
24・9－11				
	24・12－15			
				24・16－18a
	24・18b			
				25－33
34・1－28				
		34・29－33		

J	E	P	D	備考（出所不明）
				34・34－35
		35－40		

レビ記

J	E	P	D	備考（出所不明）
		全体		

民数記

J	E	P	D	備考（出所不明）
		1・1－10・28		
10・29－32				
	10・33a			
				10・33b－11・3
11·4－34（Eと）				
				11・35
	12・1－3			
		12・4－16		
		13・1－17a		
				13・17b－33
14（E，Pと）				
		15		
16（E，Pと）	16・1b－2,12－15,25－34(?)			
		17－19		
20－22（Eと）				
	23			
24				
		25・1－18		
		25・19－ch.31		
	32			
		33－36		

申命記

J	E	P	D	備考（出所不明）
			全体	
		32・48－52(?)		
		34・1a(?)		
		34・7－9(?)		

本書は、二〇〇八年一月、筑摩書房より刊行された。

あそぶ神仏　辻惟雄

白隠、円空、若冲、北斎……。彼らの生んだ異形でかわいい神仏とは。「奇想」で美術の常識を塗り替えた大家がもう一つの宗教美術史に迫る。（矢島新）

デュシャンは語る　マルセル・デュシャン　聞き手ピエール・カバンヌ　岩佐鉄男／小林康夫訳

現代芸術において最も魅惑的な発明家デュシャン。謎に満ちたこの稀代の芸術家の生涯と思考・創造活動に向かって深く、広く開かれた異色の対話。

音楽理論入門　東川清一

リクツがわかれば音楽はもっと楽しくなる！　楽譜で用いられる種々の記号、音階、リズムなど、鑑賞や演奏に必要な基礎知識を丁寧に解説。

プラド美術館の三時間　エウヘーニオ・ドールス　神吉敬三訳

20世紀スペインの碩学が特に愛したプラド美術館を借りて披瀝した絵画論。「展覧会を訪れる人々への忠告」併収の美の案内書。（大高保二郎）

土門拳写真論集　土門拳　田沼武能編

戦後を代表する写真家、土門拳の書いた写真選評やエッセイを精選。巨匠のテクニックや思想を余すところなく盛り込んだ文庫オリジナル新編集。

なぜ、植物図鑑か　中平卓馬

映像に情緒性・人間性は不要だ。図鑑のような客観的視線を獲得せよ！　日本写真の'60～'70年代を牽引した著者の幻の評論集。（八角聡仁）

監督　小津安二郎（増補決定版）　蓮實重彥

小津映画の魅力は何に因るのか。人々を小津的なものの神話から解放し、現在に小津を甦らせた画期的著作。一九八三年版に三章を増補した決定版。

ハリウッド映画史講義　蓮實重彥

「絢爛豪華」の神話都市ハリウッド。時代と不幸な関係をとり結んだ「一九五〇年代作家」を中心に、その崩壊過程を描いた独創的映画論。（三浦哲哉）

美術で読み解く　新約聖書の真実　秦剛平

西洋名画からキリスト教を読む楽しい3冊シリーズ。新約聖書篇は、受胎告知や最後の晩餐などのエピソードが満載。カラー口絵付オリジナル。

美術で読み解く　旧約聖書の真実　秦　剛　平

名画から聖書を読む「旧約聖書」篇。天地創造、アダムとエバ、洪水物語。人類創始から族長・王達の物語を美術はどのように描いてきたのか。

美術で読み解く　聖母マリアとキリスト教伝説　秦　剛　平

キリスト教美術の多くは捏造された物語に基づいていた！　マリア信仰の成立、反ユダヤ主義の台頭など、西洋名画に隠された衝撃の歴史を読む。

美術で読み解く　聖人伝説　秦　剛　平

聖人100人以上の逸話を収録する『黄金伝説』は、中世以降のキリスト教美術の典拠になった。絵画・彫刻と対照させつつ聖人伝説を読み解く。

イコノロジー研究（上）　エルヴィン・パノフスキー　浅野徹ほか訳

芸術作品を読み解き、その背後の意味と歴史的意識を探求する図像解釈学。人文諸学に汎用されるこの方法論の出発点となった記念碑的名著。

イコノロジー研究（下）　エルヴィン・パノフスキー　浅野徹ほか訳

上巻の、図像解釈学の基礎論的「序論」と「盲目のクピド」等各論に続き、下巻は新プラトン主義と芸術作品の相関に係る論考に詳細な索引を収録。

〈象徴形式《シンボル》〉としての遠近法　エルヴィン・パノフスキー　木田元監訳　川戸れい子／上村清雄訳

透視図法は視覚とは必ずしも一致しない。それはいわばシンボル的な形式なのだ——。世界表象のシステムから解き明かされる、人間の精神史。

見るということ　ジョン・バージャー　飯沢耕太郎監修　笠原美智子訳

写真の登場で、人間は膨大なイメージに取り囲まれ、歴史や経験との対峙を余儀なくされた。見るという行為そのものに肉迫した革新的美術論集。

イメージ　ジョン・バージャー　伊藤俊治訳

イメージが氾濫する現代、「ものを見る」とはどういう意味をもつか。美術史上の名画と広告とを等価に扱い、見ること自体の再検討を迫る名著。

バルトーク音楽論選　ベーラ・バルトーク　伊東信宏／太田峰夫訳

中・東欧やトルコの民俗音楽研究、同時代の作曲家についての批評など計15篇を収録。作曲家バルトークの多様な音楽活動に迫る文庫オリジナル選集。

アレクサンドロスとオリュンピアス　森谷公俊

彼女は怪しい密儀に没頭し、残忍に邪魔者を殺す悪女なのか、息子を陰で支え続けた賢母なのか。大王母の激動の生涯を追う。（澤田典子）

古代地中海世界の歴史　本村凌二／中村るい

メソポタミア、エジプト、ギリシア、ローマ――古代に花開き、密接な交流や抗争をくり広げた文明を一望に見渡し、歴史の躍動を大きくつかむ！

増補 十字軍の思想　山内進

欧米社会にいまなお色濃く影を落とす「十字軍」の思想。人々を聖なる戦争へと駆り立てるものとは？その歴史を辿り、キリスト教世界の深層に迫る。

向う岸からの世界史　良知力

「歴史なき民」こそが歴史の担い手であり、革命の主体であった。著者の思想史から社会史への転換点を示す記念碑的作品。（阿部謹也）

増補 魔都上海　劉建輝

摩天楼、租界、アヘン。近代日本が耽溺し利用し侵略した街。驚異的発展の後なお郷愁をかき立ててやまない上海の歴史の魔力に迫る。（海野弘）

子どもたちに語るヨーロッパ史　ジャック・ル・ゴフ／前田耕作監訳／川崎万里訳

歴史学の泰斗が若い人に贈る、とびきりの入門書。地理的要件や歴史、とくに中世史を、たくさんのエピソードとともに語った魅力あふれる一冊。

隊商都市　ミカエル・ロストフツェフ／青柳正規訳

通商交易で繁栄した古代オリエント都市のペトラ、パルミュラなどの遺跡に立ち、往時に思いを馳せたロマン溢れる歴史紀行の古典的名著。（前田耕作）

法然の衝撃　阿満利麿

法然こそ日本仏教を代表する巨人であり、ラディカルな革命家だった。鎮魂慰霊を超えて救済の原理を指し示した思想の本質に迫る。

親鸞・普遍への道　阿満利麿

絶対他力の思想はなぜ、どのように誕生したのか。日本の精神風土と切り結びつつ普遍的救済への回路を開いた親鸞の思想の本質に迫る。（西谷修）

歎異抄　阿満利麿訳／注／解説

没後七五〇年を経てなお私たちの心を捉える、親鸞の言葉。わかりやすい注と現代語訳、今どう読んだらよいか道標を示す懇切な解説付きの決定版。

親鸞からの手紙　阿満利麿

現存する親鸞の手紙全42通を年月順に編纂し、現代語訳と解説で構成。これにより、親鸞の人間的苦悩と宗教的深化が、鮮明に現代に立ち現れる。

行動する仏教　阿満利麿

戦争、貧富の差、放射能の恐怖……。このどうしようもない世の中ででも、絶望せずに生きてゆける、21世紀にふさわしい新たな仏教の提案。

無量寿経　阿満利麿注解

なぜ阿弥陀仏の名を称えるだけで救われるのか。法然や親鸞がその理解に心血を注いだ経典の本質を、懇切丁寧に説き明かす。文庫オリジナル。

道元禅師の『典座教訓』を読む　秋月龍珉

「食」における禅の心とはなにか。道元が禅寺の食事係である典座の心構えを説いた一書を現代人の日常の視点で読み解き、禅の核心に迫る。（竹村牧男）

原典訳 アヴェスター　伊藤義教訳

ゾロアスター教の聖典『アヴェスター』から最重要部分を精選。原典から訳出した唯一の邦訳である。比較思想に欠かせない必携書。（前田耕作）

書き換えられた聖書　バート・D・アーマン　松田和也訳

キリスト教の正典、新約聖書。聖書研究の大家がそこに含まれる数々の改竄・誤謬を指摘し、書き換えられた背景とその原初の姿に迫る。（筒井賢治）

カトリックの信仰　岩下壮一

神の知恵への人間の参与とは何か。近代日本カトリシズムの指導者・岩下壮一が公教要理を詳説し、キリスト教の精髄を明かした名著。（稲垣良典）

十牛図　上田閑照　柳田聖山

禅の古典「十牛図」を手引きに、自己と他、自然と人間、自身への関わりを通し、真の自己への道を探る。現代語訳と詳注を併録。（西村惠信）

原典訳 ウパニシャッド　岩本裕編訳

インド思想の根幹であり後の思想の源ともなったウパニシャッド。本書では主要篇を抜粋、梵我一如、輪廻・業・解脱の思想を浮き彫りにする。（立川武蔵）

世界宗教史（全8巻）　ミルチア・エリアーデ

宗教現象の史的展開を膨大な資料を博捜し著された人類の壮大な精神史。エリアーデの遺志にそって共同執筆された諸地域の宗教の巻を含む。

世界宗教史1　ミルチア・エリアーデ　中村恭子訳

人類の原初の宗教的営みに始まり、メソポタミア、古代エジプト、インダス川流域、ヒッタイト、地中海地域、初期イスラエルの諸宗教を収める。

世界宗教史2　ミルチア・エリアーデ　松村一男訳

20世紀最大の宗教学者のライフワーク。本巻はヴェーダの宗教、ゼウスとオリュンポスの神々、ディオニュソス信仰等を収める。（荒木美智雄）

世界宗教史3　ミルチア・エリアーデ　島田裕巳訳

仰韶、竜山文化から孔子、老子までの古代中国の宗教と、バラモン、ヒンドゥー、仏陀とその時代、オルフェウスの神話、ヘレニズム文化などを考察。

世界宗教史4　ミルチア・エリアーデ　柴田史子訳

ナーガールジュナまでの仏教の歴史とジャイナ教から、ヒンドゥー教の総合、ユダヤ教の試練、キリスト教の誕生などを収録。（島田裕巳）

世界宗教史5　ミルチア・エリアーデ　鶴岡賀雄訳

古代ユーラシア大陸の宗教、八—九世紀までのキリスト教、ムハンマドとイスラーム、イスラームと神秘主義、ハシディズムまでのユダヤ教など。

世界宗教史6　ミルチア・エリアーデ　鶴岡賀雄訳

中世後期から宗教改革前夜までのヨーロッパの宗教運動、宗教改革前後における宗教、魔術、ヘルメス主義の伝統、チベットの諸宗教を収録。

世界宗教史7　ミルチア・エリアーデ　奥山倫明／木塚隆志／深澤英隆訳

エリアーデ没後、同僚や弟子たちによって完成された最終巻の前半部。メソアメリカ、インドネシア、オセアニア、オーストラリアなどの宗教。

世界宗教史8　ミルチア・エリアーデ　奥山倫明／木塚隆志／深澤英隆訳
西・中央アフリカ、南・北アメリカの宗教、日本の神道と民俗宗教。啓蒙期以降ヨーロッパの宗教的創造性と世俗化などを収録。全8巻完結。

回教概論　大川周明
最高水準の知性を持つと言われたアジア主義者の力作。イスラム教の成立経緯や、経典などの要旨が的確に記された第一級の概論。（中村廣治郎）

神社の古代史　岡田精司
古代日本ではどのような神々が祀られていたのか。《祭祀の原像》を求めて、伊勢、宗像、住吉、鹿島など主要な神社の成り立ちや特徴を解説する。

中国禅宗史　小川隆
唐代から宋代において、禅の思想は大きく展開した。各種禅語録を思想史的な文脈に即して読みなおす試み。〈禅の語録〉全二〇巻の「総説」を文庫化。

原典訳 チベットの死者の書　川崎信定訳
死の瞬間から次の生までの間に魂が辿る四十九日の旅――中有（バルドゥ）のありさまを克明に描き、死者に正しい解脱の方向を示す指南の書。

インドの思想　川崎信定
多民族、多言語、多文化。これらを併存させるインドという国を作ってきた考え方とは。ヒンドゥー教や仏教等、主要な思想を案内する恰好の入門書。

旧約聖書の誕生　加藤隆
旧約聖書は多様な見解を持つ文書を寄せ集めて作られた書物である。各文書が成立した歴史的事情から旧約を読み解く。現代日本人のための入門書。

神道　トーマス・カスーリス　衣笠正晃訳　守屋友江監訳
日本人の精神構造に大きな影響を与え、国の運命をも変えてしまった「カミ」の複雑な歴史を、米比較宗教学界の権威が鮮やかに描き出す。

ミトラの密儀　フランツ・キュモン　小川英雄訳
東方からローマ帝国に伝えられ、キリスト教と覇を競った謎の古代密儀宗教。その全貌を初めて明らかにした、第一人者による古典的名著。（前田耕作）

空海コレクション1　空海　宮坂宥勝監修
主著『十住心論』の精髄を略述した『秘蔵宝鑰』、及び顕密を比較対照して密教の特色を明らかにした『弁顕密二教論』の二篇を収録。（立川武蔵）

空海コレクション2　空海　宮坂宥勝監修
真言密教の根本思想『即身成仏義』『声字実相義』『吽字義』及び密教独自の解釈による『般若心経秘鍵』と『請来目録』を収録。（立川武蔵）

空海コレクション3
秘密曼荼羅十住心論（上）　福田亮成校訂・訳
日本仏教史上最も雄大な思想書。無明の世界から抜け出すための光明の道を、心の十の発展段階（十住心）として展開する。上巻は第五住心までを収録。

空海コレクション4
秘密曼荼羅十住心論（下）　福田亮成校訂・訳
下巻は、大乗仏教から密教へ。第六住心の唯識、第七中観、第八天台、第九華厳を経て、第十の法身大日如来の真実をさとる真言密教の奥義までを収録。

鎌倉仏教　佐藤弘夫
宗教とは何か。それは信念をいかに生きるかということだ。法然・親鸞・道元・日蓮らの足跡をたどり、鎌倉仏教を「生きた宗教」として鮮やかに捉える。

観無量寿経　佐藤春夫訳・注　石田充之解説
我が子に命狙われる「王舎城の悲劇」で有名な浄土仏教の根本経典。思い通りに生きることのできない我々を救う究極の教えを、名訳で読む。（阿満利麿）

大乗とは何か　三枝充悳
仏教が世界宗教としての地位を得たのは大乗仏教においてである。重要経典・般若経の成立など諸考察を収めた本書は、仏教への格好の入門書となろう。

道教とはなにか　坂出祥伸
「道教がわかれば、中国がわかる」と魯迅は言った。伝統宗教として現在でも民衆に根強く崇拝されている道教の全貌とその究極的真理を詳らかにする。

増補　日蓮入門　末木文美士
多面的な思想家、日蓮。権力に挑む宗教家、内省的な理論家、大らかな夢想家など、人柄に触れつつ遺文を読解き、思想世界を探る。（花野充道）

反・仏教学 末木文美士

人間は本来的に、公共の秩序に収まらないものを抱えた存在だ。〈人間〉の領域＝倫理を超えた他者／死者との関わりを、仏教の視座から問う。

禅に生きる 鈴木大拙コレクション 鈴木大拙 守屋友江編訳

静的なイメージで語られることの多い大拙。しかし彼の仏教は、この世をよりよく生きていく力を与えるアクティブなものだった。その全貌に迫る著作選。

文語訳聖書を読む 鈴木範久

明治期以来、多くの人々に愛読されてきた文語訳聖書。名句の数々とともに、日本人の精神生活と表現世界を豊かにした所以に迫る。文庫オリジナル。

ローマ教皇史 鈴木宣明

二千年以上、全世界に影響を与え続けてきたカトリック教会。その組織的中核である歴代のローマ教皇に沿って、キリスト教全史を読む。（藤崎衛）

空海入門 竹内信夫

空海が生涯をかけて探求したものとは何か――。稀有な個性への深い共感を基に、著作の入念な解釈と現地調査によってその真実へ迫った画期的入門書。

釈尊の生涯 高楠順次郎

世界的仏教学者による釈迦の伝記。パーリ語経典や漢訳仏伝等に依拠し、人間としての釈迦の姿を生き生きと描き出す。貴重な図版多数収録。（石上和敬）

原始仏典 中村元

釈尊の教えを最も忠実に伝える原始仏教の諸経典の数々。そこから、最重要な教えを選りすぐり、極めて平明な注釈で解く。（宮元啓一）

原典訳 **原始仏典（上）** 中村元編

原パーリ文の主要な聖典を読みやすい現代語訳で。上巻には「偉大なる死」（大パリニッバーナ経）「本生経」「長老の詩」などを抄録。

原典訳 **原始仏典（下）** 中村元編

下巻には「長老尼の詩」「アヴァダーナ」「百五十讃」「ナーガーナンダ」などを収める。ブッダのことばに触れることのできる最良のアンソロジー。

ちくま学芸文庫

旧約聖書《きゅうやくせいしょ》の誕生《たんじょう》

二〇一一年十二月十日　第一刷発行
二〇二〇年　八　月十日　第四刷発行

著　者　加藤隆（かとう・たかし）
発行者　喜入冬子
発行所　株式会社　筑摩書房
東京都台東区蔵前二―五―三　〒一一一―八七五五
電話番号　〇三―五六八七―二六〇一（代表）
装幀者　安野光雅
印刷所　中央精版印刷株式会社
製本所　中央精版印刷株式会社

乱丁・落丁本の場合は、送料小社負担でお取り替えいたします。
本書をコピー、スキャニング等の方法により無許諾で複製することは、法令に規定された場合を除いて禁止されています。請負業者等の第三者によるデジタル化は一切認められていませんので、ご注意ください。
© TAKASHI KATO 2011　Printed in Japan
ISBN978-4-480-09411-7 C0116